HINWEIS

Das inhaltliche und sprachliche Panorama dieses Buches lebt von den zahlreichen Bezügen zu anderen Autorinnen und Autoren und ihren Werken. Auf Wunsch des Autors sind die Quellen und Zitate im gedruckten Buch nicht kenntlich gemacht bzw. bibliographisch nachgewiesen. Um die Quellen und Zitate dennoch einsehen zu können, steht Ihnen ein Download auf www.klett-cotta.de zur Verfügung. Bitte geben Sie im Suchfeld auf unserer Homepage den folgenden Suchcode ein: **OM98649**.

Philip Hoare

ALBRECHT DÜRER *und der* *WAL*

Wie die Kunst die Welt erschaffen hat

Aus dem Englischen übersetzt
von Susanne Held

KLETT-COTTA

Für Lilian und Freddie

MIX
Papier | Fördert gute Waldnutzung
FSC® C014889

Klett-Cotta
www.klett-cotta.de
Die Originalausgabe erschien unter dem Titel:
»Albert and the Whale. Albrecht Dürer and How Art Imagines Our World«

Cover: Rothfos & Gabler, Hamburg
Unter Verwendung einer Abbildung von © Bridgeman Images,
akg-images/De Agostini Picture Library
Gesetzt von Dörlemann Satz, Lemförde
Gedruckt und gebunden von Friedrich Pustet GmbH & Co. KG, Regensburg
ISBN 978-3-608-98649-5
E-Book ISBN 978-3-608-11986-2

Zweite Auflage, 2023

Bibliografische Information der Deutschen Nationalbibliothek
Die Deutsche Nationalbibliothek verzeichnet diese Publikation in der Deutschen Nationalbibliografie; detaillierte bibliografische Daten sind im Internet über http://dnb.d-nb.de abrufbar.

INHALT

ANHANG

VORWORT

Vor einigen Jahren besuchte ich einen Freund und seine Affen in einer umfunktionierten Kirche im Außenbezirk einer Stadt in New England. Es war Februar; auf der Straße lag Schnee. Die Adresse, die er mir angegeben hatte, lag weit abseits der historischen Stätten und vornehmen Backsteinhäuser. Ich musste die U-Bahn nehmen und stieg aus, wie man das üblicherweise tut – ahnungslos, wohin ich mich wenden sollte.

Die Straße war zugig, gesäumt von ein paar Läden und undefinierbaren Behausungen, in denen vielleicht Menschen wohnten, vielleicht aber auch nicht. Mein Freund nahm mich in Empfang und mit hinauf in sein Büro. Alles wirkte ganz normal – außer, dass er seinen Wohnsitz mit Primaten und insofern mit einer uns fremden Spezies teilte.

Es war merkwürdig, sich in einem Gebäude zu befinden, das so streng nach Tieren roch – als hätte man in den Räumlichkeiten einer Unternehmensberatung neben dem Wasserspender einen Tierkäfig eingerichtet. Mein Freund und ich unterhielten uns, wahrscheinlich über Wale, denn sie hatten uns draußen in der Bucht zusammengeführt. Dann fragte er mich, ob ich seine Kollegen kennenlernen wollte. Ich dachte, er beziehe sich auf seine Mitarbeiter. Tatsächlich sprach er von den Affen.

Das Zimmer, in dem sie trainiert wurden, war einem Wohnraum nachgebildet. Es war mit Rollstühlen bestückt, wie sie vielleicht von den Kunden benutzt wurden, und umfasste noch andere Wohnmöbel. Der Raum wirkte sauber, geradezu klerikal. Eine der Betreuerinnen, eine junge Frau mit glänzendem, zurückgebundenem Haar, holte Felix aus einem Käfig heraus, der vom Boden bis zur Decke reichte. Zutraulich näherte er sich ihr, warf mir jedoch einen misstrauischen Blick zu, wie Tiere das so an sich haben.

Er war eine reduzierte Version meiner selbst, ein menschliches Wesen, das in der Wäsche eingelaufen war, mit dünnen Gliedmaßen, großen Augen und einer Kutte aus Fell auf dem Kopf. Ein Kapuzineraffe, ein kleiner Mönch. Er brachte alles um uns herum durcheinander: Ich konnte nicht vorhersagen, wie er sich bewegen würde oder was er dachte. Er ähnelte mir und war dennoch völlig anders. Er war achtzehn Jahre alt, hatte Diabetes und einen prolabierten Magen; er klang nicht so glücklich wie sein Name. Er trug eine Windel wie ein alter Mann, war behindert und unfähig, einen Kunden aufzusuchen.

Mein Freund sagte, die Affen könnten die Tür öffnen, wenn angeklopft würde, das Licht einschalten oder die Seiten eines Buchs umblättern. Sie konnten sogar Kassetten in Videorecorder schieben; damals benützte man diese Technik noch, obwohl seitdem nur ein paar Jahre vergangen sind. Felix kletterte auf die Schulter seiner Trainerin und kauerte dort wie ein Papagei, sein langer Schwanz baumelte ihren Rücken herunter. Er griff sich die Erdnussbutter und die Walnüsse, die ich ihm in einer blauen Plastikschüssel anbot. Er aß, ohne mich groß zur Kenntnis zu nehmen. Er tat so, als würde er etwas in der Ferne beobachten. Affen halten Glotzen für unhöflich. Die Situation fühlte sich für mich an, als würde ich auf meine Eignung für eine Stelle geprüft, auf die ich mich nicht beworben hatte. Er schnappte sich die Schüssel aus meiner Hand. Seine Trainerin sagte, die Affen könnten hundert unterschiedliche Wörter erkennen. Felix jedoch schwieg, kehrte in seine Zelle zurück, und ich verließ die Kirche.

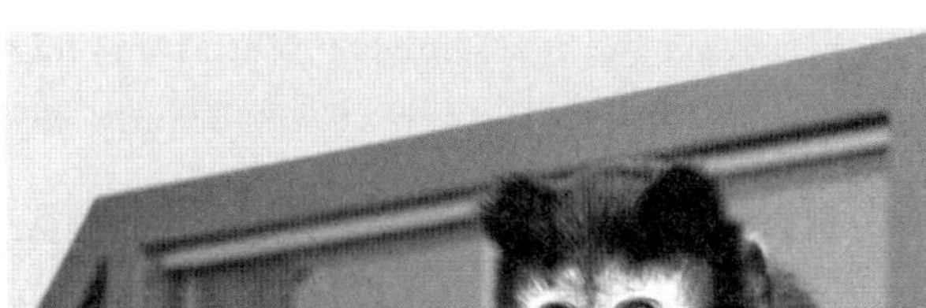

Am nächsten Tag – ich fühlte mich in dieser Stadt verloren und wollte unbedingt meinem überheizten Hotelzimmer entkommen – suchte ich ein herrschaftliches Gebäude auf, dessen Architektur wie die einer Villa aus dem 15. Jahrhundert wirken sollte. Man hätte meinen können, es sei übers Meer von Venedig herübertransportiert worden, gezogen von barocken Delphinen mit verschnörkelten Schwanzflossen. Die Stifterin hatte es erbauen lassen, um ihre Kunstsammlung auszustellen, die sie aus den zerfallenden Palästen Europas gerettet hatte. Rasch schritt ich durch die dämmrigen Galerien. All diese bräunlich getönte Kunst war bedrückend, und ich fühlte mich bedrückt.

Ich verließ die Villa und überquerte die Straße hinüber zum modernen Museum - mit den üblichen Ausstattungsmerkmalen: weiße Räume, saubere Toiletten und Trinkbrunnen. Hier würde mich keiner fragen, was ich hier machte. Es war okay, Sachen einfach anzuschauen; die Schilder gaben das zu verstehen. Wieder stand ich in einer bildergesäumten Galerie. Die Kunstwerke waren vor fünfhundert Jahren graviert worden - von Albrecht Dürer.

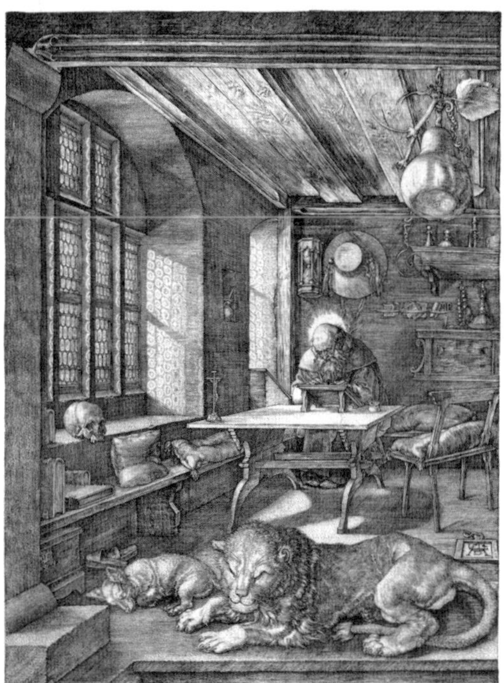

Ich schritt im Ausstellungsraum umher, und die Stiche wirkten äußerst vertraut und ausnehmend fremd zugleich, als hätte ich vor langer, langer Zeit mit ihnen gelebt. Ihre nüchternen Räume zogen mich in eine Welt voller Tiere. Affen und Papageien tollten und flogen herum: Ein Heiliger saß zusammen mit seinem Hauslöwen, der sich zu seinen Füßen vor ihm auf dem Boden lagerte und dem der Heilige einen Dorn aus der Pranke gezogen hatte; ein Hund döste friedlich vor sich hin. Ich hörte das Ein und Aus ihres Atems. Fast spürte ich ihre Gesichtszüge auf meinem Gesicht.

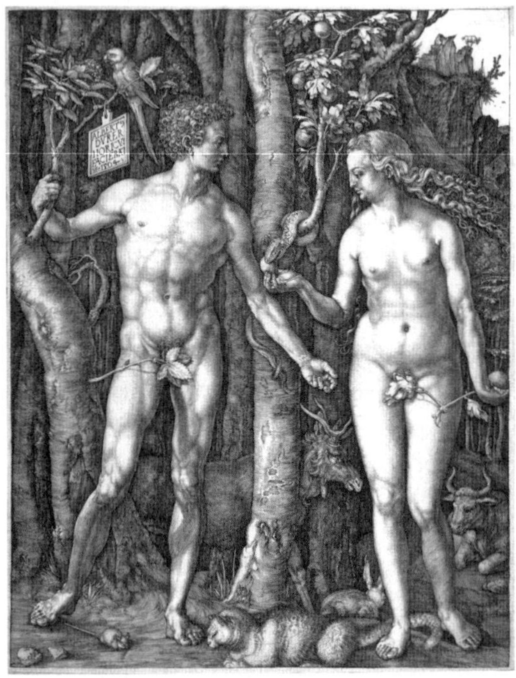

In einer anderen Szene aus dem Garten Eden huschten weitere Tiere aus dem Wald, und wie die Tiere waren die Menschen nackt und zufrieden - noch. Die Szene vertiefte sich zu dreidimensional wirkenden Räumen. In der Ferne balancierte eine Ziege auf einer Klippe. So sah der Anfang der Welt vielleicht aus - diese neu erschaffene Welt und darin diese Kreaturen.

Dann, auf einem dritten Bild, ein Engel. Ein echter Engel, das Haupt auf die Hand gestützt. Ein anderer schläfriger Hund döste zu seinen Füßen, über das Meer in der Ferne stürzte ein Komet.

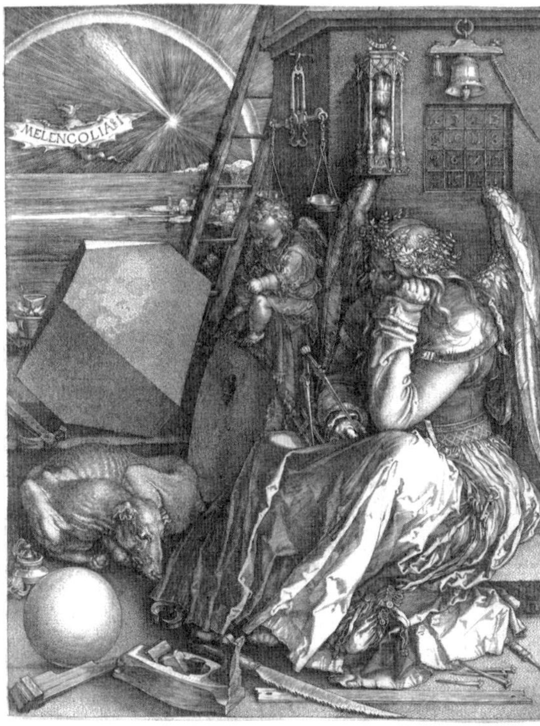

Das Ganze wirkte wie ein Traum, geschaut durch ein verregnetes Fenster.

Warum wühlten mich diese Bilder so auf? Sie waren zeitlich so weit von mir entfernt und doch befanden sie sich hier direkt vor meinen Augen. Diese Bildnisse entstammten einer anderen Welt. Warum waren sie überhaupt hergestellt worden? Aus Liebe oder für Geld? Um irgendjemandes Seele zu besänftigen?

Vor dem Museum, am Rand einer lauten Verkehrsstraße, harrte die lebensgroße Skulptur eines Nashorns. Es hätte auch ein stehen gelassenes Auto in einem Kreisverkehr sein können, und Kinder hätten sich gefreut, auf ihm herumzuklettern, auf seinem Rücken zu reiten oder hineinzukrabbeln. Stattdessen war es auf diesem einsamen Fleck festgemacht – das Nashorn schnaubte und stampfte: Offenbar hielt es Zurückhaltung für klüger als Tapferkeit, denn es gab sich damit zufrieden, das karge Gras abzurupfen, während ringsum der Verkehr tobte.

Es war kalt, es schneite, und ich kam mir vor wie ein Schauspieler. Ich war zu lange weggewesen und wollte heim.

Wenige Tage später erhielt ich nach meiner Rückreise per Luftpost ein Paket. Darin befand sich eine kleine Leinwand mit dem Abdruck einer zierlichen blauen Hand.

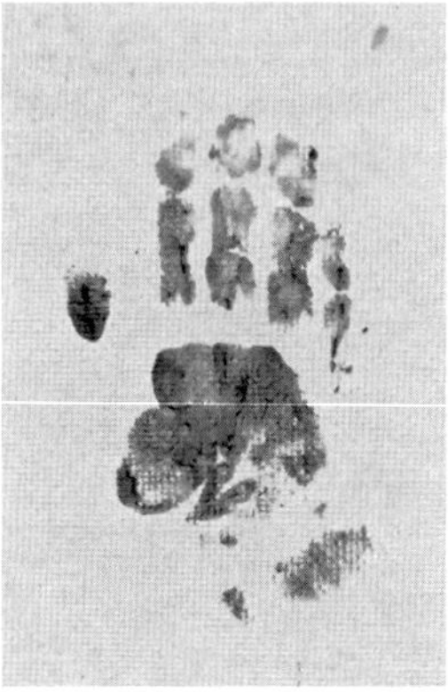

BARMHERZIGKEIT

Durch diesen Hafen hindurch driftet ganz Europa weg, all die Massen, die Tag um Tag hinein- und wieder hinauswogen. Die Fähren schaukeln auf der Flut, stoßen gegen Kais aus Gummi wie kleine Wale. Da ist es.

Das Meer.

Dieses Meer könnte wie jedes andere überall sein. Alle Häfen ähneln sich. Offen zur Welt und abgeschlossen gegenüber dem Land - so sind sie die verwundbarsten, am unerbittlichsten verteidigten Orte, denn hier erschöpfen sich alle Gesetze. Gebräuche treten ab, Ordnung weicht, Geschichte wird zurückgelassen. Sie haben alle dieselben ausgebaggerten Rinnen, dieselben Schiffe auf der Suche nach jemandem, der ihnen ihre Last abnimmt. Dieselben Linienschiffe mit ihren totweißen Oberbauten gleiten gespenstergleich durch die Dunkelheit, wenn ein ahnungsloser Schwimmer vorübergleitet, wenn andere, heruntergekommene Kähne auslaufen.

Am Ende dieses Kais in Rotterdam steht ein altes, einer Trutzburg gleichendes Gebäude mit zwei Türmen und einer mit Grünspan überzogenen Kuppel. Heute ist es ein schickes Hotel; früher war es das Hauptquartier einer Firma, die eine Million Menschen über den Ozean verschiffte. Umsonst war das nicht. Es handelte sich um ein penibel bürokratisiertes Business, einen einträglichen Austausch. Wer es bis hierher schaffte, durfte ruhig teilnehmen. Gegen Gebühr.

Die Plakate, die an Straßenecken bis weit ins Landesinnere hinein ihre Botschaft verkündeten, verhießen strahlende ungeahnte Möglichkeiten. So jedenfalls lautete die Botschaft des Firmenlogos: die ineinander verschränkt flatternden Fahnen zweier Länder, der Niederlande und der Vereinigten Staaten. Die Menschen bildeten eine ordentliche Schlange, die sich über einen ganzen Kontinent erstreckte: Alle Männer trugen dieselben Hüte und Mäntel, alle Frauen trugen dieselben Taschen und dieselben Kinder. Und dieselben Szenen wiederholten sich auf der ganzen Welt; dieselben Backsteinbauten, dieselben amtlichen Formulare, dieselben Warteschlangen.

Und dann kam alles zum Stillstand, als ob jemand gegen den Handel Einspruch erhoben hätte. Eines Nachts wurde das Zentrum dieser Stadt zerstört. Bei einem 15-minütigen Angriff fielen 1500 Bomben, 1000 Menschen starben, 80 000 wurden obdachlos. 2000 Läden, 700 Lagerhäuser, 24 Kirchen und 62 Schulen wurden in Schutt und Asche gelegt. Ein Hafen, der ständig Menschen ohne Heimat verschifft hatte, besaß selbst keine Heimat mehr. An einem Ort, der bereits zwei Meter unterhalb des Meeresspiegels lag, schien jegliche Hoffnung untergegangen.

Sechs Monate danach brachten dieselben Flugzeuge, dieselben Piloten, die aus ihren Cockpits nach unten spähten, dasselbe Schicksal über meine Heimatstadt auf der anderen Seite des Ozeans.

Am 25. November 1940 gab die Regierung in Berlin eine Pressemitteilung aus, die in Amerika direkt neben Zeitungsartikeln mit der Mitteilung erschien, dass Santa Claus unterwegs ist. In dem Communiqué wurde mitgeteilt, Geschwader aus 250 Flugzeugen hätten 300 Tonnen hochexplosiver Bomben und 12 000 Brandbomben über Southampton abgeworfen. Der transatlantische Hafen sei nur noch, so hieß es, eine rauchende Ruine.

Sie versuchten, das Meer zu zerstören.

Wie Tiere krochen die Menschen in den Untergrund. Wer es nicht in die Schutzräume schaffte – einige waren in mittelalterlichen Krypten eingerichtet –, stand in den Türstürzen und sah zu, wie seine oder ihre Stadt um ihn oder sie herum in Trümmer fiel. Meine Mutter kam von der Arbeit nach Hause und sah, dass über ihrer Straße Rauch hing. Bis sie am Ende der Straße angekommen war, hatte sie keine Ahnung, dass es nicht ihr Haus war, das getroffen worden war. Ich komme der Vergangenheit näher, indem ich diese Erinnerungen erbe. Ich wurde in dieser Hafenstadt geboren, die noch immer von bombardierten Flächen vernarbt war. Ich wuchs mit dem Klang von Nebelhörnern und dem Gepolter aus den Docks auf. Als Junge spürte ich die Endlichkeit eines Ortes, wo alles andere erst begann. Immer brachen Menschen von hier auf, um eine neue Identität zu finden, als ob wir, die Zurückbleibenden, nicht selbst eine Identität hätten. Kein Hafen ist eine Heimat. Keiner ist frei.

Man hat immer dieses Gefühl von Wiederaufbau und Herstellung, sagt Ellen, als wir die Fähre nach Rotterdam verlassen. Sie und Edgar arbeiten in einem Studio am Kai, kreieren tiefblaue Bilder aus dem Meer und dem Himmel. Das Haus, in dem sie wohnen - früher wurden darin importierte Früchte gelagert - verfügt in seinem Boden über einen riesigen Schlitz, durch den ihre Kunstwerke wie Fracht hinausbefördert werden können. Ellen sagt mir, ich solle nicht unten im Dock schwimmen; aus Angst vor den dort untergegangenen Sachen.

Am Abend verlassen wir die Stadt, vorbei an ausgedehnten Raffinerien auf dem Weg nach Zeeland. Das Licht ist klar und durchdringend. Die Häuser klammern sich wie Schnecken an das Land, steile Dächer ducken sich hinter grünen Deichen. Die Fenster haben keine Vorhänge; dies zeige, dass sie nichts zu verbergen haben, sagt Ellen. Man kann alles und jeden kommen oder gehen sehen.

Wir fahren, bis das Land aufhört. Ich bin nicht sicher, ob hier überhaupt noch Leute sein sollten, oder die Kühe, die auf den Wiesen grasen. Vor 500 Jahren kam Albrecht Dürer hierher, auf der Suche nach einem Wal. Es war der Wendepunkt seines Lebens.

1519 war ein schlechtes Jahr für den Künstler. Sein Schutzherr, Maximilian I., Kaiser des Heiligen Römischen Reiches, war 1519 gestorben. Dürer hatte nun kein Einkommen mehr. Alle Sicherheit - dahin. Dürer ist in schlechter Verfassung, sagte sein Freund Willibald.

Dürer war zwar der berühmteste Künstler nördlich von Italien, doch er machte sich Sorgen. Er war kein junger Mann mehr; sein Körper ließ ihn schon manches Mal im Stich. Verlöre er sein Sehvermögen und seine Geschicklichkeit, wie er befürchtete, stünde es nicht gut um ihn.

Mehr als je zuvor war er von der Melancholie des Saturn durchdrungen, unter dessen Einfluss er seit jeher gestanden hatte. Sein ganzes Leben hatte er in seiner Phantasie gelebt. Würde es ab jetzt mit ihm bergab gehen? Er musste die Lage in den Griff bekommen. Als er hörte, dass der Erbe Maximilians, sein neunzehnjähriger Neffe Karl, die Absicht hatte, den englischen König Heinrich VIII. zu besuchen, fasste Dürer den Plan, ihm zu folgen und ihn um eine neue Rente zu ersuchen.

Er wog seine Möglichkeiten ab. Es würde ein riskantes und teures Unternehmen werden; womöglich stand er ohne einen Fürsprecher da. Ich stelle mir vor, wie er in Southampton ankam, bei Ebbe, zwischen den Lagerhäusern und dem Schlamm und den Austernfängern. (Karl V., der neue Kaiser, traf hier bei seiner zweiten Englandreise zwei Jahre später ein und brachte siebenhundert Pferde mit. Sonderlich erfreut war Kardinal Wolsey nicht.)

Dann wurde angekündigt, Karl V. solle in den Niederlanden gekrönt werden. Dürer beschloss, sich stattdessen dorthin zu begeben. Denn er hatte einen weiteren, sehr viel dringlicheren Grund, Nürnberg zu verlassen. Die Pest wütete in den engen Straßen der Stadt, und die Sommerhitze verschlimmerte die Situation noch mehr. Der Stadtrat hatte eine Notverwaltung eingerichtet, die Bewohner fürchteten um ihr Leben. Diejenigen, die es sich leisten konnten – wie etwa Dürers reiche Kaufmannsfreunde, die Imhofs –, flohen aus der Stadt. Und nun brachen am 12. Juli 1520 auch der Künstler, seine Frau Agnes und ihre Magd Susanna gen Westen in Richtung Küste auf.

Wir wissen, wie diese Reise durch das Herz Europas verlief – zu Pferd und mit dem Schiff, über Flüsse hin zum Meer –, denn Dürer schrieb alles auf. Sein Tagebuch der ein Jahr dauernden Reise ist der umfassendste Bericht über sein tägliches Leben, der erhalten blieb – und er ist der uninteressanteste.

Schon immer war Dürer ein Reisemensch – eine Reise war für ihn nicht nur eine tägliche Wegstrecke, sondern auch sein Tagwerk –, und sein Tagebuch ist voll von Angaben zu Ausgaben und Einnahmen, dem Gegenteil seiner ungezügelten Phantasie. Vier Jahrhunderte später, im Jahr 1913, als der zur Bloomsbury-Gruppe gehörende Künstler und Kunstkritiker Roger Fry Dürers Tagebuch herausgab, musste er erstaunt feststellen, dass die Haltung des Künstlers, wenn er unterwegs war, geradezu zeitgemäß war, als hätte er einen Baedeker zur Hand gehabt. Seine täglichen Niederschriften unterschieden sich eklatant von einem anderen Tagebuch, das Fry zitierte. Dieses war lediglich 50 Jahre vor Dürers Aufzeichnungen entstanden, doch es beschrieb eine andere Welt.

Im Jahr 1465 war Baron Leo von Rozmital von Prag über Nürnberg aufgebrochen, mit einem Gefolge von 52 Pferden und 40 befreundeten Landsleuten; ihr langes böhmisches Haar erregte viel Aufmerksamkeit. Auf seinen Reisen traf der Baron französische Frauen mit glattrasiertem Schädel; er sah eine Mutter und ein Kind, die in die Loire fielen, nur um zwei Meilen flussabwärts wieder aufzutauchen – mit wundersamer Hilfe waren sie unter Wasser gereist. Er beschrieb England als einen meerumschlungenen Garten, behauptete, der König von Portugal schnupfe Zibetkatzen-Dung, um sich vor der Pest zu schützen, und durchquerte ein iberisches Tal, in dem es von geflügelten Drachen wimmelte. Er war ein Professor Challenger, zurückgekehrt aus der Verlorenen Welt, der einen Pterodaktylus die Regent Street hinunterfliegen sah.

Das glich in keiner Weise dem geordneten Europa, das Dürer kannte – einem Reich der Steuern und der Druckerpressen. Keine der Geschichten des Barons hätte jedoch das Publikum des Künstlers erstaunt, denn Dürer selbst hatte ihnen ja hydraartige Monster in die Köpfe gesetzt, schweinsäugige Dämonen und wurmzerfressene Reiter, die über aufgeborstenes Gelände dahinfegen. Sie waren Erfindungen, seine Kreaturen der Apokalypse, Schimären, zusammengesetzt aus Stücken der Wirklichkeit, die er tatsächlich kannte. Und noch während er sie zeichnete, besiegte der Künstler diese Bestien und besiegelte ihr Aussterben. Vor Dürer gab es Drachen. Nach ihm nicht mehr. Uns bleiben nur noch die Drachen unseres Unbewussten, so Carl Gustav Jung.

Fry, der die Werke von Jungs Rivalen Sigmund Freud gelesen hatte, legte Dürer auf die Couch. Der Künstler sei, so befand er, durch das häusliche Leben ruiniert worden. Seiner rationalen, psychoanalytischen Meinung nach war der Deutsche unheilbar bürgerlich geworden, eingezwängt durch Eheangelegenheiten und Geldfragen, die die Heiterkeit und Spannkraft seiner Natur zertrümmert hatten. Während von Rozmital opulente Geschichten erzählte, begrenzte der große Künstler seine Niederschrift auf langweilige Einzelheiten, berichtete wieder und wieder, wie oft er seinen Pass vom Fürstbischof von Bamberg vorgezeigt hatte, wie man ihn an der Grenze hatten passieren lassen; fügte hinzu, wie viele Florine er für eine Flasche Wein ausgegeben, was er für seine Schuhe bezahlt hatte oder wie er seine Stiche eintauschte gegen eine indische Kokosnuss, eine türkische Peitsche, zwei Papageien in einem Käfig, einen Pelzmantel aus Kaninchenfell, ein Stück rote Kreide, Tannenzapfen, ein Halstuch und einen kleinen Schädel aus Elfenbein.

Fry war genervt. Was stellte sein Held mit so vielen kuriosen kindischen Kinkerlitzchen an, mit all den Zuckerrohrstücken und Büffelhörnern? Und wie, so Frys Frage, war es möglich, dass wir so wenig über die großen flämischen Kunstwerke hören? Seine herrlichen Werke gegen Papageien einzutauschen! Goethe wäre derselben Meinung – ich finde so einen armen Künstlernarren jedoch einfach rührend.

Keinem fiel auf, dass all dieser Kram und diese ganze Buchhaltung eine Verkleidung war, eine Tarnung für sein kindliches Staunen. Scheinbar ging es ihm um so etwas Erwachsenes wie Rechnungen, dabei stützte Dürer seine Phantasie mit der herrlichen Dinglichkeit der Dinge ab. Er war ein kleiner Junge, der auf dem Boden des Museums saß und einen Dinosaurier zeichnete.

Dem deutschen Handelsmann Lazarus Ravensburger überließ Dürer einen Druck des heiligen Hieronymus in seiner Zelle plus drei große, teure Bücher. Er bekam dafür eine große Finne, fünf Nautilusmuscheln, zwei getrocknete Fische, eine weiße Koralle und eine rote Koralle, außerdem vier Bambuspfeile, vier Silber- und fünf Kupfermedaillen. Ihm schien das ein guter Tausch. Er schickte große Kisten voll mit dem ganzen Zeug zurück nach Nürnberg, wollte jedoch lediglich einem befreundeten Priester seine kostbarsten Neuerwerbungen anvertrauen: einen großen Schildkrötenpanzer, einen Schild aus Fischhaut, eine lange Pfeife, einen langen Schild, die Finne eines Hais und zwei kleine Behälter mit Zitronat und Kapern. In einem Zeitalter des Handels mit außergewöhnlichen Gegenständen handelte Dürer mit Träumen.

> Ich hab gelöst aus 2 Adam und Eva, notierte er, einem Meerwunder, einem Hieronymus, einem Reiter, einer Nemesis, einem Eustachius, einem ganzen Stück Holzwerk, 7 Stücke des schlichten Holzwerks, 2 Bücher und 10 kleine *Holzpassionen*.
> Ich habe ein Paar Socken für 1 Stiver gekauft.

Der Künstler verbrachte jenen Sommer damit, sein Werk zu verkaufen und zu verschenken, mit der Suche nach neuen Zerstreuungen und Sensationen. Durchaus erfuhr er selbst auch Ehrungen. So wurde er von fürstlichen Städten unterhalten, von Köln und Brüssel bis Antwerpen, wo sich die Malergilde zu beiden Seiten des Tisches erhob, als er zum Abendessen hereingeführt wurde. Er war die illustre Hauptperson, und sie versuchten ihn zum Bleiben zu bewegen.

Antwerpen war der reichste Handelshafen in Nordeuropa und bereitete sich auf die Krönung vor. In einem Lagerhaus, wo normalerweise Felle oder Wolle aufbewahrt wurden, arbeiteten Dutzende Maler an einer triumphalen Darbietung für den Kaiser: 400 Bögen, zwölf Meter breit, die entlang der Straße aufgestellt werden sollten; unter diesen sollten Schauspiele aufgeführt und junge Frauen als lebende Statuen aufgestellt werden (wenn auch nicht nackt, wie manche vorschlugen).

Dürer beobachtete die Prozession wie ein Junge das Karnevalstreiben, in der Hand ein Papierfähnchen. Kerzenleuchter und fränkische Trompeten zogen vorbei, und die Heiligen Drei Könige ritten auf mächtigen Kamelen und anderen seltenen Tieren daher, alles war sehr schön aufgereiht und am Ende kam der große Drache, von der heiligen Margarete und ihren Maiden an einer Leine geführt. Doch Dürer sollte etwas zu sehen bekommen, das noch viel sensationeller war – nicht beim Umzug auf den Straßen, sondern in der Stadthalle.

Ich sah die Knochen eines Riesen, so sein erstaunter Eintrag in seinem Tagebuch. Sein Bein oberhalb des Knies ist 1,70 Meter lang und maßlos schwer und sehr dick, ebenso seine Schulterblätter – ein einziges ist breiter als der Rücken eines starken Mannes – und seine anderen Gliedmaßen. Der Mann war 5,5 Meter groß, er hatte in Antwerpen geherrscht und wunderbare gewaltige Taten vollbracht, was ausführlicher über ihn beschrieben ist in einem alten Buch, das die Stadtherren in ihrem Besitz haben.

Diese Überreste – ein Schulterblatt, eine Rippe und eine struppige, besenähnliche Substanz – stammten angeblich von einem erschlagenen Riesen, dessen Hand ins Meer geworfen worden sei, und diese Legende gab der Stadt ihren Namen: *ant*, »Hand«, und *werpen*, »fortgeworfen«, also Antwerpen. Tatsächlich handelte es sich um die Knochen eines Grönlandwals, eines arktischen Wals, der dreihundert Jahre alt werden kann. Übertroffen wird er nur vom Grönlandhai – ein solcher Hai, der zur Zeit Dürers geboren wurde, könnte noch heute im dunklen, grünen Meer schwimmen. Es war – selbst für einen Künstler – unmöglich, sich solche Geschöpfe vorzustellen, sich auszumalen, welches Fleisch diese Knochen umkleidet hatte. Und kaum hatte er diese Überreste gesehen, bekam er ein noch riesigeres Schaustück zu Gesicht.

Es schien gerade so, als werde er von den Tieren weitergeführt. Im Rathaus von Brüssel sah er ein monströses, aus Steinquadern aufgeschichtetes Wesen.

Es war einen Klafter lang, sagte er, sehr dick, wiegt bis zu 15 cwt, und es hat die hier gezeichnete Form:

Dürers Skizze ist nicht erhalten, doch in seinen Augen glichen diese Knochen fast einer Architektur, was durchaus nachvollziehbar war, denn Walskelette überwölbten häufig Gebäude mit ihren Rippen ebenso wie mit ihrem Leiden. Im St. Stephanus-Dom zu Halberstadt in Sachsen hatte man beispielsweise zum Schutz vor Hochwasser einen Rückenwirbel von einem Pfeiler aufgehängt, von dem es hieß, er habe zu dem Fisch gehört, der Jona verschluckte. An einer anderen Säule war ein zylinderförmiges Fossil, ein sogenannter Belemnit, befestigt. Dieses Fossil entstand durch einen Blitzschlag, war also kraft seiner Feuergeburt imstande, Feuersbrünste zu verhindern.

Andere Riesen-Amulette schmückten Gotteshäuser wie Hexensteine an der Hütte eines Fischers. In der Kathedrale von Krakau gesellten sich zum Kieferknochen eines Wals die Knochen eines Wollhaarnashorns und eines Mammuts. Im Londoner Whitehall-Palace erhielt ein Hof wegen der dort ausgestellten Knochen den Namen Whalebone Court.

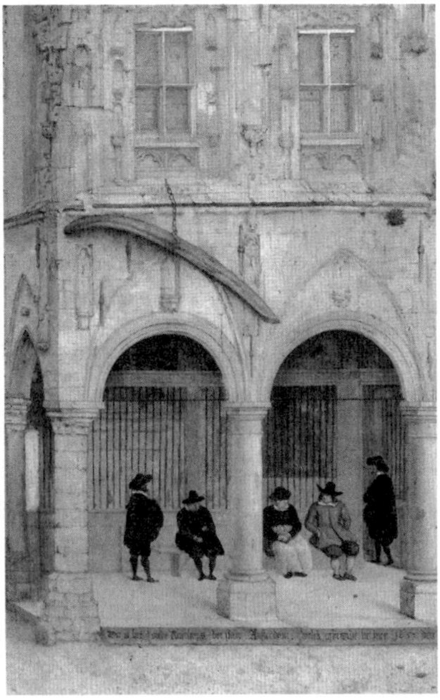

Und in Verona hing eine Walrippe von einem Bogen über der Straße herunter, als beuge sich eine Angebetete über ein Balkongitter. An das Außergewöhnliche gewöhnten sich die Bürger. In Pieter Saenredams Gemälde aus dem Jahr 1657 baumelt ebenfalls eine Walrippe am Rathaus von Amsterdam. Kaufleute sitzen schwatzend zusammen und verschwenden an das Gericht über ihren Häuptern keinen Gedanken.

Wale wurden zu dem, als was wir sie haben wollten. Wir erwarteten von ihnen, ihre gottgegebene Pflicht zu erfüllen. Ihre Aura des Sensationellen blieb ihnen erhalten, obwohl sie wegen ihres Öls zusammengekocht wurden. Dürer bewegten solche Wunder tief; einen Künstler forderten sie enorm heraus und verfügten über eine immense Anziehungskraft, weil sie so schwer verständlich waren. Ebenso wenig wie von Gott konnte jemand von diesen Walen sagen, wie sie tatsächlich aussahen oder wozu sie eigentlich fähig waren.

Wale trugen all dieses Unwissen auf ihrem Rücken, beladen mit Gelehrten und Künstlern, die dort oben herumkletterten. Dürer wusste es besser. Er hatte, seit er ein Junge war, über diese Geschöpfe gelesen, auch wenn seine Quelle so alt war wie ein Wal oder ein Hai.

Der im 13. Jahrhundert lebende Mönch Albertus Magnus – Albert der Große von Köln – machte seinem Namen alle Ehre. Der Zoologe, Astrologe, Astronom, Mineraloge, Philosoph und Alchimist war der erste moderne Autor, der mit einem gewissen Maß an Genauigkeit das Aussehen und Verhalten von Walen beschrieb. Dank seiner unersättlichen Neugier und seiner akademischen Leistungen verdiente er den Ehrentitel eines *doctor universalis;* seine Experimente trugen ihm den Ruf eines Zauberers ein. Sein bedeutendster Trick war in der Tat eindrucksvoll: Er empfing in einer Vision die Pläne für den Kölner Dom, wenngleich es dann sechs Jahrhunderte dauern sollte, bis diese Pläne umgesetzt waren – der Kran stand immer noch auf dem halb aufgerichteten Turm, als Herman Melville ihn im Jahr 1849 besuchte, was den jungen Amerikaner zu dem Seufzer bewegte: Oh! Zeit, Kraft, Geld, Geduld!

Albert war für Dürer möglicherweise bereits Geschichte und seinerzeit schon längst tot, doch war er weiterhin ungewöhnlich einflussreich. Er lieh Albrecht nicht nur seinen Namen, sondern führte seinen deutschen Landsmann auch in die Geheimnisse der Naturwelt ein.

Albertus wurde um 1200 in Bayern in der Nähe von Nürnberg geboren. Als Jugendlicher von männlicher Schönheit und unermüdlichem Durchhaltevermögen hatte er die Universität von Padua besucht, wo ihn in einem bemerkenswerten Tutorium eine Statue der Jungfrau Maria ansprach und ihn aufforderte, sich den Dominikanern anzuschließen und die Naturwissenschaften zu studieren. Er beschloss, den Ozean der Welt, der an Schiffbrüchen so reich war, zu verlassen und Zuflucht im sicheren Hafen des Klosterlebens zu suchen. Im Kampf mit der Dunkelheit und Trägheit seines Verstandes betete Albert um die Gabe wissenschaftlicher Philosophie. Daraufhin erschien in einer Flut von Licht, das seine Zelle erfüllte, erneut die Jungfrau. Sie war bereit, seine Bitte gnädig zu erhören – allerdings – unter der Bedingung, dass er am Ende seines Lebens in den Zustand eines unschuldigen Kindes zurückkehren werde. Albertus stimmte dem Vertrag zu, obgleich er auch der Meinung war, nach tausend Jahren würde der Satan auf die Welt losgelassen.

Nach Lehrtätigkeiten in Freiburg, Regensburg und Straßburg traf Albert in Paris ein und wurde zum produktivsten Autor des Mittelalters. Er griff auf antikes Wissen von Plinius und Aristoteles zurück und führte in die Welt des Mittelalters einen neuen Forschungsgeist ein. Zu seinen Experimenten gehörte unter anderem, dass er einen Skorpion in Olivenöl tauchte und einundzwanzig Tage lang in einen gläsernen Behälter setzte, um herauszufinden, ob dies als Mittel gegen sein Gift taugte. Das Tier starb am zweiundzwanzigsten Tag. In einem anderen Test – erwähnt von Professor Kenneth F. Kitchell Jr. aus Massachusetts – setzte der Mönch eine Spinne auf einen glühend heißen Rost und hielt eine andere Spinne in eine Kerzenflamme, um die These zu überprüfen, dass das Tier ebenso wie der Salamander von kalter Beschaffenheit, das heißt unempfindlich gegen Feuer war. Die Antwort lautete: nein.

Kenneth F. Kitchell bemerkte, während Albertus' Schlussfolgerungen häufig jeglichen wissenschaftlichen Erkenntniswertes entbehrten, seien seine Methoden von größtem Interesse, auch wenn sie stark in die Alchimie – *al-kimia*, aus dem Arabischen, die ursprüngliche Chemie – hineinreichten. Albertus behauptete sogar, er sei Zeuge gewesen, wie unedles Metall sich in Gold verwandelt habe.

Eines Tages, Albertus war abwesend, betrat Thomas von Aquin die Werkstatt seines Lehrers und stieß dort auf merkwürdige Instrumente und

Gefäße. Hinter einem scharlachroten Vorhang befand sich ein entzückender Talisman, die Figur eines jungen Mädchens, das ihn ansprach: Salve, salve, salve. Thomas, der sie für einen Dämon hielt, sagte: Weiche von mir, Satan!, und zerschlug die Figur in tausend Stücke; nun tauchte Albertus auf und sagte zu ihm: Du hast in einem Augenblick die Arbeit von dreißig Jahren vernichtet!

Allem Anschein nach benutzte Albertus Quecksilber und Dampf, um seine mittelalterlichen Roboter anzutreiben; sie waren angeblich dazu in der Lage, umherzugehen und zu sprechen. Es ist also kein Wunder, dass seine Texte einen anderen Doktor – Viktor Frankenstein – inspirieren sollten, der über sie sagte, sie seien Schätze, die nur wenige außer ihm selbst kannten. (Auf ihrem Weg in die Schweiz im Jahr 1816 machten John Polidori und Lord Byron in Köln Station, besichtigten die Albertus-Manuskripte und die Skizze eines Christuskopfes von Dürer, setzten dann ihre Reise zum Genfer See fort, wo sie Mary und Percy Shelley besuchten, und lasen einige deutsche Gespenstergeschichten, die ihnen zufällig in die Hände fielen.)

Albertus sagte, Freundschaft sei nichts anderes als die Harmonie zwischen göttlichen und menschlichen Dingen, verbunden mit gutem Willen und Liebe. Als sein geliebter Thomas, dem seinerseits die Fähigkeit der Levitation im Zustand der Ekstase nachgesagt wurde, plötzlich an einem Fieber verstarb, befand sich Albert zum besagten Zeitpunkt Hunderte Meilen entfernt und weilte gerade beim Abendessen, doch er erklärte bei Tisch: Thomas, mein Sohn in Christus, die helle Leuchte der Kirche, geht in genau diesem Augenblick aus dieser Welt fort zu seinem Herrn. Das war der Preis, den er dafür bezahlte, zu sehr geliebt zu haben. Zeit seines restlichen Lebens schluchzte Albertus auf, wenn auch nur der Name seines früheren Schülers fiel. Er bezeichnete ihn als Blüte und Glanz der Welt. Seine Mönchsbrüder, schockiert von so extremen Gefühlen, hielten ihren Bruder wegen seiner Tränen für geistig zurückgeblieben.

Und so war es tatsächlich: Was Albertus der Jungfrau schuldete, wurde beglichen, und so wurden ihm seine irdischen Fähigkeiten genommen. Wahrscheinlich litt er an Demenz; er starb am 15. November 1280 und wurde in der Dominikanerkirche in Köln beigesetzt. Dort wurde im Zuge zahlreicher Exhumierungen festgestellt, dass sein Körper unverwest geblieben war.

Albertus Magnus war sich selbst zum Experiment geworden. Im Jahr 1482 befahl Papst Sixtus IV., das Grab erneut zu öffnen. Der rechte Arm des Mönchs wurde abgenommen und an den Papst gesandt. Andere Reliquien platzierte man in einem Glaskasten, sodass sie von den Gläubigen in Augenschein genommen werden konnten, aber selbst dann durfte Albertus nicht in Frieden ruhen. 1693 wurde ein weiteres Stück von ihm für den Bischof von Regensburg abgeerntet, und im Jahr 1804 wurde aus Furcht vor einer Invasion Napoleons das, was von Albert noch übrig war - auseinandersortiert, als würde Frankenstein sich nach Teilen umschauen - in eine weitere Kirche überführt, die im Zweiten Weltkrieg bombardiert wurde. Erst im späten 20. Jahrhundert kam der Mönch zur ewigen Ruhe: in einem römischen Sarkophag aus dem 3. Jahrhundert, der in der Krypta der Kirche aufgestellt wurde, geschützt vor etwaigen Atomangriffen.

Zuvor wurde die Erinnerung an Albertus nicht in Form von Reliquien, sondern mittels der Druckerpresse wachgehalten: 1932 wurde eine elegante Schrifttype nach ihm benannt; das geschah ein Jahr nach seiner späten Heiligsprechung durch den Vatikan. Sein großes Werk von enzyklopädischer Brillanz, *De animalibus*, brauchte ebenfalls lange Zeit, bis es gedruckt wurde: Verfasst im Jahr 1250, wurde es erst 1478 veröffentlicht. Albrecht Dürer war damals sieben Jahre alt.

Es war eine aufregende Einführung. In Alberts Kompendium waren 113 Säugetiere, 114 fliegende und 140 schwimmende Tiere verzeichnet, 61 Schlangen und 49 Würmer. Ehrfurchtsvoll kauerte Dürer davor, so ähnlich wie ich mich wohl über mein Kinderlexikon gebeugt habe - ich habe es nicht gewagt, die Tiefseefische anzufassen, aus Angst, sie würden mich mit sich in die Tiefe ziehen.

Albertus war weit weg- und umhergefahren und durch die Zeiten gereist, um sein Nachschlagewerk zusammenzustellen. Er hatte Europa durchquert, von den ebenen russischen Steppen bis in die hohen italienischen Alpen - sein Spitzname war Großstiefel, weil er sich weigerte, ein Pferd zu besteigen -, und er hatte unterwegs alles genauestens untersucht. Alte Meeresböden auf Bergspitzen, Wandersterne am Himmel, Eichhörnchen in dunklen Wäldern. Als er an die nördlichen Küsten kam, interessierten ihn besonders die Meeressäuger; sie gehörten, wie er es formulierte, zum Meer, jedoch auch zum Luftraum. Sie waren Zwischenwesen, insofern waren sie beinahe menschlich. Einige Wassertiere verfügten, wie er bemerkte, über beträchtliche Intelligenz, vor allem diejenigen, die lebend gebären und atmen, wie der Delphin, der Wal und ein Tier, das Koky genannt wurde und von dem die Lateiner sagen, es sei ein Seehund. Die Haare auf dem Fell des Seehunds zeigen beispielsweise ganz unabhängig von ihrem Standort und in Verbindung mit der Haut des Tieres durch ihre Beschaffenheit und Aufrichtung Ebbe und Flut an. (Ich hatte eine Geldbörse aus Seehundfell aus Norwegen, die beherrschte diesen Trick ebenfalls.)

Erstmals wurden diese Geschöpfe einzeln - als Individuen - betrachtet. Albertus kam mit seinen Riesenstiefeln hineingewatet, trennte die Barten von den Zahnwalen und berichtete über erkennbare Einzelheiten von Mörder-, Pott- und Glattwalen. Diese Tatsachen über die Natur von Walen ergaben sich aus unserer eigenen Erfahrung, sagte er. Er wusste, dass sie keine sich wälzenden, alles verschlingenden Ungetüme waren, sondern die Beute von Menschen, die sie mit Liedern und Musikinstrumenten anlockten und dann mit Harpunen abschlachteten, die mit dem verwesten Fett toter Wale vergiftet waren, sodass die Opfer langsam starben, ohne das Leben ihrer Jäger zu gefährden.

Albertus überließ es den Künstlern der Zukunft, diese Information zu enthüllen. Sir Isaac Newton soll - so die Bemerkung Viktor Frankensteins - gestanden haben, dass er sich wie ein Kind fühlte, das neben dem weiten, unerforschten Ozean der Wahrheit Muscheln aufsammelt. Dürer orientierte sich bei seiner alchemistischen Suche im Ozean der Wahrheit so genau an den Spuren von Albertus, dass man den Künstler für eine Reinkarnation des Naturforschers halten könnte, ein Geschöpf, das aus denselben Teilen zusammengebaut war. Dürers Freund Conrad Celtis verfasste im Jahr 1500 ein Gedicht, in dem die beiden verglichen wurden. Gott habe ihnen dieselbe Beobachtungsgabe verliehen, und Dürer sei die Erfüllung der Erklärung des Albertus: Jeder Aspekt der Schöpfung habe am Schönen und Guten Anteil.

Albertus hob das Sehen besonders hervor; es war ein physischer Affekt. Er nahm an, das Sehvermögen einiger Geschöpfe wie beispielsweise der Fledermaus werde vom Sonnenlicht völlig zunichte gemacht, das Sehen anderer wie etwa der Menschen könne jedoch kurz auf die Sonne gerichtet werden. Einige, die Schwachen, wären dazu in der Lage, ohne dass ihre Augen zitterten; andere wie etwa der Steinadler könnten die Sonne als runde Scheibe sehen. Albertus sah, wie mit Adleraugen, das Licht selbst. Er sah auf neue Weise - daher war er für einen radikalen Künstler wie Dürer so reizvoll -, doch hing dies vom göttlichen Strahlen ab. Es bedurfte des Glaubens, um Wissen zu erlangen.

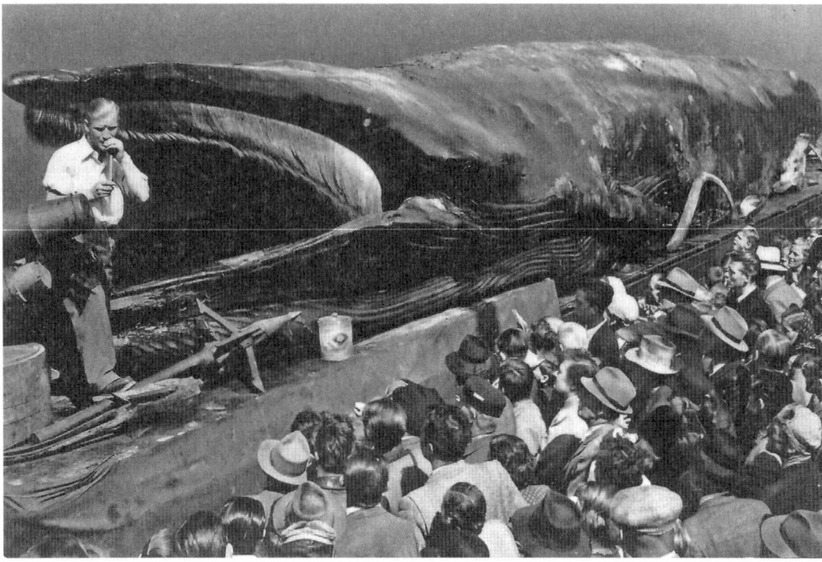

Der Glaube des Albertus an das Wissen war es, was Dürer einfiel, als er die Riesen von Antwerpen und Brüssel erblickte. Er hätte gut daran getan, sich Melvilles Rat zu Herzen zu nehmen: Die wahre Natur des Leviathan kann man nicht an seinen Knochen ablesen. Wie würde es sein, wenn er das Tier mit seinen eigenen Augen sehen könnte, das sich an einem abgelegenen Strand abquälte? Hätte er es auf einem Lastzug nach Nürnberg transportiert, so wie später ein geteerter Wal auf der Ladefläche eines Lastwagens durch Europa tourte, und würde der Künstler dann dort stehen wie ein demagogischer Schausteller, der seine Ladung bewirbt, oder wie der Wal in Béla Tarrs Film *Werckmeister Harmonies*, der während der Zeit des Kalten Krieges auf einem Marktplatz eintrifft und die Bürger mit seinem zwischen Tod und Leben schwebenden Blick wahnsinnig macht?

Dann kam die Nachricht, auf die er gewartet hatte. Er war von diesen Knochen gewarnt worden, so wie Seegras schlechtes Wetter ankündigt. Der Bericht ist präzise; man könnte ihn in Morsezeichen übersetzen.

In Zierikzee in Zeeland ist bei Flut und stürmischem Wind ein Wal gestrandet. Er ist sehr viel länger als 100 Klafter. Kein Mensch in Zeeland hat je einen gesehen, der auch nur ein Drittel so lang ist. Das Volk sähe gern, dass er weg wäre, denn sie fürchten den großen Gestank, denn er ist gar so groß, dass sie meinen, man könne ihn in einem halben Jahr nicht aufhauen und Öl von ihm sieden.

Dürers Herz schlug schneller. Unmöglich für ihn, dieses Tier nicht zu sehen. Es konnte die Wende in sein Leben bringen, mit größerer Sicherheit als jede kaiserliche Rente. 100 Klafter, 180 Meter? Das war auf jeden Fall ein gewaltiges Ausmaß. Nach Albertus war diese monströse Größe ausgeschlossen.

Doch wie stand es mit dem Glauben? Zwei Jahre später, nachdem es am selben Ufer zu einer ähnlichen Strandung gekommen war, erklärte Martin Luther den Leviathan zu einem Menetekel Gottes. Er warnte, ausgehend von Beispielen aus alter Zeit, ein solches Meeresungeheuer sei ein sicheres Zeichen für den Zorn Gottes.

Der Herr sei unserer Seele gnädig.

Im Mittelalter war allgemein bekannt, dass der Wal zeige, wie trügerisch der Teufel sein könne: Die Form einer Insel oder eines Baumes konnte er annehmen oder des Höllenschlundes selbst. Dürer hätte eigentlich wissen müssen, dass es nicht ratsam war, sich um den Anblick solcher Ungeheuer zu bemühen.

Man konnte sie im Umkreis von einer Meile riechen.

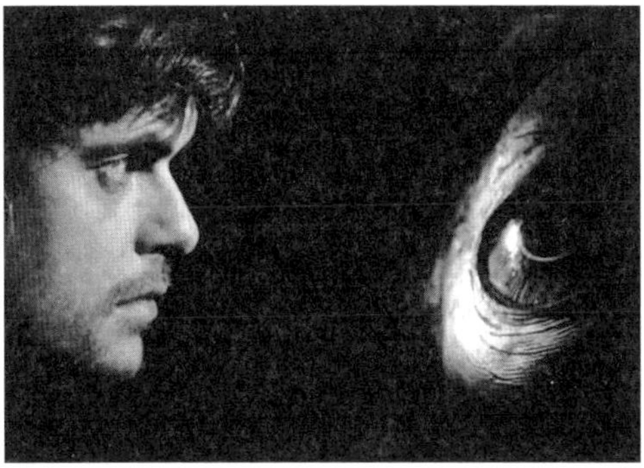

MEER

Das Meer. Wie wenig davon er bislang gesehen hatte. In seinen Plänen wird eine gewisse Erregung spürbar, ein aufkommendes Gefühl von Abenteuer, als die Leinen gelöst werden und das Schiff freie Fahrt aufnimmt. Als er das Festland verließ – worauf hatte er sich da eingelassen?

Am Abend des Barbaratages, dem 3. Dezember 1520, ritt Dürer nordwärts von Antwerpen in die Küstenstadt Bergen-op-Zoom, südlich von Rotterdam. Er hatte sich auf seine Expedition vorbereitet, indem er drei Paar Schuhe, ein Paar Augengläser und einen Elfenbeinknopf erstanden hatte.

Hab für das Pferd 12 Stüber gegeben.

Seine Frau hatte er wie immer zurückgelassen. Er war gern mit den Jungs unterwegs.

Item 5 Stüber verbadet und mit den Gesellen vertrunken.

In Bergen war er mit den Herrschaften aus Nürnberg zusammengekommen, Georg Kötzler, Sebastian und Alexander Imhoff – jenen wohlhabenden Pestflüchtlingen, die wegen der gesunden Meeresluft hier waren –, außerdem mit dem Antwerpener Kaufmann Bernhard von Reesen, den Dürer den kleinen Bernard nannte. Er zeichnete noch ein weiteres Mitglied der Seegesellschaft: Markus Ulstett, Soldat aus einer angesehenen Augsburger Familie. Mit seinem offenen Gesicht und seinen weit geöffneten Augen sowie seinem Dreizack wirkte er wie jemand, der für alles bereit ist. Im selben Skizzenbuch fand sich ein derberer, unbenannter Seemann mit strähnigem Haar, einem knubbligen Kinn und einer Fellmütze. Er schaut hinaus auf den Horizont, während Nikolaus, der Heilige der Stadt Amsterdam und der Seeleute, sie mit seiner verkrampften Hand segnet.

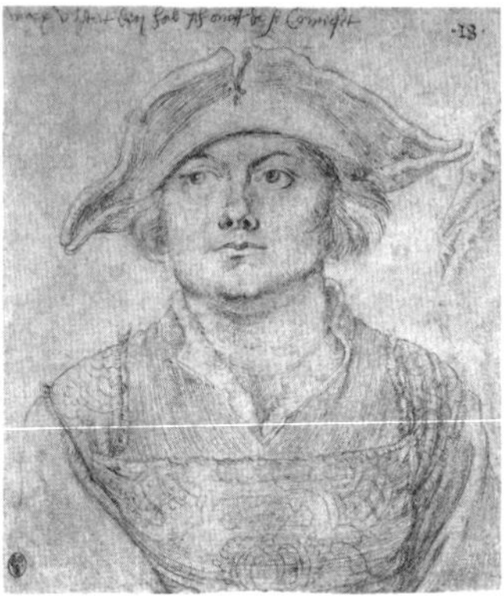

Sein Festtag, an welchem gute Seeleute die Messe besuchten, um Schutz vor Stürmen zu erbitten, war gerade vorüber.

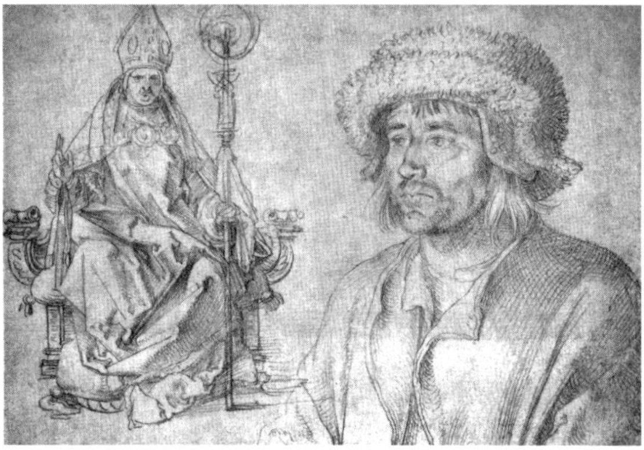

Sie brachen in eine Wasserwelt auf. Diese flachen Gefilde gehörten seit jeher dem Meer. Die fischgratgemusterten Wege in der Stadt wanden sich zum Meer hinunter; Kirchtürme ragten wie Laternen empor, die im Schlamm versanken. Meilen- und meilenweit gab es nichts, dann etwas, dann wieder nichts.

Wir fuhren zu dem untergegangenen Flecken, da nur die Spitzen von Dächern aus dem Wasser herausragen.

Die erste Nacht verbrachten sie vor Anker. Es war kalt, und sie hatten nichts zu essen oder zu trinken. Die Vorkehrungen ihres Anführers – die Schuhe und die Augengläser – waren nicht so zweckdienlich, wie seine Begleiter es gern gehabt hätten. Sie waren erleichtert, am Tag darauf zur Insel Walcheren weitersegeln zu können. Das Meer um sie herum war düster, graue Wolken brauten sich zusammen.

Plötzlich geriet alles außer Kontrolle. Das Schiff schlingerte, die Fürsten gerieten in Panik. In dem Chaos und der Verwirrung war es der Künstler, der sie zur Besinnung brachte.

Als wir an Land stießen und unser Seil auswarfen, da drängte sich ein großes Schiff neben uns sehr kräftig, und ich war gerade dabei auszusteigen, dass ich im Gedränge jedermann vor mir aussteigen ließ, so dass niemand außer ich, Georg Kötzler, zwei alte Weiber und der Schiffsmann mit einem kleinen Buben im Schiff blieben ... da zerriss das starke Seil und so kam im selben Augenblick ein starker Sturmwind, der trieb unser Schiff mit Gewalt hinter sich.

Gleich würden sie von der Strömung weggerissen werden.

> Es sah so aus, als seien wir verloren, sagte Dürer. Da schrien wir alle um Hilfe, aber niemand wollte sich wagen. Da schlug uns der Wind wieder in die See. Da raufte sich der Schiffsmann und schrie, denn seine Knechte waren alle ausgestiegen, und das Schiff war unbeladen. Da war Angst und Not, denn der Wind war groß und nicht mehr als 6 Personen im Schiff.

Der Künstler richtete ein Stoßgebet gen Himmel.

Jahrhunderte später werden seine Jünger, die Nazarener, diese Szene mit der Besänftigung des Sturms auf dem See Genezareth durch Christus vergleichen.

> Da sprach ich zum Schiffsmann, er solle sich ein Herz fassen und Hoffnung zu Gott haben und nachdenken, was zu tun wäre, sagt der Künstler.
> Daraufhin sagte er, wenn er das Segel aufziehen könnte, so wollten wir es versuchen, ob er wieder anfahren möchte.
> Vom Ufer aus sahen Menschen zu. Sie hatten die Besatzung bereits aufgegeben.

Also halfen wir schwerlich miteinander und brachten das Segel zuletzt halb hinauf und fuhren wieder an.

Langsam kam das Schiff zum Stillstand und bewegte sich zurück an Land und in Sicherheit. Sie brauchten einen Tag, um sich von ihrem Schrecken zu erholen. In Middelburg, der Hauptstadt Zeelands, erhielten Dürers Freunde drei indische Kokosnüsse, die sie ihm überließen. Sie wussten, dass er sie gerne hätte. Er bekam auch eine sprießende Tulpenzwiebel. Ein Wal war das aber nicht.

Am nächsten Morgen in aller Frühe machten sie sich wieder auf den Weg, um den großen Fisch zu sehen. Er war in Zierikzee gesichtet worden. Doch die Sturmflut, die ihn in die Bucht gespült hatte, trug ihn auch wieder fort. All die Anstrengungen für nichts. Die Männer zogen sich zurück. Das Ungetüm, zu schrecklich anzuschauen, war aus eigenem Antrieb geflohen. Dürer fing an, sich unwohl zu fühlen.

Und da ich vormals in Seeland war, überkam mich, sagte er, eine wunderliche Krankheit, von der ich nie von einem Mann gehört habe, und diese Krankheit habe ich noch immer.

Einige meinten, bei der Krankheit handle es sich um Malaria - schlechte Luft -, als ob es ein vergifteter Ort wäre. (Von Middelburg lief das Sklavenschiff Zong aus, eben jenes Schiff, das Turner dabei abbildete, wie es seine Lebendfracht ins Meer warf.) Im Jahr 1809 sollten die Briten versuchen, die Insel Walcheren zu erobern und damit die Kontrolle über Europa zu übernehmen. Die Invasionsflotte, bestehend aus 600 Schiffen und 40 000 Mann, war die größte, die Britannien je zusammengezogen hatte. (Der Kommandant, Lord Chatham, nahm seine geliebten Schildkröten mit, und sein Admiral Sir Home Popham wurde als Nilpferd beschrieben, ein amphibisches Tier, das nicht an Land leben kann und im Wasser stirbt.) Als die Truppen jedoch auf der Insel ankamen, entdeckten die Offiziere, dass der Grund der Kanäle mit einer dicken Schicht Schlamm bedeckt war, aus der bei Flut widerwärtige Ausdünstungen aufstiegen.

Die ganze Insel ist so flach und dem Meer so nahe, sagte ein Inspektor, dass ein großer Teil kaum mehr ist als ein Sumpf; brauchbares Trinkwasser war nur schwer zu beschaffen. Selbst die Einwohner machten einen ausgelaugten Eindruck, blass und teilnahmslos. 4000 Soldaten sanken dem Tod in die Arme, so die Erinnerung eines Überlebenden, als wären sie in einer

Krankheit ertrunken. Der Rest zog sich nach England zurück, wo an das Unterfangen nur mehr ein einsames Marinegebäude namens Walcheren im Hafen von Portsmouth auf der Whale Island erinnert.

Dürers erfolglose amphibische Expedition verkürzte sein Leben - aufgrund eines Zustands, für den er keinen Namen hatte, wegen eines Tiers, das er nicht zu Gesicht bekam. Es war eine Lektion in übersteigertem Glauben, die an die traurigste Szene der Filmgeschichte erinnert, wenn in dem Film *Whistle Down the Wind* zwei kleine Kinder, ein Bruder und eine Schwester, Hand in Hand an einer Scheune ankommen, um Jesus zu sehen, nur um zu erfahren, dass dieser schon weg ist. Tatsächlich ist dieser ein gesuchter Verbrecher auf der Flucht, der festgenommen wurde; sie jedoch glauben, er sei in den Himmel aufgefahren.

Es war schon eine außerordentliche Ironie des Schicksals. Dürer war vor der Pest aus seiner Heimatstadt an einen der Gesundheit zuträglicheren Ort geflohen, nur um sich dort an einem verseuchten Ufer eine Infektion einzufangen. Womöglich machte er die Sterne dafür verantwortlich. Allerdings hatte der Umstand, dass es ihm nicht gelungen war, den Wal zu sehen, einen unerwarteten Effekt. Er flößte ihm neue Inspiration ein, so als hätte er die schlechte Luft des Wals eingeatmet. Das Bewusstsein seiner Sterblichkeit eröffnete ihm erneut, ja sogar klarer, zu sehen wie Albertus. Er war immer ruhelos gewesen, unfähig, stillzuhalten; seine Hand konnte nie aufhören zu zeichnen, als unterläge sie einem Automatismus, unabhängig von allem anderen. Seine Reise in die Niederlande war das wichtigste Ereignis seiner späteren Jahre, so sein Biograph Erwin Panofsky.

Dürers dortige Erfahrungen bewirkten alles andere als einen Abstieg seines Talents - sie waren der Anstoß für das, was Panofsky als neue, unendliche Offenbarungen seines Genies bezeichnete. Als hätte Dürer einen Vertrag unterschrieben. Und tatsächlich hat er ja auch ein Meerungeheuer gezeichnet. Wo er es sah - ob er es überhaupt gesehen hat, kann ich Ihnen nicht sagen, obwohl ich durch Bibliotheken geschwommen und über Ozeane gesegelt bin.

Aber ich meine es ernst, und ich werde es versuchen.

Der rangniedrigste Bibliothekar kommt aus den Archiven geschlurft und staubt sein Buch mit den Geschichten altertümlicher Wale ab. Ohtere, ein norwegischer Kaufmann, erzählte Alfred dem Großen von den Pferd-Walen. Er berichtete, diese fremdartigen Tiere besäßen Knochen, die für ihre Zähne von höchstem Wert waren; einige brachte er mit, um sie dem König zu zeigen. Dieses Tier hatte noch viele andere Namen, irgendein Gemurmel, das seine Andersartigkeit andeutete. Im Deutschen: *Rusor* oder »Rostiger«, der Russische Wal; Holländisch *Rosmarus*, Meerpferd. Die Engländer zogen das skandinavische *Walrusch* vor und das altnordische *Hvalross*, haariger Wal oder Wal-Pferd. Das Wort der Russen oder Lappen *Morsz* traf die Sache genauer, es bedeutete ein beißendes Ding, vor dem man sich hüten musste. Im Jahr 1456 berichtete William Caxton von einem solchen Wesen in der Themse: In diesem Jahr wurden gewaltige Fische zwischen Eerethe und London gefangen, einer wurde Meer-Mors genannt, der zweite ein Schwertfisch, und die anderen beiden waren Wale.

Die Monarchen in ihren ufernahen Palästen taten gut daran, sich vor dergleichen Untieren zu fürchten; Caxton warnte vor Krieg und Unruhen, die sich bald darauf einstellen würden. Im Jahr 1590, nachdem Martin Frobisher aus der Arktis mit dem Horn eines Einhorns für seinen Monarchen zurückgekommen war – außerdem mit drei Inuit, einem Mann, einer Frau und einem Kind, die alle kurz darauf starben –, veröffentlichte Edmund Spenser seine *Faerie Queene* und stattete sein Epos mit meererschütternden Walen und mächtigen einhörnigen Rhinozerossen mit unermesslichen Schwänzen aus, sowie Meerpferden mit verzerrten Gesichtern.

Sie hätten die Augen und Ohren sein können, die auf dem Umhang der jungfräulichen Königin aufgestickt sind; eine seltsame Bruderschaft, wie die moderne Dichterin Marianne Moore 1924 schreiben sollte, die Seelöwen und Landlöwen, Land-Einhörner und See-Einhörner als austauschbare Gestalten versteht, die uns umso mehr befremden, je länger wir sie anschauen. Die Naturgeschichte hatte kaum einen Einfluss auf diese Visionen. Bildende Kunst und Dichtung hatten bessere Chancen. Wie diejenigen ihrer Narwal-Genossen waren Walross-Hauer trügerisch; sie verführten Albertus zu der Annahme, Walrosse seien männliche Wale, die ihre Zähne dafür verwenden, von Felsen zu hängen, während sie schlafen; das ist nur eines der Geheimnisse, die in der späteren *Geschichte der Nordischen Völker* von Olaus Magnus wieder aufgegriffen wurden, in der Seesterne mit Gesichtern, Walrosse wie riesige Eber und Seeschlangen vorkommen, die Seeleute von ihren Schiffen zerren – ein Storyboard für einen Horrorfilm der Renaissance.

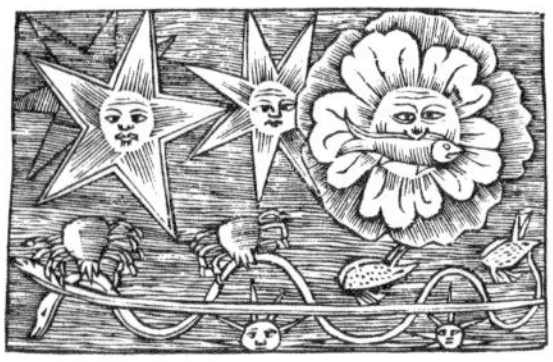
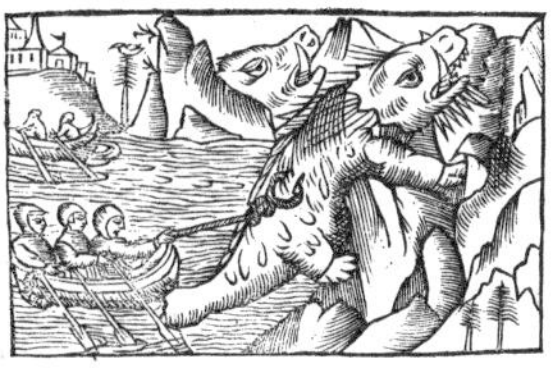
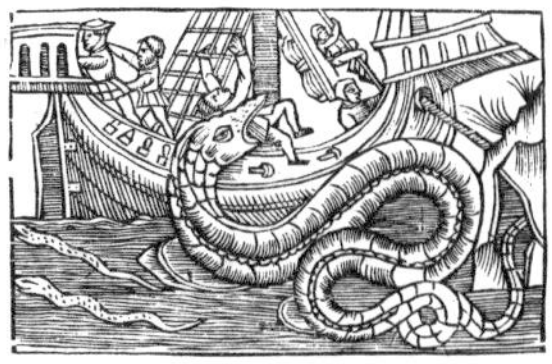

Albertus Magnus hatte immer nur einzelne Bestandteile von diesen Geschöpfen zu Gesicht bekommen: Stoßzähne, aus denen heilige und profane Objekte geschnitzt wurden; Tierhäute, die zu Tauen verarbeitet und auf dem Kölner Markt verkauft wurden; man benutzte sie, um enorme Gewichte auf die Flaschenzüge von Schiffen zu hieven. In einem Text heißt es, um ein Walross zu fangen, müsse man im Bereich seines Schwanzes ein Loch bohren; dieses wurde dann fixiert, und wenn das Tier die Flucht ergriff, häutete es sich selbst. Doch neben all dieser Grausamkeit und Phantastik gelang dem Walross ein ganz und gar spektakuläres Kunststück: Es erhob sein Haupt aus Dürers Skizzenbuch.

> *Dieses schläfrige Tier, dessen Haupt ich hier dargestellt habe, wurde in der niederländischen See gefangen und maß XII brabantische Ellen mit vier Füßen.*
>
> → TAFEL I

Wo und wann hat er es gezeichnet? Ich wüsste es nur zu gern.

Die Vergangenheitsform lässt darauf schließen, dass Dürer diese Beschreibung später hinzufügte, einfach nur um die Dinge zu verunklaren, als sei sein Text eher als Dichtung denn als Erklärung gemeint. Einige sind der Meinung, er habe die Zeichnung nach einer früheren Skizze erstellt; dies ist also quasi eine Spur einer Kopie einer Erinnerung. Seine Erwähnung der niederländischen See könnte sich auch auf das nördliche Meer der Arktis beziehen. Wie auch immer – der Künstler ist nie einem lebendigen Walross begegnet. Er war vielmehr Zeuge einer wundersamen Darbietung, einer Art Opferung.

Im Jahr 1519, als Dürer seine Reisepläne erwog, erhielt Papst Leo X. ein ungewöhnliches Geschenk. Geschickt wurde es ihm aus Norwegen von seinem Erzbischof Erik Walkendorf, der darauf erpicht war, Grönland in sein

Bistum aufzunehmen, und damit einhergehend den lukrativen Arktis-Handel mit Häuten, Fellen und Elfenbein. Die Gabe des Bischofs – nicht weniger als ein Walross – sollte den Papst mit den überraschenden Reichtümern dieser kargen Region beeindrucken. In seinem Brief beschreibt Walkendorf das furchterregende Tier, das gemeinhin als Rosmer bezeichnet wurde und bis zu dreizehn Ellen lang wurde. Das war typisches Anglerlatein – eine Elle bezeichnet die Länge eines Männerarms, Walkendorfs Tier hätte also die Größe eines Mammuts gehabt.

Man konnte dem Bischof allerdings seine Erregung kaum verübeln. In der Arktis wimmelte es von eigenwilligen Tieren, die man sich am besten auf Bischofsstabslänge vom Leibe hielt. Bei den Reisen durch seine eisige Diözese sei Walkendorf, so sein Bericht, Walen und Kraken nur durch den Beistand von Olaf, dem Nationalheiligen seines Landes, entkommen. Was er sonst in dieser wilden Wasserwelt noch gesehen habe, wolle er gar nicht ansprechen, weil er fürchte, sonst den Heiligen Vater zu kränken. Schließlich waren das alles Orte, wo das Wort Gottes erst noch seiner Verkündigung harrte.

Leos Geschenk wurde nach Rom geschickt: nicht ein ganzes Tier, sondern der Kopf eines Walrosses, gepökelt in einem Fass wie ein toter Admiral. Diese Trophäe wurde dann anschließend in ganz Europa herumgereicht; zu Weihnachten 1519 traf sie im Straßburger Rathaus ein, flankiert von einem deutschen Knittelvers, der an die Wand geleimt war – ein melancholisches Weihnachtslied.

In Norwegen nennen sie mich Walross,
Ich bin aber ein Cetus dentatus.
Meine Frau heißt Balaena.
In der Ostsee kennt man mich gut.

Hätte ich mein Leben zu Ende leben dürfen,
Dann hätte ich es nicht den Walen geweiht.
Der Bischof von Nidrosia ließ mich am Ufer niederstechen
Der Papst Leo ließ meinen Kopf
nach Rom schicken, wo mich viele Menschen sahen.

Der Kummer des Walrosses, die Leiden des Wals. In Dürers Tagebuch wird das Walross nicht erwähnt. Sah er dieses Relikt in Straßburg? Sein Walross wirkt lebendig, doch der Kopf schwankt seitwärts, mit einem benommenen, starren Blick. Er konnte die Worte für das Tier nicht finden, da er das in seinen Augen erloschene Licht sah. Er tat etwas, das kein Papst, ganz gleich wie unfehlbar, tun konnte. Er wurde zum Walross: die hakenartigen Hauer, die geblähten Nasenflügel, die bemitleidenswerten Borstenhaare und Brauen - auf die Art und Weise, wie Melville Nantucket erfinden sollte, eine Insel, die er nie gesehen hatte, mit ihren müden Seeleuten, die von Walen und Walrossen träumten, die unter ihren Kissen dahinschwammen.

Aus den Tiefen eines nach Formaldehyd riechenden Lagerraums wird mir ein mächtiger Schädel gereicht, massiv wie Marmor, ein Zyklopen-Fossil. Ich halte ihn an meinen Kopf und bin plötzlich dazu in der Lage, mit der Stimme seines Besitzers zu sprechen.

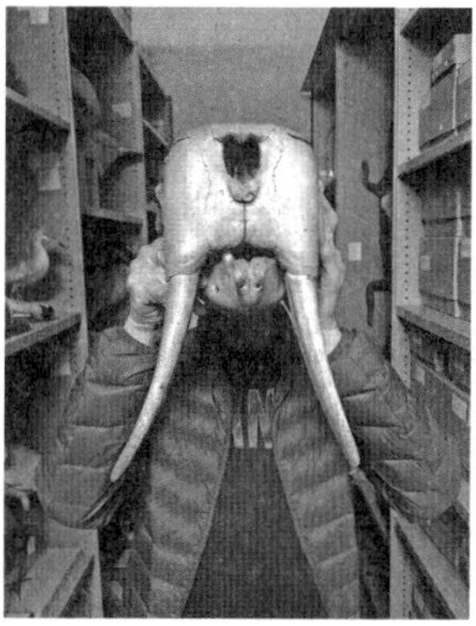

Dürer mochte sein Walross: Er benutzte es in einer Zeichnung für eine Altartafel, auf welcher Margarethe, die jungfräuliche Märtyrerin - die von einem Drachen gefressen wurde, nur um aus seinem Bauch neugeboren wie Jona wieder ausgespien zu werden -, ihr Symboltier an einer Leine hält. Doch dieses domestizierte Kürzel war nur mehr ein reumütiges Gespenst.

Wir können lebende, bebende Geschöpfe, ihr Fleisch und ihre Knochen, Hauer und Fell, ihre Instinkte und Wahrnehmungen nicht einfangen. Dürer kam all dem immerhin nahe, auch wenn er das Eigentliche nicht sah. Im berühmtesten Bild, das er je schuf, zeichnete er ein anderes

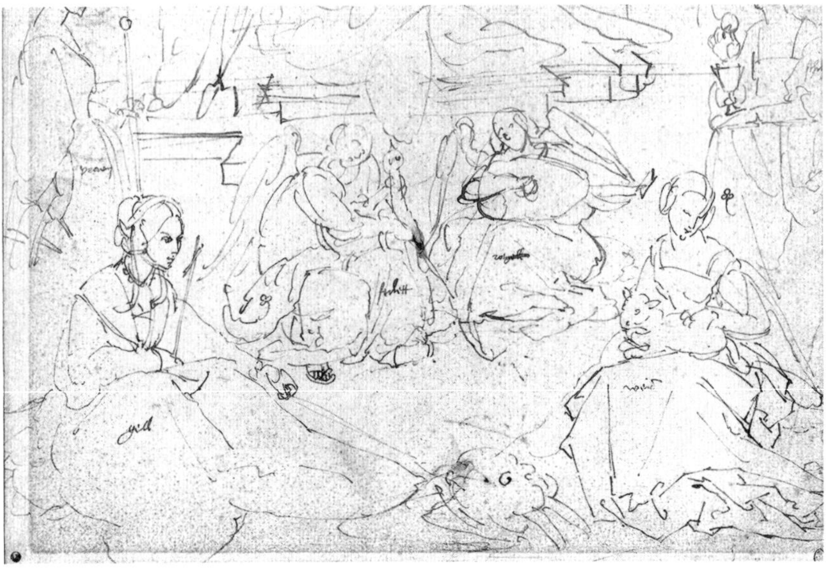

sagenumwobenes Tier. Und wie das Walross übertraf dieses jede übliche Erwartung.

Für die Renaissance war das Rhinozeros eine Legende, ein klassisches Geschöpf, ein Mythos. Plinius hatte in ihm den natürlichen Feind des Elefanten gesehen, einen Feind, der sich für den Kampf rüstete, indem er sein Horn an Felsen wetzte; seine Haut habe die Farbe von Buchsbaumholz, sagte er. Albertus setzte es mit dem Einhorn gleich, so als müssten alle Geschöpfe mit einem Horn zwangsläufig miteinander verwandt sein. Sie alle warteten darauf, dass das Original in Erscheinung trat.

Es traf am 20. Mai 1515 ein, einen Tag vor Dürers Geburtstag, und war ein Überraschungsgeschenk: ein junger Nashorn-Bulle mit einem Horn aus Indien; in seinem Heimatland bezeichnete man ihn als ein *ganda*, für die Fremden wurde er Ganda. Wie das Walross, so war auch Ganda ein diplomatischer Schachzug, und der Sultan von Cambaia schenkte das Tier dem portugiesischem Gesandten zusammen mit einem Stuhl aus Elfenbein. Als Gegengabe bot der Gesandte Silberstücke, persischen Brokat und einen mit Rubinen und Perlen besetzten Dolch. Keines dieser Schmuckstücke konnte es mit der Lebendgabe aufnehmen. Ein Augenzeuge beschrieb ein süßes Tier:

gedrungener, länglicher Körper; das Leder, die Füße und die Elefantenfüße; der Kopf so lang wie der eines Schweins; die Augen nah bei der Schnauze; und auf der Nase ein dickes, kurzes und damals scharfes Horn. Frisst Gras, Stroh und gekochten Reis.

Der Diplomat hatte keine Ahnung, was er mit solch einem Gesandten anfangen sollte; sein Interesse galt eher Frauen und Opium. Also schickte er Ganda fort, zusammen mit einem ungenannt bleibenden Begleiter, als Geschenk an seinen König, Manuel I. Es war eine lange Reise. Das Schiff, eine Karavelle namens *Unsere Liebe Frau von der Barmherzigkeit*, steuerte Mosambik an, St. Helena und die Azoren, wo Gamba von Bord gehen durfte, um sich die Beine zu vertreten und Frischfutter zu sich zu nehmen. 120 Tage später traf er in Lissabon ein, wo an seine Ankunft mit einem eingemeißelten Bild an einem Turm am Ufer erinnert werden würde, sein behörntes Gesicht traurig auf das Meer hinausschauend. Die Stadt war mittlerweile das große Einfallstor für Westeuropa; ein Zehntel der Bevölkerung bestand aus Afrikanern, und wie in jedem größeren Meereshafen wimmelte es in den Straßen bei den Docks von Menschen aus fremden Ländern. Im Königspalast tummelten sich Gazellen, Antilopen, Affen und Papageien. Auch Nürnberg hatte hier seine Vertreter, und als Dürer von dem Nashorn erfuhr, geschah das in Form eines fantastischen Berichts, ähnlich jenem, der ihn von dem Wal hatte wissen lassen.

Ganda wurde in einem Außengebäude des Palasts von Ribeira gebührend untergebracht, in ausreichendem Abstand zu dem rivalisierenden Hof mit seinen indischen Elefanten im benachbarten Palast von Estaus. Am Festtag der Heiligen Dreifaltigkeit kamen der König und die Königin in einem Patio zusammen, der mit einem Holzzaun umschlossen war, um ein provisorisches Kolosseum zu errichten. Ganda war unter einigen Teppichen verborgen, damit er seinen Gegner nicht in Angst und Schrecken versetzte, noch bevor der Kampf überhaupt begann. Ein junger Elefant wurde hereingeführt; sobald er jedoch seinen Gegner sah, ergriff er panisch die Flucht, zwängte sich durch eine Lücke im Gitter und galoppierte in sein Quartier zurück. Der Gladiator Ganda blieb in der Arena zurück, unbesiegt und offensichtlich unbezwinglich. Manuel I. hatte ebenfalls keine Ahnung, was er mit ihm anfangen sollte, er beschloss also, ihn wie ein unwillkommenes Weihnachtsgeschenk weiterzugeben, an Leo X., der, wie wir wissen, einen Hang zum Exotischen und Bizarren hatte. Schon im Jahr zuvor hatte der Papst vom portugiesischen König einen weißen Elefanten entgegengenommen. Das Tier - man hatte ihm den Namen Hanno gegeben - war gestorben, nachdem es ein mit Gold angereichertes Abführmittel gegen seine Verstopfung erhalten hatte. Leo betrauerte seinen Verlust und beauftragte Raphael, das Tier in einem Fresko zu verewigen; dann wurde Hanno unterhalb des Vatikan zur letzten Ruhe gebettet und zu seiner Ehre ein Epitaph - gesprochen aus seiner Perspektive - verfasst.

Und in meiner animalischen Brust entdeckten sie menschliche Gefühle.

Leo, seine Tiere und seine Jungs: eine sonderbare Zirkustruppe. Der Papst - dessen Name seinerseits dem Bereich der Megafauna entlehnt war und der, als ein Medici, der er nun mal war, berühmt war für seinen Ausspruch: *Gott gab uns das Papstamt, also genießen wir es* - war ganz erpicht darauf, sein neues Haustier zu begrüßen. Ganda, angekettet auf einem Schiff mit dem Ziel Rom, trug ein Geschirr aus mit grünem Samt verkleideten Eisen, das mit vergoldeten Rosen und Nelken dekoriert war. Ganda glich eher einer heiliger Kuh. Man legte einen Zwischenhalt an einer Insel in der Bucht von Marseille ein, wo er eine weitere königliche Abordnung empfing: den französischen König, Franz I., einen Rivalen von Karl V., der unbedingt mit diesem wundervollen Tier namens *Rhynoceron* gesehen werden wollte. Es muss ungeheuer ermüdend gewesen sein, all diese Monarchen für eine Handvoll Heu zu unterhalten. Nicht einmal seinen Namen konnten sie richtig schreiben. Und Ganda setzte seine Reise fort.

Am 25. Januar 1516, in der Bucht von La Spezia, in der später Percy Shelley ertrank, sank das Schiff, sehr wahrscheinlich aufgrund des Gewichts seiner Ladung. Einige sagten, das Nashorn habe einen Wutanfall bekommen, was das Schiff zum Kentern gebracht habe. Andere, es habe versucht, zum Ufer zu schwimmen. Es war wie ein Sklave mit Fußketten an Deck gefesselt und ging unter, bevor Dürer es sehen konnte. Der Künstler konnte sich lediglich auf den Brief eines Kaufmanns aus Lissabon stützen. Das Tier war gut gepanzert und sehr ausgelassen und flink, hieß es darin. *Ich musste es skizzieren und Ihnen schicken, denn es ist zum Staunen.*

Das war ein magerer Beleg für ein unsterbliches Bild. Was jedoch Dürer dann in seiner Zeichnung daraus machte, war das Rhinozeros an sich, nicht mehr dieses eine Rhinozeros. Versehen mit Geschichten von Aristoteles und Albertus verfertigte der Künstler seine eigene Darstellung. Sie zog sich über den oberen Blattrand hin, in seiner eleganten, spinnwebfeinen, jungenhaften Handschrift. Im Jahr 1513 nach Christi Geburt wurde dem mächtigen König von Portugal, Manuel von Lissabon, aus Indien ein solches lebendiges Tier gebracht, genannt das Rhinozeros.

→ TAFEL I

Das ist hier in seiner ganzen Gestalt abgebildet (er log). Es hat die Farbe einer gesprenkelten Schildkröte und ist fast ganz mit dicken Schalen bedeckt. Und es ist so groß wie ein Elefant, hat aber kürzere Beine und ist fast unverletzbar. Es hat ein starkes scharfes Horn vorn auf der Nase, das es an Steinen wetzt. Dieses Tier ist der Todfeind des Elefanten. Der Elefant fürchtet das Rhinozeros, denn wenn sie aufeinandertreffen, greift das Rhinozeros ihn mit gesenktem Kopf zwischen den Vorderbeinen an und reißt dem Elefanten von unten den Bauch auf, wogegen der Elefant sich nicht wehren kann. Das Rhinozeros ist so gut gepanzert, dass der Elefant ihm nichts anhaben kann. Es heißt, das Rhinozeros sei schnell, ungestüm und listig.

Ein an Steinen geschärftes Horn, gesprenkelte Haut in Grauschattierungen. In Dürers himmlischer Harmonie nahmen Tiere eine emblematische Rolle ein. Er sah sie auf dieselbe Weise an, wie ein Mönch die Bibel studiert oder wie ein Astronom in den Himmel späht. Sein Rhinozeros ist interplanetarisch, vernarbt mit Mondkratern; aufbrechend in Korallenriffen; juwelenbeladen wie eine Schildkröte, geschnitzt wie ein venezianischer Grottenstuhl. Und als Dürer es in Holz schnitzte, wurde Ganda noch krenelierter und überkrusteter, so wie sich auf größeren Austern kleine Abkömmlinge bilden. Während seiner Tage auf dem Meer hatte Ganda neue Markierungen erworben, eine Art Pilzflechte, so wie auf dem Rücken von Walen und Robben Algen auftauchen.

Dürer fasste alle Tiere in eines zusammen. Er fügte dem Rückgrat des Nashorns einen zweiten Stachel hinzu; das war kein Horn, sondern der spiralförmige Stoßzahn eines Narwals (Meereseinhorn), als ob dieses Tier

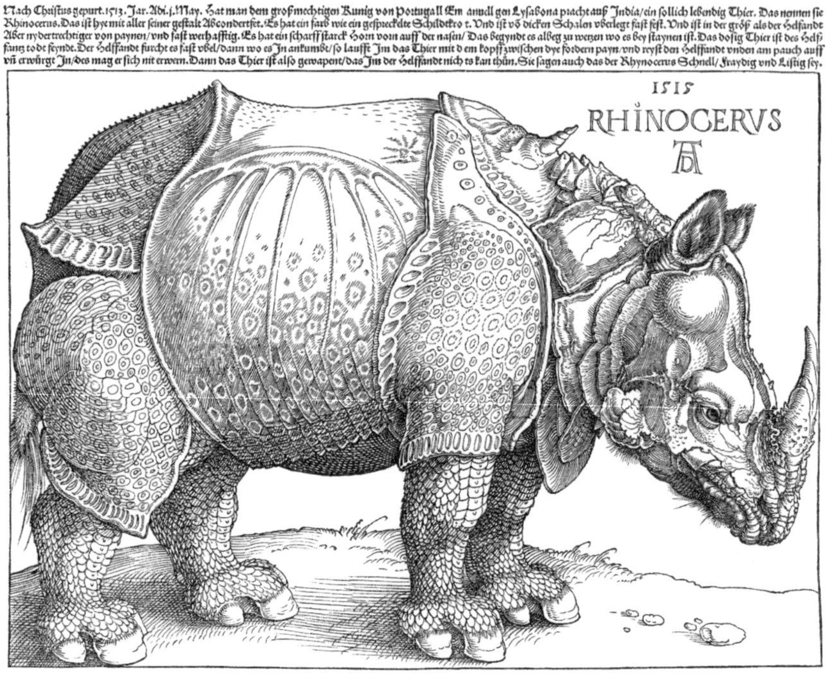

ein echtes Einhorn in sich bergen und nur darauf warten würde, diese lästige, klobige Hülle abzuwerfen. Wale, Walrösser, Mammuts, Nashörner: eine seltsame Bruderschaft, die als Nach-Bilder in unserem Kopf weiterwirken. Die dunkle Brillanz dieses Drucks, die seinen Ort im Pantheon der Tiere, wie wir sie uns vorstellen, erklärt, gipfelt in diesem triumphierenden Schlusspunkt: dieser Spirale auf Gandas Rückenkamm, die geradewegs auf seinen erhabenen Namen zeigt.

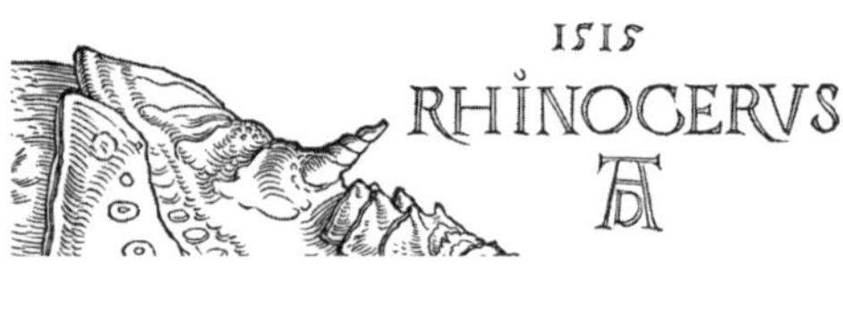

Mehr Hardware als Fleisch, und etwas struppiges Haar, gepanzert und vernietet, geschlagen aus Pflugscharen, gleich einem Schiff zu Lande über ein Schlachtfeld gleitend, mit Sternen-Goldstaub lackiert, geschnitzt wie ein riesiges Netsuke aus Elfenbein am Ende einer seidenen Schnur. Ein

Klotzkopf, zu groß für seine Stiefel. Ein Dinoceros. Rätselhaft, verhornt, magnetisch, in der Sonne ledrig glänzend, so zog diese Mischung aus Tier und Maschine, gezeichnet von Albrecht dem Großen, beim Weitertrampeln loses Metall an sich.

Im selben Jahr erteilte Franz I. Leonardo, der bereits einen Roboter in Rüstung gezeichnet hatte, den Auftrag, einen mechanischen Löwen für ihn herzustellen, als ein Geschenk für Leo; einen Robo-Löwen, der ein paar Schritte tat und dann seine Brust öffnete, um einen darin befindlichen Lilienstrauß zu offenbaren. Um das noch zu überbieten, ließ Alessandro, ein Medici-Fürst afrikanischer Abstammung, Dürers Nashorn auf seinen Brustharnisch eingravieren, um sich mit dessen Wucht und Schlagkraft zu versehen. Derweil fügte Dürer der Rüstung, die er für Maximilian entwarf, Meereseinhörner hinzu, denn ihre Hörner konnten bekanntlich Metall durchbohren, und so umschrieben wurde der Kaiser zu einem Rhino-Hummer, gerüstet für das letzte Gefecht.

Ganda demonstrierte im Vergleich mit all diesem prahlerischen Getue die größere Anmut. Er trug seine Schönheit mit Geduld. Dass er unterging, ist kein Wunder. Er wurde von dem Schindluder, das wir mit ihm getrieben haben, in den Abgrund gezogen. Man hätte ihn langsam in die Tiefe sinken lassen sollen, zusammen mit den Nachkommen der Versklavten und Ertränkten. Stattdessen soll er in der Nähe von Villefranche an Land gespült worden sein, wo er einigen Berichten zufolge ausgestopft und nach Rom geschickt wurde. Andere behaupteten, er sei überhaupt nicht auf dem Schiff gewesen und Jahre später in Portugal gesichtet worden, ein verschleppter Vagabund auf der Suche nach einem Weg zurück in die Heimat.

Dürers Holzschnitt machte acht Ausgaben durch – sieben nach dem Tod des Künstlers –, und währenddessen wurde sein Nashorn ständig umfunktioniert: zu einem Wasserspeier in einem Brunnen in Palermo, zu einem Wandgemälde in einer kolumbianischen Villa des 16. Jahrhunderts, neu gestaltet aus Barock-Korallen in Bayern, erneuert in Dresdner Porzellan des 18. Jahrhunderts, und in Messing über einer Ormolu-Uhr im Winterpalast, in Erwartung der Ankunft der Sowjets. Die sonderbarste Version: William Blake krempelte das Nashorn in ein Mischwesen aus Walross und Elefant um, auf dessen Abbildung Behemoth auf furchterregender Augenhöhe gegen Leviathan kämpft.

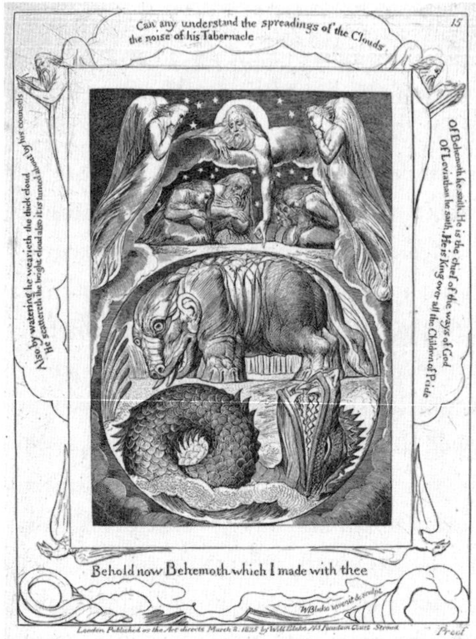

Was wäre, wenn der Wal ein Dürer geworden wäre, der uns alle auf seine Notlage aufmerksam macht? Wäre er die Rettung seiner Spezies gewesen, oder nur ein weiteres Opfer, so wie das Neon-Nashorn, das Warhol als Siebdruck gebrauchsfertig für die Tanzfläche des Studio 54 herstellte? Ganda hängt als Magnet an Kühlschranktüren, ist auf meinem T-Shirt aufgedruckt, ziert den Aufkleber einer Flasche, aus der ich gerade Wein getrunken habe. Wir trompeten unsere Ignoranz heraus, das ist nicht Dürers Schuld. Etwas so Fantastisches konnte als Schaustück nicht überleben. Das Nashorn und das Walross starren zurück auf die Menschen, die um sie herumkrabbeln. Dieses ganze Geschiebe und Gedränge. Während ich schreibe, stirbt das letzte Nashorn seiner Art in einem Gehege und wird seinerseits zum Mythos.

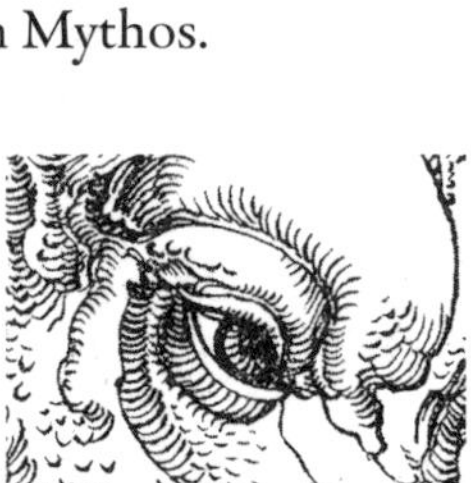

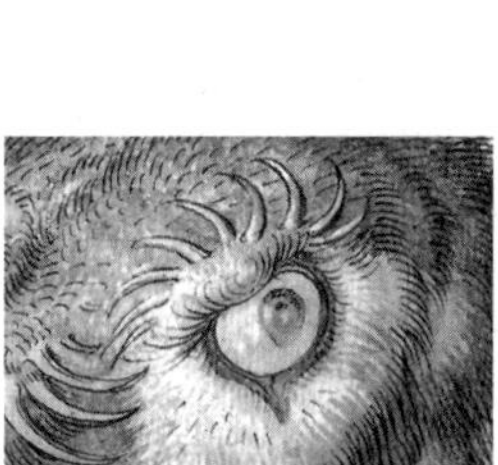

GENIE

Bei seiner Heimkehr war Dürer bankrott. Ein Jahr und drei Tage war er unterwegs gewesen. Weil er so viele Drucke weggegeben hatte, hatte er Verluste gemacht. So musste er sich hundert Florin leihen, um den Apotheker und den Blutbrief bezahlen zu können, doch hatte er sich seine Rente gesichert, und sein Ruhm war besiegelt. Es war der Sommer des Jahres 1521. Er war fünfzig Jahre alt.

Albrecht Dürer, der Sohn von Albrecht Dürer d. Ä. und seiner Frau Barbara, wurde am 21. Mai 1471 in Nürnberg geboren, als drittes von achtzehn Kindern, von denen nur vier das Erwachsenenalter erreichen sollten. Sein Vater war Ungar; der ursprüngliche Familienname, Türer, leitete sich ab von ihrem Herkunftsdorf Ajtas, dessen Name mit dem Wort für »Tür« zusammenhängt. Als junger Mann war auch er in die Niederlande gereist, um von den großen Malern zu lernen. Nach seiner Rückkehr nach Nürnberg wurde er Goldschmied des Kaisers Friedrich III., doch blieb er ein Handwerker und Migrant, der sich seines Standes immer bewusst war. Sie lebten im Schatten der Burg droben auf dem Hügel.

Wölfe strichen um die Stadtmauern. Skelette von hingerichteten Räubern hingen in gewundenen Straßen, um andere Gesetzesbrecher abzuschrecken. Auf denselben Straßen kamen Ratten daher, brachten Flöhe mit und übertrugen die Pest. In den Wäldern herrschte Dunkelheit. Doch es tauchten auch die ersten Fabriken auf und Mühlen an dem Fluss, der durch die Stadt strömte. Gelebt wurde in Schichten: in denen der Fürsten, Kaufleute, Handwerker. Die Bauern tanzten wie Bären.

Nürnberg war sowohl isoliert als auch verbunden, bildete einen Inland-Hafen. Vor der Entdeckung des Seewegs nach Indien – das erzählt mir meine British Encyclopedia aus dem Jahr 1933 – war Nürnberg das große

Handelszentrum für Erzeugnisse aus dem Osten, die aus Italien kamen und in Richtung Norden weitertransportiert wurden. Eine unabhängige Stadt im Herzen Europas, ein Zentrum, von dem aus die kaiserlichen Kronjuwelen ihre Strahlen versprühten. Hier wurden die Berichte über Amerika von Columbus und Cortés veröffentlicht. Mit ihren Druckerpressen, wissenschaftlichen Gerätschaften und Geldgebern nahm die Stadt den Rest der Welt bei sich auf. Aus ihren engen Straßen und über ihre Dachfirste und Türme hinweg vermittelte sie Dürer einen weltumspannenden Blick.

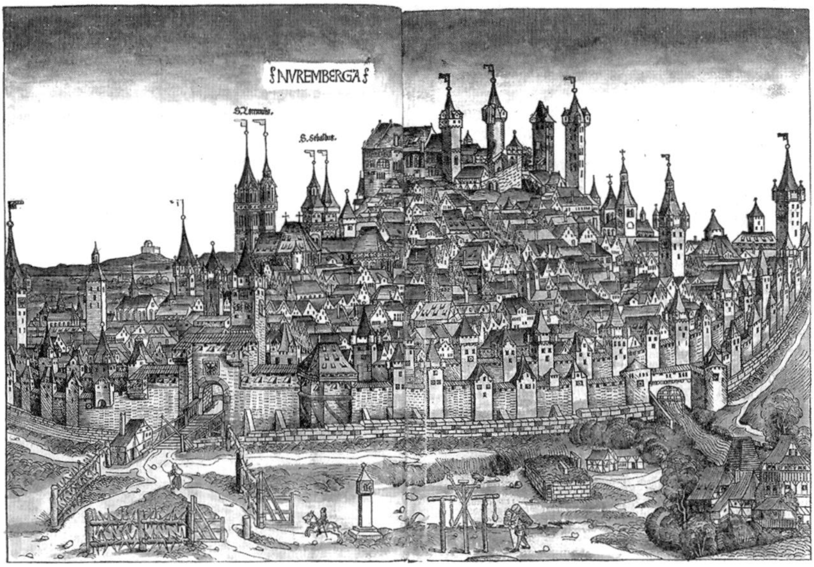

Wenn er zur Schule rannte, müssen all diese Türme ihn erschreckt haben. Eines Tages würde er eines der Häuser auf dem Berg besitzen. Er ging bei seinem Vater in die Lehre; sein Leben schien bereits vorgezeichnet. Mit dreizehn Jahren jedoch, nach vier Jahren Ausbildung und bereits mit einem übernatürlichen Zeichentalent ausgestattet, schloss er sich der Werkstatt des berühmtesten Künstlers der Stadt - Michael Wolgemut - an. Drei Jahre lang eignete er sich die Kunst des Druckens an - und die des Kontakteknüpfens. Einer seiner späteren Gönner, Jakob Fugger, gehört noch heute zu den reichsten Männern, die je gelebt haben. Albrechts engster Freund war Willibald Pirckheimer; auch er stammte aus einer wohlhabenden Familie; die Dürers lebten in einem Haus, das platzsparend in den Hof der Pirckheimers hineingebaut war. Willibald, ausgebildet in Italien, war dickleibig und hatte eine gebrochene Nase. Er führte Dürer in eine klassische Welt ein.

1490 tat Albrecht es seinem Vater gleich: Er verließ seine Heimat, um von anderen Meistern zu lernen. Wir können nachverfolgen, in welche Richtung sich seine Kunst auf den Spuren der niederländischen Maler entwickelte: Jan van Eyck, Rogier van der Weyden, Dieric Bouts und Hugo van der Goes; Kunst unter kalten klimatischen Bedingungen. Sie mischten Leinöl unter ihre Pigmente, im Unterschied zu den Italienern, in deren warmen Gefilden ein solches Medium nicht entstehen konnte. Die Leute hielten diese Mischung für Alchemie. Ihr kalter Schimmer fing das blasse nördliche Licht ein.

Es entfalteten sich Tafeln, die dem Blick leidende Leiber darboten und Engel, die wie Raben umhertaumelten; alles war erleuchtet, nichts war verborgen; zum Himmel offene Fenster, revolutionär in ihrer Zurückhaltung und Herrlichkeit, in Haut und Knochen. Dürer übernahm sie in seine eigenen Visionen des Dunklen, des Schönen und des Seltsamen.

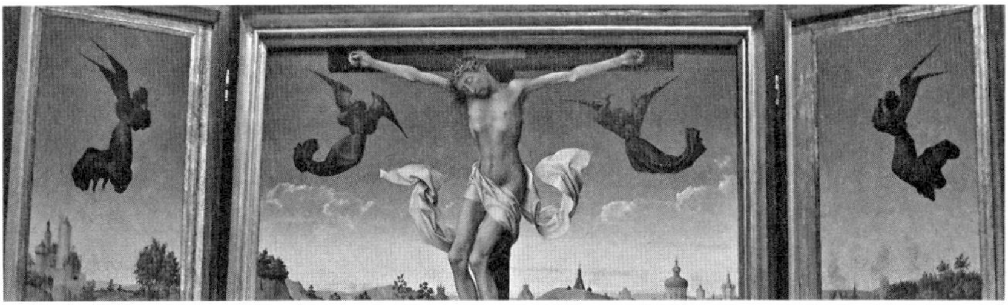

Nachdem er als Maler und Drucker in Basel und Straßburg gearbeitet hatte, kehrte Dürer im Jahr 1494 nach Nürnberg zurück. Sein Vater hatte für den Sohn die Ehe mit Agnes Frey arrangiert, Tochter eines Handelsvertreters der Medici. Die Mitgift war beträchtlich; eine leidenschaftliche Beziehung scheint es nicht gewesen zu sein. Damals bedeutete Liebe etwas anderes. Einen Monat nach der Hochzeit brach Dürer nach Italien auf, um einer neuen Pestwelle zu entkommen, der in Nürnberg 9000 Menschen zum Opfer fielen. Weit weg vom Tod, in Venedig, wurde sein Leben durch Mantegna, Bellini, Raphael und Leonardo transformiert. Als er 1495 nach

Nürnberg zurückkehrte, eröffnete er seine eigene Werkstatt: Er brachte den Süden in den Norden.

Als es passierte, passierte es dann schnell, fast ohne dass er es bemerkte. Im Jahr 1498 wurden seine Holzschnitte von der Apokalypse mit Staunen und Beifall begrüßt. Sie verkauften sich zu Tausenden. Er zeichnete wieder und wieder sich selbst, um seine eigene Neugier zu befriedigen. Eine irdische Katastrophe nahm er nicht wahr, er glaubte vielmehr an ein bevorstehendes goldenes Zeitalter. Ach! Wie häufig habe ich im Schlaf große Kunstwerke und schöne Dinge geschaut, sagte er, von einer Art, wie sie mir nie erschienen, wenn ich wach war – sobald ich aber aufwache, verlässt mich sogar die Erinnerung daran.

Nur ein anderer Künstler verstand. William Blake, der zu einer anderen Jahrhundertwende für Dürer eintrat, sagte, die Zeitalter glichen sich alle. Das Genie jedoch stünde immer über seiner Zeit. Dürer hatte dieselbe naive Arroganz, diesen Glauben an sich selbst. Er malte Bilder, entwarf Schmuck, plante Städte, komponierte. Er verfasste sogar Gedichte – so schlechte Gedichte, dass seine Freunde ihn anflehten, er möge doch bei der Bildenden Kunst bleiben. Sein Werkstatt-Team stellte Goldschmuck her, Glasmalerei, Drucke und Bücher: Er war der erste Künstler, der sich selbst veröffentlichte; keiner konnte es besser. Er entwickelte Thesen zur Kunst und mathematische Theorien, war seine eigene Renaissance, ein Gesamtkunstwerk. Wie das Bauhaus – das sich seinerseits am Gildenwesen des Mittelalters orientierte – war seine Ästhetik allumfassend. Er entwarf sogar seine eigenen Buchstaben, eine Offenbarung, die lyrischer ist als jeder schlechte Vers.

Nun soll der Bogen eines Kreises, angelegt an die obere innere Kante des schwereren Gliedes, außerhalb des Quadrates herausgenommen werden. Dann schneide man die Spitze des Buchstabens mit einer Schlangenkurve ab … Man mache das mit der Kurve eines Kreises, dessen Radius ein Siebtel der Seitenlänge des Quadrats beträgt.

Den Durchmesser eines Kreises ins Quadrat zu nehmen – das prädestinierte seine Kunst dafür zu überdauern. Dürers Einzigartigkeit war so zwingend, dass 400 Jahre später John Ruskin, der Künstler und Kunstkritiker, von ihm besessen sein sollte. Was für den mittelalterlichen Künstler seine Visi-

Jn diser schrift macht man die versal in gleycher maß vnd gestalt / aber eyns dritteyls grosser dann die gemeyn zeyl der schryft.

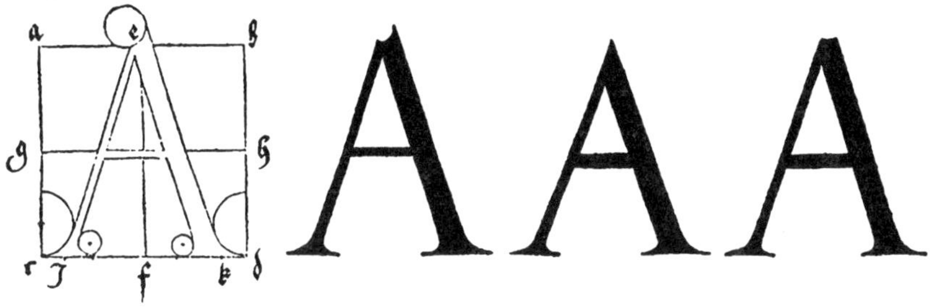

onen der Apokalypse und der Manufakturen von Nürnberg waren, das war für den Viktorianer Ruskin seine Sturmwolke des 19. Jahrhunderts, die von Manchester und Bradford heraufzog und über das Land zu fegen drohte (während seiner öffentlichen Vorträge zeigte er riesige Bilder von Blumen und schlenkerte mit seinem Umhang wie ein Vogel).

Ruskin bezeichnete Dürer als den bescheidensten deutschen Künstler, den er kannte, er nannte ihn Albert und beging den Gedenktag seines Todes so zuverlässig wie den Festtag eines Heiligen. (In einem Jahr fiel er zusammen mit der Auslegung von unterseeischen Telegrafenleitungen, als, so die Bemerkung Ruskins, ein Kupferdraht bis nach Bombay verlief.) Ruskins mikrokosmische Aquarelle von Flechten und Ziegelsteinstücken, die wie Asteroide durch den Weltraum straucheln, waren ein Echo der Zukünftigkeit Dürers. Er gab den Kursteilnehmern in seiner Arbeiterhochschule zu verstehen, dass er aus ihnen allen Dürers machen wollte. *Um uns das Verzagen angesichts von Farbe zu vermitteln*, so der Bericht eines Studenten, *kaufte er einen Holzkasten mit nicht ausgestopften Vögeln von den Karibischen Inseln, so wie der Sammler sie aufgehoben hatte: lauter Rubine und Smaragde. Anschließend zeigte er einen grandiosen Holzschnitt von Albert Dürer.*

Ruskin sagte, während er sein Gravurwerkzeug schwang wie ein Ritter seine Lanze, Dürer sei ein Manufaktur-Geist gewesen; ein Mann des Volkes. Was jedoch Schönheit ist, habe der bescheidene Deutsche gesagt, das wüsste er nicht.

Es war eine Glaubensfrage. Dürers Glaube war erschüttert durch unechte Reliquien, derjenige Ruskins durch Fossilien, die die Genesis widerlegten; beide blieben jedoch der Naturgeschichte der Heiligen treu. Der Heilige Franziskus, der Heilige Georg, die Heiligen Antonius und Paulus, die Heiligen Johannes der Täufer und Onuphrius; die Heiligen Stephan, Sixtus und Laurentius; die Heiligen Nikolaus, Ulrich und Erasmus; eine Litanei, die jetzt nur noch während Ritualen im Kerzenlicht in einer dunklen Kirche gebetet wird. Früher waren die Attribute der Heiligen für alles zuständig: Die Pfeile des heiligen Sebastian schützten vor der Pest, der Drache der heiligen Margarethe bewahrte Frauen vor den Gefahren des Gebärens, der heilige Christophorus hatte einen Hundekopf. Für dergleichen haben wir jetzt keine Zeit mehr. Wir fühlen eher mit Dürers Tieren. Heilige fordern unsere Anbetung; Tieren könnte nichts gleichgültiger sein; sie kommen uns heilig vor aufgrund dessen, was wir ihnen angetan haben. Die Geschichte von Eustachius, dem Schutzheiligen der Jäger, Hunde und aller Menschen in Zeiten der Not, gab für Dürer ein vortreffliches, kommerziell einträgliches Thema ab. Schließlich gibt es niemanden, der Tiere nicht liebt. Vor allem, wenn sich herausstellt, dass sie Gott sind.

Eustachius ist mit seinen Hunden auf der Jagd. Plötzlich steigt er vom Pferd und fällt angesichts der Vision vor seinen Augen mit ausgestreckten Armen auf die Knie. Ein Hirsch tritt aus dem Wald heraus. Aus seinem Kopf wächst ein Kruzifix.

Es zwängt sich durch das Fell. Das Tier wird sein eigener Altar. Er spricht Eustachius mit der Stimme Christi an:

Warum verfolgst du mich?

Diese geweihtragende Engelsfigur – fast kann man sehen, wie sich seine Lippen bewegen – wurde zum Emblem von Eustachius, obwohl es unwahrscheinlich ist, dass der Heilige je existiert hat. Deshalb schwebt er so halb in der Luft. Sein Pferd sieht realer aus, es steht da, wie Pferde das zu tun pflegen, stocksteif inmitten eines Feldes. Die Tiere spielen ihre jeweilige Rolle. Stare umkreisen den Turm, Schwäne gleiten über den Fluss, die Hufe des Hirschs klappern auf den Felsen.

Dürer bildet eine weitere Realität ab: die zierliche Kette der Pferdezügel, die knorrigen Wurzeln des Baums; eine Welt, an der ein Kind sich ergötzen würde, an den Kreaturen, die sein Vater graviert hat, die Geschichten im Buch des Albertus, in denen es die Tiere sind, die Gnade walten lassen. Wir können nicht durch ihre Augen sehen. Wir sind außerstande, ihre Welt mit der unseren zu vergleichen.

Als Erwin Panofsky im Amerika der 1940er Jahre sein Buch über Dürer verfasste, verglich er die Landschaften des Künstlers mit Luftaufnahmen.

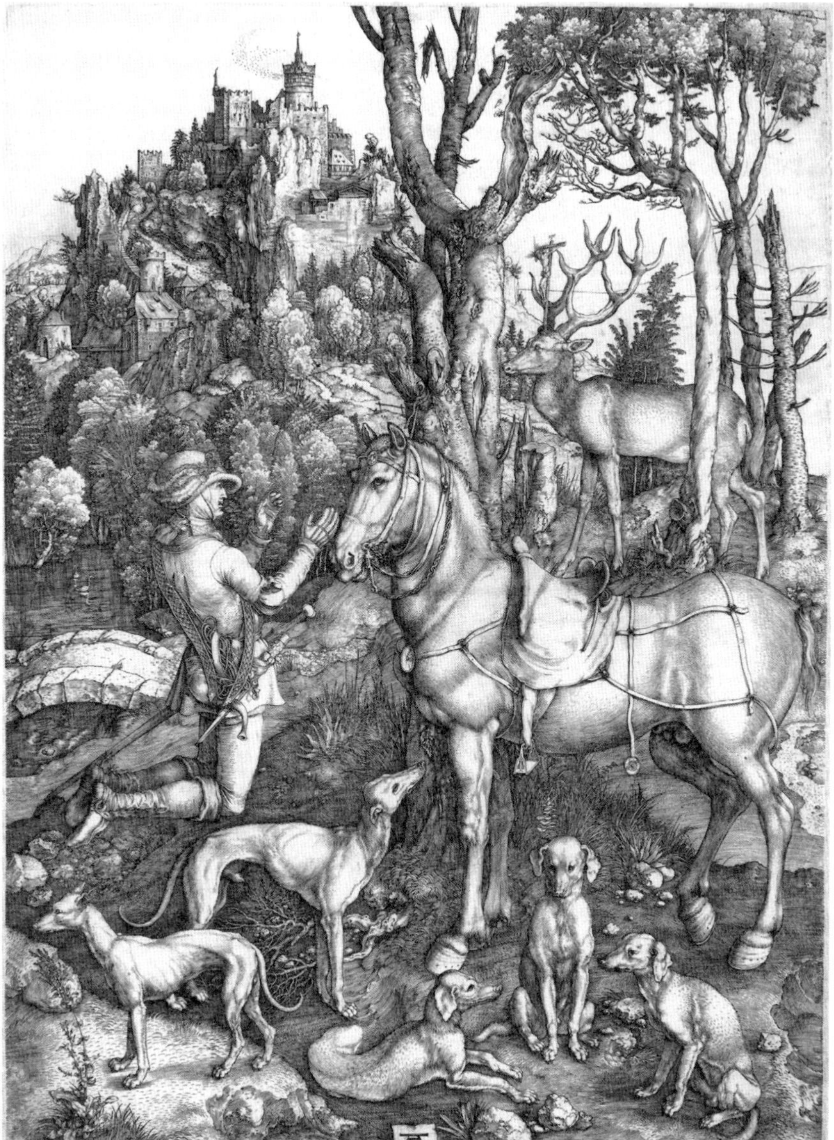

Er dachte an die Flugzeuge, die über dem Land kreisten, das er zurückgelassen hatte, nicht zuletzt, weil er für die US-Armee Karten von seiner Heimat vorbereitet hatte und Listen seiner Kulturdenkmäler. Er wusste ja nicht, ob sie den Angriff überleben würden.

Panofsky wurde 1892 in Hannover geboren und studierte in Berlin. 1916 heiratete er Dorothea Mosse, genannt Dora, ebenfalls eine Kunsthistorikerin. Ihre Hemdbluse und Krawatte und der strenge Haarschnitt erinnerten an das Bauhaus; er trug einen langen Schnurrbart im Stile Nietzsches. Ebenso wie Ruskin war er leidenschaftlich an Dürer interessiert. Er unterrichtete Kunstgeschichte in Hamburg, war jedoch gezwungen, die Universität zu verlassen, als dort im Jahr 1933 anti-jüdische Gesetze erlassen wurden. Selbst an seiner Universität, so sein Bericht, habe es einige Probleme mit diesen Strömungen gegeben, nicht nur unter den Studierenden, sondern auch unter den Professoren.

Panofsky floh nach Amerika und hielt Vorträge in New York, war jedoch nicht begeistert von der Tatsache, dass er vor Chinchilla-Ladys auftrat, die in ihren zwölfzylindrigen Cadillacs und schicken Rolls-Royces daherkamen. Er war erleichtert, als er eine Stelle in Princeton erhielt; der Ort war eine Art Utopia für ihn, die baumbestandenen Straßen und großen Häuser erinnerten ihn an das alte Europa, das er gekannt hatte; er unterrichtete in Gesellschaft exilierter Kollegen, Thomas Mann und Albert Einstein. Sein Sohn Wolfgang erinnerte sich daran, wie er seinen Vater und Einstein umherkutschierte, während sie die Frage diskutierten, ob es eine Übereinstimmung zwischen der Mystik früherer Jahrhunderte und der modernen Wissenschaft gab. Panofsky war ein Skeptiker, doch er vergoss in der Öffentlichkeit Tränen, als er die amerikanische Staatsbürgerschaft empfing. Er lieh seinen großen schwarzen Pudel einem Sergeant, der ein militärisches Objekt zu bewachen hatte; der Hund griff alle an, die ihm unter die Augen traten. Und eigensinnig setzte Panofsky die ganze Zeit über seine Darstellung des Lebens von Dürer fort. Als sein Buch dann jedoch veröffentlicht wurde, im Jahr 1943, war es bereits ein Epitaph.

In seinem Vorwort gab er seinen Lesern zu bedenken, dass die Qualität seiner Illustrationen stark eingeschränkt sei, weil der Krieg ihn gezwungen hatte, mit unzureichenden Fotos zu arbeiten. Aus der Distanz zeugten sie von der Katastrophe. In einer neuen Ausgabe aus dem Jahr 1948 schrieb Panofsky, dass die durch den Krieg verursachten Verluste noch unbekannt seien, obwohl er das Ausmaß andeutete, indem er 64 Zeichnungen einzeln aufführte, die verloren gegangen waren, als die Landesbibliothek in Dresdens Apokalypse zerstört worden war. Sie standen für 50000 Menschen, die verbrannt worden waren. Übrig waren nur noch Schuttfelder mit Holzkreuzen auf Massengräbern.

Nach Auskunft seiner Kollegen war Panofsky auf fast puritanische Weise auf Integrität und Wahrhaftigkeit erpicht. Er konnte temperamentvoll sein, witzig und scharfzüngig, sagten sie, und schien sich von Naturphänomenen nicht bewegen zu lassen. Einmal, auf dem Heimweg während einer klaren Nacht in Princeton, bemerkte ein Freund: *Wenn ich die Sterne anschaue, spüre ich meine Vergänglichkeit.* Panofsky erwiderte: *Ich spüre lediglich die Vergänglichkeit der Sterne.*

Vielleicht wollte er sich nicht selbst preisgeben. Er vernahm Wörter und ganze Sätze in seinen Träumen und hatte im Halbschlaf Zustände, die er Visionen nannte. In einer dieser Visionen sah er einen Einsiedler vor seiner Höhle, der mit einem Stein auf seine Brust schlug, während aus der Höhlenöffnung eine Schriftrolle erschien, auf der geschrieben stand: Long distance for you, Sir. Bei einer Cocktailparty wurde Dora dafür kritisiert, dass sie über Konzentrationslager sprach. Die Gastgeberin forderte sie auf zu gehen, sie sagte: *Raus mit euch! Ich werde es euch rachsüchtigen Juden nicht gestatten, die Stimmung einer durch und durch anständigen Party zu vermiesen.*

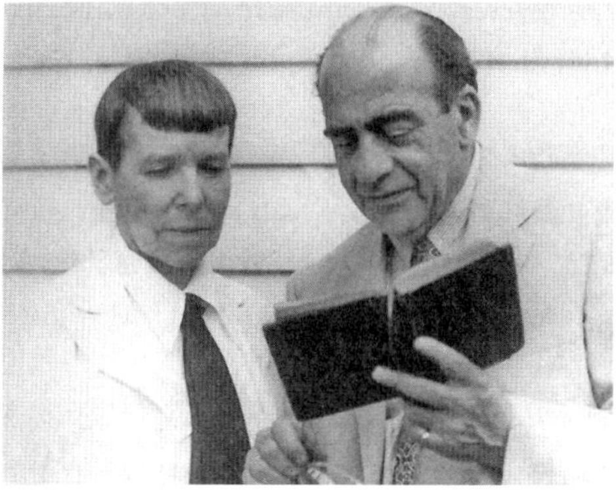

Im Jahr 1943, als sein Vater sein Buch über Dürer veröffentlichte, wurde Wolfgang Panofsky von Robert Oppenheimer für das Manhattan Project angeworben. Oppenheimer war beeindruckt von den Forschungen des jungen Mannes über die Detonationswellen von Überschall-Geschossen.

Zwei Jahre später, am 16. Juli um 5:29 Uhr im Atomjahr Eins, beobachtete Wolfgang aus einer Boeing 29, wie die Bombe, deren Plutoniumkern aus Uran bestand, das aus Belgisch-Kongo entwendet worden war, in der Wüste von Neu-Mexiko detonierte. Da saß Oppenheimer, mit seinen großen, weitgeöffneten Augen in seinem schicken Maßanzug, und las Baudelaire, während er darauf wartete, dass sein Werk die Nacht in Tag verwandelte. Er hatte einen Codenamen für die Übung: der Trinity-Test, inspiriert von John Donne:

> Zerschlage mein Herz, dreifaltiger Gott.

Es war eine Glaubensprüfung. Wolfgangs Versuch, die Explosion zu messen, wurde durch schlechtes Wetter vereitelt, und er musste sich wieder auf die Kunst zurückziehen. Wir konnten lediglich Skizzen vom Atompilz machen, sagte er später. Und unmittelbar danach schlief er ein. Er hatte keine Zeit sich zu fürchten, sagte sein Vater.

Fünfhundert Jahre zuvor, in der Nacht des 8. Juni, nach Pfingsten – als in einem abgedunkelten Raum Feuerzungen auf die Jünger Christi herabstiegen –, erwachte Dürer aus einem Traum, in dem er gewaltige Flutmengen vom Himmel stürzen sah. Die erst traf das Erdreich ungefähr 4 Meilen von mir mit einer solchen Grausamkeit mit einem übergroßen Rauschen und Zerspritzen und ertränkte das ganze Land. In solchem erschrak ich so schwerlich, dass ich davon erwachte, ehe dann die andern Wasser fielen.

Es fiel mit einer solchen Geschwindigkeit, Wind und Brausen, dass ich also erschrak, als ich erwachte, dass mir mein ganzer Leib zitterte und ich lange nicht recht zu mir kam. Aber als ich am Morgen aufstand, malte ich hier oben, wie ich es gesehen hatte. Gott wendet alle Dinge zum Besten.

Als die Wasserwirbel auf der Erde auftrafen, bildeten sie eine gewaltige Säule in Richtung Himmel. Der Albtraum schien sich auch im Wachzustand noch fortzusetzen. Dürer hielt die Szene in einem Aquarell fest, dem Element des Bildgegenstandes selbst. Das flache Land öffnet sich hin zu einer weit ausladenden Bucht, an deren Ufer sich eine Stadt befindet. Die Luft ist elektrisch so stark aufgeladen wie in den Augenblicken vor einem Gewitter, wenn ein sonderbares Licht die Farben stärker hervortreten lässt und der Himmel herabzustürzen scheint. Dürer konnte das alles auf sein Fieber zurückführen. Im Hintergrund explodiert jedoch eine

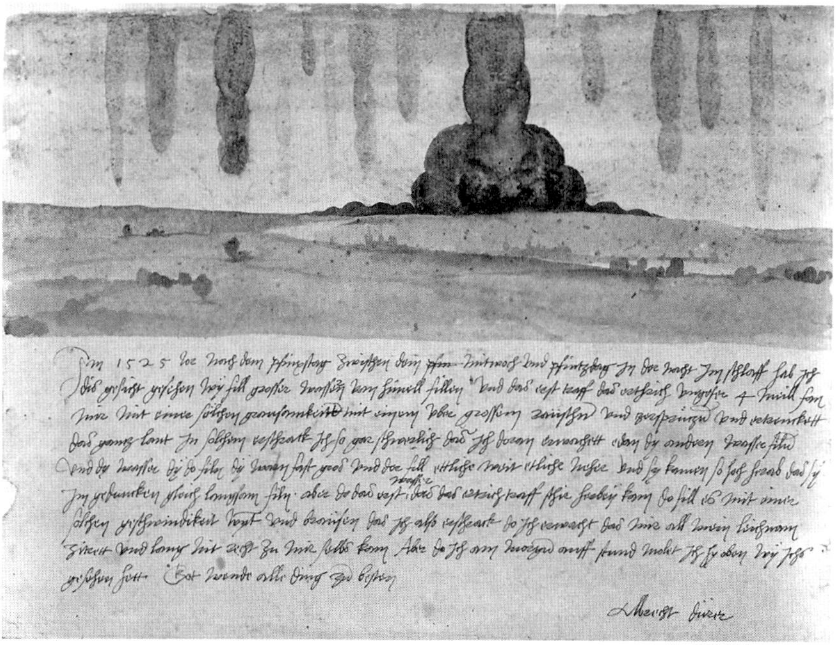

monströse schwarze Masse in der Luft, als ob etwas Gigantisches ins Meer gefallen sei.

Geschwindigkeit und Niedergang. Dürers Traum fiel in eine Zeit, in der sich Gerüchte um eine Sintflut mehrten, Gerüchte von solcher Brisanz, dass Menschen Wohnstätten in den oberen Stockwerken ihrer Häuser einrichteten und Regierungen planten, ihren Sitz in die Berge zu evakuieren. Das Gefühl, etwas gehe zu Ende: Man denke an den Sturm, dessen Zeuge Turner wurde, während er an einen Mast gebunden war; die schwarze Wolke, die der alte Seefahrer über einem gärenden Meer erblickt; die Stürme, die in Wordsworths Prélude über den Himmel zucken; Wolfgang Panofsky in einem Flugzeug über der Wüste, während eine vermummte Figur eine Schutthalde hinuntertaumelt; Leonardos letzte Zeichnungen von Überschwemmungen, die Menschen und Bäume mit sich reißen, leidenschaftlich dargestellt in rauchschwarzer Kreide.

Einmal war ich mit meinem Schwager draußen auf der Heide unterwegs, es regnete so stark, dass es uns in den Augen wehtat. Wir sahen mit an, wie das Wasser den Hügel vor uns wegspülte. Das Meer war lediglich eine Linie am fernen Horizont, doch die Flut kam herein. Drunten im Tal brauste der Fluss unter der Brücke, trat über seine Ufer, eroberte das Wunder der Welt zurück. Und als ich hineinstieg, wusste ich, dass alles Mögliche vorbeiströmen konnte: Hunde oder Bäume oder Autos oder Schafe oder Engel mit gebrochenen Flügeln, alles flussabwärts gespült, als ob daran gearbeitet würde, die Wasserstraße auszuweiten, dirigiert von einem dreckigen braunen Gott.

Am 17. Oktober 1913, als der Zug, in dem er von Zürich nach Schaffhausen unterwegs war, in einen Bergtunnel einfuhr, fiel Carl Gustav Jung in einen Wachtraum, der zwei Stunden andauerte. Er sagte später, ganz Europa sei darin überflutet gewesen; die ungeheure Flut bedeckte alle nördlichen und tiefliegenden Länder zwischen der Nordsee und den Alpen. Die Flut reichte von England bis nach Russland. Ich sah die gewaltigen gelben Wogen, die schwimmenden Trümmer der Kulturwerke und den Tod von ungezählten Tausenden.

Während der nächsten Monate wiederholte sich der Traum wieder und wieder, jedes Mal noch schrecklicher als zuvor: ein Meer von Blut über den nördlichen Ländern, die Tötung Siegfrieds, seine Seele, die aus den Tiefen emporsteigt, er selbst in einem abgelegenen englischen Land, wie er versucht, mit einem schnellen Schiff nach Hause zu kommen; der Abstieg aus der Eiseskälte, ein blutrotes Glühen aus seinem Fenster wie das Glitzern des Meeres aus der Ferne. Jung unterrichtete jetzt in Schottland. Im Sommer, als der Krieg ausbrach, fuhr er zurück. Erleichtert - nicht zuletzt, weil er wusste, dass er nicht verrückt wurde - erreichte er die Küste der Niederlande.

Jung, der nicht mit Freud übereinstimmte, was die Bedeutung von Träumen anging, war der Meinung, dass er das deutsche Wesen im Innersten begriffen hatte; er glaubte, sein Vater sei der uneheliche Sohn Goethes gewesen. Das Herzstück der Nachforschungen Jungs bildete sein Rotes Buch, ein Journal, illuminiert wie ein mittelalterliches Manuskript mit seinen selbst gemalten Bildern der fremdartigen Archetypen, die ihn verfolgten. Wir enthalten Natur und sind Teil von ihr, sagte er; Tiere sind nicht nur in Lehrbüchern, sondern sie sind lebende Wesen, mit denen wir in Kontakt stehen. Er zeichnete Wale unter dem Meeresspiegel - aus dem Wissen heraus, dass all unsere Träume dort unten liegen.

Es gibt keinen Grund, Dinge abzutun, nur weil die Wissenschaft sie bislang noch nicht erklärt hat, sagte er. Wenn wir das Bild eines Dings besitzen, dann besitzen wir das halbe Ding. Er sah sich selbst als Hund und wusste nicht, ob er an Gott glaubte. Wenn ich eine Sache weiß, dann muss ich sie nicht glauben, sagte er in einem Fernsehinterview aus den 1950er Jahren, das in seiner Villa am Ufer des Zürichsees aufgezeichnet wurde. Er schien sogar anzudeuten, dass es der Träumende war, der in der Realität lebte, und nicht andersherum. In einem besonders präzisen Albtraum träumte er, dass er in einer Stadt im Süden war, als ein alter österreichischer, in Gedanken verlorener Zollbeamter an ihm vorbeiging. Das ist einer, der nicht sterben kann, wurde ihm gesagt. Er sei schon vor dreißig bis vierzig Jahren gestorben, doch bis heute gelänge es ihm nicht zu zerfallen. Dann kam eine eindrucksvolle Gestalt des Weges, ein Ritter von kräftigem Wuchs, gekleidet in eine gelbliche Rüstung. Er sah massiv und unergründlich aus, und nichts beeindruckte ihn. Er existierte fortwährend seit dem 12. Jahrhundert, und täglich zwischen 12 und 13 Uhr ging er dieselbe Strecke ab.

Es war eine direkt von Dürer übernommene Szene. Keiner wundert sich über diese Erscheinungen, sagte Jung, ich hingegen war überaus überrascht. Dürer sagte, sein Geist sei voller inwendiger Gestalten. Er sprang durch den Wald, Geweihe fielen zur Erde und wuchsen wieder; launenhaft wie ein Löwe, so alchemistisch wie ein Rabe, ein Hirsch, erstanden aus dem See: gekrönt mit Korallen und Muscheln, ein Attribut seiner selbst.

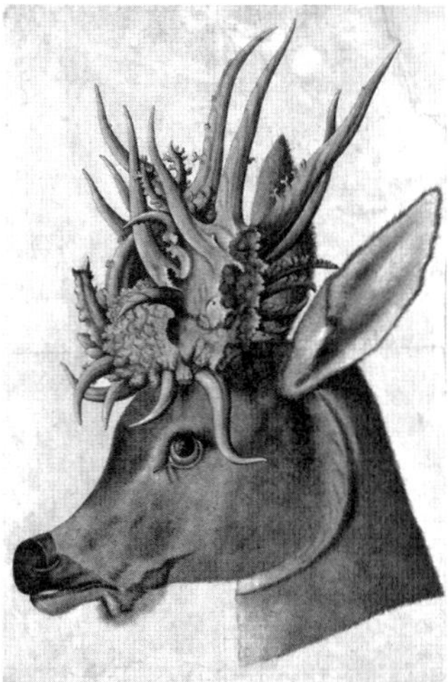

Peter und ich radeln aus dem Wald und auf die Heide hinaus und machen Halt bei einer Erhebung oben auf dem Hügel. Sie trägt Zeichen einer viktorianischen Ausgrabung. Ein Kreis aus Stechpalmen bewacht, was auch immer sich darunter verbergen mag. Der größte Baum ist mit Efeu umwunden wie mit Sehnen, sein unterer Teil umrandet von Moos und Sprösslingen aus seinen eigenen winzigen Blättern. Wenn ich allein wäre, würde ich niederknien und nach Feen Ausschau halten. (Er, der in einer goldenen Urne lag, erhaben über der Erde, sagte Thomas Browne, sollte wohl keine Ruhe für seine Knochen finden.)

Die Heide ist verlassen. Eine gerade Straße führt durch sie hindurch, doch ist sie kaum befahren; die vereinzelten Autos machen den Ort noch einsamer. Peter tritt im Schmutz herum. Häufig kämen an solchen Orten Feuersteine zum Vorschein, sagt er, zusammen mit Stücken von Menschenknochen.

Ich schaue mir die Bäume genau an und stelle fest, dass ihnen regelmäßig tiefe, breite Zeichen eingekerbt sind. Einige dieser Furchen sind im Lauf der Jahre verheilt, andere könnten erst letzte Nacht entstanden sein. Sie sind alle auf gleicher Höhe ausgehöhlt, etwas oberhalb meiner Schultern. Peter hatte auf unseren anderen Ausflügen ähnliche Zeichen ausgemacht, sonst hätte ich nicht gewusst, von wem sie stammten.

Das hier ist ein Versammlungsplatz. Sie kommen in der Abend- oder Morgendämmerung hierher und schreiten über die Heide, um ihr Ritual durchzuführen: gebeugte Häupter, schnuppernde Schnauzen, und ihre Kronen reiben sie an hart-weichem Holz. Das tun sie seit Generationen. Die Bäume sind mindestens ein Jahrhundert alt, die Wurzeln reichen hinab in die südliche Erde.

Durchgescheuerter Samt, handschuhdünnes Leder, geschmeidig aufgrund der Blutgefäße und Nerven; eine Schicht Luxus über schnell wachsendem Knochen. Heißer Atem, der Geruch ihresgleichen, ihr Zusammensein, ihre gläsernen Augen. Böcke hinterlassen Wunden, die wie Mutterschöße heilen.

Die stachligen Blätter, die Geweihsprossen; die graue Rinde, der graue Samt, das grüne Moos der Knochen unter der Haut und der Knochen unter der Erde, eines mit dem anderen verwoben, der Hirsch mit den Bäumen, die Blätter mit den Hörnern. Diese Zeichen sind mehr als nur ein Kratzer; sie sind Kultur, so wie Elefanten Spuren im Sand hinterlassen. Hierogly-

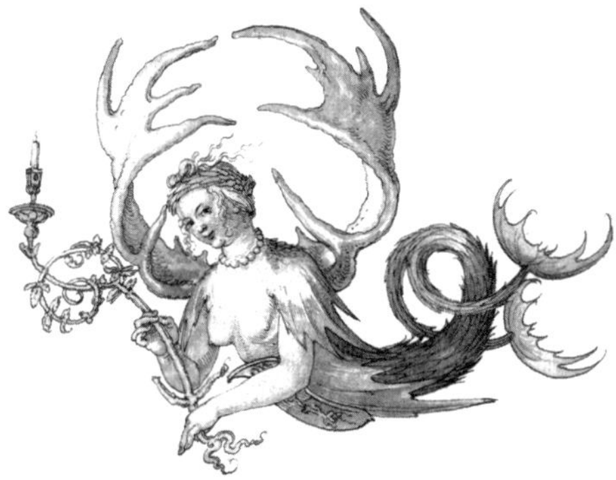

phisches Knochengeschnitz, eingraviert wie die Namen von Liebenden, deren Schöpfer wieder und wieder zu dieser Ebene zurückkommen, zu ihren immergrünen Bäumen und ihrem leeren Hügel. Alles kehrt zur Erde zurück. Wenn ich hier lang genug läge, würden meine Knochen bald einwurzeln und verrotten.

Dürers Bäume verschlingen sich, wo immer sie wurzeln, werden zu Tieren und Menschen. Für Willibald machte er aus einem Hirsch sogar einen Leuchter. Das war ein anderer Trick. Solche Lüsterweibchen waren nichts Unübliches, aber ich kann mich nicht gegen den Gedanken wehren, dass ihre Stacheln und die barbusige Sirene eine Anspielung auf Pirckheimers Namen und seine sinnenfrohe Natur sind. Tiere wurden zu Möbeln wie Holz: Willibald trank aus einem Kelch, der die Form eines Hirschkopfs hatte, mit einem Geweih aus Korallen, und er besaß einen weiteren Kelch, der aus dem Stoßzahn eines Narwals gefertigt war.

Dürer befestigte Geweihstangen am Rücken der Meerjungfrau und ließ ihren Schwanz in fedrige Schuppen übergehen. Er liebte Übergänge, ähnlich wie Leonardo, der, als er während Leos Pontifikat in Rom war, eine lebende Schimäre schuf, indem er Flügel aus Schuppen am Rücken einer Echse befestigte und Augen, Hörner und einen Bart hinzufügte. Die Flügel zitterten, wenn die Kreatur umherlief, was die verängstigten Freunde des Künstlers in die Flucht schlug. Dürer schrieb mit Federn, die ihrerseits Auswüchse der Haut waren, so wie die Federn von Tölpeln, die sich gerade gemausert haben, dieselartiges Öl absondern. Wir sind alle Teil desselben abstoßenden Prozesses, es wachsen uns Federn oder Hörner oder Barten oder Nägel oder Zähne; unsere Körper sind stark aufgrund des

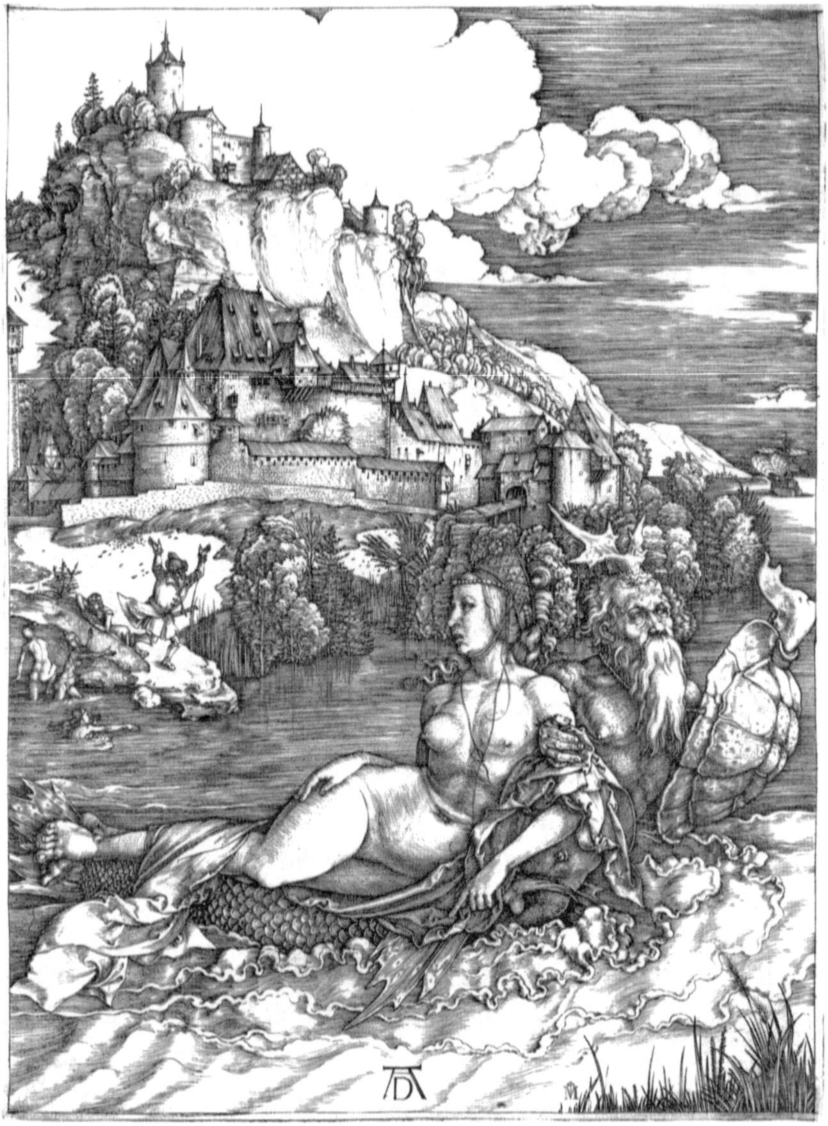

harten Zeugs, das aus ihnen herauswächst. Hin und wieder wachsen sogar Menschen Hörner. Ich frage mich, ob meine Schulterblätter, von denen mir gesagt wurde, sie stünden unnatürlich weit auseinander, womöglich zu Flügelknospen werden könnten, die durch meine Haut stoßen. Wir kratzen an der Oberfläche unserer Sonderbarkeit, unserer Bestandteile. Wir haben lediglich Wörter, um andere Spezies zu beschreiben, so als wären die Wörter genau wie wir, genau wie sie, einander von Anfang an zugeordnet gewesen. Von Wurzeln und Knochen ausgehend stößt Dürer in den Urwald vor, auf die Weise, wie John Fowles die Wälder als Meer ansah, Orte, die ihm zufolge zu riesig und unermesslich sind, als dass irgendetwas jenseits ihrer Oberflächen oder flüchtiger Einblicke begriffen werden könnte. Befindet man sich in ihrem Inneren, kann man alles werden. Eingenäht in ein Kaninchenfell, mit einem Rotkehlchen, das einen mit Blättern bedeckt, verloren im *Waldschattenspiel*, das meine Freundin Clare mitbrachte: Bäumchen aus geschlitztem Karton, und Teelichtchen, die Schatten werfen, in denen sich Zwerglein aus Holz verstecken können.

In Dürerworld™ sind Wald und Meer wüste Orte, in denen sich fremdartige Kreaturen herumtreiben. Wer könnte ihrer Schönheit und ihrem Schrecken widerstehen? Selbst dann, wenn er ein Meerwunder zeichnet, das eine badende Jungfrau entführt, deren Beine elegant über seinen Schwanz gelegt sind, hat Dürers Wesen, das zur Hälfte Mensch, zur Hälfte Fisch ist, eine Art Geweih, einen Schildkrötenpanzer-Schild und eine Keule aus einem Kieferknochen. Der Dichter Hans Sachs schreibt, Melancholia sei ein wuchtiges Meerungetüm; Maximilian glaubte, seine Dynastie stamme eben von einer solchen Kreatur ab. Dürers Biograph Wilhelm Waetzoldt sah in dem Bild in den 1930er Jahren eine typisch deutsche Verknüpfung von Naturtreue und Phantasie: zwei geheimnisvolle Wesen aus einer anderen Welt auf ihrem Weg ins offene Meer.

Dürers Holztafeln überleben ihn – wie Mythen, wie die Bäume, von denen sie stammen. Bildet euch nicht ein, dass ihr verbessern könnt, was die von Gott geschaffene Natur herstellen kann, so sein strenges Diktum. Er schuf also seinen eigenen Wald.

Sommer 1503. Die Gräser blühen, und der Tag ist windstill, doch die gebogenen Stängel bewahren eine Erinnerung an eine Brise. Dürer marschiert in seinen Stiefeln los, einen Spaten über der Schulter, um sein Modell auszusuchen. Sein Diener-Küster schlurft hinter ihm her. Der richtige Fleck ist gefunden. Sie verladen ihn in einen Kübel.

→ TAFEL II

Da ist er nun. In seinem Studio, seinem Laboratorium. Auf Augenhöhe gebracht, so wie ich als Junge an heißen Nachmittagen auf der Wiese lag und in Gras- und Kräuterstängel hineinstarrte. Es gibt keinen Unterschied zwischen dieser Grasnarbe und den Alpen, die Dürer malte. Die Zeichnung hat keinen Darstellungsgegenstand, sagt Panofsky, außer der atmenden Bewegung der Erde selbst. Die Löwenzahnknospen werden sich in Uhren verwandeln. Das Bild ist ein Objektträger, ein Vergrößerungsglas – sogar unheimliche Geisterwurzeln sind in Abwesenheit von Farbe festgehalten. Niemand malte vor Dürer Dreck. Es gleicht einer Abbildung in Darwins Journal, einer präraffaelitischen Skizze, so präzise, dass ein moderner Botaniker die Spezies bestimmen könnte, so wie man das Alter einer Hecke aufgrund der Anzahl der in ihr enthaltenen unterschiedlichen Pflanzen bestimmen kann. Es ist ein zufälliger Querschnitt, auf radikalste Weise gewählt und gerahmt. Ein Porträt von Gewalt, eingefangen an einem Sommertag.

Unter der Glasglocke wurde die Luft herausgesaugt, zusammen mit den Spinnen und Mäusen. Es ist nicht das, wofür wir es halten. Es ist eine gewaltsame Entwurzelung, ein Still-Leben-im-Tod. Die Art und Weise, wie die Stiele sich nach dem Licht strecken, verrät eine Spannung. Brachte Dürer hinter ihnen einen Vorhang an, um sie wie Preistulpen in einer Vase zu präsentieren? Der Horizont ist undefiniert, eine weitere Augentäuschung. Er ist hochgekippt, um die Szene realer erscheinen zu lassen, so wie ein Architekt des Mittelalters absichtlich die Fassadensymmetrie einer Kathedrale aufbricht.

Wir stellen uns die Welt vor, die sich um das Rasenstück herum erstreckt: das Feld, ein Land, ein Kontinent, ein Planet. Das Leben sprießt wieder. Krieg und Pest gehen vorüber; das Land dauert fort. Dürer schaut hin, damit wir etwas sehen können. Er hebt Unkraut auf einem Straßenpflaster hervor, entdeckt Sommerflieder in einem zerstörten Zimmer, erkennt den Ozean in einem Teich. Der Kunstkritiker mit dem passenden Namen Norbert Wolf stellt diesen Quadratfuß Erde auf ein Podest. Er schaut es mit dem Fernglas an und sagt, seine Einheit von Wahrnehmung, Kunst, Wissenschaft und Naturphilosophie könnte als zentrales Thema des gesamten kreativen Schaffens des Künstlers angesehen werden.

Kunst kann Gras oder einen Baum nicht vermehren oder Samen freisetzen oder sie in einem Atemzug wegblasen. Dürer malt also das Nichts – die bewegte Luft, wie einige den Wind nennen, so die Worte Turners. Er bildet das ab, was nicht abgebildet werden kann, sagt Erasmus: Feuer, Lichtstrahlen, Donner, Wetterleuchten, Blitze, oder die Wolken an einer Wand – das heißt, etwas, das noch am ehesten einem Traum ähnelt – oder eben nichts.

Der Künstler zuckt die Achseln. Er hat es einfach gemacht. Die Welt fängt nicht mit uns an, und sie hört nicht mit uns auf. Das Gras erwacht zum Leben, wenn eine zuckende Nase sich hindurchbewegt. Das Tier wartet darauf, in dieses Feld zurückzuhoppeln. Sein Fell ist mit jedem einzelnen Haar wiedergegeben, um die Illusion zu steigern. Es ist – wie das Rasenstück, wie sein Auge – die Welt.

→ TAFEL II

Der Hase war den Germanen heilig; sie waren der Auffassung, er pflanze sich parthenogenetisch fort, weshalb er mit der Jungfrau Maria assoziiert wurde. Doch der Hase zittert, während er da so kauert, und wartet vergeblich auf seine Verkündigung. Seine Ohren sind weich und zart; wie seine zitternden Schnurrhaare sind sie sichtbares Erleben, sie wittern eine Welt jenseits der unseren. Er ist wild und doch bereit, aufgenommen und geknuddelt zu werden, verzückt in unseren Armen zu liegen, so wie ich Joseph Beuys die Kunstgeschichte erklären gesehen habe. Die Bedeutung Dürers entzieht sich uns; er ist zu weit weg. Dieses hier jedoch – diesen Hasen, der unmittelbar vor unseren Augen gegenwärtig ist, haben wir so ähnlich schon einmal gesehen: Das ist doch bestimmt genau dasjenige, was der Künstler sagt, dass es sei?

Er wiederholt sein Kunststück, um das Skandalon seines Genies zu steigern.

→ TAFEL III

Die Blauracke: von der Größe einer Dohle und mit den eigentlich nicht passenden Farbtönen eines Hähers. Nur in dem ausgestreckten Flügel dieses unerhörten Vogels finden sich alle Merkmale repräsentiert: von Türkis und Himmelblau bis zu einem orangefarbenen Ockerton; die feurigen Farben eines afrikanischen Überwinterungsortes, importiert in europäisches Grau. Im Jahr 1663 holte der englische Ornithologe Francis Willughby einen dieser Migranten mit dem Gewehr vom Himmel herunter.

Es war sonderbar, so die Äußerung seines Biographen Tim Birkhead, dass Willughby in seinem Bericht so vollkommen davon absah, die erstaunlichen Farben des Vogels zu erwähnen. Vielleicht glaubte er nicht an sie. Ruskins Aquarelle von Eisvögeln und Pfauen kommen dieser transzendenten Vision eines Vogels, oder dem Teil eines Vogels, nahe, doch selbst dann verzweifelte er an dem vornehmen Blauton, konnte er doch nicht den Pinsel in den Himmel tauchen. Vögel, Berge, Hasen: eine seltsame Bruderschaft. So schicksalhaft wie jedes Menschenporträt, so schwerelos wie die Luft, wurde Dürers Blaurackenflügel in Elementarfarben ausgeführt, einer Werbung gleich. Eine Tier-Pflanzen-Mineralien-Einkaufsliste von Pigmenten, erstanden in der Apotheke und aufbewahrt in den Muscheln des Malers – Unio pictorum: lange dünne Muscheln, transportsicher mit Eiweiß versiegelt und als kleine Gefäße verwendet, in denen die Farbe mit Wasser oder Öl oder Gummi arabicum vermischt wurde.

Natürlich wurden in diesem Prozess die Tiere selbst mit verwertet. Botanische Pigmente wurden in warmem Wasser aufgelöst, die Lösung dann in Schweinsblasen aufgehängt, um zu verdunsten, zurück blieb die pulverförmige Substanz. Ziegen- oder Kuhhörner wurden als Behälter für Farbe oder Gold- und Silberblätter verwendet. Um die Welt zu malen, musste der Künstler sie recyceln. Rote Farbe wurde aus Krappwurzel ausgekocht, die die Schnäbel der Vögel rosenfarben machte, wenn sie daran pickten, als ob sie selbst Maler wären; Dürer pries die Vielfalt, die es in Antwerpen gab, in sauberen, frisch hergestellten Blöcken. Rot stammte auch als mythisches Drachenblut von Ungetümen oder Elefanten, die im Kampf getötet wurden (tatsächlich handelte es sich um Pflanzenharz). Knochenschwarz wurde aus verkohlten Knochen gemacht, und Elfenbeinschwarz stammte von verbranntem Elfenbein, häufig von aus dem Permafrost ausgegrabenen Mammut-Zähnen.

Blei und Zinn ergab in Kombination Gelb; Dürer gab drei Pfund für ein Grau-Blau, gewonnen aus der Farbe von Blei, aus Antwerpen aus. Der Hafen von Antwerpen belieferte Künstler, die Kunst lieferten. An den dortigen Docks wurden Grünspan aus Montpellier und Cochenille aus der Neuen Welt importiert, hergestellt aus zermahlenen Schildläusen, mit drei Pfennig pro Gramm der teuerste aller roten Farbstoffe. Es gab Färberwaid und Brasilholz, und die Farbe, die sämtliche Fleischpartien zum Leuchten bringt, wie Karel van Mander bemerkte, hergestellt aus Schwefel und Quecksilber, abgebaut in Deutschland. Azur stammte aus Bergen, die ausgehöhlt wurden, um über ihnen neue Himmel zu erschaffen. Es war also kein Wunder, dass die Kunst der Renaissance in diesen neuen Farbfeldern und -seen so hinreißend glitzerte und funkelte. Die Welt wurde aufgegraben, ausgebrannt und eingekocht; es war eine Frage von Angebot und Nachfrage. Dürers Mäzene – die Paumgärtners von Nürnberg, die Fugger von Augsburg – waren Industriebarone, deren internationale Gesellschaften die von ihm benutzten Pigmente und Erze abbauten. Sie lieferten die Kupferplatte, die er gravieren würde, den Silberstift, mit dem er zeichnete. Dürer kaufte ihre Produkte, um Bilder und Geschäfte zu machen, damit er mehr von ihren Produkten kaufen konnte, um noch mehr Bilder zu machen.

Sie waren wie Drogenhändler: Sie konnten nur gewinnen. Seine Kunden erwarteten blaue Gewänder und goldene und silberne Kronen, als seien die Gemälde selbst eigentlich Investitionen; ihr dreckiges Geschäft veredelt für ihre Wände, erworben pro Quadratzoll, wie Blattgold und -silber, einen Dollar pro Päckchen. In dieser Sucht lieferten Tiere und Pflanzen sowohl die Mittel ihrer Reproduktion als auch ihres Niedergangs: Schreibgeräte aus Gänsefedern, getaucht in Tinte aus Galläpfeln oder vom Tintenfisch (ein Tintenbehälter war ein Calamarium); Leim, um Leinwand aus Kaninchenhaut zu fixieren; Pinsel aus Hermelinschwänzen. In Antwerpen kaufte Dürer dreizehn Pinsel aus Tümmlerborsten. Die Borsten waren Barten; er malte mit Walen, stand über dem Blender, stopfte einen Narwal hinein, die Hauer voran, auf dass er sich mit dem anderen Zeug vermischte. (Turner vermischte seine Farbe mit Walrat.) Der Künstler wurde dafür bezahlt, wie Judas, wieder und wieder.

Das Exquisiteste war der Halbedelstein Lapislazuli, der mehr kostete als Gold; aus ihm wurde Ultramarin hergestellt, die ultimative, aus dem Stein herausgepresste Farbe – sie hätte auch vom Grund des Ozeans abgebaut oder vom Himmel abgeschabt sein können. Kein anderer deutscher Künstler arbeitete mit dieser betörenden Nuance; sie wagten es nicht. Kein Wunder, dass Künstler unheiliger Verträge bezichtigt wurden. In den finsteren Straßen am Hafen tauschte Dürer Drucke im Wert von zwölf Dukaten gegen lediglich eine Unze ein – seinen Schuss gewissermaßen. Kennengelernt hatte er den Stoff in Venedig, wo er in den lichtblauen Mantel der Jungfrau floss, der Inbegriff des Meeres, dessen Stern sie war.

In Häfen und an Kais und anderen halbseidenen Orten trafen diese magischen Substanzen ein, exotische Farben, die er benutzte, um seine Blauracke unsterblich zu machen.

Da hing sie wie ein Engel, der vom verirrten Pfeil eines vorbeigehenden

Wissenschaftlers aus der Luft geholt wurde – das Bild sang von dem toten Tier, einem Paradiesvogel oder einem verkleideten Gott. Um dem Vogel einen Anschein lebensechter Glorie zu verleihen, intensivierte Dürer sein Gemälde mit Blattgold, eine Technik, die eigentlich nur zur Darstellung von Göttlichkeit benutzt wurde. Er vergöttlichte die tote Kreatur mit Blau und Gold, den Farben des Christentums, und überführte den Kadaver, der womöglich bei der Jagd von Hundezähnen abgerissen worden war, in etwas Heiliges. Er stellte Federn und Löwenzahn auf eine Stufe mit Kaisern und Heiligen. Er malte Gott aus Dreck und Blut.

Der Vogel hängt von einem Nagel an der Wand, ein Stück Jagdbeute mit schmerzlich geöffnetem Schnabel, tot wie ein Stein, noch immer zutiefst verstörend. Alles Erbarmen der Welt spricht aus jener Klaue, der anderen, die ergeben hinter ihrem Flügel versteckt ist. Ein Talisman, sagte Marianne Moore, wie eine Möwe am Strand,

> Die korallenen Füße angezogen,
> Der Schnabel geöffnet zum Gruß
> Längst verstorbene Menschen.

→ TAFEL III

Alles Leben herausgepresst. In Dürers Händen war dieser vormals warme Körper, dieses ergreifende Ding, noch toter und zugleich noch lebendiger. Keiner kann mir verraten, warum diese Bilder gemalt wurden. Einige meinen, der Hase sei eine Studie, mit welcher der Künstler seine Kunstfertigkeit vorführen wollte; andere sagen, der Flügel sollte letztlich zu einem Engel gehören, als ob etwas so Wundersames nur für etwas bestimmt sein könnte, das es in Wirklichkeit gar nicht gab.

Würden Sie nicht unbedingt wissen wollen, wie dieser Engel aussehen würde?, fragte Ruskin. Ich habe mich seit meiner Kindheit schmerzlichst danach gesehnt, das zu wissen; und ich habe eifrig alle Worte zusammengetragen, die von Menschen niedergeschrieben worden waren, die behaupteten, sie hätten Engel gesehen: Doch keiner von ihnen konnte mir je sagen, wie ihre Augen aussahen, oder ihr Haar, ja nicht einmal, welches Gewand sie trugen. Und – noch schlimmer – wenn ich ein Bild eines Engels sehe, erkenne ich augenblicklich, woher er seine Flügel hat.

Dürer wusste, dass Engel in einer himmlischen Hierarchie angeordnet sind, in einer Taxonomie aus Seraphim und Cherubim, Engeln und Erzengeln, geschaffen – so die Auskunft des Koran – aus reinen leuchtenden Juwelen. Aber im Anfang war der Vogel: Die Engel bestätigten jene Schönheit lediglich.

Wenn er in den Wäldern unterwegs war, wo er vor Wölfen und Bären auf der Hut sein musste, hatte Dürer immer einen oder zwei Hunde als Begleiter bei sich. Keiner hat so wie er Hunde gezeichnet. In den *Sieben Freuden der Jungfrau* von Hans Memling erscheint den Hirten ein echter Engel; der Hirtenhund mit seinem Stachelhalsband bellt aus Furcht und Irritation. Dürers Hunde behalten die Orientierung. Sie stehen direkt neben Sklaven und Heiligen, nackt und unerschrocken, und enthüllen all ihren Reiz; sie heulen nicht den Mond an oder zerren am Ende einer Leine. Dürer verleiht ihnen so viel Persönlichkeit, dass Hunde zu unseren Zeugen werden, statt unsere Sklaven zu sein. Im Jahr 1512 illustrierte er einen griechischen Text, der erklärte, dass der Hund begabter und sensibler ist als andere Tiere, dass er eine sehr ernste Natur hat und Opfer von Wahnsinn werden kann, und ebenso wie tiefgründige Denker neigt er dazu, immer auf der Jagd zu sein, Dinge zu wittern und ihnen zu folgen. Von allen anderen Tieren sind Hunde für diese Krankheit am anfälligsten, so Robert Burton in seiner *Anatomy of Melancholy* im Jahr 1621. Fünfzigmal werden darin Hunde erwähnt. Burton sagte, einige Leute seien der Meinung, sie würden träumen wie Menschen und durch die Macht der Melancholie verrückt werden. Ich könnte viele Geschichten von Hunden erzählen, die vor Trauer gestorben sind und sich zu Tode grämten, weil sie ihren Herrn verloren hatten.

Ein Hund ist bei der Geißelung Christi dabei. Fünf Hunde stehen bei Eustachius, es ist immer der gleiche, mit unterschiedlichen Gesichtern: feierlich, aufmerksam, forschend, kontemplativ, schicksalsergeben. In den Winkeln seiner Gemälde und Drucke leben Hunde ihr Leben aus. Colin Eisler vermutet, weil Dürer keine Kinder gehabt habe, habe er gegenüber Tieren die Aufmerksamkeit an den Tag gelegt, die er sonst einer Tochter oder einem Sohn geschenkt hätte. Seine Hunde sind willige und folgsame Modelle, sie bewegen sich nicht hin und her, zappeln nicht oder fragen, ob sie schon etwas anschauen dürfen. Eher brechen sie ihr eigenes Herz, als das unsere zu hintergehen; sie strengen sich an bis zur Erschöpfung. Deshalb tauchen sie in seinen schönsten Stichen auf und legen Zeugnis über Dinge ab, die man nicht erklären kann.

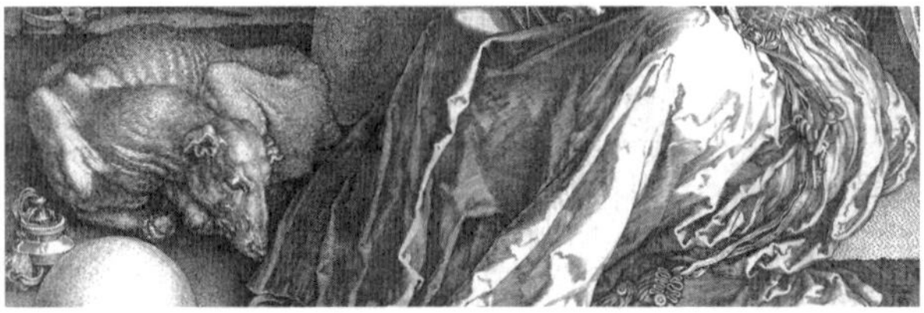

Melancholisch
Schlummernd beim Engel, an einem eisigen Ort am Meer.

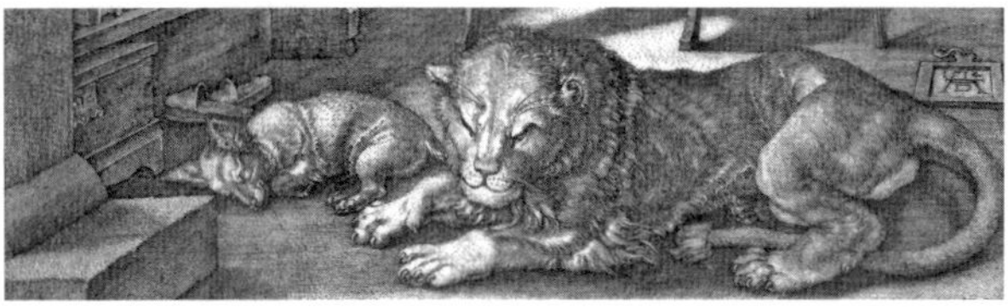

Kontemplativ
Nahe den Pranken vom Löwen des Mönchs, der in seiner sonnendurchfluteten Zelle sitzt.

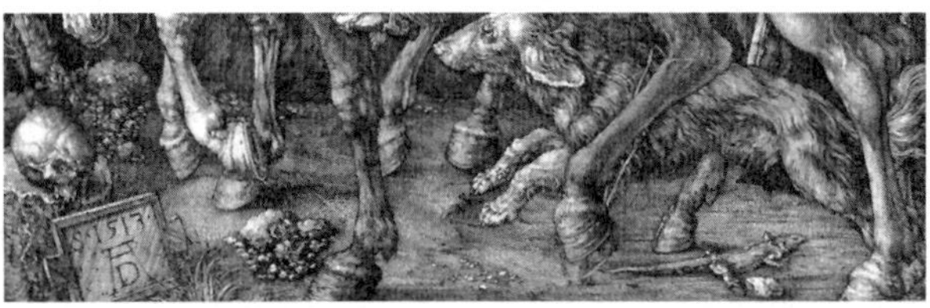

Heroisch
Als Begleitung des edlen Ritters, während Tod und Teufel ihnen auflauern.

Der Ritter hat einen Wolfschwanz an seiner Lanze befestigt, um seine Verachtung für seine Feinde zu zeigen. Er reitet durch eine mit winterlichen Bäumen bewachsene Schlucht. Reiter, Pferd und Hund werden von dem stinkenden Paar belästigt: der Tod mit schlangenumwundenem Haupt,

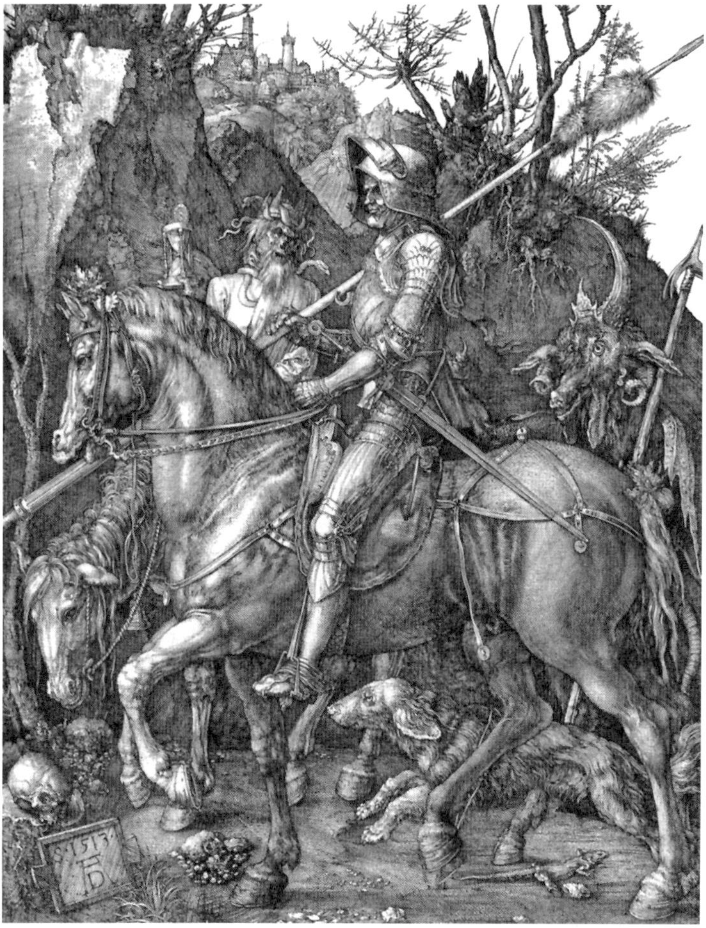

spöttisch ein Stundenglas hochhaltend; und ein grotesker, geißen- und muschelbehörnter Teufel mit zerfetzten Flügeln. Das furchtlose Trio würdigt dieses heruntergekommene Duo keines Blickes.

Er ist der Inbegriff des Freelancers, ein Einzelgänger, übriggeblieben von den Kreuzzügen, aus Jungs Träumen erstanden. Sein Ross ist unerschütterlich, gefasst, mit gespitzten Ohren schaut es direkt geradeaus, ein Strauß aus Eichenblättern befindet sich als Zeichen von Stärke an seinem Schopf und am Schwanz befestigt (Ich binde ein Zweiglein an meinen Lenker). Und in schnellem Schritt, um gleichauf zu bleiben, folgt der Dritte im Bunde: ein eifriger, aufmerksam witternder Hund – Panofsky sagt, er zeige unermüdlichen Eifer und ehrliches Urteilsvermögen. Er ist bereit, Tod und Teufel zu leugnen. Sympathie hat er keine übrig für sie. Er ist ein Wahrheitssucher, wie seine edle Schnauze beweist. Wie viel leichter wäre das Leben, wenn wir alle Hunde wären, dazu in der Lage, uns gegenseitig zu erschnuppern.

In einer mondlosen Nacht auf dem Heimweg von der Heide befiel mich ein Gefühl von Angst. Die Bäume in den tausend Jahre alten Hecken wirkten höher als der Himmel. Doch während ich ausschritt, trottete Tangle, unser Schwarzer Retriever, neben mir, begleitete mich den Berg hinunter und zurück in vertraute Gefilde, obwohl er in diesem Augenblick tief schlafend auf dem warmen Küchenboden auf der anderen Seite der Stadt lag.

Hunde sind zeitlos, sie werden immer wiedergeboren. Sie sind nur auf der Durchreise, um uns in unserem Zustand der Sterblichkeit zu trösten. Der wilde Hund, gerettet von den Straßen, die Freiheit der Dünen auskostend. Tiere sind unsere Zukunft. Wir sehen es in ihren Augen: der Vogel in der Luft, der Hase im Gras. So wie sie da liegen, wittern sie es.

Ein Wal, am Strand.

GESTRANDET

Sie waren immer da, nur eben nicht in Reichweite. In den Jahren, nachdem Dürer die Niederlande verlassen hatte, trafen mehrere sonderbare Abordnungen ein. Zwischen 1521 und dem Ende des 17. Jahrhunderts entstanden vierzig Aufzeichnungen über Pottwale, die an diesen Küsten gestrandet waren, als wären sie aus ihren üblichen Lebensräumen herauszitiert worden. Dürer verbrachte seine Zeit mit anderen Tieren, mit Engeln und mit Heiligen, während sie die ganze Zeit über da waren: erhaben, phantastisch, an den Grenzen des Menschenreichs. Sie waren real, sie waren echt.

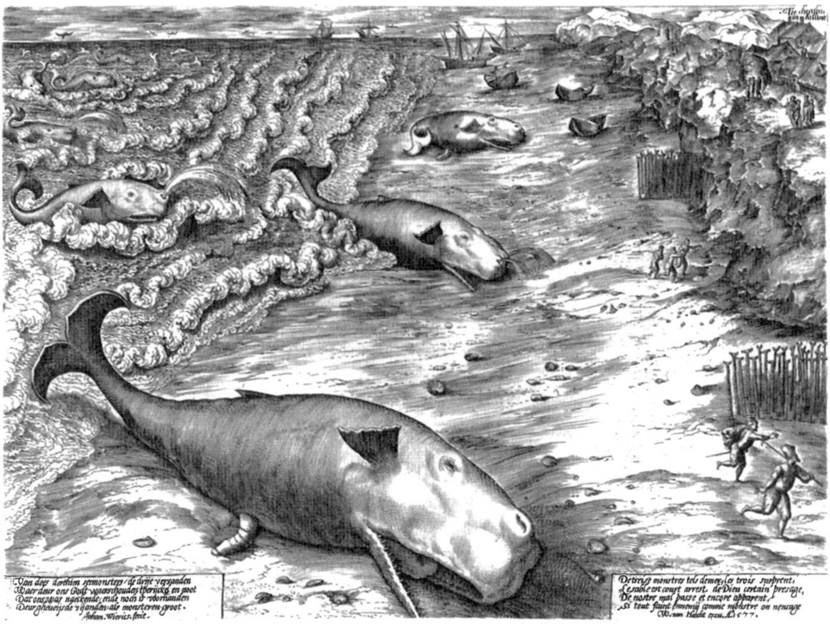

Am 22. November 1577 tauchten südlich von Den Haag dreizehn Wale aus den Wellen auf. Eine Radierung von Jan Wierix aus Antwerpen zeigt drei Tiere auf dem Sand und zehn in der Brandung. Panisch fliehen die Einheimischen, von den grimmigen Kiefern und den hingestreckten Gliedmaßen in die Flucht geschlagen. Sie rennen in die Dünen. Später sollte Wierix Dürers *Melencolia* kopieren. Hier bereitet er sich darauf vor.

Am Tatort angekommen, untersuchte ein Fischer namens Adriaen Coenen das Trio. Sie lagen etwa eine Breitseite voneinander entfernt am Strand, sagte er. Der größte war 55 Fuß lang, der zweite 49 Fuß, der dritte 48 Fuß. So weit im Norden waren es immer Männchen; die Weibchen hielten sich weiter südlich auf, in sichereren Breitengraden. Coenen zeichnete sie wie ein Spitzel in sein Tagebuch, zusammen mit Sonnenfischen, Haien und Seeschlangen. Einen der Wale beschriftete er quer über dessen Schwanz,

EEN·pots
WAL.

und vermerkte, dass ein anderer eine Scholle im Maul hatte. Er wusste, dass es sich dabei nicht um die mickrigen Versionen von etwas Schrecklichem am Stand eines Fischhändlers handelte, sondern um individuelle, wundersame Wesen.

Alle warteten darauf, was als Nächstes passieren würde.

Am 2. Februar 1598 tauchte bei Katwijk, nördlich von Den Haag, ein weiterer Wal auf. Diese Treibsandebenen waren geächtete Orte: die Bewohner des nahegelegenen Fischerdorfes Berckhey hatten einen so schlechten Ruf, dass es den Nachbarn verboten war, mit ihnen zu sprechen, und das Meer den Ort verschluckte. Der Wal hatte einen Fürsprecher: Hendrick Goltzius, ein in Deutschland geborener Kupferstecher, der jetzt in Haarlem lebte und ein produktiver Künstler war, obwohl seine rechte Hand in seiner Kindheit durch eine Verbrennung deformiert worden war. Goltzius verdankte seine Kunstfertigkeit seinen operierten Fingern, die ihn dazu zwangen, sein Stichelwerkzeug auf ganz spezielle Weise zu halten; man sagte, sein Umgang mit dem Stichel übertreffe sogar denjenigen Dürers. Er zeichnete seine Hand als Instrument seiner Phantasie, ähnlich dem Schattenbild eines Wals an der Wand.

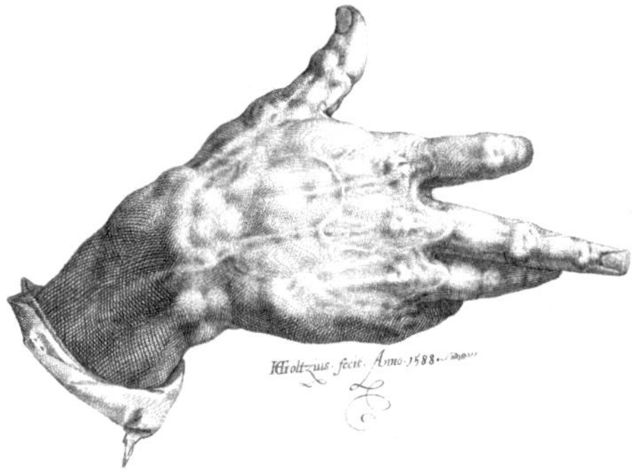

Das war das Problem mit den Malern: Wie Dichter verglichen sie alles mit irgendetwas anderem. Goltzius tat für den Wal, was Dürer getan hätte. Sein Stiefsohn, Jacob Matham, machte aus dem Pottwal einen Druck, der auf Delfter Töpferware reproduziert werden sollte, sein Körper nahm auf Kacheln geschickt das Tiefblau des Meeres auf. Diese stumme Tragödie wird

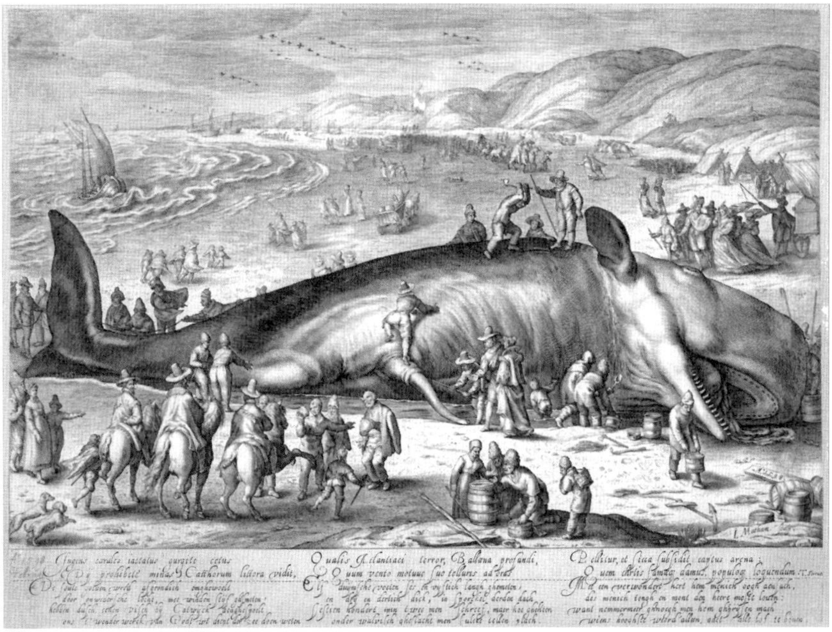

von einem Publikum bestaunt; Zuschauern in einer Szene, die einem Zirkus oder einem Jahrmarkt glich, geschmückt mit Zelten und Amüsierangeboten. Ihre Lust am Spektakel war lebensgefährlich; auch sie wurden krank.

Wie er da so lag, platzten die Eingeweide des Wals auf, was, wie Goltzius berichtet, die umgebende Luft dermaßen verseuchte, dass viele der Schaulustigen vom Gestank krank wurden und einige sogar starben.

Im Gegensatz zu Dürers langsamem Dahinsiechen an einer schubweise auftretenden Krankheit trat das Ableben dieser Zuschauer durch das Miasma sehr schnell ein. Auch ich wurde vor Zoonosen gewarnt, vor demselben Gestank, der mir immer noch nachhängt: ein geköpfter Zwergwal an einer Nordseeküste, der sich langsam grün färbte; ein Buckelwal in Herring Cove, der unter seinem Blubber zusammenbrach; eine riesige abgetrennte Flosse, die unter mir dahintrieb, als ich in einer Lagune geschwommen bin.

All das rieche ich in meinem Kopf: es riecht wie abgestorbenes Blumenwasser in einer Vase.

Ein großer Wal, herausgeworfen aus dem blauen Meer, Götter, wenn das nur kein schlimmes Omen ist! Welch ein Schrecken der Meerestiefe ist ein Wal, wenn er durch den Wind und seine eigene Kraft ans Ufer getrieben wird und gefangen auf dem trockenen Sand liegt. Wir überliefern diese Kreatur dem Papier und machen sie berühmt, damit Menschen über sie reden können.

Die Tiere verfügten über andere Stimmen. Der Wal kommentierte Invasionen und Armadas, mit seinen eigenen Warnungen vor unverantwortlichen Waffenstillständen und sündhaften Kompromissen mit dem Antichristen. Sir Dudley Carleton, britischer Konsul in Den Haag, sah sich genötigt, eine Anweisung zu geben. An ebenjenen Orten und zum Zeitpunkt dieser Tumulte – sagte der Diplomat – verursacht ihre Erscheinung die größte Überraschung; umso mehr, als man sich daran erinnert, dass beim ersten Ausbruch der Grafschaftskriege zwei Wale von gleicher Größe im Fluss der Schelde unterhalb von Antwerpen an Land getrieben wurden.

Die Philosophen blickten mit Argwohn auf solch bürokratischen Aberglauben. Unzufrieden mit den Bemühungen von Goltzius und ihren eigenen Versuchen, sich verständlich zu machen, schickten die Walfänger am 20. Dezember 1601 eine dritte Deputation. Ihr Abgesandter kam rechtzeitig in Beverwijk, nordwestlich von Amsterdam, an, um von Goltzius' Schüler Jan Saenredam als Gesandter gezeichnet zu werden. Er war ihr Holbein.

Saenredams Sohn sollte dann später den Walknochen am Amsterdamer

Rathaus malen; schon sein Vater hatte diese Rippe hergenommen und nicht Eva oder gar die aus einer Muschel steigende Aphrodite nachgebildet, sondern ein auf die Seite gekipptes, bedeutungsschwangeres Untier. Das klaffende Maul, die Semaphorenflosse, das Zeugungsorgan; all das bot sich mit dem Rätsel seiner Ankunft den Augen dar. Ein Jahrhundert früher, und man hätte einen Priester herbeigerufen, um ihm die Beichte abzunehmen. Dieser Wal hat die Kraft früherer, fehlgeschlagener Porträts in sich vereinigt; er ist mit dem ganzen Arsenal unsagbaren Glanzes ausgestattet. Die Anwesenden hofieren einen Kaiser, dessen Reich weit über jede habsburgische Domäne hinausreichte. Graf Ernst Casimir von Nassau-Dietz, ein Kriegsheld, kommt im Federhut, mit Degen und einem Taschentuch zum Schutz vor Ansteckung. Der Walfisch wird enthüllt. Saenredam hat von Dürer gelernt: Sein Besucher ist mit den entsprechenden Symbolen umkränzt. Dies war seine Ankunft, und dies waren seine Zeichen.

Gevatter Tod mit unheilschwangerer Sense und Sanduhr; herumliegende Walfleischstücke, Vorboten des kommenden Gemetzels. Die Vorzeichen treffen vermehrt und schnell ein.

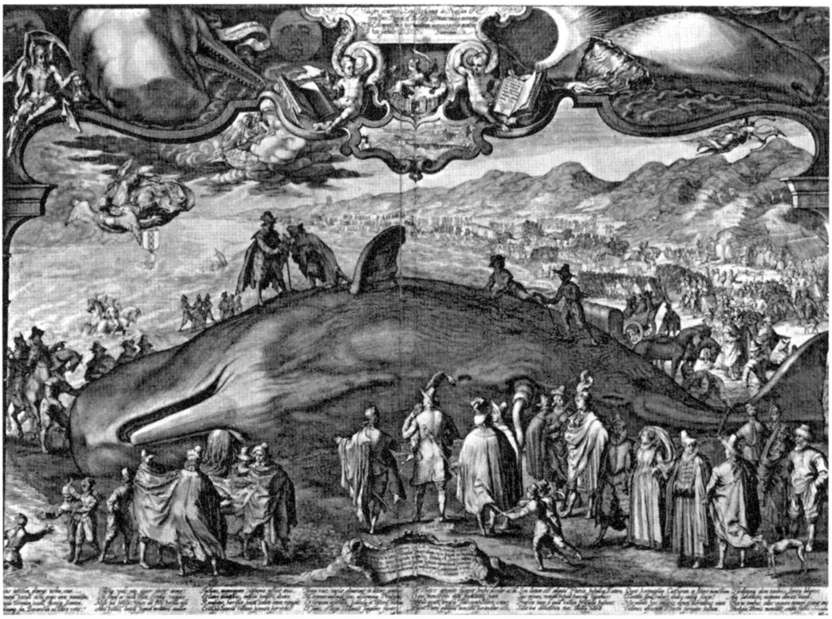

Melencolia II.

Angefangen beim Timing. Am Heiligabend, vier Tage nachdem der Wal gestrandet war, gab es eine Sonnenfinsternis; im Sommer zuvor hatte es eine Mondfinsternis gegeben: Beide fanden Eingang in das Bild, als hätte das Tier, das in der Dunkelheit lebte, das Licht ausgelöscht. Die Worte *terra motus* in einer Kartusche verweisen auf ein Erdbeben, das sich zur selben Zeit ereignet hatte wie die Sonnenfinsternis. (Heute weiß man, dass solche Beben tatsächlich mit den Mondphasen zusammenhängen und Wale zum Stranden bringen können).

Die Gefahr kam von oben, stieg aus der Tiefe empor, lag in der Luft. Ein Engel zielt mit Pfeilen auf Amsterdam, um die Stadt mit der Pest zu infizieren. Der Tod ist seraphengeflügelt wie eine Racke und stürzt in das Maul der Bestie. Der Künstler erhebt sich auf einem Kirschpflücker und dirigiert die Szene; der Hund des Eustachius wandert in die Ecke und wittert nach dem Wind. Die Pferde neigen in Trauer ihre Köpfe. In den Dünen hallt der Leviathan wider; seine furchterregenden Zähne bleiben dem Blick verborgen. Womöglich ist es ein mittelalterlicher Höllenrachen. Man könnte fast auf den Gedanken kommen, dass es bei dieser Heimsuchung nach Schwefel roch und nicht nach verfaultem Fleisch. Und dennoch lobte Luther das wunderbare Ungeheuer, dessen Stärke und Zuversicht so groß sei, dass es die Kraft von Pfeilen überwinde, und das uns ermutige, umso leichter und fester zu glauben, dass Gott auch uns zu bewahren vermag, die wir so unbeschreiblich viel geringer an Größe und Kraft sind. Der archetypische Wal.

Zufällig haben wir dasselbe Ufer, am selben Datum, einem 20. Dezember. Wir hatten keine Ahnung, dass dies der Jahrestag der Strandung des Wals im Jahr 1601 war. Es dämmerte bereits, und weder Karren noch Adlige belebten den Strand. Der Zirkus war weitergezogen. Der Himmel war grau und ging unmerklich in Meer über. Wir wanderten über den breiten braunen Sand. Hinter uns erhob sich ein Stahlwerk, das flauschige weiße Wolken ausstieß, und eine Raffinerie loderte ihre leuchtend orangefarbene Flamme in die Luft. Vor uns verlief ein steinerner Steg wie eine Straße ins Nirgendwo. Auf den Steinblöcken hockten Kormorane und trockneten ihre Flügel. Wir kamen ans Ende und mussten am rot-weiß gestreiften Leuchtturm umdrehen. Der Jahreswechsel leitete eine umfassende Wende ein.

Aus dem Nebel tauchte ein Öltanker auf, so nah, dass wir ihn hätten berühren können. Er sollte gleich leergepumpt werden. Ein Fischerboot segelte an den roten und grünen Hafenlichtern vorbei in die Nordsee. Innerhalb weniger Minuten war es in der Dunkelheit verschwunden.

Als wir umkehrten, brach die Wasseroberfläche auf, und ein einsamer Schweinswal wölbte seinen Rücken unter der fahlen Sonne auf. Wir sahen einen weißen Blitz an den Flanken, dann war er weg. Hunde und ihre Spaziergänger kamen an den Strand. Ich zog meine Kleider aus und schwamm. Danach stritten wir uns, aber nicht darüber, was das alles zu bedeuten hatte.

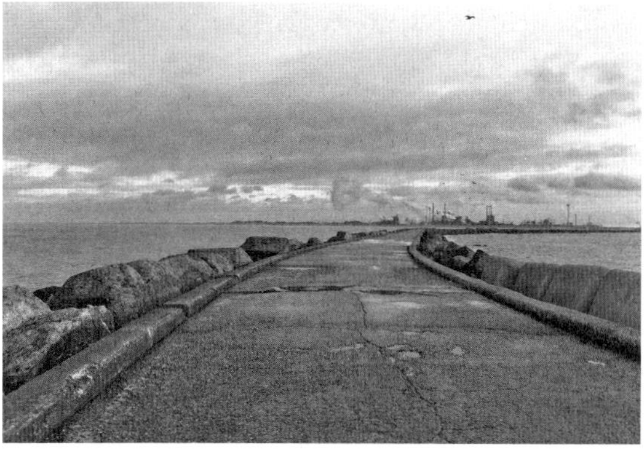

Über vier lange Jahrhunderte hinweg empfingen die Niederlande immer wieder zuckende Ungetüme dieser Art. Das wollte offenbar kein Ende nehmen. Heraufgeholt vom Meeresgrund, zusammengesunken auf dem Sand, hatten sie keine Ähnlichkeit mit den schönen Geschöpfen, als die Sie und ich sie kennen: elefantengrau oder ebenholzschwarz oder kakaofarben, sich mit den Sonnenstrahlen auf ihrem Rücken windend. Ich habe den Unterleib des Wals gesehen. Er schwebte, als wolle er gemalt werden, aber ich kam zu keinem Ergebnis, als er da unter mir hing. Keiner hatte die leiseste Ahnung, dass die Wale mit ihren großen Gehirnen und schwarzen Augen geschickt worden waren, um uns auszuspähen.

Hätte Dürer auch nur einen einzigen Wal gesehen, dann hätte seine Kunst Melvilles Munkeln darüber, dass man die wahre Natur des Wals nicht allein an seinen Knochen erkennen könne und dass niemand je ein weniger monströses Bild eines Wals gemalt habe, widerlegt; obwohl der Schriftsteller - zur Hälfte ein Holländer - in Neu-Amsterdam geboren wurde und behauptete, seine Augen seien so zart wie junge Wale. Der bleiche Künder von Moby Dick erzählt uns, dass das Wort Wal vom holländischen *wallen*, »sich wälzen«, »sich suhlen«, stammt. Wir suhlen uns in unserer Unwissenheit. Die Wale kündigten ihr Unheil selbst an, Zeugen in der eigentlichen Bedeutung des Wortes Märtyrer; Vorboten ihres eigenen Aussterbens, trotz oder wegen ihrer Größe, erdrückt von ihrem eigenen Gewicht. Die Kunst könnte sie auferstehen, jedoch auch aus eigenem Antrieb verschwinden lassen.

Als eine an sich belanglose maritime Szene, gemalt 1641 von Hendrick van Anthonissen, gereinigt wurde, offenbarte die Restaurierung die Form eines Wals. Ohne aufzufallen hatte er im Museum gelegen; niemand hatte gewusst, dass er da war. Und niemand hatte sich offenbar gefragt, worauf die Leute auf dem Bild starrten, oder was da vor sich ging. Der Wal, dieser im Wasser Verborgene, war die ganze Zeit da gewesen, die Finne an der falschen Stelle, auf seinem Rücken ein Mann. Irgendwann hatte er das menschliche Auge beleidigt: am falschen Ort, wie ein Vogel, der sich ins Zimmer verirrt hat, eine Unperson auf einem Foto aus der Stalinzeit, das schwarze Schaf des Dorfs, aus dem Blickfeld verbannt.

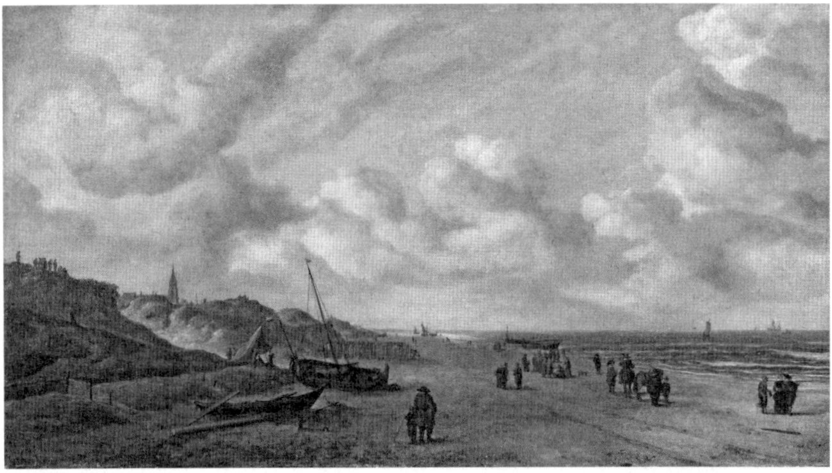

Die Wale sollten verschwinden, aber sie kamen immer wieder. Im 17. Jahrhundert wurden 27 Strandungen an diesen Ufern verzeichnet, das war also alles andere als eine goldene Zeit für Wale. Je realer sie zu werden schienen, desto mehr Methoden erfanden wir, um sie loszuwerden. Doch sie kamen trotzdem, in der Hoffnung, dass wir eines Tages genug haben würden. Im

Februar 1937 wurden zwei Pottwale, die an der Küste von Zeeland gestrandet waren, wo Dürer fast Schiffbruch erlitten hätte, nach Rotterdam gebracht. Sie wurden mit Kränen und Flaschenzügen aus dem Kahn gehoben, der sie zur Überholung oder zur letzten Ölung an den Liegeplatz gebracht hatte, und am Kai abgeladen, gewogen und vermessen – das erste Mal, dass diese Spezies so gründlich studiert wurde.

Danach lagen die Wale geduldig da und warteten darauf, zu kleinen, weißen, wachsartigen Blöcken Walrat verarbeitet zu werden, wie ich sie in den Läden eines Museums finden würde, fein säuberlich in einer Pappschachtel gestapelt wie Seifenstücke, so seidig, dass ich sie nicht mehr loslassen wollte; wie die Cold Cream, mit der sich meine Mutter vor dem Schlafengehen das Gesicht salbte, deren kühles Weiß aus dem schwarzen Ozean geholt wurde; eine Schicht emulgierten Wals zwischen ihrer Wange und meiner, als ich ihr einen Gutenachtkuss gab. So ein Klärer! so ein Versüßer! so ein köstlicher Beschwichtiger! sagt Ismael.

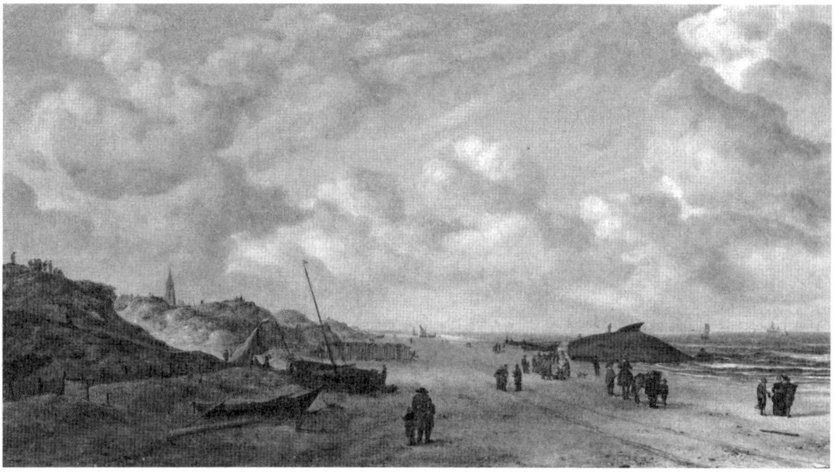

Er quetschte das rohe Fett durch seine Hände, seine Finger fühlten sich an wie Aale und begannen sich gleichsam zu schlängeln und zu winden, wie kleine Spermien bei dieser weiblichen Aufgabe, seine Hände berührten die seiner Gefährten. Er drückte auch sie, bis er schließlich lange Reihen von Engeln im Paradies sah, jeder mit seinen Händen in einem Glas mit Walrat.

Wir alle tun unsere Pflicht. Welche Anarchie würde herrschen, täten wir sie nicht. Am 10. Mai 1948, zehn Jahre bevor ich geboren wurde, kam die 15 000 Tonnen schwere *Balaena*, das größte Walfabrikschiff der Welt, aus der Antarktis in den Docks von Southampton an. Dort wurde sie abgeerntet - ihrer Beute beraubt, die von 3000 Walen stammte. 4500 Tonnen Fleisch zur Konservierung oder als Steaks, 163 000 Fässer Speiseöl zur Herstellung von Margarine, wie die Lokalzeitung verkündete, und 10 000 Tonnen Walrat zur Herstellung von Seife, Kosmetik und Lippenstiften. Statistik. Wale ernährten, wuschen und schminkten eine zerbombte Nation; die Abfahrt des Schiffs vier Monate zuvor war ein Ereignis gewesen, über das so gründlich berichtet wurde wie über eine militärische Expedition. Ich spule die feierlich verkündete Wochenschau wie ein Telegramm zurück und sehe, wie die *Balaena* zu Beginn ihrer Reise die Docks verlässt.

Meine Familie liegt sicher in ihren Betten, obwohl wir in unseren Träumen die Nebelhörner hören. Die Lichter des Schiffs leuchten im Nebel; es sieht aus wie Londoner Smog, in dem ein Killer lauern könnte. Von winzigen Gestalten aus ihren Verankerungen gelöst - ich bitte um Verzeihung, dass ich einem solchen Schiff Weiblichkeit zugestehe - stößt *Balaena* schwarzen Rauch aus ihrem Schornstein, als sie von ihrem Anliegeplatz ablegt, herausgeholt von einer Schlepperhebamme. Sie reitet hoch im Wasser, ohne Ladung, ihre tunnelartige Rampe ist sauber. Sie nennen sie Mutterschiff; bald wird sie Waisenkinder hinterlassen.

Ein in jenem Jahr veröffentlichter Bericht erklärte, dass eine durch den Krieg verursachte weltweite Verknappung an essbaren Fetten solche Fahrten dringend erforderlich machte. Um ihre Ernte durchzuführen, führte die *Balaena*, diese Nachkriegs-*Pequod*, drei amphibische militärische Aufklärungs-Doppeldecker vom Typ Walrus mit, die von der Supermarine Company in Southampton entworfen und gebaut wurden. Sie trugen die Namen Snark, Boojum und Moby Dick: eine Superhelden-Truppe, halb Tier, halb Maschine, die sich anschickte, die Wale zu erlösen.

Nach Angaben des *Geographical Journal* wurde jedes Flugboot von Deck aus mit einem riesigen Katapult gestartet, betrieben von einer Ladung Schießpulver. Wie Albatrosse schwebten sie in die Luft und suchten die Gnade des Aufwinds über dem weiten, weiten Meer. Dort oben, allein am Polarhimmel, blickten die Besatzung und die Wissenschaftler hinunter und sahen einen Schwarm von mindestens 50 Pottwalen; sie stellten fest, dass sich die Wale selbst dann, wenn das Flugzeug knapp über dem Wasser flog, von dem Lärm nicht beeindrucken ließen.

Wenn ich ein Wal wäre, würde ich mich anders verhalten.

Der Wal war leicht zu identifizieren – John Grierson, ein berühmter Pilot, leugnete ihre vielfältige Individualität –, und die Kälber konnte man deutlich neben ihren Müttern schwimmen sehen. Der Schütze hat die Aufgabe, immer das größte Tier auszumachen, was viel Erfahrung voraussetzt. Eine große Hilfe beim Fotografieren war uns Doktor Bob Chase, der Chef der Wissenschaftler aus Cambridge.

Die Wale wurden mit großer Geschwindigkeit aus den entlegenen Ozeanen eliminiert, weit weg von den kritischen Blicken menschlicher Zivilisation. 300 Jahre nach dem Verschwinden von Anthonissens Wal führten *Balaena* und ihre Kohorten den Untergang von drei Millionen Walen herbei. Ihr Schicksal war auch das unsere, denn ihre Fäkalien füttern das Plankton, das den von uns in die Luft freigesetzten Kohlenstoff absorbiert – die toten Wale hätten eine klimafreundliche Nahrungskette befruchtet. Womit sollte all dieser Raum aufgefüllt werden? Nicht lange nach Christi Tod erklärte Plinius, dass es im Meer Wale gab, weil das riesige und offene Meer vom Himmel die Ursamen des sich selbst erzeugenden Lebens empfing. Die den Samen entsprungenen Wale schnappten nach diesen Mosquitos. Nur mit seinen Stiefeln eingeklemmt, die noch herausragten, als die Kiefer zusammenstießen, entkam ein Walfänger mit einem geprellten Brustkorb und einem Emphysem vom Hals bis zur Taille und war nach sechs Wochen wieder bei seiner Arbeit.

Während Wolfgang Panofsky in seinem Flugzeug saß, säten die Fänger, Seite an Seite mit den Wissenschaftlern des Kalten Krieges, durch eine explosive Harpune den Tod. In einem Bericht, der viele Jahre zuvor in der *Illustrated London News* veröffentlicht worden war, um Werbung für die Ausstellung *War in the Air* in den Grafton Galleries in Mayfair im Jahr 1919 zu machen (der Eintritt betrug einen Schilling, und die Band spielte täglich), hatten die Leser zum ersten Mal Luftaufnahmen von Finnwalen gesehen, die von einem britischen Luftschiff aus bei seinem Flug über das Meer zwischen England und den Niederlanden gemacht worden waren.

Ein Seeungeheuer, das oft mit einem U-Boot verwechselt wird, so lautete die Bildunterschrift, und man fügte hinzu, dass diese riesigen Ungetüme im Halbdunkel starke Ähnlichkeit mit einem untergetauchten U-Boot hatten; und da die Kriegsregel besagte, im Zweifelsfall sei zu bombardieren, wurden viele von ihnen von unseren Flugzeugen getötet.

Brutalität kennt keine Grenzen, sagte Jack Forbes, ein amerikanischer Ureinwohner; Gier keine Schranken, Arroganz kein Maß. Das ist also die Krankheit, schrieb er, die Krankheit der Aggression gegen andere Lebewesen, und, genauer gesagt, die Krankheit, Leben und Besitz anderer Kreaturen zu verschlingen.

Zwischen 1914 und 1917 starben 175 000 Wale, um Nitroglycerin für britische Bomben und Öl gegen Fäulnis an den Füßen der Soldaten zu produzieren. 1917 forcierte der Kriegsminister Winston Churchill die Forderung nach dem sogenannten Train Oil, vom niederländischen *traen*, was so viel wie »Träne« oder »Tropfen« bedeutet. Eine Pietà. Eine Spezies war ein besonderes Ziel für die Jäger, wie Frank Morley, ein Freund von T. S. Eliot, nach seinen eigenen Erfahrungen auf einem Walfangschiff bemerken würde. Die Buckelwale, die hier auf diesem Planeten ein recht fröhliches und sehr unterhaltsames Völkchen sind, wurden regelrecht abgeschlachtet, schrieb Morley. In seinem eigenen, zehntausend Meilen entfernten Revier wurde der Buckelwal fast ausgerottet, um den Kerl auf der anderen Seite des Ozeans in seinem Unterstand zu vertilgen.

Im Jahr 1924 erklärte H. G. Wells, dass wir die Wale vor uns selbst schützen müssen. In einem Artikel mit dem Titel *The Impudence of Flags: Our Power Resources and My Elephants, Whales, and Gorillas* (»Die Unverschämtheit der Flaggen: Unsere Machtressourcen und meine Elefanten, Wale und Gorillas«) sagte der Autor von *The War of the Worlds* (»Der Krieg der Welten«), dass diese Wunder des Lebens, diese seltsamen und großartigen Wesen, von deren Vitalität und Impulsen wir so wenig wissen, getötet wurden, weil sie unzureichend geschützt waren. Walarten wurden ausgerottet, weil der Ozean Niemandsland ist, bemerkte er; Vögel und Tiere, die unter einer nichtssagenden Flagge leben, sterben, und niemand hat das Recht, dagegen zu protestieren.

Dies war eine in die Neuzeit versetzte mittelalterliche Hölle. Eine Herde Turlehide-Wale strandete im heißen Mittag, Fontänen spritzend, hoppelnd im Flachwasser, schrieb Joyce 1922 in seinem *Ulysses*. Dann aus der verhungernden Flechtwerkstadt eine Horde kurzbewamster Zwerge, mein Volk, mit Schindermessern, rennend, stürmend, hackend in grüntraniges Walfleisch. Hungersnot, Pest und Gemetzel. Ihr Blut ist in mir, ihre Lüste sind meine Wellen.

In dem Film von 1948 wird uns erzählt, dass nun humanere Tötungsmethoden sondiert werden, so wie sie einige Jahre zuvor an Menschen erprobt worden waren. Angeregt durch einen Arzt an Bord, Harry Lillie, der sich daran störte, dass es fünf Stunden und neun Granatharpunen dauerte, bis ein Walweibchen starb – während dieser Zeit wurde der noch lebende Körper mit Luft aufgepumpt, um ihn über Wasser zu halten, ein Beispiel für unerhörte Grausamkeit, wie Lillie anmerkte, da es den Wal seiner größten Angst überließ, bei lebendigem Leibe von Haien gefressen zu werden –, gab es neue Bemühungen, das Verfahren zu verfeinern.

Sir Vyvyan Board, ein Held des Ersten Weltkriegs, war Vorsitzender der *United Whalers* geworden und hatte an der Grierson-Expedition teilgenommen. Er war an der Erfindung einer neuen elektrischen Harpune interessiert, bei der ein Zuleitungskabel verwendet wurde, das von Pirelli General Cables in Southampton perfektioniert worden war, wo mein Vater angestellt war – ich stelle mir gerade vor, wie er in dem großen dunklen Backsteingebäude, das sich auf dem zurückgewonnenen Land ausbreitete, den Widerstand eines auf einer Trommel aufgerollten Walfangkabels testete –, und dieser steife Sir Vyvyan Board fuhr, wie gesagt, direkt in die Antarktis, um die Erfindung selbst zu testen. Für seine Begriffe war sie ein Erfolg. Inspiriert von den Schlagzeilen, die verkündeten, dass eine neue Harpune einen Wal in zwei Minuten durch Stromschlag töte, schrieb W. H. Auden ein Gedicht, in dem er Sir Vyvyan ironisch als demjenigen huldigt,

> *dank dessen lebenslangem Getue der gejagte Wal nun*
> *eines schnelleren Todes stirbt.*

Griersons Bericht, der den Einsatz eines bewaffneten Hubschraubers als Weiterentwicklung der Jagd vorschlägt, wird von einer Luftaufnahme eines Buckelwals illustriert. Er dreht sich auf den Rücken und bietet kapitulierend seinen Körper dar, die Flossen zu einem Kreuz ausgestreckt.

Im stürmischen Winter 2016, als ich mich auf der anderen Seite des Atlantiks aufhielt, kam es in der Nordsee zu einer Reihe von Strandungen. Als die Berichte eintrafen, wurde klar, dass sie Teil eines einzigen Massenereignisses waren, obwohl sie mehrere Kilometer und Tage auseinander la-

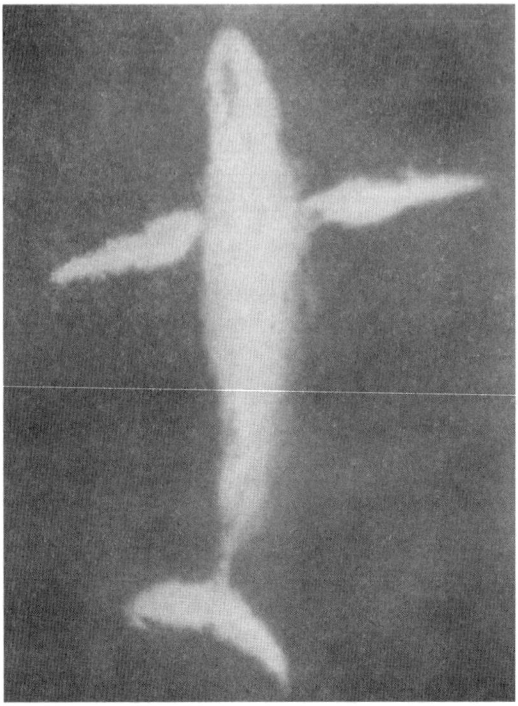

gen. Am 8. Januar tauchten zwei Tiere an der niedersächsischen Küste auf; am 12. Januar wurden zwei weitere auf Helgoland in der Deutschen Bucht angespült, am selben Tag wurden auf der Insel Texel, nördlich von Amsterdam, fünf sterbende Wale gefunden. Am 13., 14., 22., 24., 25. und 31. Januar sowie am 2. und 3. Februar strandeten Wale in Norfolk, Lincolnshire, Schleswig-Holstein und Calais. Es schien, als würden sie nie aufhören. Der letzte verweste Kadaver wurde am 25. Februar in Dänemark angeschwemmt.

Es war die größte Strandung dieser Art seit dem 18. Jahrhundert. Dreißig Pottwale, ihre seltsamen, schönen Körper, die dieselben weiten Strände und dieselbe flache See übersäten. In Skegness sprühte jemand Graffiti auf ein Paar Fluken – MANS FAULT (Schuld des Menschen) –, aber diese Brutalität bestätigte nur, dass man nichts tun konnte.

Ich verfolgte die Berichte, als in der Nacht, in der der Starman starb, dieselben Stürme auf die Terrasse des Hauses einschlugen, in dem ich wohnte. Freunde schickten Augenzeugenberichte. Jeroen machte sich auf den Weg nach Texel. Als er dort ankam, war es bereits dunkel. Die Tiere waren noch am Leben und rangen nach Luft. Sie starben in der Nacht. Als Jeroen im Morgengrauen zurückkehrte, hing ein Regenbogen am Himmel. Er traf im Hotel ein und hoffte, es würde nicht auffallen, dass er klatschnass war.

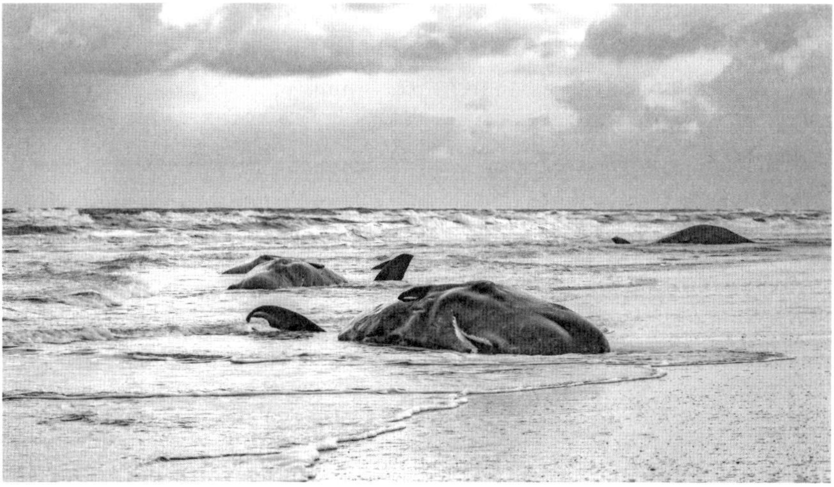

In einem Bericht, der ein Jahr später veröffentlicht wurde, schlug ein Quartett von Wissenschaftlern eine bemerkenswerte Hypothese zur Erklärung dieser Ereignisse vor. Sie stellten einen Zusammenhang zwischen den Strandungen und Sonnenstürmen her und vermuteten, dass der elektromagnetische Spürsinn der Wale, mit dem sie den in der Erdkruste verlaufenden geomagnetischen Linien folgen, durch Stromstöße, die Millionen von Kilometern von der Sonne entfernt sind, gestört worden war. Desorientiert schwammen die Wale in die Untiefen. Oben am Himmel entfachten dieselben Sonnenstürme ein spektakuläres Nordlicht, dessen schimmernde Vorhänge sich hoben, um die sterbenden Giganten zu enthüllen.

Auch wir besaßen einst diesen angeborenen Sinn, wie ihn Vögel und andere Tiere für ihre Wanderungen nutzen ebenso wie die wechselnden Sternenkonstellationen und den jahreszeitlichen Aufgang und Untergang des Lichts. Jetzt sind wir für immer verloren, haben uns endgültig verirrt. (Wie sind Sie hierher gekommen?, fragt mich ein Gast beim Abendessen, als ich sagte, dass ich kein Telefon hätte.) Wale scheinen winzige Eisenpartikel in ihrem Körper zu haben, die wie kleinste Kompassnadeln funktionieren und ihnen die richtige oder falsche Richtung anzeigen, aber seltsamerweise hat sie noch niemand gefunden. Die Ergebnisse ihrer Fehlausrichtung sind jedoch eindeutig. Wir können sie in Diagrammen und Statistiken erklären. Männliche Pottwale verlassen ihre Familien in wärmeren Gewässern und wandern im Sommer nach Norden, wo sie Tintenfisch-Schwärmen folgen. Bei ihrer Rückkehr in den Süden haben sie zwei Möglichkeiten: Sie können den Weg zurückschwimmen, den sie gekommen sind, oder sie können in die Nordsee vordringen. Getäuscht von himmlischen Störungen, die Millionen von Meilen entfernt sind, treffen sie die falsche Entscheidung.

Schlammige Gewässer bieten keine Nahrung für diese Tiefseetaucher. In zunehmender Verzweiflung schwimmen sie weiter, und wenn sie südlich der Dogger-Bank vorbeiziehen, passieren sie den Punkt, ab dem es kein Zurück mehr gibt. Dr. Christiaan Smeenk vom Naturhistorischen Museum in Leiden bezeichnete die Nordsee als eine einzige große Walfalle und verglich die gestrandeten Wale mit entkräfteten Menschen, die sich in einer fremden und feindlichen Umgebung verirren, wo eine einzige falsche Entscheidung fatale Folgen haben kann. Die Tiefe ist sicher, die Untiefe gefährlich; an den Ufern verschwimmen Land und Meer, was eine tödliche Unschärfe mit sich bringt.

Jahrhundertelang waren die ambivalenten Niederlande auf dem Rückzug, niemals ganz gefestigt in ihrer Existenz. Das Meer türmte große Dünen auf und trieb die Menschen ins Landesinnere. Sie entwässerten das Land, gruben Gräben, bauten Dämme und Deiche. Als es austrocknete, sank das Land unter den Meeresspiegel und lud das Wasser wieder ein. Der Zyklus endete nie. Im Oktober 1944 sahen die Einwohner von Walcheren durch ihre Fenster ohne Vorhänge zu, wie die Deiche bombardiert wurden; die Befreier versuchten zwar, den Feind zu überwältigen, nahmen aber auch viele Opfer unter der Zivilbevölkerung in Kauf. Die Insel ertrank und versank erneut in der Watertijd, der Wasserzeit. Als sie schließlich wieder auftauchte, wie Atlantis, entdeckten die Inselbewohner Muscheln, die an den Wänden ihrer Häuser, an Zäunen und sogar an Bäumen wuchsen.

Dann, in der Nacht zum 31. Januar 1953, brach das Meer erneut durch. Die Flut kam am Nachmittag und ließ nicht mehr nach. Dieselbe Flut, die an der englischen Ostküste 300 Menschen tötete, ertränkte 1800 Zeeländer in den Fluten – Snoodramp, die Flutkatastrophe. Edgar, dem seine Eltern die Erinnerungen an diese Zeit weitergegeben hatten, erzählt mir, dass die

Menschen einfach von den Wellen mitgerissen wurden. Hunderttausende Kühe und Schafe, Hunde und Katzen, Ratten und Ziegen sowie Millionen von Würmern trieben ebenfalls davon, ohne dass eine Arche sie retten konnte.

Wir besteigen einen Deich und sehen vor uns eine vollkommene Wasserfläche, begrenzt durch das Land und den Himmel. Keine Möglichkeit, sich zu verstecken. Ein Hase läuft den Hang hinauf. Ein Holzsteg führt vom Ufer weg. Ich stürze mich in das Binnenmeer. Es ist still und warm.

Als ich aus dem Wasser steige, kommen drei Teenager über die Deichkrone. Wir erschrecken, weil wir auf Unannehmlichkeiten gefasst sind. Aber sie stehen nur da und schauen uns an. Einer erzählt Ellen, dass sie da draußen manchmal Hundsrobben sehen, die mit ihren großen schwarzen Augen zurückschauen.

Es kommen einem die Tränen, sagt er.

In einem nahe gelegenen Restaurant bringt der beschürzte Kellner einen Teller herbei, um den Gästen eine frische Scholle zu präsentieren. Die Scholle glänzt noch vom Meerwasser: die orangefarbenen Flecken auf dem braunen Körper, gleich Fingerabdrücken eines Heiligen. Dürer hätte sie auf seine Serviette gezeichnet.

Der junge Mann bietet uns den Teller zu unserer Ergötzung dar, als Opfergabe. Die Szene wird vom flächigen Nordlicht kunstvoll beleuchtet. Wir beglückwünschen ihn; und er nimmt unser Lob gerne an.

Doch aus dem halb geöffneten Maul des Fischs tropft rotziger Sabber, und das Licht in seinen Augen ist schon längst erloschen.

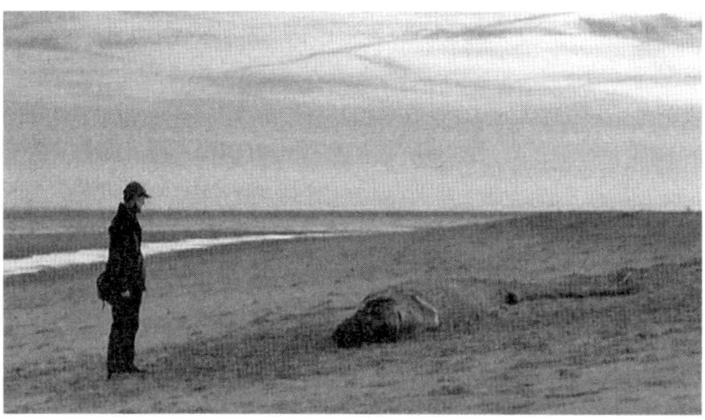

OFFENBARUNG

1493 – Zweiundzwanzig Jahre alt. Blass, mit rotgoldenen Locken und dürren Bartstoppeln, die kaum einen Bart ausmachen könnten, wie sehr er sich auch anstrengt. Er ist nüchtern, klug, scheu. Wir fühlen uns ihm nahe, weil er mit sich selbst beschäftigt ist. Junge Männer wie er sind ständig auf der Hut vor den Blicken der Leute.

> Mein Schicksal wird so verlaufen,
> wie es in den Sternen geschrieben steht

→ TAFEL IV

Es kümmert ihn nicht. Ein freundliches Bild ist das nicht. Das soll es auch nicht sein. Es ist nicht meditativ oder kühl, sondern angespannt und verstörend; ein Bild für einen Liebhaber, aber der Liebhaber ist er selbst. Sein Körper ist von den Fingerknöcheln bis zur Stirn verkrampft. Er ist vollkommen angespannt, fast schmollt er; es sei eine Unverschämtheit, sagten sie, so viel Zeit und Geld für sich selbst auszugeben.

Dies ist das erste Selbstporträt eines Künstlers, das um seiner selbst willen gemalt wurde. Ein neuer Mensch. Ein Freund bezeichnet ihn als fragil. So eitel. Sein Hut, ein Quastenhut wie eine Qualle, ein Zweig einer Stechpalme in der Hand, ein stachliger, silberner Ufergeist, möglicherweise ein Liebessymbol. Goethe hielt seinen deutschen Namen fest, Männertreu; es war als Aphrodisiakum bekannt, und Dürer sollte demnächst heiraten. Aber die Stechpalme ähnelt auch einer Dornenkrone – der Künstler hatte sich gerade mit den Gottesfreunden, einer Geheimsekte, eingelassen. Sein gekrümmter Finger zeigt auf die Handfläche seiner linken Hand, die von dem gebogenen Stängel förmlich durchbohrt wird.

Er sieht uns an, so unschlüssig und voller Überzeugung, schlüpft durch die Zeiten. 300 Jahre später werden junge Maler, die sich Nazarener nennen, Langhaarfrisuren und weite Hemden tragen und dieselben stacheligen Blumen halten, so wie Wildes Anhänger Nelken tragen werden, die mit grüner Tinte vollgesogen sind; und Gruftis zieren sich mit schwarzem Lippenstift und einem finsteren Blick. Im Jahr 1900 wird Bernard Shaw dieses Bild an die Wand hängen: der junge Superman mit seinem »Gleich räum' ich mein Zimmer auf«-Blick.

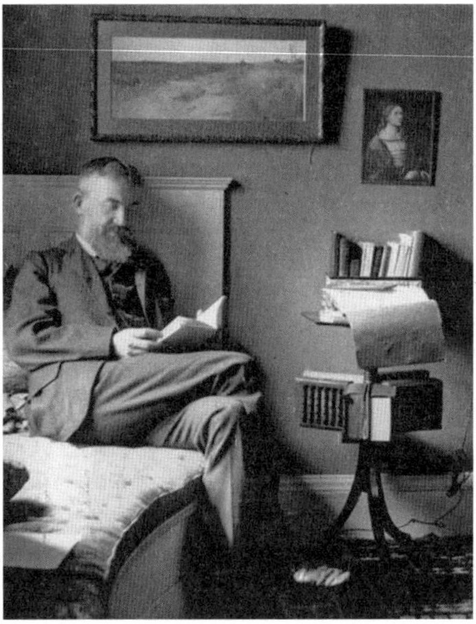

Irgendetwas ist seltsam an diesem Blick. Sein rechtes Auge schert zur Seite, als hätte es in der Dunkelheit etwas anderes gesehen. Auf manche würde es verstörend wirken, dieses abgelenkte Schielen; ein böser, desorientierter Blick. In den zwanziger Jahren prahlte der Dandy-Ästhet Stephen Tennant mit seinem Regarde de Venus; in Sri Lanka gilt ein solcher Blick als Segen für ein Kind. Kunstkritiker erkennen darin einen stilistischen Trick: ein Symbol, wie Wilhelm Waetzoldt 1936 schrieb, welches darauf verweist, dass bei Denkern die Sichtweisen divergieren wie Blickachsen. Aber es gibt noch einen anderen Grund für diesen melancholischen Blick. Jeder Künstler, der sein Gesicht malt, kann sich immer nur auf ein Auge konzentrieren. Indem er die Ausrichtung seines Blicks nicht selbst korrigiert, fragt Dürer, was wir wahrnehmen und was nicht. Es ist sein Geheimnis, verquer zu sehen.

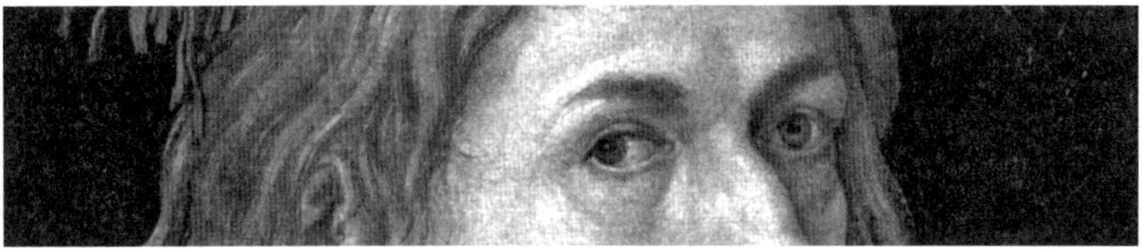

Wenn sich ein Wal auf den Rücken dreht, ist das seine einzige Möglichkeit, mich räumlich wahrzunehmen: Seine Augen schauen nach oben, und ich schaue nach unten. Wie ist es dann für den Wal, fragt Ishmael, wenn er auf jeder Seite seines jeweiligen Auges ein anderes Bild sieht? Beide Augen müssen natürlich paarweise funktionieren, sagt er; aber ist sein Gehirn denn so viel komplexer, durchdringender und feinsinniger als das des Menschen, dass er seine Umgebung im selben Augenblick aus zwei verschiedenen Perspektiven wirklich aufmerksam betrachten kann? Die Perspektivierung, die geheimnisvolle Kunst, die Dürer in Italien lernen sollte; wahrnehmen, oder täuschen, je nachdem, wo man steht. Die Perspektive rückt uns in den Mittelpunkt der Dinge. Sie macht Kunst zu einer Wissenschaft, sagt Leonardo.

1498 – Fünf Jahre später ist Dürer ein Künstlerfürst. Er war in Venedig und hat tanzen gelernt. Er ist ein Artist, eine höfische Figur in Schwarz und Weiß, die Passeggiata in einer Sommernacht. Diese Kleider sind alles andere als praktisch, er ist kein Handwerker. Und während man ihn dort unten zu schätzen wusste, stößt er zu Hause nur auf Geringschätzung. Ein Freak, ein Parasit. Ein Fremder im Zug, das Land zieht vorüber. Eine Gestalt aus scharfen Linien, feinen Falten, dünner Haut. Er hat sich einen Bart wachsen lassen, eine weitere Verkleidung. Seine Hände sind mit grauem Leder ummantelt; sie sind das Verführerischste auf diesem Bild.

→ TAFEL V

Sie sagen: Das habe ich gemacht. In Venedig wurde die Kunst des Quecksilberglases perfektioniert; spiegeln und im Spiegeln vergolden, wie Marianne Moore sagen würde. Er ist ein Magier, ein Taschenspieler, ein Dieb, der sich aus dem europäischen Bilder-Kanon bedient. Leonardo, Bellini und Mantegna, van Eyck, van der Weyden. Der Künstler muss äußerstes Leiden und äußersten Reichtum darstellen: die Phantasien der Könige, das verweste Fleisch Christi. Stell dir vor, wie es ist, so etwas zu malen, sagt meine Freundin Mary. Hugo van der Goes, der genau das tat, wurde von der Vorstellung verfolgt, dass er all die Werke, die er malen wollte, niemals würde vollenden können. In Melancholie versunken, trat er in ein Kloster ein, konnte aber nicht geheilt werden, ganz gleich, welche Musik die Mönche für ihn sangen. Dürer fürchtete die Hand, die vom Himmel heruntergreift.

Sein Name ist ein Imperium. *Albrecht*, mit seiner gutturalen Fülle; *Dürer*, gedehnt, mich dazu drängend, seine Umlaute auf den Tasten ausfindig zu machen. Lord Clark, in seinem Schloss, sagt, er sei ein sehr merkwürdiger Mann, dieser Dürer, ganz und gar nicht deutsch. Wilde, in seiner Villa, sagt, um Erfolg zu haben, dürfe man nur fünf Buchstaben in seinem Namen haben. Dürer zaubert noch einen weiteren Trick aus seinem schmalen Ärmel: das Auge in der Tür, das D in seinem A, seine DNA.

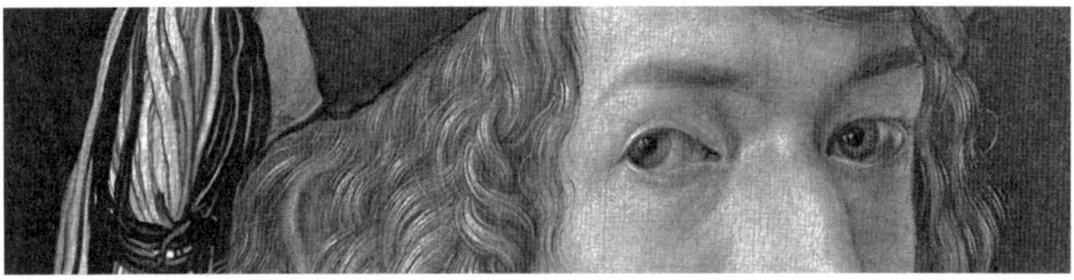

Er sitzt im Nürnberg-Venedig-Express, unterwegs zu seinen Helden. Als er die Alpen überquerte, sagt Waetzoldt, kam er wie ein brausender Wind aus den Wäldern des Nordens, ein Adler, der über der Welt schwebt. Er zieht sich zusammen, gibt nichts und alles preis. Seine Augenbrauen sind stärker gewölbt, sein Mienenspiel ausgeprägter. An seinen Augen gibt es ein neues Detail: eine Epikanthusfalte, wie sie für Menschen aus Ungarn typisch ist. Das dritte Augenlid eines Vogels oder eines Hais; die Augen eines Raubtiers, eine venezianische Maske. Kunst ist der magische Spiegel, den man herstellt, um seine unsichtbaren Träume in sichtbaren Bildern zu reflektieren, sagte Bernard Shaw. Man benutzt einen Glasspiegel, um sein Gesicht zu sehen, sagte er. Man benutzt Kunstwerke, um seine Seele zu sehen. Aber man kann nicht im Dunkeln sehen.

1500 – Er dreht sein Gesicht zu uns hin. Dahinter nichts als Schwärze. Der Glanz entspringt seinen Augen. Meine Schönheit ist zugleich meine und nicht meine, sagt er.

So malte ich, Albrecht Dürer aus Nürnberg,
mich selbst in naturgetreuen Farben
im Alter von 28 Jahren.

→ TAFEL VI

Er ist der Ort, wo die moderne Welt beginnt. Dieser starre Blick, dieses Selbst, dieser Stern. Das ist, wo und was ich bin, sagt er: an der Staffelei, im Spiegel, auf der Leinwand. Von nun an wird er niemals mehr nicht berühmt sein; die Beschriftung sagt, dieser Farbauftrag ist unsterblich. Alpha, Omega, Atom; die Hälfte seines Lebens im einen, die andere Hälfte im anderen Alter. 28 Jahre war der Gipfel für einen Mann seiner Zeit. Eine schwindelerregende Tagundnachtgleiche, sein Mitternachts-Mittag. Wie Janus, der zweigesichtige Gott der Türen und Übergänge, blickt er in die Zukunft und in die Vergangenheit, in die Sonne und in den Mond.

Solch regelmäßig gestaltete Gesichtszüge sollten dem Betrachter eine Rückversicherung sein, die Art und Weise, wie sie unsere Gene bevorzugen, aber es gibt nichts Seltsameres als jemanden, der versucht, geradeaus zu blicken. Seine Augen weiten sich, als wären sie mit Belladonna beträufelt. Sie sind der Grund, warum sein Hund, der seinen Herrn erkannte, dieses Bild ableckte, und warum um 1900 jemand versuchte, seine Augen mit einer Nadel auszukratzen, aus Angst vor ihrer Prophetie. Man will nicht zu lange hinschauen, und kann nicht wegschauen. Das ist kein Outfit, das für eine Partynacht zusammengewürfelt wurde. Er hat alle Vorzeichnungen vernichtet, damit das Bild einzigartig bleibt. Er dürfte wie ein gepflegter Spaniel oder ein Pony wirken, aber unter seinem Kragen ist er ein wildes

Tier, dieser Dürer im Pelz; der Werwolf, der deine Mutter gefressen hat, der Hund unter deiner Haut.

Wir wissen nicht, wie sie es aufgenommen haben; zu seinen Lebzeiten wurde das Bild nie öffentlich ausgestellt. Wir sehen ihn durch einen Schleier aus Lack; das ist nicht der Mann, der eben mal weggegangen ist, um seinen Pinsel abzuwischen und zu pinkeln. Er sieht uns durch seinen Spiegel an. Unser eigenes Gesicht sehen wir nie, nur sein umgekehrtes Abbild im Spiegel. Dürer ist gefühlvoll, dandyhaft und charismatisch, sagt ein Buch, das ich in einem Wohltätigkeitsladen finde; eine Mischung aus Kälte und Sinnlichkeit, Härte und Güte.

Der Schriftsteller Simon Monneret ist der Meinung, dass der Bart die wikingerhafte, erobernde Seite dieses Fürsten unterstreicht. Ein arabischer Kaufmann, Ahmad ibn Fadlān, der im 10. Jahrhundert in Europa Handel trieb, hat nie so vollendete Körper gesehen. Die Wikinger waren so groß wie Bäume, blond und von rötlicher Hautfarbe, am ganzen Leib mit feinen dunkelgrünen Mustern tätowiert, die Augen geschminkt, um den Blick zu intensivieren, schwarz umrandet; Ahmad staunte darüber, dass sie sich jeden Tag die Haare kämmten. Dürers Freunde beschrieben ihn als einen Vollblutmenschen. Sein Kopf kündet von Intelligenz, die Augen blitzend, die Nase edel geformt und kantig. Sein Hals war ziemlich lang, seine Brust breit, sein Körper nicht zu gedrungen, seine Oberschenkel muskulös, seine Beine fest und standhaft. Aber seine Finger – man möchte schwören, dass man nie etwas Eleganteres gesehen hat.

Das winzige weiße Dreieck im V seines Mantels, wie ein T-Shirt, ist nicht zufällig dort. Es lädt uns ein, ihm zuzusehen, wie er sich entkleidet, um darunter nichts zu finden. Diese eleganten Finger ziehen einen herunter zu dem dunklen Fell, das lustvoll einem Marder abgezogen wurde, einer Moschus-Kreatur des Waldes, die auch als Zobel bekannt ist. Ein Abt aus dem 11. Jahrhundert, Adam von Bremen, sagte, die Menschen wünschten sich Marderfell ebenso sehr wie die höchste Glückseligkeit. Könige und Königinnen legten sich vollständige Zobelfelle um den Hals, an denen goldene oder kristallene Nachbildungen von Kopf und Füßen der Tiere befestigt waren. Der Marder empfing durch die Ohren und gebar durch den Mund. Seine Finger ahmen den Ursprung der Welt nach.

Wir alle wollen das haben, was wir nicht haben können. Törichte Objekte der Begierde, um unsere nackte Lust zu kaschieren. Im Jahr 1543 gab

Heinrich VIII. 166 Pfund für 80 Zobel aus, um sich ein Gewand schneidern zu lassen; für die Herstellung von Roben wurden manchmal über 300 Felle verbraucht. In England, wo Schneider höher im Kurs standen als Künstler, konnte man einen Holbein für 50 Pfund kaufen, ein königliches Gewand kostete hingegen 500 Pfund; die Gewänder waren teurer als die Gemälde, auf denen sie abgebildet waren. Als der sechzehnjährige Karl 1516 von Walcheren aus in See stach, um König von Spanien zu werden, trug er einen Mardermantel. (Es war eine abenteuerliche Reise: Einer seiner Matrosen tötete einen Schweinswal, den sie verspeisten; ein anderer schwamm von einem Schiff zum anderen, wegen einer Wette.) Dürers Mantel, bequem und schwer, verwies so deutlich wie ein Hosenlatz auf Fruchtbarkeit, aber er bedeutete auch den Tod. Marderfell wurde im Winter erbeutet, wenn es am dicksten war, wenn das Tier sein Fell am dringendsten brauchte. Mit dem Beginn der Kleinen Eiszeit, als die Meere und Flüsse zufroren, wurden Marder in solch hoher Zahl gefangen, dass sie zu der Zeit, als Dürer dieses Bild malte, bereits fast ausgerottet waren. Wenn Tiere geheimnisvoll sind, dann nur, weil wir sie dazu gemacht haben. In *Austerlitz* beschreibt Sebald einen Besuch im Nocturama in Antwerpen. In der künstlichen Dämmerung sieht er Opossums und Kiefernmarder, deren auffallend große, an die Lichtlosigkeit angepasste Augen ihn an den starren, forschenden Blick mancher Maler und Philosophen erinnern, die das Dunkel, das uns umgibt, nur durch ihr Schauen und Nachdenken zu durchdringen suchen.

Diese schicke, gestohlene Stola weist noch eine weitere Besonderheit auf. Dürers Finger zeigt auf einen schäbigen Fleck, der aussieht, als sei er von Motten zerfressen oder von einer Kerze angesengt worden, während Dürer in der Dunkelheit arbeitete. (Immerhin war er ein Nachtmensch, wenn auch ein echter Vampir beim Blick in den Spiegel nichts sehen würde.) In diesem Zyklus des Verbrauchs war Dürers Pinsel selbst aus Zobel; nur das Fell dieses Tieres war fein genug, um sein eigenes Fell wiederzugeben, um das Genie des Künstlers zu verkünden, wie der Robben- und Ottermantel, den Wilde trug, als er in Amerika ankam, sein Haar mittig gescheitelt, eine Hommage an den von ihm bewunderten Dürer.

Aber das Eigenartigste an diesem Bild ist: Das ist gar nicht er. Dieser deutscheste aller deutschen Künstler hat sich selbst als Jude porträtiert.

Dürer veränderte seine Gesichtszüge, verlängerte seine Nase und kräuselte sein Haar. Seine Christus-Imitation war eine Nachahmung des Heiligen Antlitzes in seiner Pfarrkirche, einem nicht von Menschenhand geschaffenen Bild.

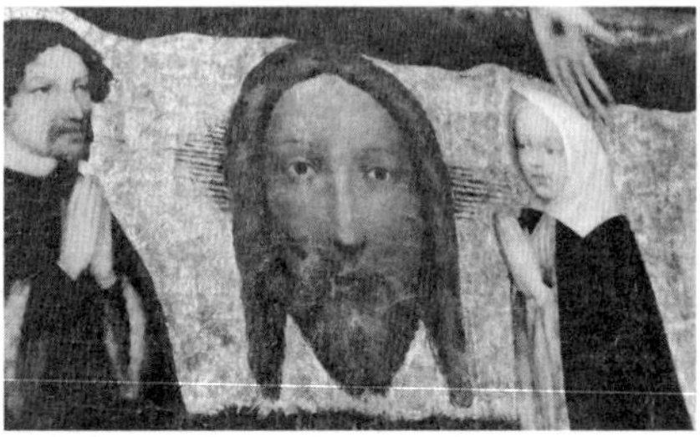

Er wurde zu einer Ikone, zu einer Gebärde gegen die Vermarktung Gottes. Im Jahr 1543 würde Johannes Calvin 43 Leichentücher in ganz Europa als Beispiel für den Handel mit Stofffetzen und Gebeinen anführen. Wenn man alle Stücke des Wahren Kreuzes Christi sammeln würde, sagte er, würden sie eine ganze Schiffsladung ergeben. In Nürnberg wurde die Lanze, die die Seite Christi durchbohrt hatte, zum Durchstechen von Papierherzen verwendet, die als Kontaktreliquien verkauft wurden. Dürers Vater machte eine goldene Monstranz zur Aufnahme eines heiligen Dorns. Melville hat das alles gesehen.

Für Dürer, den armen, guten Kerl –
(Seine Agnes gönnte ihm nur selten Entspannung)
Seine dicht gelockten, braunen Sampson-Locken
fielen schattenhaft zur Seite
rahmten das Kalvariengesicht ein.

Deshalb wurde Dürer zu einer Art Heiligem. Seine Augen nahmen die Schönheit unserer schwermütigen Verfassung wahr. Er wartete darauf, verraten zu werden. Nichts Menschliches, nichts auf Erden, war sicher; ein Porträt war ein Konterfei, aus dem Altfranzösischen, *contrefait*. Dürer erfand sein eigenes Gesicht. Das 20. Jahrhundert versuchte, seinen Geheimnissen auf die Spur zu kommen; Waetzoldt bestätigte die Datierung des Porträts anhand einer Röntgenaufnahme. Doch Heinrich Wölfflin hatte seine Zweifel geäußert. Kann Dürer von uns als *der* deutsche Maler gefeiert werden?, fragte er 1905. Muss man nicht vielmehr endgültig zugestehen, dass hier eine große Begabung sich in der Nachahmung des Fremden verirrt hat und instinktlos geworden ist? ... Sein Werk ist durchsetzt mit Dingen, die uns fremd anmuten, klagte er.

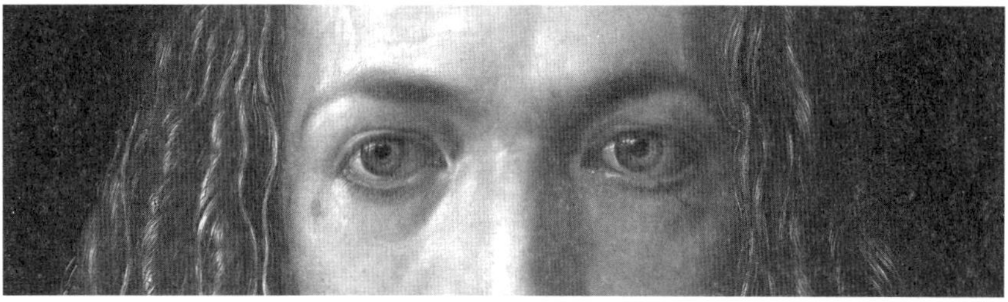

50 Minuten lang, aus einem alten Fernsehgerät, spricht Kenneth Clark. Er spricht aus den Gärten des Vatikans, aus der Kathedrale von Ely, aus der Altstadt von Würzburg. Die Sonne scheint, die Bäume wiegen sich, er steht ganz still, richtet seinen stocksteifen Rücken auf. Die Straßen dahinter sind leer. Wenn jemand um die Ecke geht und die Kamera sieht, zieht er sich schnell zurück. Ein längst verstorbener Hund läuft vorbei, während das Objektiv Notre-Dame hinauf und hinunter scannt.

Civilisation ist eine Rundfunksendung der BBC für die Zukunft, so wie die Voyager-Sonde damals gerade im Begriff war, mit Walgesang ausgerüstet ins All zu starten. In Episode Sechs, *Protest und Kommunikation*, spricht Lord Clark ganz selbstverständlich über diesen Künstler, der nicht der fromme deutsche Handwerker war, für den man ihn früher gehalten hat. Zum einen, sagt Clark, war er sehr selbstbewusst und maßlos eitel, ein Mann, der nicht geheiratet hätte, wenn die Konvention es nicht von ihm erwartet hätte. Er spricht in verschlüsselten Worten. Er räumt ein, dass niemand jemals natürliche Objekte minutiöser beschrieben habe, sagt aber zugleich, dass *Das große Rasenstück* wie ein Büschel Unkraut im Hintergrund einer Glasvitrine mit einem ausgestopften Tier aussieht. Doch trotz der Tatsache, dass Clark, wie ein Kritiker sagte, die Ausstrahlung von jemandem hatte, der zufällig im Besitz der Kunst Westeuropas war und sich liebenswürdigerweise dazu herabließ, sie uns zu zeigen, wirkt seine Kritik subversiv, weil sie so sicher, so selbstbewusst daherkam. Wir mögen es, wenn man uns sagt, was wir mögen.

Im Revolutionsjahr 1968 beschreibt Clark mit nervöser Gestik das Porträt von 1498 als Meisterwerk der Selbstverliebtheit, dessen Locken ein Gesicht einrahmen, das sich auf seine Sensibilität beruft. Sein Dürer ist ein langhaariger Student an der Rive Gauche, der den Asphalt aufreißt, um den darunter liegenden Strand zu finden. Clark beschreibt ihn als einen engagierten jungen Mann, dessen Kunst einen neuen Skeptizismus ankündigt: Shakespeares glaubenslose Welt, das Leben als Märchen, erzählt von einem Narren. Er ist Hamlet, am Rande des Abgrunds. Jener deutsche Geist, der Dürer und die Reformation hervorbrachte, so Clark, brachte auch die Psychoanalyse hervor.

Ich war damals elf. Der Mann, den ich auf einem Schwarzweißbildschirm sah, lebte in einem Schloss. Ich lebte in Suburbia, dem seltsamsten Ort, den es gibt. Ich kannte nur die Kunst, die ich in Büchern sah.

Aus den Büchern heraus blickt ein anderes Augenpaar über meine Schulter hinweg und richtet sich auf etwas anderes. Wieder ein Schlupfhut, an dem ein Schmuckstück baumelt, wieder ein tief ausgeschnittenes Wams und Locken. Ein Porträt, gemalt in Venedig um 1506. 1573 wurde es in Nürnberg als *Frau mit roter Baskenmütze* katalogisiert. Als es 1633 nach Amsterdam kam, wurde es als Bildnis eines Jungen gehandelt.

→ TAFEL VIII

Wir wissen nicht, wer das war, diese Orlando-Figur, mit ihrem offenen und fahlen Gesicht, wie Woolf von ihrer verrutschenden Held-Heldin sagte, mit Augen, die so groß waren, dass das Wasser in ihnen überzufließen und sie zu erweitern schien. Venedig war ein schwimmender Palast voller ernster Gestalten. Byrons Meeres-Sodom, getränkt mit maritimer Melancholie. In den zwanziger Jahren sprach Daphne du Maurier von ihren venezianischen Neigungen. Eine Travestie von einem Ort, eine Scheinwelt: Die Piazza, bewacht von einer kohläugigen Marquise mit einem Leoparden an der Leine, verwandelt sich in das Meer; ein alternder Aristokrat sitzt am Strand, sein Make-up ist zerlaufen. Selbst Erwin Panofsky, der nicht übermäßig viel Wert auf Emotionen legt, sagt, dass dies eines der rätselhaftesten Gemälde ist, die Dürer je geschaffen hat. Es wurde auf Pergament gemalt, nicht auf Holz, und hat daher etwas Intimes, es könnte ein Geschenk oder Souvenir gewesen sein. Der Historiker lehnt sich in seinem Stuhl zurück, von seinem verträumten Blick entrückt. Er kannte die Weimarer Republik, er bemerkt eine leichte Drehung des Kopfes und blickt in die schiefgelegten

Augen. Nicht, dass er selbst in der Lage gewesen wäre, geradeaus zu sehen; eines seiner Augen war kurzsichtig, das andere weitsichtig. Er nannte es einen Segen: das Beste aus zwei Welten, sodass er in beide Richtungen schauen konnte.

Von Amsterdam wurde der Mädchen-Junge an ein Wiener Palais weitergereicht, wurde 1899 auf dem Londoner Kunstmarkt verkauft und landete in Berlin, wo Panofsky ihn sieht. Er bemerkt das tiefe Dekolleté, den kleinen, weichen Mund; seine Worte liebkosen den oder die Porträtierte von oben nach unten. Das Haar und der fehlende Schmuck des Wamses, die flache Brust und die männliche Baskenmütze; all das verweist auf einen hübschen Jungen. Dürer sei nicht unempfänglich für den Charme hübscher Jünglinge gewesen, fügt er hinzu und deutet an, dass dies auch für ihn selbst gegolten habe.

Leonardo mochte junge Männer mit langen lockigen Haaren, und er war selbst schön anzusehen mit seinen Locken und einem Blick, weitschweifend wie das Meer. Ob sie sich begegnet waren oder nicht, jedenfalls war Leonardo in Albrechts Kopf. Sein persönlicher Mephistopheles, meint mein Freund Woodrow. Die beiden Künstler träumen von Sintfluten und Stürmen und stellen die gleichen Verbindungen her. Dürer trägt seinen Bart als Hommage an Leonardos Kreis, eine »barbarische«, bärtige Bruderschaft. Unter den Italienern hat er nach eigener Aussage viele gute Freunde, die ihn davor warnen, mit ihren Malern zu essen und zu trinken. Viele von ihnen sind seine Feinde, und sie kopieren seine Arbeit. Die Adligen meinen es nach seiner Ansicht gut mit ihm, von den Malern aber nur wenige.

Kanonikus Lorenz Beheim aus Bamberg schreibt an den gemeinsamen Freund, Willibald Pirckheimer. Er will ein Bild, und er will es unbedingt. Es ist ein Firbankischer Austausch. Ich glaube nicht, dass viel Betteln nötig ist, wenn er von sich aus willig ist, sagt der Kanonikus in italienischem Code. Das Hindernis ist seine barba bechina – sein Spitzbart –, die zweifellos jeden Tag gewellt und gelockt werden muss. *Ma il gerzone suo abhorret, scio, la barba sua* – Aber sein Junge, sein gerzone, ich weiß das, verabscheut seinen Bart: Also sollte er besser darauf achten, gut rasiert zu sein. Dürer überließ seinem Lieblingsschüler die Leitung des Ateliers: Hans Baldung, Spitzname Grien, benannt nach der Farbe, die er gerne trug, ein Kunstschüler mit Pelzmütze.

Schönheit ist eine Währung, die wir in unserer Jugend vergeuden. Es ist

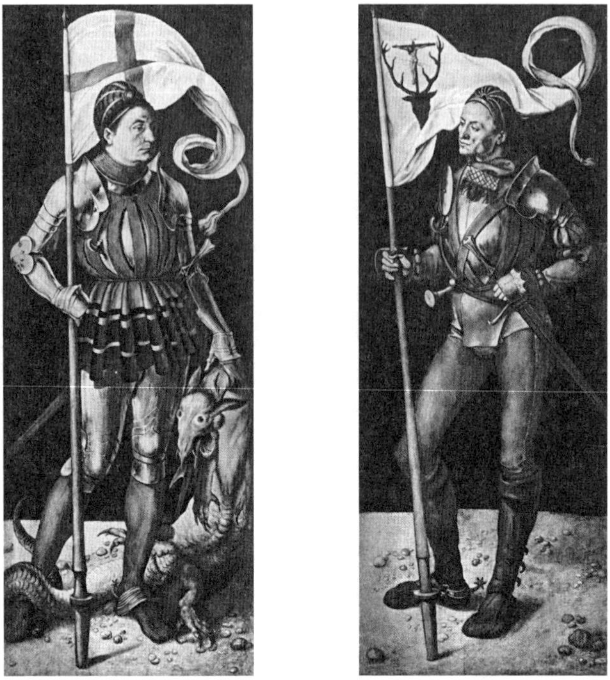

kein Verbrechen, so auszusehen, wie man aussieht. Dürers Skizzenbücher seien voller Knaben, sagt Panofsky: das seltsam feminine Antlitz eines jungen Mannes aus Antwerpen; stattliche Jünglinge in der Gestalt der Heiligen Johannes oder Sebastian. Die wohlhabenden Paumgärtner-Zwillinge, Stefan und Lukas, malt er als Georg und Eustachius in Rüstung, in Kostümierung. Dürer ist in der Mitte, unsichtbar. Jemand behauptet, er sei Stefans Geliebter.

Im Männerbad wird getratscht. Dürer spielt Flöte wie ein Faun und wird über einen herunterhängenden Wasserhahn hinweg beäugt. Die biederen Zwillinge besprechen Geschäfte, Willibald trinkt Bier. Wenn du nur so nett und geschmeidig wärst wie ich, sagt Albert. Es fallen ein paar anzügliche Scherze über Schwänze in Ärschen.

Diese Städte seien in jenen zweifelbehafteten Tagen, so schrieb ein viktorianischer Historiker, wie Paris in der Flut der Revolution gewesen: voller wollüstiger Unsittlichkeit. In Nürnberg gehen sie in Tanzlokale; Stefan wird verhaftet, weil er mit einer Jüdin getanzt hat. Dürers Bruder Hans wird wegen einer Messerstecherei angeklagt. Albrecht trägt seinen Künstlerkittel auf der Straße, stellt sein Talent zur Schau, trinkt mit Fürsten und Geächteten. Genau das Verhalten, vor dem seine Apokalypse warnen wird. Aristokraten lieben, wen sie sich aussuchen; bei Dürer sind die Dinge weniger sicher.

Die Renaissance wurde aus der Pest geboren, die Kunst war vom Tod fasziniert. Dürer floh nach Venedig auf der Suche nach dem Sensationellen, nur um eine neue Krankheit zu finden: die Syphilis, gerade aus der Neuen Welt importiert. Der Künstler kennt nun nichts mehr, was er noch fürchten muss. Viele Männer werden ganz aufgefressen und sterben daran. Sein Freund aus Antwerpen gibt ihm einen Krug mit Tiriax – ein Allheilmittel, bekannt als Venedigsaft, eine Mischung aus Opium und Kräutern gegen

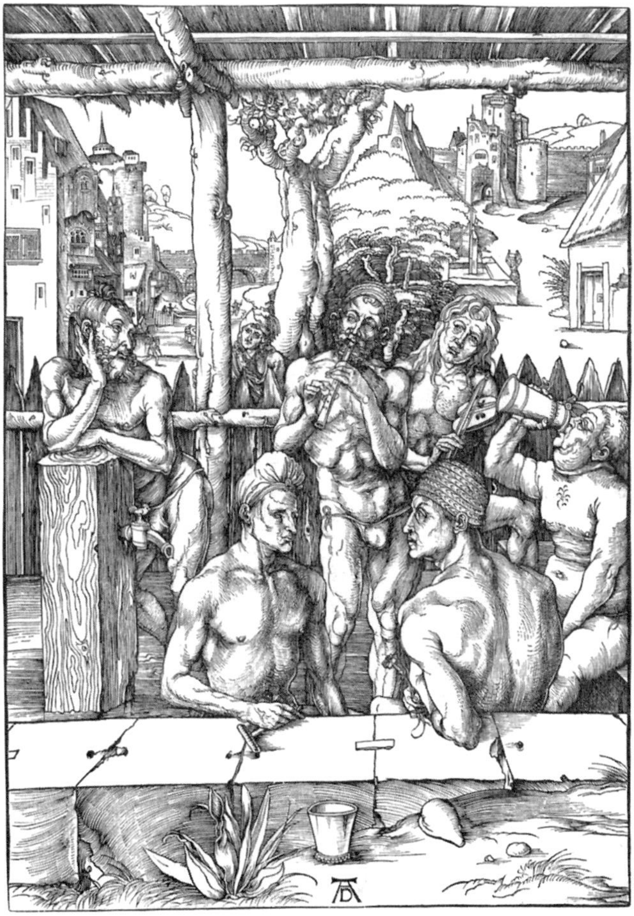

Pest, Tollwut und Melancholie. Theriak, aus dem Griechischen *theriake*, leitet sich ab von einem wilden Tier; Galen sagte, es sei stark genug, um das Meer zu beruhigen. James schickt mir eine E-Mail mit einem Schreiben aus dem Jahr 1933.

Robert Byron, Venedig, 20. August: Heute Vormittag fuhren wir zum Lido, vom Motorboot aus bot der Dogenpalast einen viel schöneren Ausblick als sonst von der Gondel. Nirgends in Europa dürfte das Baden an einem ruhigen Tag so schlimm sein wie hier: Wasser wie warme Spucke, Zigarrenstummel, die einem in den Mund gespült werden, und Unmengen von Quallen. Lifar kam zum Essen. Bertie meinte, alle Wale hätten Syphilis.

Kann man Dürer aus den Zeugnissen dunkler Triebe ausschließen?, fragt Waetzoldt, 1936. Was hatte die Infektion mit ihm gemacht? Die Kunst machte ihn so sterblich wie jeden anderen Gott. Er zeichnet sich selbst nackt, als prankenschwingenden Tiger, als Geschöpf der Nacht; ein gestirnter, sublunarer Liebhaber, grell ausgeleuchtet in Schwarz und Weiß. Wir haben keine Ahnung, wen er liebte oder ob es damals überhaupt so etwas wie Liebe gab.

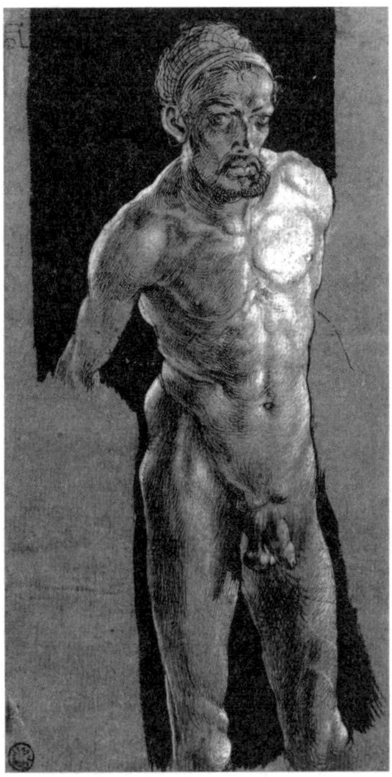

STERN

Rums! Da ist er, kracht durch die Decke. Ein vom Himmel herabstürzender Himmelskörper. Es könnte alles Mögliche sein: eine Granate, die über der Westfront zerplatzt, ein feuerspeiender Drache über dem kaiserlichen Palast, ein aus dem Ozean geborenes Elmsfeuer; Vorahnung einer sich auflösenden Welt, wie jemand sagte. Oder der Urknall selbst, hastig skizziert vom Künstler, der am falschen Ende eines Fernrohrs zum Anfang der Zeit blickte.

→ TAFEL VII

Auf der Rückseite von Dürers Heiligem Hieronymus von 1494, einem seiner ersten Gemälde, kaum größer als diese Seite, die Sie gerade lesen, verbirgt sich dieser riesige Stern. Sie hätten ihn nur gesehen, wüssten Sie um sein Geheimnis: das galaktische Ereignis, das sich auf der anderen Seite abspielt. Er strahlt orange-rote Strahlen aus, die durch die ewige Nacht kreuzen. Ein Ding der Dunkelheit, geschaffen im Licht. Das Wort Komet stammt aus dem Griechischen und bedeutet »langhaarig«, »von der Sonne fortströmend«.

Dürer lebte am Rande neuer Enthüllungen, in einer Welt, die sich unruhig im Raum bewegte. Alles ging zu schnell. Im Jahr zuvor war Kolumbus mit Amerika im Kopf zurückgekehrt, und Martin Behaim fertigte in Nürnberg den ersten modernen Globus. Kopernikus würde in der gleichen Stadt sein Werk *De revolutionibus orbium coelestium* veröffentlichen; er habe die Erde bewegt und die Sonne angehalten, sagte Dürers Freund Philipp Melanchthon. Wir waren nicht mehr in der Mitte des Ganzen. Galilei, der die Milchstraße zu einer Bahn aus unzähligen Sternen erklärte und dem Nordlicht seinen lateinischen Namen gab, war überwältigt. Er erblindete, als ob er zu häufig durch seine handgeschliffene Linse geschaut hätte. Ich fühle eine ungeheure Traurigkeit und Melancholie, gepaart mit extremer Unlust, sagte er, und meinte, sein Name würde aus der Geschichte getilgt werden. Wir sind, wie John Donne, vor den Azoren auf Grund gelaufen:

> Doch meteoritengleich, nur dass wir uns nicht bewegen, schweben ...
> Liebe Freunde, die sich tot im Rachen großer Fische treffen.

Es ist ein kalter und dunkler Nachmittag in der Stadt. Heute vor einem Jahr ist der Starman gestorben. In der Mitte des Zimmers, unter einem Plexiglaskasten, findet sich die Reliquie aufgebahrt. Man würde ohne einen zweiten Blick daran vorbeigehen, abgelenkt von den Heiligen und Madonnen, die an der Wand befestigt sind. Auf dem Etikett steht, dass sie wahrscheinlich für die private Andacht verwendet wurde. Ich fasse das als Anweisung auf und stehe zu lange und zu dicht davor, als dass es dem jungen Wachmann behagt. Ich habe den gebührenden Abstand nicht eingehalten.

Ich kann nicht anders. Das Bild zieht mich an. Es ist wirklich klein, quasi gar nicht vorhanden. Er musste alles da hineinpacken. In seinem verkohlten schwarzen Rahmen pulsiert der Stern wie ein Atomkern. Ein Priester könnte es in das Auge des Sturms halten. Die Schritte des Museumswärters werden hektischer, seine Blicke misstrauischer. Nach seinem fünften Durchgang schleiche ich mich auf die andere Seite des Bildes. Hier wird er mich nicht sehen. Es ist eine Erleichterung, Tierisches und Menschliches zu sehen: ein Heiliger und seine Freunde. Der stumme Aufprall auf der anderen Seite wird hier durch den Stein gespiegelt, mit dem sich Hieronymus an die Brust schlägt. Die beiden Bilder könnten an einer Schnur rotieren, ein verdrehbares Spielzeug, geeignet um ein Kind zu besänftigen, wobei der explodierende Stern mit dem berstenden Herzen verschwimmt.

→ TAFEL VII

Hieronymus in der Wildnis, in der Morgendämmerung, betet vor einem Kreuz, das im Stumpf einer Silberbirke befestigt ist. Kiefern wachsen auf den Felsen. Man könnte dies für einen Landstrich in Bayern halten, würde da nicht ganz beiläufig und elektrisierend ein goldener Löwe in Erscheinung treten. Dürer schuf sein Bild in Anlehnung an Venedig, wo er das geflügelte Tier auf dem Markusplatz thronen gesehen hatte. Einen echten Löwen sah er erst auf seiner Reise in die Niederlande, als er in Gent einen Löwen zeichnete; er gab dem Pfleger drei Stiver für seine Bemühungen; das Tier bekam für seinen Einsatz nichts. Später, in den Gärten von Brüssel (wo Leopold II. 1897 einen Menschenzoo einrichten würde, in dem Menschen aus dem Kongo ausgestellt wurden, denen die Besucher Bananen zuwarfen), skizzierte er schlafende und gerade erwachende Löwen, brüllend im Exil, zusammen mit einem Luchs, einer Ziege und einem blauen Pavian.

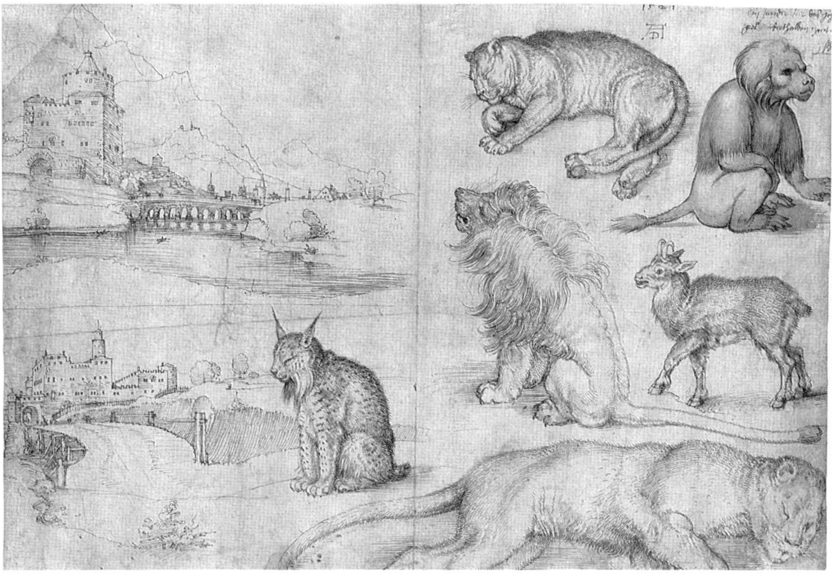

In Dürers Gemälde zeigt sich auf dem Gesicht der großen Katze des Hieronymus, die vom Dorn in ihrer Pfote befreit ist, ein zufriedenes Grinsen; den kleinen Stieglitz und den Gimpel, die an einem seichten Bach spielen, ignoriert sie. Deren leuchtend rote Flecken verweisen auf das Leiden Christi. Der Wärter hat sich in ein anderes Zimmer verzogen, überzeugt, dass mein Gekritzel harmlos ist. Er ahnt nicht, dass ich genau darauf gewartet habe. Ich hebe die Box hoch, löse das Bild von seinem Ständer und verschwinde mit ihm die Treppe hinunter.

Einige dachten, Dürers Stern stelle die Tage vor dem Jüngsten Gericht dar, wie sie von Hieronymus vorausgesagt wurden (ich schreibe dies am

Vorabend seines Festes) – die Tage, an denen alle Sterne fallen werden. Andere sahen ihn als Sinnbild für die Grenzen unseres Wissens: einer der *stellae errantes*, der Wandersterne, deren Bahnen nicht vorhergesagt werden können. Eigentlich war es überhaupt keine Geschichte.

In der Nacht zum 7. November 1492 stürzte vor dem Dorf Ensisheim ein großer Meteorit auf die Erde: Er sauste, begleitet von gewaltigem Donnern und Blitzen, durch die Wolken. Er war auf eine Entfernung von 150 Kilometern sicht- und hörbar. Nur ein einziger Zeuge, ein kleiner Junge, sah ihn tatsächlich in das Feld stürzen; aber Dürer, der in dieser Nacht in der Nähe in Basel übernachtete, hätte ihn sicher hören können. Ein riesiger Felsbrocken, der vom Himmel fällt, kann nur ein Omen sein, ein böses Omen. Der Dichter Sebastian Brant (Dürer illustrierte seinen Bestseller *Das Narrenschiff*) machte das Ereignis auf einem Flugblatt bekannt. Der Stein fiel schräg durch die Luft, schrieb Brant, als sei er von einem Stern wie Saturn geschleudert worden.

Ich weiß nicht, ob Dürer den Ort des Einschlags aufsuchte, sein Kaiser Maximilian tat es jedenfalls; er erklärte ihn zu einem Wunder Gottes und schlug ein Stück für sich selbst ab. Der Meteorit könnte der Stein gewesen sein, mit dem Hieronymus sich selbst geißelte, oder ein Symbol für die Neue Welt. Vor allem aber war er ein Zeichen für Dürers Genie, so als sei die kleine Bildtafel, die er gemalt hatte, eine Ankündigung seines explosiven Talents.

Während ich schreibe, erscheint am Horizont ein Komet wie ein kleines Gespenst, sein Flug wie in Zeitlupe und so niedrig, dass er mir auf den Kopf fallen könnte. Licht und Dunkelheit, Sonne und Mond, Sterne und Planeten, Bäume, Tiere, Wale, Fische und Vögel der Lüfte, all diese Dinge in der Welt um uns herum bedeuteten einst mehr für uns, als sie an sich bedeuteten, schrieb Thomas Merton 1953. Deshalb fanden sie auf so geheimnisvolle Weise Eingang in die Substanz unserer Poesie, unserer Visionen und unserer Träume, sagte der Dichtermönch. Auch Dürer meinte von seinem Zellenobservatorium aus einen Kometen am Himmel gesehen zu haben. Aber das Wunderbarste, was er je gesehen hatte, ereignete sich im Jahr 1503, als vom Himmel Wasserspritzer kamen, Vorboten der Pest, Infektionsträger, die als blutroter Regen herabfielen, die Kreuze und sogar eine ganze Kreuzigungsszene bespritzten, die Dürer aus dem Schal eines Dienstmädchens zeichnete. Die Magd sei so erschüttert gewesen, dass sie weinte und laut schrie, weil sie fürchtete zu sterben.

Wissenschaftler würden dieses Phänomen als das Ergebnis von Mikroalgen deuten, die den Regen rot färben, eine Erklärung, die Dürer bevorzugt haben dürfte. Aber er glaubte auch an Zeichen und Wunder. Wenn ein Komet ein Omen war, was könnte sein eigenes Genie prophezeien? Wie schön wäre es, sagte er, wenn ich mit Gottes Hilfe jetzt schon die Werke künftiger großer Meister sehen könnte!

Die Apokalypse. Das ist es, was dieser feurige Stein prophezeite. Eine Vision, so grell, dass es unmöglich scheint, dass er sie nicht in Technicolor gesehen hat, ein Kinotrailer für das, was vor ihm lag. Das Hauptmotiv war wirklich grauenerregend: Tod, Hungersnot, Krieg, Pest, die über die Menschheit hereinbrechen; mörderisch, rachsüchtig, sinnlos, ein hasserfülltes Korps, das mit Hubschraubern eingeflogen wurde. Wenn man es einmal gesehen hatte, gab es kein Entrinnen mehr, nie wieder.

Eine schreckliche neue Schönheit. Verfolgt von Pest, Kometen und Überschwemmungen schuf Dürer seine dunkle Phantasie aus dem Licht, aus den Räumen, welche die Tinte freigab. Die Ökonomie des Druckverfahrens befreite ihn von Mäzenen, die schon wieder eine Madonna oder ein Selbstporträt wollten. Die Malerei war alt; Dürer schuf eine neue Kunst. Der Holzschnitt war ein sofortiger Erfolg; Ruskin nannte ihn die Kunst des Ritzens. Die Drucke quollen aus der Presse wie Poster, 15 Mal 11.5 Zoll. Wie die Schiffe eines mächtigen Kaufmanns, so Panofsky, trugen sie Dürers Flagge über die ganze Welt. Sie waren von Ungarn bis zu den Niederlanden, von England bis Italien die Währung seines Ruhmes. Er wurde, wie Laura Cumming bemerkt, der erste wirklich internationale Künstler.

Zunächst gravierte er seine Bilder selbst. Als die Nachfrage wuchs, übertrug er die Entwürfe auf Blöcke für professionelle Holzschneider (die wie Textilschneider mehr verdienten als er). Er schickte seine Vertreter in andere Städte und sagte ihnen, sie sollten nach Möglichkeit höhere Preise verlangen. Seine Mutter verkaufte die Drucke ihres Sohnes in einem Stand auf dem städtischen Marktplatz. Dürer holte die Kunst aus der Kirche; seine Drucke wurden auf Schränke und Wände geklebt, in Massenproduktion in seinem städtischen Atelier hergestellt wie in Warhols Factory im New York der sechziger Jahre; beide Künstler waren Söhne von Migranten, die aus Osteuropa stammten; beide waren besessen von ihren Selbstporträts, die sowohl den Glamour als auch die Katastrophe festhielten. Panofsky, im Amerika der vierziger Jahre, das Licht drängt sich durch die Jalousien, war überwältigt.

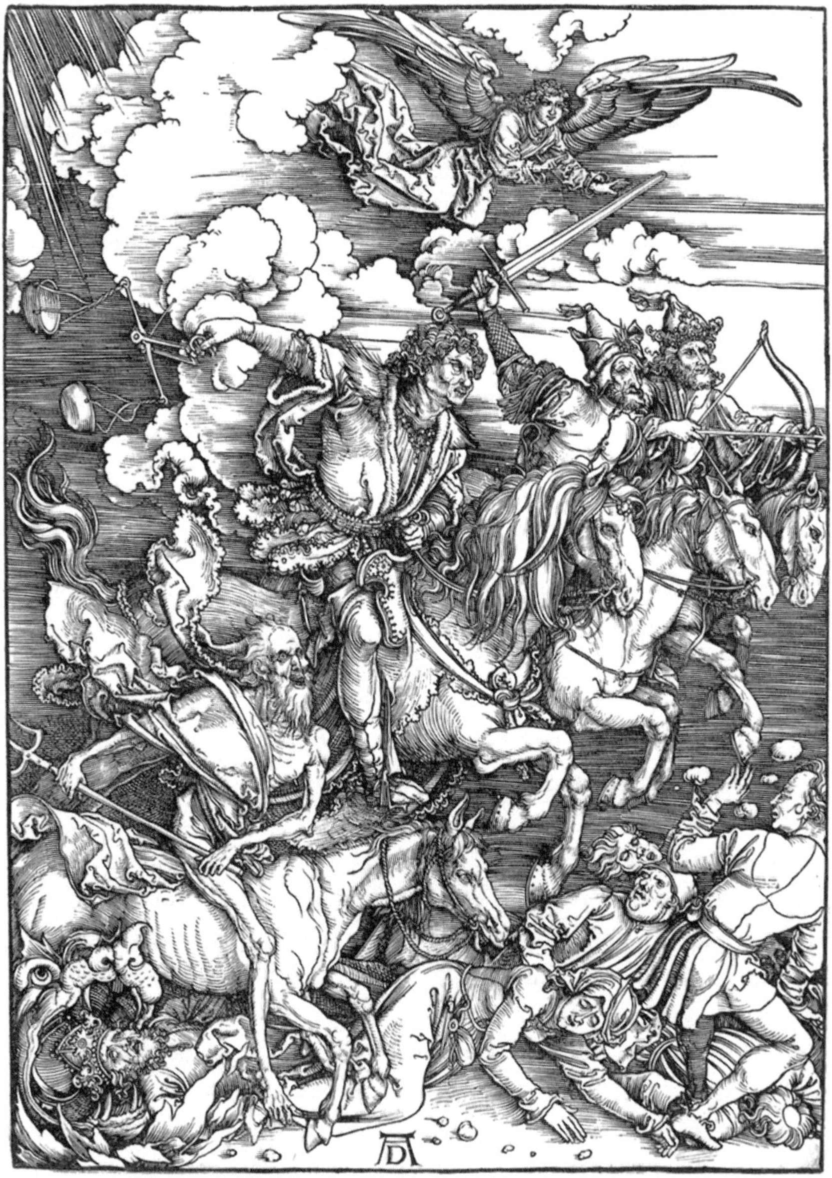

Er empfand Dürers Holzschnitte als fotografisch, als ein neues Raumkonzept, welches die Szene im Himmel dem Betrachter so nahebrachte, dass die himmlische Erscheinung auf die Erde herabzusteigen schien. Dürer habe sich über die objektiven Naturgesetze hinweggesetzt, sagte Panofsky, und die Unterscheidung zwischen Halluzination und Realität aufgehoben.

Dürers Drucke sind wegen der sich in ihnen verkörpernden Geschwindigkeit revolutionär. Sie rasen und dröhnen. Man möchte die Lautstärke herunterdrehen. Während Europa in Angst vor Hungersnot, Pest und Krieg lebte, tanzte Dürer mit dem Tod und nutzte die Leere, um Dinge zu evozieren, die zugleich da und nicht da waren: Wolken und Feuer und Wasser und Luft. Es war das Weiß der Seite, das ihn in seinen Bann zog. Sein Weiß ist Licht und Wärme, es lässt Heilige, Dämonen und Bürger zu brodelndem, tobendem Leben aufblitzen.

Panofsky war bekanntlich von der Arbeit Disneys fasziniert; er sah auch in Dürers Grafiken ein Reich des Fantastischen und Visionären, ein Reich, in das die Phantasie des Künstlers durch die Technik entlassen worden war. Von dieser Geschwindigkeit konnte der Kunstkritiker in seinem Jahrhundert ebenso wenig eine Vorstellung haben wie Dürer selbst. Um 1500 hatte ein gewöhnlicher Mensch in seinem gesamten Leben den Anblick weniger von Menschenhand geschaffener Bilder zu erwarten, als wir in einer einzigen Minute begegnen. Kunst war unaufdringlich, aber sie wurde verstanden. Sie hatte eine bestimmte Rolle. In Kirchen und Klöstern waren die Gemälde, Statuen und Fenster glaubensstark, kommunikativ und lebendig. Diesen Portalen zwischen dem Realen und dem Übernatürlichen wurden Kerzen und Gebete dargebracht. Dürer erschloss eine weitere Welt, genau wie Kolumbus und Kopernikus. Ein visionäres Universum. Es war nicht einfach zu überblicken. Seine Abfolge von 15 Bildern taucht vor unseren Augen auf, in Szenen, die so schrecklich sind, dass der Künstler nur schwarze Tinte verwenden konnte; alles Weitere wäre unerträglich gewesen. Wir befüllen diese in Schwarz-Weiß, in Nordlicht gehaltenen Träume in unseren Köpfen mit Farbe.

Gibt es etwas, das er nicht in einer einzigen Farbe zum Ausdruck bringt?, fragte Erasmus; der Philosoph glaubte, Dürer könne in seiner Kunst Sprache an sich formulieren. Als sich ein Jahrhundert ins nächste hinüberneigte,

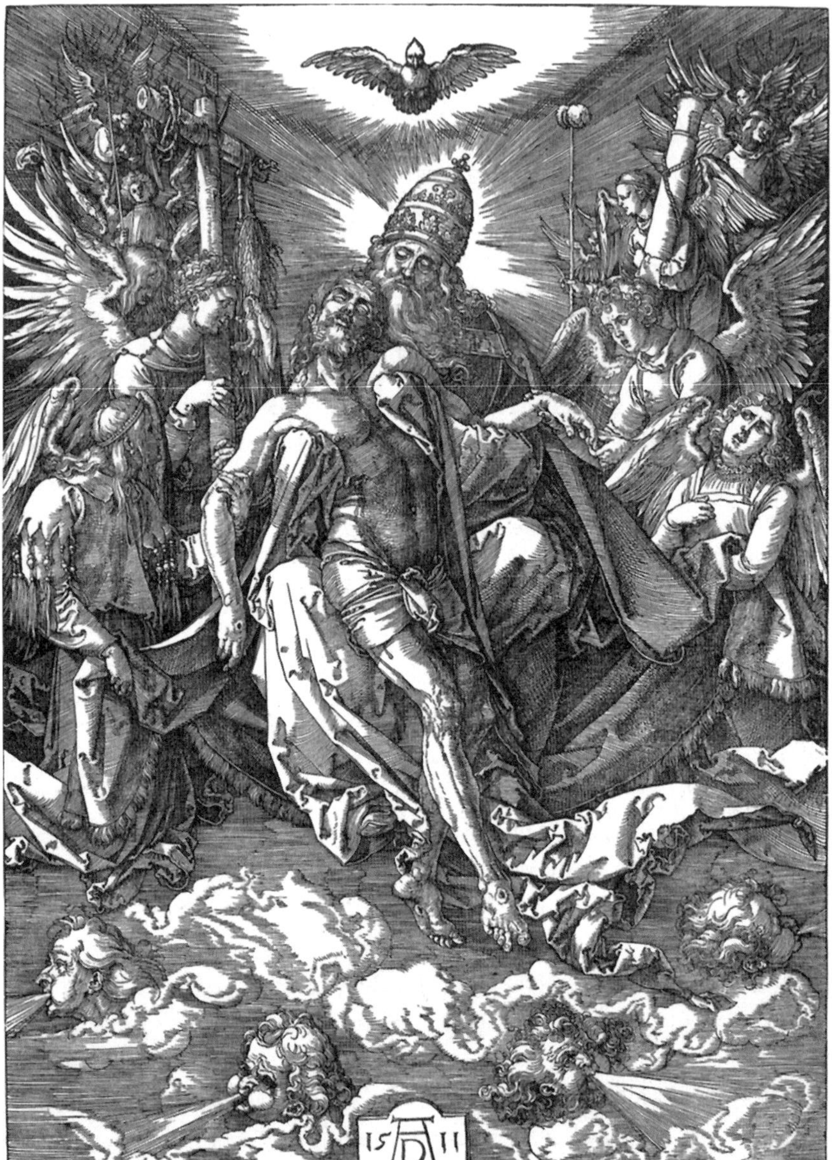

hatte er das Mittelalter modern gemacht. Er blickte starr nach vorne. Sein Talent war nicht wie ein Komet aus dem Nichts gekommen.

Gelegentlich schenkt Gott einem Künstler die Kraft, etwas Gültiges zu lernen und zu schaffen, sagte Dürer; dann ist ihm niemand unter seinen

Zeitgenossen und vielleicht nicht einmal unter seinen Vorgängern und Nachfolgern ebenbürtig, zumindest eine Zeit lang.

Seine Drucke sind hart wie das Holz, aus dem sie geschnitten sind, eingefärbt mit Tinte aus Eichengallen mit der Luft von Wolken. Auch wenn sie mit Muskeln und Flügeln gefüllt sind, blicken sie doch über das blasse Fleisch hinaus ins Unendliche. In der Anbetung der Dreifaltigkeit stellt Dürer einen zerschundenen Christus in den Armen seines Vaters dar, geheimnisvoll schwebend, wie Panofsky sagt, vor einem düsteren Himmel, der von milchigen Wolken und von den elektrischen Blitzen der Heiligenscheine erleuchtet wird. Dieser Erlöser ist ein schlaffer Vogel. Er ist noch immer von seinem Tod gezeichnet.

Er sackt in sich zusammen wie ein Tänzer; Dürer nimmt dieses Gewicht auf und schnitzt es weg. Seine Holzschnitte sind Skulpturen: Sie haben Tiefe; sie leisten Widerstand und weichen zurück. Sie sind die ersten industriellen Kunstwerke. Die vierzig Nürnberger Druckereien von Anton Koberger, Dürers Patenonkel, beschäftigten 100 Mann. Panofsky sah Dürers Gravierwerkzeug als eine Erweiterung der Künstlerhand, als sei der Mensch selbst zur Maschine geworden. Das Ergebnis war Science-Fiction. Flammen springen aus Gottes Kopf, während Meteoriten wie Seesterne herabregnen; die Hure von Babylon ist eine Kurtisane aus Venedig. Schlösser explodieren, aus Abwasserschächten tauchen Dämonen auf, und der Himmel öffnet sich, um echte Seraphim zu zeigen, die über europäischen Städten mit Drachen kämpfen.

In Andrei Tarkowskijs Film *Iwans Kindheit*, dessen Handlung hinter den Kriegsfrontlinien angesiedelt ist, zeigt ein junger Offizier einem Jungen ein Kunstbuch.

Das ist beschlagnahmtes Material, sagt er.

Der Junge schaut sich die Bilder an. Sind das Fritze? Ich kenne sie. Sehen Sie sich den dünnen an. Ich habe einen wie ihn auf einem Motorrad gesehen.

Dieses Schnitzen und Schlitzen war durch und durch dämonisch; bei Dürer kriegen Sie mehr Tinte pro Quadratzoll. Wir wissen immer noch nicht, wie das möglich war. Peter Ursem, ein niederländischer Künstler, erzählt mir, dass sich Holzschnitte von Holzstichen unterscheiden. Die Schnitte wurden auf Blöcken ausgeführt, die seitwärts von Holzstämmen abgeschnitten wurden, parallel zur Maserung. Auf dieser relativ weichen

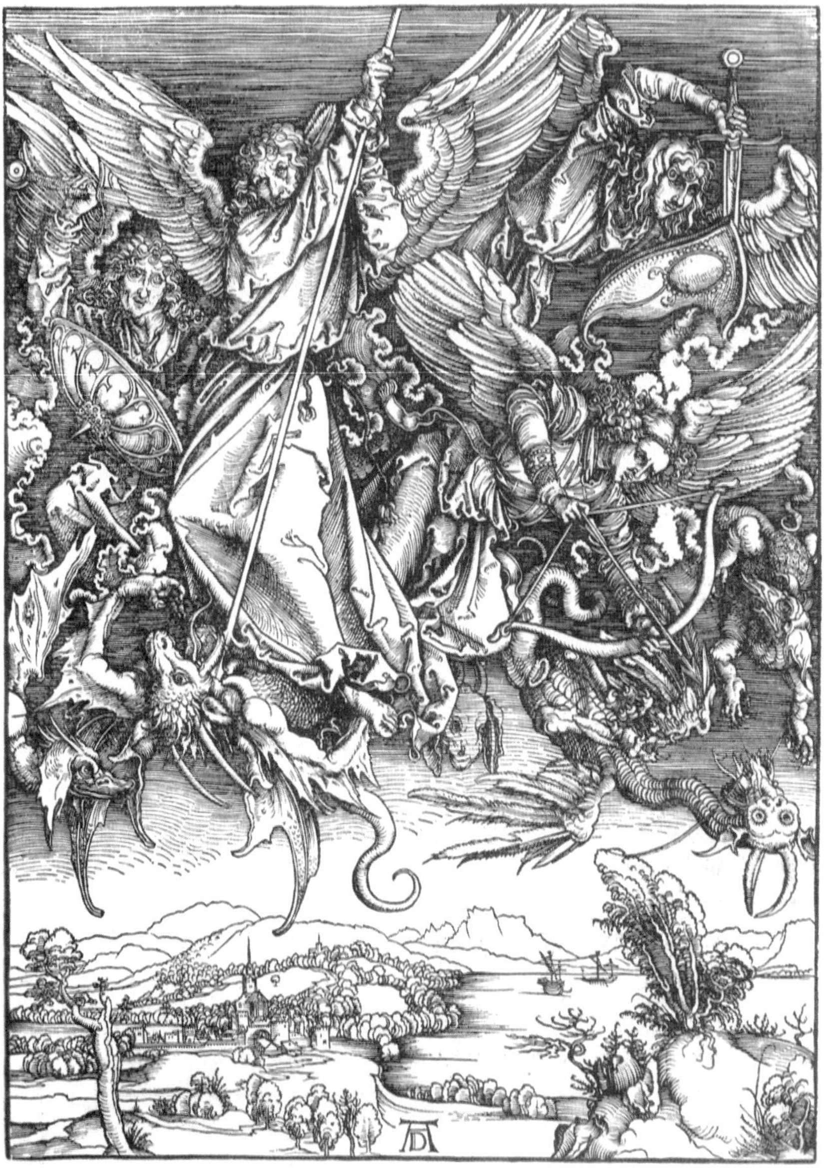

Oberfläche musste der Künstler breite Markierungen anbringen. Erst im 18. Jahrhundert, als Thomas Bewick sich die dichte Hirnholzmaserung von Obstbäumen zu Nutzen machte, konnten feine Details herausgearbeitet werden. Doch Dürer erzielte diesen Effekt bereits mit seinen Holzschnit-

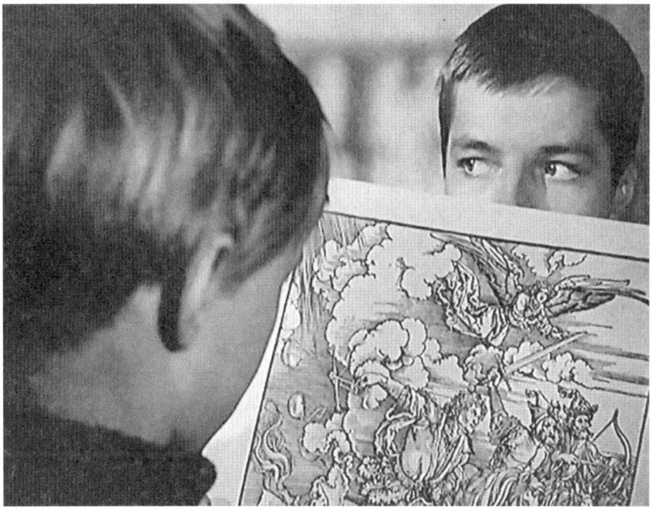

ten. Er ließ Bilder frei, wie Ariel, der aus einem Baum befreit wurde. Es war geradezu Zauberei.

Im Grafikraum des Museums wird ein Holztablett hervorgeholt. Darauf liegen fein säuberlich angeordnet 18 bleischwarz glänzende Birnbaumblöcke. Es sind Fossilien, oder Höhenlinienkarten vom Meeresgrund. In ihren Rinnen und Klüften sammelt sich der Todeskampf. Dürer drehte diese Blöcke vor dem nächsten Durchgang in seinen tintenfeuchten Fingern. Adam und Eva werden aus dem Garten Eden vertrieben, ein Erzengel schwingt ein Schwert, Christus stirbt, immer und immer wieder.

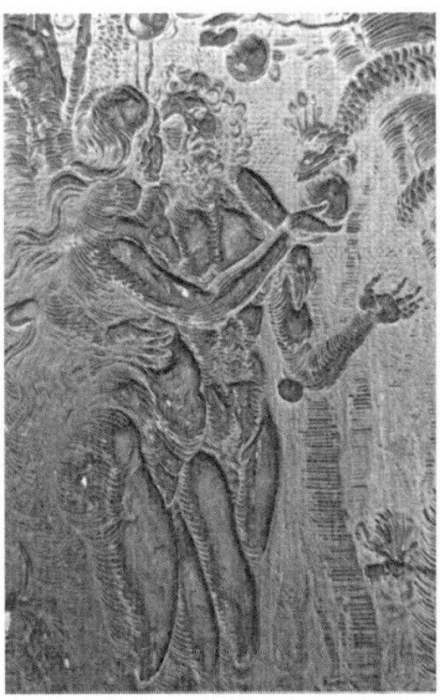

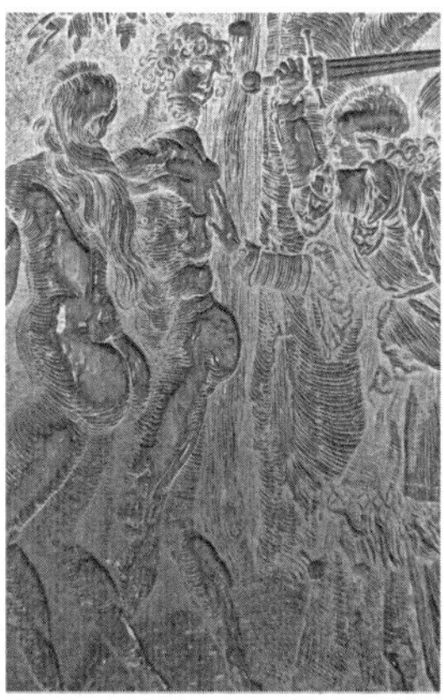

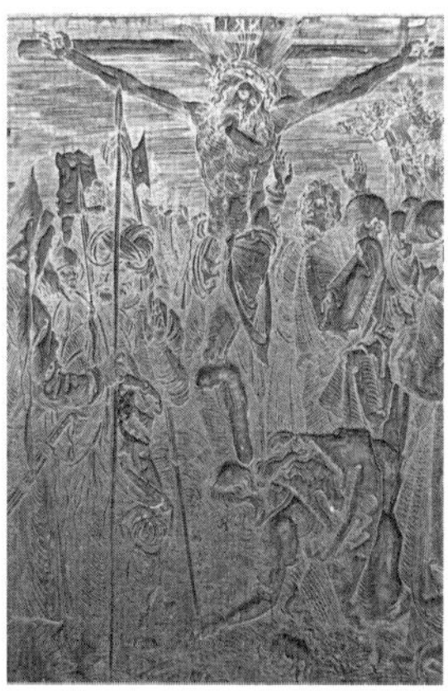

Im Jahr 1515 schuf Dürer seinen Schmerzensmann, die erste Metallradierung der abendländischen Geschichte. Das Verfahren ermöglichte noch extremere Effekte. Waren schon seine Holzschnitte überwältigend, so wirkten seine Kupferstiche fast unheimlich. Als Ruskin seinen Lehrlingen auftrug, einen halben Zoll von *Melencolia* zu kopieren, wusste er, dass dies ihre Fähigkeiten übersteigen würde. Er sagte, man könne das unmöglich besser machen. Als ein moderner amerikanischer Kupferstecher, Andrew Raftery, versuchte, einen Dürer zu kopieren, benötigte er vierzig Stunden, um ein Bild von einem Zoll Breite zu radieren. Selbst mit Vergrößerung und höchster geistiger Konzentration, die ich aufbringen konnte, so Raftery, war ich nicht dazu in der Lage, auch nur annähernd so viele Linien unterzubringen wie das Original. Es war unmöglich, über die Grenzen meiner Künstlerhand hinauszugehen.

Dürers Beherrschung dieser dunklen Kunst versetzte diejenigen in Angst und Schrecken, die wie Luther der Meinung waren, der Buchdruck bringe zu viele Informationen hervor und überfordere den Verstand der Menschen, so wie man Jahrhunderte später glaubte, Züge könnten Frauen die Gebärmutter aus dem Leib herausdrücken.

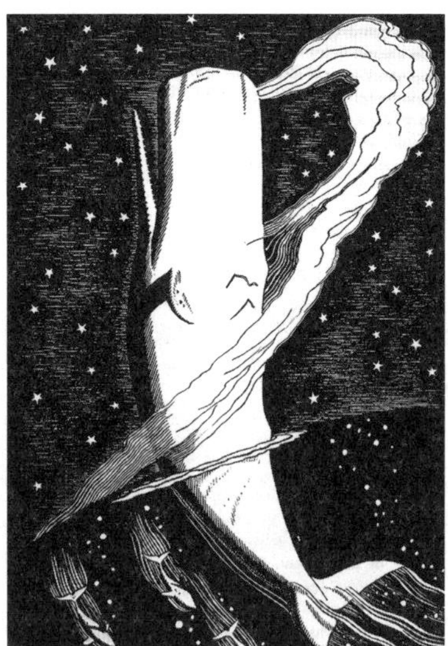

Er veränderte sogar das Wort Gottes: Dürers Bilder der Apokalypse waren größer als der biblische Text des Buches, in dem sie veröffentlicht wurden, so wie Rockwell Kents illustrierte Ausgabe von *Moby-Dick*, eine Ausgabe, die einer Bibel ähnelte und 1930 veröffentlicht wurde, Kents Namen auf dem Umschlag trug, aber nicht den von Melville.

Kent hatte als Jugendlicher Nietzsche gelesen und empfand sich selbst als Übermensch. Doch dann erklärte er in den zwanziger Jahren als glühender Sozialist, dass die wesenhafte Überlegenheit der weißen Rasse nur durch die Kunst ausgelöscht werden könne. Er war so selbstbewusst wie Dürer – das ging so weit, dass er seinen Namen an der New Yorker Börse eintragen ließ –, aber er schenkte der Sowjetunion auch eine große Sammlung seiner Werke. Sein weißer Wal knüpfte an Dürers Vorstellung an: eine apokalyptische Kreatur, die aus einer gerade ertrunkenen Welt ihren schäumenden Hohn in den Himmel stößt.

Melville sagte, dass Elfenbeinschnitzerei – das Schnitzen mit Walzähnen und -knochen – denselben barbarischen Geist und dieselbe Suggestivkraft besäße wie die Drucke jenes alten holländischen Wilden, Albert Dürer. Der Wal konnte es nicht erwarten, von diesen Autoren und Künstlern für unmoralisch erklärt zu werden. Dürers Drachen waren halbwegs Wale; das ist kein großer Unterschied, wenn man bisher nur geheimnisvolle Knochen oder Bilder in Büchern gesehen hat. Je lebensechter und individueller die Details des Drachen, mit Panofsky gesprochen, desto monströser das Ganze. So viele Köpfe, die sich aufbäumen, so viele Sterne, die herunterfallen. Und dann, wenn man es am wenigsten erwartet, ist er da.

Das Meer. Der Himmel der Unendlichkeit.

Ruskin konnte das nicht nachvollziehen. Dürers ständige und erzwungene Einbindung des Meeres in fast jede Szene sei, so sehr es auch zu bedauern sei, möglicherweise seinen glücklichen Erinnerungen an die Stadt am Meer geschuldet, in der er das einzige Mal in seinem Leben wirklich verstanden wurde.

Aus der venezianischen Lagune schälte Dürer einen Hummer heraus; sein teuflisches Auge und seine hungrigen Scheren schienen ein bösartiges Eigenleben zu führen, so Panofsky, der meinte, er sehe aus wie ein Teufel von Bosch. Doch dann tauchte ein noch merkwürdigeres Geschöpf auf.

Während der Kopf eines Engels herabschwebte und Johannes sein Buch verzehrte, trat ein furchterregendes Tier in Sichtweite, mit behelmtem Kopf

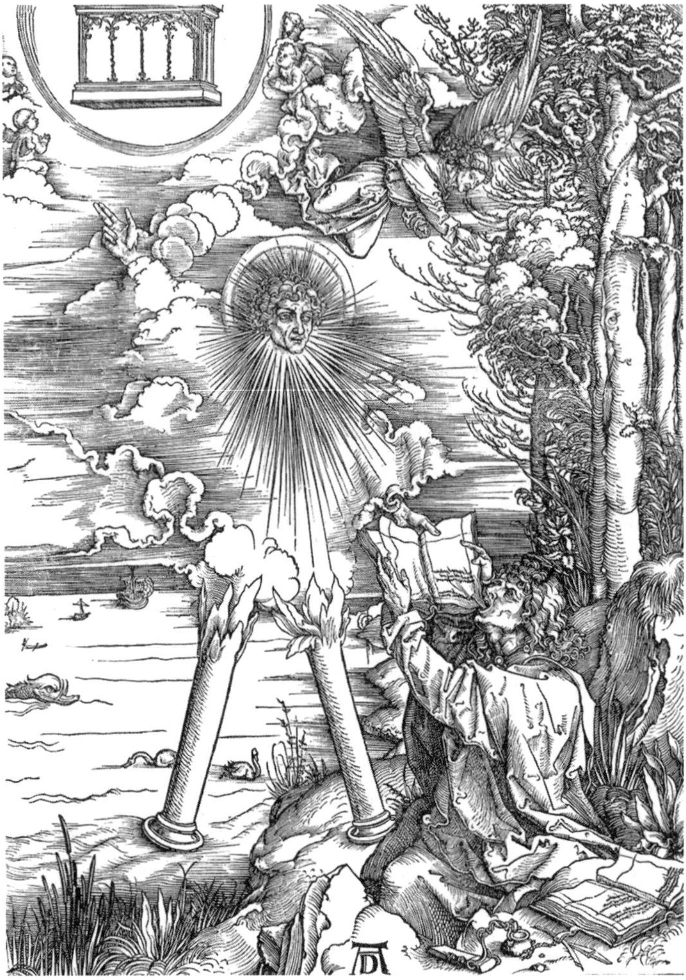

und mächtigen Kiefern, bereit, die Toten zu verschlingen. Obwohl es allgemein als Delphin bezeichnet wird, sagte Melville, nenne ich diesen Fisch des Buchbinders lieber einen versuchsweisen Wal, da Delphine von den alten Meistern als eine Rasse des Leviathan angesehen wurden.

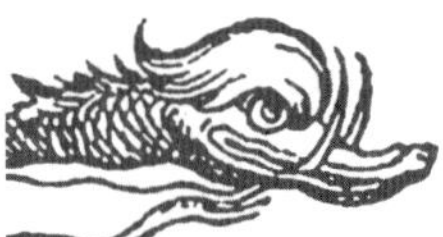

In dieser durcheinandergewürfelten, durchmischten Welt, gefangen zwischen Alt und Neu, wurden Tiere und Menschen miteinander vermischt. Dürer erinnerte sich an die Geschichte von Arion, dem Dichter, der ins Meer geworfen und von einem Delphin gerettet wurde. Sorgfältig zeichnete er die Szene zur privaten Erbauung seiner Freunde, ein Spiegelbild in einem goldenen Auge. Aber wenn er sich etwas näher darübergebeugt hätte, hätte Melville vielleicht vertraute Züge in seinem muskulösen Helden erkennen können: der verwegene Künstler selbst, der auf dem Walfisch reitet, den er nie gesehen hat.

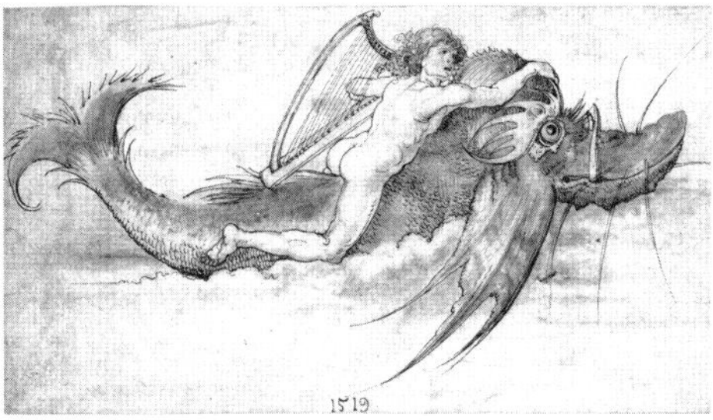

EXOTICA

Es gab andere Dinge, die Dürer von seinen Träumen von Delphinen und Katastrophen ablenken konnten. Er war von etwas anderem überwältigt worden, von etwas Spektakulärem, das in den Niederlanden angekommen war. Kein Meteorit oder Wal, aber bestimmt eine Sendung aus einer anderen Welt. Eine Masse aus Gold und Glanz, im Herzen der Stadt, gestrandet im kaiserlichen Palast.

Im Jahr 1519 schickte Hernán Cortés ein Schatzschiff aus der Neuen Welt zurück. Karl V. empfing die Ladung in Brüssel, wo sie anlässlich seiner Krönung 1520 ausgestellt wurde. Dürer kam aus einer Stadt voller Gold und Silber, aber so etwas hatte er noch nie gesehen. Auch hab ich gesehen die Dinge, die man dem König aus dem neuen goldenen Land gebracht hat: eine ganz goldene Sonne, einen ganzen Klafter breit, desgleichen einen ganz silbernen Mond, auch so groß.

Sie hätten ebenso gut aus einem abgestürzten Ufo stammen können. Diese Beute war nicht nur in die Form von Tieren gegossen, die man noch nie gesehen hatte, sie war auch mit ihren sterblichen Überresten vermischt. So fanden sich darunter Schilde mit elektrischen Federn von prächtigen Quetzals, und andere, die mit den seltsam gefleckten Fellen von Jaguaren bespannt waren. Es gab Waffen mit Klingen aus Obsidian, die schärfer als Stahl waren, und schwarze Spiegel aus derselben höllischen Substanz, in denen man die Zukunft reflektiert sehen konnte. Zudem Bücher, die sich wie gemalte Leinwände entfalteten, mit Bildern, die so apokalyptisch und fremdartig waren wie alles, was Dürer je gezeichnet hatte. Cortés zählte all das für seinen neuen Kaiser auf, dem er ein Fünftel des Fundes schuldete. Unter der mexikanischen Sonne füllte er seine Steuererklärung aus.

Erstens ein großes goldenes Rad mit einem Muster von Ungeheuern darauf und über und über mit Blattwerk versehen. *Des Weiteren* zwei Ketten aus Gold- und Steinmosaik mit roten und grünen Juwelenschnüren, 27 kleine Goldglöckchen und vier mit Steinen besetzte Figuren, die an mit Gold eingelegten Anhängern hängen. *Ein weiterer Gegenstand* in einem Kästchen: ein großes Stück Federschmuck, das mit Tierhaut gefüttert ist und von der Farbe her an einen Marder erinnert, mit einer goldenen Scheibe und blauem und rotem Steinmosaik.

Der Eroberer hatte keine Worte, um die Beute zu beschreiben; er konnte nur eine Liste erstellen.

Außerdem ein mit Federn und blauen und roten Steinen besetzter Spiegel, ein großer goldener Kopf, der offenbar von einem Alligator stammt. *Ein weiterer Gegenstand*, einige Fasern, die in farbigen Federn stecken; die Fasern sind weiß und sehen aus wie Haarlocken. *Ein anderer Gegenstand*, ein Schilfrohrgefäß mit zwei großen Goldstücken, das auf dem Kopf getragen wird; sie sind wie goldene Muscheln gefertigt, mit Ohrschmuck aus Holz mit Goldplättchen; vier Stücke, die nach der Art von Rochen verarbeitet sind, ihre Schwänze, Kiemen, Augen und Münder aus Gold; vier Harpunen aus weißem Feuerstein, die an vier Stäben aus Federwerk befestigt sind. *Außerdem* ein Zepter aus rotem Steinmosaik in Form einer Schlange mit Kopf, Zähnen und Augen, die aus Perlmutt zu bestehen scheinen; der Griff ist mit der Haut eines gefleckten Tieres verziert.

Auch Dürer gingen die Worte aus. Der Sohn eines Goldschmieds wusste, wieviel Arbeit in der Herstellung solcher Dinge steckte. Er berichtete von anderen Räumen voller Rüstungen und allerlei wundersamen Waffen, Geschirren und Pfeilen, sehr seltsamen Kleidungsstücken, Betten und allen möglichen wunderbaren Gegenständen des menschlichen Gebrauchs. Und ich habe aber meinen Lebtag nichts gesehen, das mein Herz so erfreut hat wie diese Dinge, gestand er, denn ich habe darunter wunderbare kunstvolle Dinge gesehen und habe mich über die subtile ingenia der Menschen in fremden Landen gewundert. Und die Dinge weiß ich nicht auszusprechen, die ich da gehabt habe.

Cortés behauptete, all dieses Gold habe auf ihn gewartet, damit er es abhole. Als ob seine Mission vorherbestimmt war. Er schätzte die Sonnenscheibe, die so groß wie ein Wagenrad war, auf 3800 Pesos; sein Offizier Bernal Díaz de Castillo schätzte sie auf über 10000. Insgesamt wurden

50 Gegenstände zusammengetragen, darunter ein gefiederter Schild und ein Kopfputz, der später als der des Moctezuma ausgegeben wurde.

Ein weiterer Gegenstand, ein Fächer aus Federkunst in der Art eines Wetterhahns. Darüber befindet sich eine Krone aus Federwerk und schließlich viele lange grüne Federn – als ob sie von seinen Flügeln abgeschnitten wären.

Cortés befahl seinen Gastgebern, einen Helm mit Goldstaub zu füllen. Die Azteken konnten die Gier nicht fassen. Sie standen da, ganz benommen. Sie hoben das Gold in die Höhe, als wären sie Affen, mit dem Ausdruck von Freude, schrieb ihr Chronist, als würde es ihnen neues Leben einhauchen und ihre Herzen entflammen. Als ob es etwas wäre, wonach sie sich sehnen. Ihre Körper mästen sich daran, und sie hungern geradezu danach. Sie gieren nach Gold wie hungrige Schweine. Die Azteken boten ihnen ihren Staub an, aber die Konquistadoren folgten ihm wie einer Spur aus Brotkrumen. Als er den Gottkaiser erreichte, nahm Cortés die Halskette aus Perlen und geschliffenem Glas, die er trug, ab und gab sie Moctezuma. Im Gegenzug erhielt er zwei Ketten aus roten Muscheln, die mit Krabben aus Gold behängt waren.

Wir begegnen all diesem Prunk durch Dürers Tagebuch; es gibt keine anderen Berichte über diese Ausstellung von Diebesgut. So wie die Walknochen im nahe gelegenen Rathaus von etwas zeugten, das Dürer nie gesehen hat, so kamen diese goldenen Formen, die wie Herzen aus lebenden Menschen geschnitten waren, aus einer anderen Kultur, die er nicht verstehen konnte. Der Künstler erstarrte, geblendet von dem, was er gesehen hatte: der letzte leuchtende Moment, in welchem all diese nutzlose Schönheit zum Leuchten kam. In Mexiko hatten die Eroberer die am feinsten gearbeiteten Stücke vor dem Schmelztiegel gerettet, um sie an den Kaiser zu schicken, aber Karl übergab sie dem Ofen, so wie man Wale für ihr Öl einkochte.

Sie konnten die Schande nicht ertragen: Die Barren finanzierten ihre neuen Kriege; Moctezumas Schatz finanzierte seinen Untergang; die Erinnerung an sein Volk ging unter seinem Gewicht zugrunde. Das war echte Alchemie = gestohlenes Gold, um Truppen zu bezahlen + gereinigter Blubber, um Munition herzustellen + geplündertes Uran, um eine Bombe zu bauen.

Wolfgang und Albrecht standen staunend da.

Das ist großartig, sagte Albrecht.

Das größte Kunstwerk des Satans, sagte Wolfgang.

Als Junge habe auch ich mich nach diesen Dingen gesehnt. Ich wäre bereit gewesen, um den Block herum Schlange zu stehen, um sie zu sehen, als Karl sie im Jahr 1522 nach London brachte. Ich war begeistert von gefiederten Schilden und Kopfbedeckungen, die ich in Büchern aus der Bibliothek abgebildet sah. In meinem Schlafzimmerspiegel wurde ich zu einem jugendlichen Krieger, einem angehenden Fürsten, mit einer schwankenden Quetzalkrone auf dem Kopf und in ein purpurnes Gewand gekleidet, das sich um meinen braunen Körper schmiegte. Das Wort Azteke hatte eine elektrisierende Anziehungskraft. Mir war nie klar, was das alles gekostet hatte. Aber ich war immer ein Indianer, kein Cowboy. Dürer war ein ebenso wilder Messias, gehüllt in diesen fabelhaften Ornat, ein trunkener Vogelmensch-Gott in der Luft fliegend. Er konnte nicht wissen, dass seine Visionen der Apokalypse bald eben jenen unterworfenen Menschen gezeigt werden sollten: als Prophezeiung dessen, was geschehen würde, wenn sie sich nicht vor dem einen wahren Gott beugten.

Einmal, eine Stunde westlich von Guadalajara, wäre ich mit einem Freund um eine ihrer Rasenpyramiden herum fast in die falsche Richtung gelaufen. Ich sagte, wir könnten uns den Teufel auf den Hals hetzen, wenn wir das täten. Woher weißt du, dass er da nicht schon ist?, erwiderte Iain. Ich sah zum ersten Mal rohen Obsidian, schwarzes Glas, das aus den Bergen herausgesprudelt war, und ich bekam einen blassgrünen, geschliffenen Kristallklumpen von der Größe meiner Hand, geformt wie eine Linse. Ich nahm ihn in meiner Tasche mit. Ich habe ihn immer noch, hier. Eine dunkelgrüne Ader zieht sich durch ihn hindurch, wie ein Strang aus Seegras oder eine Geschichte.

Zwei Jahre, nachdem Dürer dergleichen Zeichen und Wunder gesehen hatte und sich insgeheim wünschte, sie als Herausforderung für all die Kaiserkronen und heiligen Lanzen nach Nürnberg zurückschicken zu können, schenkte Karl seiner Tante, der Erzherzogin Margarete von Österreich, Statthalterin der Niederlande, den gefiederten Schild samt Kopfschmuck sowie den silbernen Mond und den schwarzen Spiegel. Er fügte ein Säckchen mit Perlen hinzu. In ihrem Palast in Mechelen füllte Margarete ihre Gemächer mit Korallen auf Tonsockeln und Paradiesvögeln, die in Taft gehüllt waren, sowie mit Kunstwerken wie Van Eycks exquisitem Arnolfini-Porträt, dessen Abdeckung nur für besondere Besucher geöffnet wurde.

Margarete fügte ihrer Sammlung sogar ihren eigenen Ehemann hinzu – Johannes, den Sohn von Ferdinand und Isabella von Aragon, und zwar in Form seines einbalsamierten Herzens, das sie seit seinem frühen Tod im Alter von 18 Jahren, angeblich durch zu große Begierde nach seiner jungen Frau, dicht an ihrer Seite aufbewahrt hatte. Nun pflegte sie gerne in einem schwarzen Samtkleid mit langen, weiten, mit Hermelin besetzten Ärmeln durch ihren Palast und den Park zu schreiten, begleitet von ihrem Windhund, ihrem Seidenäffchen und ihrem geliebten grünen Papagei, der auf ihrer Schulter hockte und die Gäste verunsicherte. Keiner wusste, wohin er schauen sollte: auf die prüfenden Augen der Erzherzogin oder auf den hochmütigen, kopfschüttelnden Blick ihres vogelartigen Begleiters und der anderen Vertrauten, die als ihre Berater fungierten.

Um ehrlich zu sein: Dürers Besuch bei der Erzherzogin war nicht sonderlich erfolgreich gewesen. Dabei hatte alles so gut angefangen. Als er sie um Fürsprache bei ihrem Neffen gebeten hatte – ob sie Karl dazu bewegen könne, die Rente des Künstlers wohlwollend zu erwägen –, hatte sich Margarete außerordentlich wohlwollend gezeigt. Dürer schickte ihr seine in Kupfer gestochene Passion und Kohleporträts ihrer Mitarbeiter, zusammen mit einem Satz aller seiner gedruckten Werke. Er zeichnete für sie sogar mit größter Hingabe und Sorgfalt zwei neue Bilder auf Pergament.

Für all das berechnete er einen Preis von 30 Gulden. Aber als er sie persönlich besuchte, in ihrer Bibliothek, in der sie so geschätzte Besucher wie Erasmus empfing und in der viele ihrer Schätze ausgestellt waren, stieß sein Angebot des Porträts ihres verstorbenen Vaters auf solche Abneigung, dass er es zurücknehmen musste. Es muss demütigend gewesen sein, wie Prinzessin Margarete ihn angestarrt haben wird, als der Künstler eine zweite Portion Brot- und Butterpudding bestellt haben soll, nachdem der königliche Löffel und die königliche Gabel niedergelegt worden waren.

So beklagte sich Dürer bitterlich über ihre mangelnde Anerkennung. Am Ende tauschte er das Porträt mit einem ihrer Angestellten gegen ein Stück weißes englisches Tuch. Er schob die Schuld auf den Papagei und den Affen und deren Knopfaugen. Dieser kleine Teufel, dort unten zu ihren Füßen.

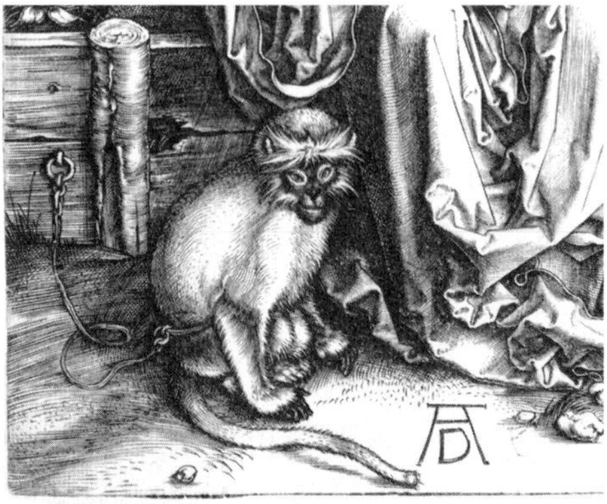

Wir müssen der Erzherzogin und ihren Tieren, ihrem Sack voller Perlen, ihrem Geschlecht und ihrem vorhanglosen Vorstadtpalast verzeihen, auch ihren Manieren. Man konnte schließlich nicht erwarten, dass sie auf die Gefühle eines einfachen Künstlers Rücksicht nimmt. Sie war eine Kaisertochter, um Himmels willen, mit einem Gott als Vater. War sie nicht in Maximilians Triumphzug mitgeritten, der von Dürer und seinesgleichen entworfen worden war, ein riesiges Schaubild von 180 Fuß Länge, mit dem Kaiser in einer barocken Kutsche, die von prächtig geschmückten Pferden gezogen wurde, gefolgt von einer ermüdenden Reihe von Kamelen und Bären und einer Ehrengruppe, bestehend aus Menschen aus Indien? Diese Phantasieparade war nur eines der fantastischen Projekte, die Dürer für seinen Gönner entworfen hatte. Der als letzter Ritter bekannte Maximilian behauptete, direkt von Osiris, Herkules, Hektor von Troja und Noah abzustammen. Nicht weniger beeindruckend war sein Lebenslauf. Unter Interessen listete er Veterinärmedizin, Kochen, Modedesign, Kriegsmaschinen, Bergbau, Fischerei, Tischlerei, Poesie und Kunstkritik auf – alles hervorragende, wenn auch etwas ausschweifende Qualifikationen für einen Weltherrscher.

Und obwohl viele der Faszinationen Maximilians auf dem Papier blieben, schafften sie es schon in dieser Form, grandios zu sein, nicht zuletzt sein gewaltiger Triumphbogen, der ebenfalls von einem Künstlerteam unter Dürers Leitung angefertigt wurde. Es war das größte Bild dieser Art, das je geschaffen wurde: ein Gefüge aus 192 Holzschnittblöcken auf einer Fläche von 11 × 9 Fuß Breite, die sich in Bögen, Säulen und Kuppeln auftürmen, bestückt mit Juwelen, Reliquien, Adlern, gefesselten Affen, Harpyien und Drachen und Riesenschnecken; ein wahrhaft sonderbares Gebilde, in dem Panofsky die Vorwegnahme des neuzeitlichen Surrealismus sah. Eine zukünftige Ruine, augenlos im Sand. Und im Zentrum des Geschehens saß der Kaiser und las in seinem personalisierten, ebenfalls von Dürer illustrierten Gebetbuch, in dem Kraniche und Einhörner tänzelten und stolzierten.

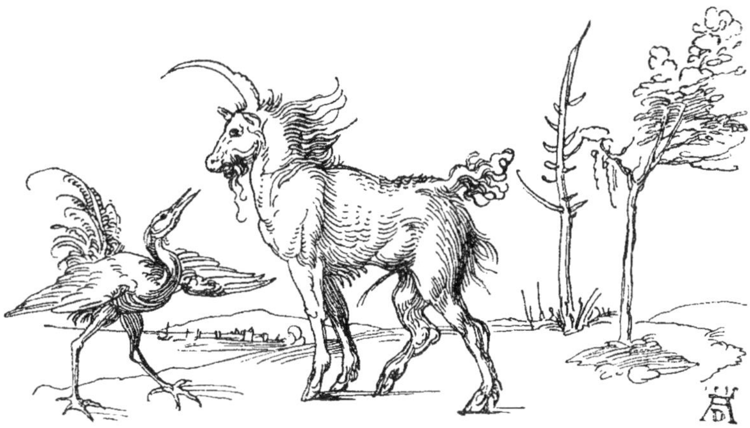

Tiere nehmen in Dürers Welt kuriose Posen ein, vor allem in seinen drei Meisterstichen, Produkten des damaligen technischen Fortschritts. Diese unfassbar detaillierten und wundersamen Bilder, in deren Betrachtung man ein ganzes Leben lang versinken könnte, sind nach Meinung des viktorianischen Kritikers William Martin Conway von zentraler Bedeutung für Dürers Kunst und gewähren uns Einlass in das Heiligtum einer edlen Seele. Zwei dieser Szenarien sind scheinbar leicht zu verstehen: die jugendliche Entschlossenheit des Ritters – heroische Vergangenheit; die Gelehrsamkeit des Mönchs – ein bequemes Greisenalter. Es ist der mittlere Zustand des Engels, der das Dilemma des Künstlers darstellt: seine Gegenwart, die er nie zu lösen vermochte.

In seinen Texten wie in seiner Malerei bediente sich Dürer der antiken Lehre von den Temperamenten. Sie bestimmten seine Welt, von den Tieren, die er zeichnete, bis hin zu den Temperamenten der jungen Männer, die er für sein Atelier auswählte. Dominant unter diesen vier Zuständen oder Körpersäften – dem sanguinischen des Frühlings, der Kindheit und

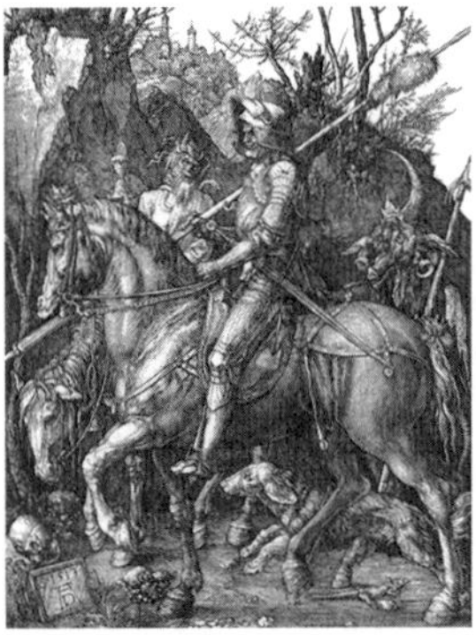

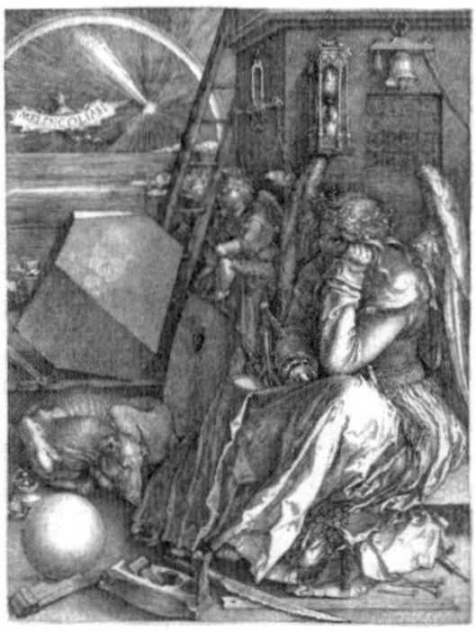

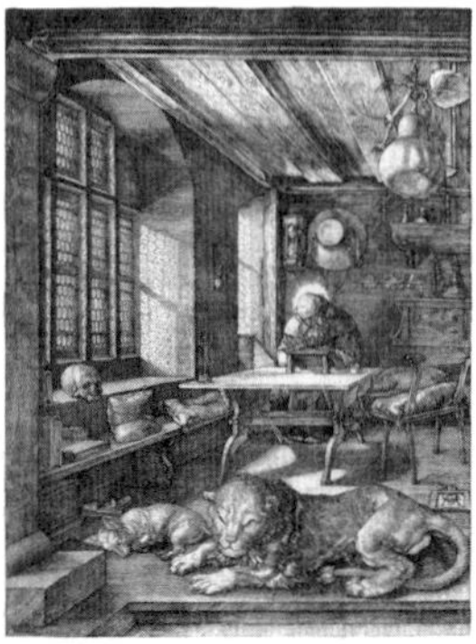

der Luft; dem cholerischen des Sommers, der Jugend und des Feuers; dem melancholischen des Herbstes, des Erwachsenseins und der Erde; und dem phlegmatischen des Winters, des Alters und des Wassers – war die Melancholie, denn sie war der Zustand des mittleren Alters, in dem er selbst sich gerade befand.

Das Wort stammt aus dem Griechischen, *melan*, was »schwarz« bedeutet, und *chole*, Galle. Die Auswirkungen der Melancholie beginnen im Alter von etwa 50 oder 60 Jahren vorherrschend zu werden; zu den Symptomen gehörten Trockenheit, Auszehrung, Vergesslichkeit und Menschenscheu. Doch sie konnte in jedem Alter auftreten, einen Schatten über das Gesicht werfen. Wenn sie nicht aufgehalten wurde, führte sie zum Wahnsinn, der nur durch radikale Maßnahmen zu heilen war: Musik, Auspeitschen oder Kauterisation, ein Prozess, dem sich Franz von Assisi in seinen letzten Jahren unterzog, als er sich vom Ohr zur Augenbraue mit einer weißglühenden Eisenstange traktieren ließ. Es war eine entsetzliche Therapie, aber der Heilige erklärte, keinen Schmerz zu empfinden.

Dürer selbst hatte sich stets von Saturn beeinflusst gefühlt, dem Stern der Melancholie. Im Jahr 1503 litt er an einer Erkrankung der Bauchspeicheldrüse. Seinem Arzt schickte er ein Bild, das auf die Ursache seines Leidens hinwies. Wer kannte seinen Körper besser als ein Künstler, der für jede Schwingung und Störung empfänglich war? Er hatte es nicht nötig, sich schön zu zeichnen. Hier tut es weh, sagte er, wie Christus.

Dürer, in seinem Zimmer, umgeben von Flossen und Hörnern und Fellen, von Büchern und Heilmitteln und unerhörten Gebeten, kannte nur dieses Leben oder das nächste; Menschenzeit und Gottes Zeit. Die Wissenschaft

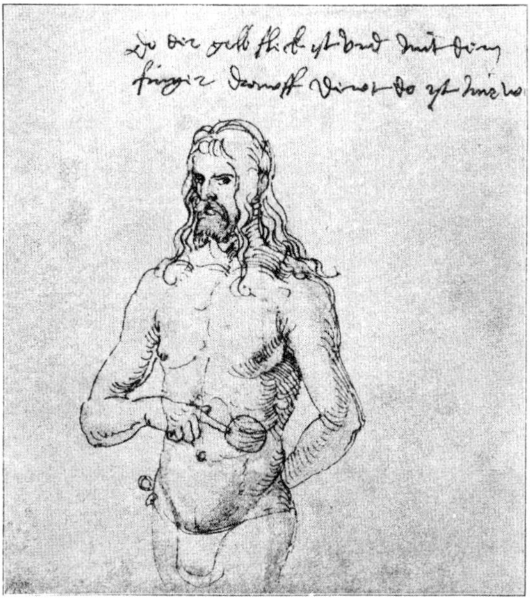

hatte noch nicht erklärt, wer wir waren oder was wir werden könnten. Alles schien festgelegt wie die Zukunft, wie die Sterne. Der Engel starrte nach oben auf seine Wunde.

Das Einzige, worüber sich die Kritiker in Bezug auf das Thema *Melencolia* einig sind: Es ist das am häufigsten analysierte Werk in der Geschichte der Kunst. Kein anderer Künstler hinterließ eine solche Chiffre. Sie wurde zu seiner Visitenkarte – ich habe einem jungen Grafen in Köln eine *Melencolia* geschenkt, notierte er – aber das ist so, als würde man bei einem ersten Rendezvous seine sämtlichen Komplexe beichten. Er ist Byron, die Hand am Kinn; Wilde, auf einer Couch hingegossen; der Starman in einem Damastkleid. Es ist eine dieser stillen, nebligen Nächte, in denen sich das Meer einer Einladung gleich öffnet. Man kann nicht schlafen, kann aber auch nicht wach bleiben. Ein Mondbogen wölbt sich über der Bucht, ein Komet zerplatzt am Himmel. Den Titel hält in seinen Klauen ein fledermausgeflügeltes Ding mit Kuhkopf und Spermatozoenschwanz. Anders als die Nachmittagssonne, die das Zimmer von Hieronymus flutet, kommt dieses unheimliche Mitternachtslicht vom Kometen oder vom Mond.

Es muss einen Grund für all diese Schwermut geben. Erinnert sich Dürer

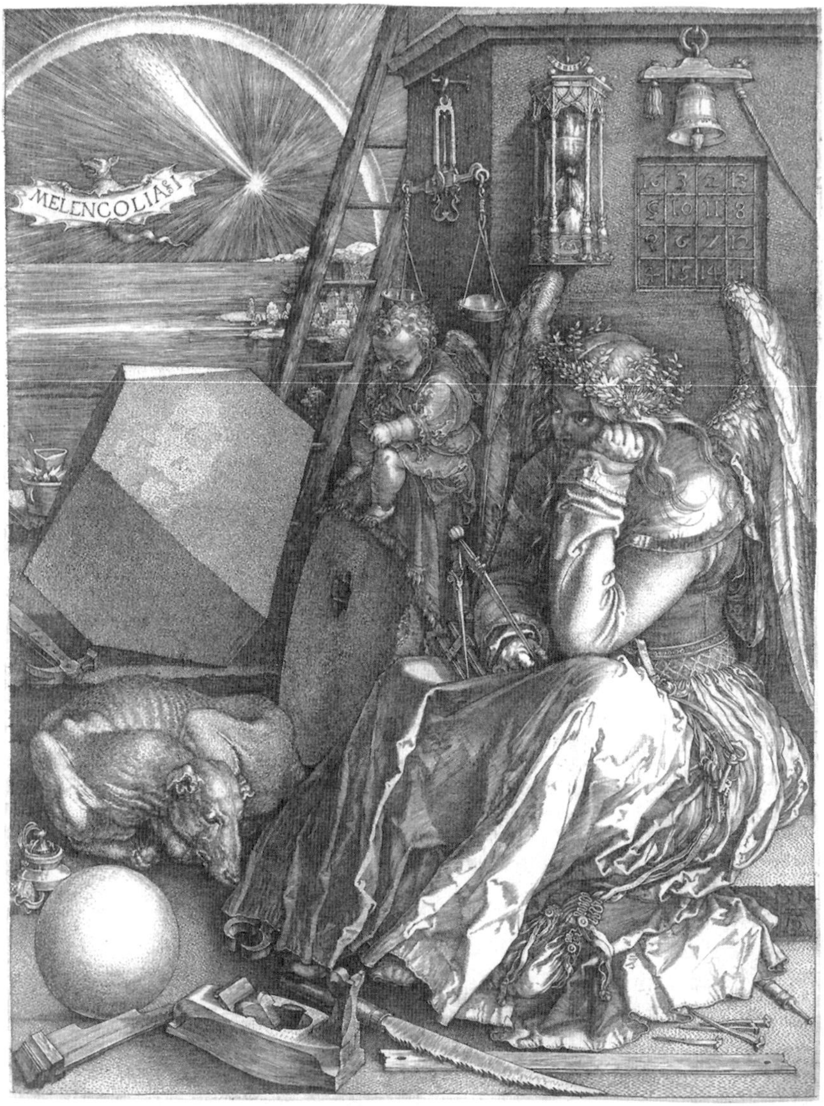

an die Bemerkung des Albertus über die schwache Sehkraft einer Fledermaus, die durch das Sonnenlicht zunichte gemacht wird? Wir stellen uns die Welt klar geschieden vor, so deutlich geschieden wie Tag und Nacht, aber hier gibt es kein Schwarz und Weiß. Ich betrachte das Meer mit einer Lupe und hoffe, einen sich aufbäumenden Narwal oder ein Walross zu sehen, oder eine Gestalt, die über das Eis verfolgt wird. Die Instrumente lügen. Die Glocke läutet nicht, die Waage wiegt nichts, und der Sand rinnt nicht durchs Glas.

Ist das ein Junge oder ein Mädchen? Heutzutage schwer zu sagen.

Steckt man die Kunstkritiker in einen Raum, könnte man ihnen genauso gut eine Meerjungfrau zeigen. Elizabeth Garner sieht in den Falten des Kleides die Formen von Schiffen; Jonathan Jones meint, der Engel spiegele die künstlerische Lähmung Leonardos wider; Colin Eisler sagt, gekochte Fledermäuse könnten Abstumpfung und Taubheit lindern, als würde dieser kleine Dämon für seine eigene Heilwirkung werben; Caroline Joan Picart erkennt in den vier Seiten des magischen Quadrats Erotik, Tod, Musik und Gelächter. Andere lesen in die Zahlen an der Wand, das Todesjahr von Dürers Mutter, 1514, Trauer hinein. Angefangen beim Titel ist nichts bewiesen. Niemand weiß, warum es mit I nummeriert und so – »§« – gegliedert ist. Ist es die Registernummer noch kommender Zustände oder die erste in einer Reihe versprochener Heimsuchungen von Geistern aus einer zukünftigen Vergangenheit? Ich suche nach Hinweisen, so wie ein Teenager ein Plattencover studiert. Panofsky sagt in gewohnter Nüchternheit, es beziehe sich einfach auf eine Werteskala, die in den Werken von Dürers Zeitgenossen Cornelius Agrippa, dem berühmten Arzt der Melancholie, zu finden sei.

Agrippa, 1486 in der Nähe von Köln geboren, war Arzt, Soldat und Okkultist; er stand ebenfalls in den Diensten Maximilians und der Erzherzogin Margarete (er schmeichelte ihr mit seinem Traktat über die Überlegenheit der Frauen). Als Anhänger von Albertus war Agrippa für sein Eintreten für Hexen bekannt und soll einen Vertrauten in Gestalt eines Hundes gehabt haben, der sich, als sein Herr dem Tod nahe war, in den Fluss warf. Auf Agrippas geheimes Wissen berief sich auch der junge Victor Frankenstein; sein Hauslehrer riet ihm, seine Zeit nicht mit solch traurigem Unfug zu vergeuden.

Dürer muss Agrippas Buch über okkulte Philosophie gelesen haben; es bestätigte ihn, wie alle guten Hypochonder, in dem, was er bereits wusste. Agrippa sagte, dass nur die am stärksten metaphysisch veranlagten Menschen für den Einfluss von Saturn, die Sternenquelle der Melancholie, anfällig seien. Es gebe drei Arten von Genies, die unter seinem Einfluss handeln, sagte er, die erste davon seien Künstler oder Handwerker, die, gesegnet mit der Gabe der Prophezeiung, in der Lage seien, Stürme, Erdbeben oder Überschwemmungen, Epidemien, Hungersnöte und andere Katastrophen vorherzusagen.

Panofsky erklärt, dass der Künstler den ersten Zustand der Melancholie darstellt, sodass Dürers Bild die Nummer eins wird. Und so formuliert er seinen Anspruch. Albrechts Freund Philipp Melanchthon (dessen Name »schwarze Erde« bedeutet) sprach von der *melancholia generosissima Dureri*, Dürers erhabenster Melancholie, als handle es sich um einen zusammengesetzten Begriff, eine Spezies oder einen Virus. Eine glorreiche Krankheit des Genies. Dies war alles andere als ein depressiver Zustand, sondern vielmehr eine positive, kreative Verfassung. Eine künstlerische Ambition, eine intellektuelle Ausrichtung.

Als ich den makellosen ersten Abdruck, der Ruskin gehörte, wie einen schwarzen Spiegel betrachte (Ruskin hatte ihn Elizabeth Siddal - die er ebenfalls für ein melancholisches Genie hielt - zum Aufhängen in ihrem Zimmer angeboten), sehe ich mit Erschrecken, wie umwerfend das Bild war, bevor ein erneuter Druck das helle Gesicht des Engels zu einem finsteren Gesichtsausdruck abstumpfen ließ. Dieses Geheimnis ist Dürers Ruhm; sein Publikum erwartete ein Spiel. Indem er ein so ambivalentes Bild freigab, schuf er einen neuen existenziellen Zustand. (Inspiriert von Dürer trug Sartres erster Roman, Der Ekel, ursprünglich den Titel *Melancholia*).

So weit sind wir gekommen. So clever sind wir.

Man kann sich vorstellen, warum Panofsky, der seinen Freunden gerne Stummfilme vorführte, von all dem begeistert war. Um Dürers Kunst in Worte zu fassen, verwendete der Kritiker Begriffe aus der Filmsprache, Nah- und Großaufnahmen, zoomte hinein und hinaus, schwenkte nach oben und unten. Seine *Melencolia* aus den 1920er Jahren wurde zum Blauen Engel, der in Satin und Pelz auf die Bühne schwebt, und zum schmutzigen, stählernen Schlafwandler, der an seinem Kabinett steht.

Aber all das warf nur noch mehr Fragen auf. Wo ist diese Welt entstanden? Aus den unendlichen Himmeln oder dem endlosen Meer? Wie kann etwas so Volles so leer sein? Aristoteles hatte gesagt, dass nichts aus dem Nichts entstehen könne; etwas muss vorher da sein. Augustinus (der froh war, dass Gott ihn nicht für seine Träume verantwortlich machte) meinte, die Welt sei aus formloser Materie entstanden. Albertus konnte sich nicht entscheiden (er fand Fossilien herausfordernd); sein Schüler Thomas von

Aquin sah diese Unbeständigkeit in der Gestalt der Engel verkörpert (oder auch nicht), für die er eine neue Definition finden musste.

Das Wort Engel bedeutete Bote; sie waren keine reinen Wesen (nur Gott konnte das sein), sondern gehörten einer dritten Ordnung an: weder Materie noch reiner Akt, etwas dazwischen; Aquin nannte es *aevum*. Es sei ein Zustand zwischen Zeit und Ewigkeit, sagte Frank Kermode 1966 in seinen Vorlesungen über den Sinn eines Endes. Er nannte es die Zeitordnung der Romane, aber es war auch die Zeitordnung der Kunst.

Dürers Wesen ist ein fließender Geist, gefangen zwischen Himmel und Erde. Unter den vielen Bildern, die der Künstler in die Welt schickte – 100 Gemälde, 300 Drucke, 1000 Zeichnungen –, ist es dieses eine, das an Kraft gewinnt, immer undurchsichtiger und damit schöner wird, je weiter es entfernt ist. Sein explodierender Stern ist die Quelle seines Lichts, aber er wird vom Meer heimgesucht.

Darin liegt seine Zweideutigkeit. Die profunde Tiefe. Der Engel breitbeinig auf dem Kai. Die Leiter, die nirgendwohin führt. Der monolithische Stein, der vor sich hin brummt wie eine außerirdische Intelligenz (an seiner Seite ist schemenhaft ein Gesicht zu erkennen). Tiere, Pigmente, Gold, Krieg, Menschen, die Pest; diese nicht näher bezeichnete Seite des Hafens könnte mit Gütern und Ideen vollbeladen sein. Wir können nicht herausfinden, wo wir suchen sollen. Wir blättern rückwärts durch ein Buch, scrollen einen Bildschirm hinunter, ohne zu wissen, was uns erwartet.

Die Stadt in der Ferne wird bald überschwemmt sein. Saturn war der Herr des Ozeans; seine Kinder lebten gerne auf oder am Meer; er wurde mit Überschwemmungen und Springfluten in Verbindung gebracht. Seit babylonischen Zeiten, so Panofsky (der gerne Geschichten erzählte), galt es als Tatsache, dass ein Komet, dessen Kopf der Erde zugewandt ist, auf ungewöhnlich hohe Wasserstände hinweist. Er bringt die Unordnung, sagte wiederum Ruskin, der fünf Stunden lang einfach nur dasaß und das Meer beobachtete. Das Meer ist unser kollektives Unbewusstes, schrieb Jung, ein einsamer und trostloser Ort, an dem seltsame geisterhafte Schatten anstelle von Menschen umherschweben. Jede Ansammlung von Wasser ruft das Unheimliche hervor, den Körper unter der Haut, einen Körper, der gar kein Körper ist. Abwesenheit und Anwesenheit im selben Moment. Das wirkliche Meer ist kalt und schwarz, voller Tiere, sagte Sartre, es wuselt und krabbelt unter diesem dünnen grünen Film, der den Menschen täuschen soll. Als er seine Bildersammlung verkaufte, um sich vor der drohenden Armut zu schützen, behielt Blake ein Bild zurück: *Melencolia*, das in seiner Wohnung mit Blick auf die Themse hing. Er hatte den Engel bereits als Newton umgestaltet, der nackt auf dem Grund des Meeres sitzt und versucht, die Ewigkeit zu messen.

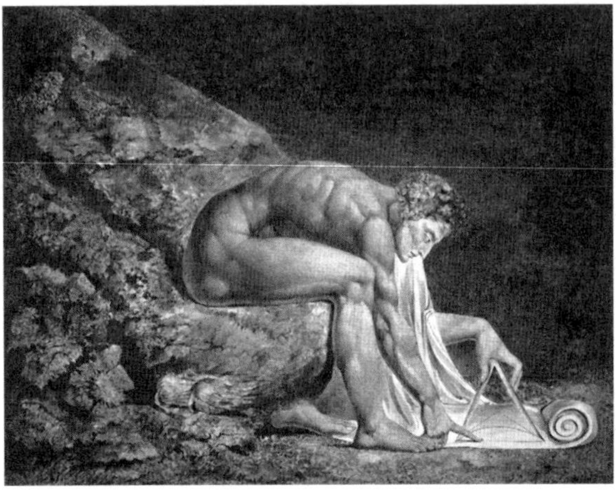

Das Ganze war natürlich nur ein Trick. Auf allen drei Stichen erscheint eine Sanduhr, die zeigt, wie die Zeit abläuft. Die Zahlen in jeder Zeile des magischen Quadrats ergeben addiert 34 – eine alchemistische Zahl, die Körperliches und Geistiges vereinen soll. Die Freimaurerei begann mit den geheimen Zeichen und Passwörtern der Steinmetze; sie erklärt möglicherweise die Werkzeuge – den Hammer, den Zirkel. Aber das kleine Instrument, das hinter dem Engelskleid neben den grausamen Nägeln versteckt ist, ist ein Klistier, mit dem ein Einlauf gemacht werden kann. Nach seinem Versuch, den Wal zu sehen, wandte sich Dürer an den Apotheker in Antwerpen und zahlte 15 Stiver für ein Rezept und weitere 14 der Frau des Apothekers für seine Verabreichung. Eine unanstößige Szene war das sicher nicht. Als der melancholische Coleridge der betäubenden Kraft des Opiums verfiel, war er gezwungen, den Kapitän des Schiffes, auf dem er fuhr, zu bitten, dasselbe Mittel anzuwenden. Im Gegensatz zu Leos Elefant erhielten weder der Maler noch der Dichter einen Einlauf mit Gold. Sie haben nicht Edelmetall in Scheiße verwandelt.

Trotz seiner Genauigkeit ist dieses Bild unvollständig, in seiner Zeit zurückgelassen, die Nummer eins in einer Sequenz, die nie vollendet werden wird, von Dürer zu Blake, de Chirico, Magritte, Duchamp und Kiefer; von *The Waste Land* und *Endgame* und der Schwärze, die sich hinter Ihrem Gerät auftut. Wir sind nicht von heute oder gestern, wir stammen aus einem unermesslichen Zeitalter, sagt Jung 1959 gegenüber der BBC. Eine Gestalt stolpert eine Geröllhalde hinunter. Der Engel schaut auf eine mit Bildschirmen überladene Bank. Dieser starre Blick, so Panofsky, ist der eines entschlossenen, aber fruchtlosen Suchens. Alle bekannten Heilmittel - Musik, gekochte Fledermäuse, glühende Eisen, Malaria, Philosophie - erwiesen sich als unwirksam. Und so kam er zu seiner endgültigen Erkenntnis; seit 1923 hatte er über dieses Bild geschrieben.

Das, so Panofsky, ist ein spirituelles Selbstporträt von Albrecht Dürer.

Und das ist der Ort, wo wir die Schlucht betreten und dem Dunklen begegnen. Schließlich werden wir alle von dem, was wir getan oder unterlassen haben, heimgesucht.

VERSUCHUNG

Er streift durch unsere Träume, diese dunkle, aufreizende Gestalt. Könntest du ihn abweisen? Wir haben Worte für alles Mögliche, aber seinen Namen möchten wir nicht wissen.

Im Februar 1520, kurz bevor Dürer seinen Pass beim Fürstbischof von Bamberg einforderte, kam ein anderer wandernder Deutscher in der gleichen Burg auf dem Berg an. Der Astrologe und Alchemist Johann Georg Faust war eine schemenhafte Figur, bärtig und langhaarig. Ein Mann mit einem gewissen Ruf. Der Bischof bat ihn, sein Horoskop zu erstellen. Diese Männer glaubten an die Sterne. Ein paar Jahre zuvor hatte Dürers Freund Lorenz Beheim, ein Mitglied desselben Hofes, das Horoskop des Künstlers erstellt; er sagte Reisen und Liebe voraus. Was Faust dem Bischof vorhergesagt hat, wissen wir nicht.

Dürer kam mit Geschenken: einem Gemälde der Madonna und seinen Apokalypse-Drucken. Hat er Faust in einer dunklen Ecke des Schlosses getroffen und ein Spiegelbild seiner selbst gesehen? Als Faust später versuchte, das benachbarte Nürnberg zu betreten, wurde ihm die freie Einreise verweigert, weil er ein Schwarzmagier und ein Sodomit war. Was die Stadtväter nicht erwähnten: dass er den schlimmsten Ruf überhaupt hatte, dass er nämlich seine Seele an den Teufel verkauft habe, um dafür 24 Jahre lang Zugang zu Geheimwissen zu erhalten. In anderen Versionen dieser Geschichte, die jüdischen Ursprungs ist, wird er zu Doktor Faustus, der mit seinem schwarzen Hund, welcher sich in seinen menschlichen Diener verwandeln kann, durch die deutschen Lande streift. Nach der ihm zugewiesenen Zeitspanne der Inspiration verlor Albertus den Verstand, bevor er zu Gott gebracht wurde; Faustus, der seine dunklen Künste praktizierte, wird von Mephistopheles vereinnahmt und fährt zur Hölle.

Der Faustus-Pakt verfolgte Künstler und Schriftsteller: die Vorstellung, dass man den Himmel gegen Genialität eintauschen kann, gegen etwas Verbotenes, für das man bezahlen muss. Der Ehrgeiz des Menschen war des Teufels Pandämonium; der Mythos taucht in der Geschichte wie ein Spalt in der Erde immer wieder auf. In Christopher Marlowes Maskenspiel aus dem Jahr 1592 strotzt Faustus nur so vor Selbstüberschätzung: Bis dass in Witz und Eigendünkel schwellend / Sein Dädalsflügel überhoch ihn trug / Und ihm das Wachs der Himmel schmolz zum Sturz. / So fällt herab er in des Teufels Schule / Und von der Weisheit goldnen Gaben satt, / Will er mit schwarzer Kunst sich überladen.

Marlowes abenteuerliches Drama ist voller Engel und Teufel; Agrippa und Albertus treten auf, der Orion schaut nieselnd herab, und Geister kommen vor, die das Meer austrocknen, sämtliche fremdländischen Schiffswracks von ihren Schätzen befreien und den Mond aus seiner Umlaufbahn fallen lassen. Seinem Faustus werden Visionen des Himmelreichs, der Planeten und ihrer tatsächlichen Bewegungen zuteil; man zeigt ihm den Papst und seine Kardinäle in Rom, die er als lästiges Gespenst drangsaliert; er sucht Karl, den Kaiser von Deutschland, heim und nimmt sich Helena von Troja zur Geliebten. Zu spät erkennt Faustus die Nutzlosigkeit all dessen und schwört, er werde seine verruchten Bücher verbrennen, wenn nur seine Seele gerettet werden könne, doch in seiner letzten Stunde reißen ihn die Teufel in Stücke und bereiten ihm die ewige Pein.

Marlowes Drama ist ein immer wiederkehrender Alptraum – es hieß, dass während der Aufführungen echte Teufel auf der Bühne erschienen und gesunde Menschen in den Wahnsinn trieben – und inspirierte wiederum Shakespeares traumhaften *Sturm*; wobei sein Zauberer Prospero seine Bücher lieber im Meer versenken würde, als zu erlauben, dass sein Wissen auf die Welt losgelassen wird. Ein Jahrhundert später, im Jahr 1775, begann Johann Wolfgang von Goethe mit der Arbeit an seinem Faust, die er erst sechzig Jahre später beendete. Sie hat ihn gänzlich in Anspruch genommen. Im Gegensatz zu Marlowes Schauspiel, das so kurz und aufsehenerregend war wie sein Leben, ist Goethes Drama ein inneres Schauspiel für ein Publikum von nur einer Person, in dem Sie, der Leser, an dem sich entfaltenden Narrativ teilhaben: die intime Darstellung der Verzweiflung, als wir den Doktor in seinem hochgewölbten Zimmer finden: Das ist deine Welt! das heißt eine Welt! / Und fragst du noch, warum dein Herz / Sich bang in deinem Busen klemmt? / Warum ein unerklärter Schmerz / Dir alle Lebensregung hemmt?

Goethes Szenen orientierten sich an den Holzschnitten Dürers, die das Werk des Dichters stark beeinflussten. In dieser gotischen Kammer, die Dürers Arbeitszimmer sein könnte, verwandelt sich Fausts Pudel in ein Nilpferd mit Flammenaugen und riesigen Stoßzähnen, schwillt dann zur Größe eines Elefanten an, bevor er zu Mephistopheles wird, der als reisender Student verkleidet überirdische Unterhaltung bietet und Bilder wie Kulissen vorführt: einen Leipziger Trinkklub, eine Hexenküche mit Hausgenossen, die halb Affe, halb Katze sind, und den kahlen Berg in der Walpurgisnacht, wo er und Faust auf schwarzen, schnaubenden Rössern daherreiten.

Menschen, Tiere, Geister vereinen sich; alle Teufel waren tatsächlich anwesend. Fausts Qualen sind ein Zustand der Seele. Samuel Taylor Coleridge, den man wegen der Wildheit seiner Verse einen verrückten deutschen Dichter nannte, wurde beauftragt, Goethes Theaterstück zu übersetzen; er hatte es bereits am eigenen Leib durch den furchtbaren Unhold erfahren, der seinen alten Seemann verfolgte, weil dieser den Albatros abgeschossen hatte. Die gleiche Geschichte beschäftigte Byron und die Shelleys und ihre eigenartig zusammengesetzten Seelen, wie Mary Shelley schrieb. Über Goethe führten Maler wie Caspar David Friedrich Fausts Dilemma auf Dürers Streben nach Vollkommenheit zurück. Einer dieser Maler, Carl Gustav Carus, behauptete sogar, beim Engel von *Melencolia* handle es sich um keinen anderen als Faustus selbst.

Diese unbeschwert-besessenen jungen Männer sahen ihr Gefühl der Weltabgeschiedenheit in Dürers Augen, und ihre Liebe zu ihrem Land in seinen Rittern, seinen Bergen und seinen Bäumen. Dürer war über die Natur hinausgegangen. Sein Porträt mit dem langen, gelockten Haar und dem eindringlichen Blick war Retter und Hexer zugleich. Was war natürlich und was war unnatürlich? Haben wir mit unseren Bemühungen, uns umzugestalten, mit unserer Suche nach Kunst und Sinn in einer leidvollen, unergründlichen Welt, Gott beleidigt?

Die Lüge liegt in unserem Verstand, sagte Dürer. Vielleicht wäre es besser gewesen, es dabei zu belassen.

Thomas Mann wurde 1875 als Sohn eines wohlhabenden Getreidehändlers und dessen brasilianischer Frau geboren. Er wuchs in Lübeck auf, einer noch mittelalterlichen Hafenstadt, doch in den zwanziger Jahren lebte er in München, einer prächtigen Stadt, wie er sagte, in der sich unbeschwerte junge Männer den Künsten verschrieben und unter dem strahlend blauen Morgenhimmel nach inspirierenden Stimmungen Ausschau hielten. Thomas, seine Frau Katia und ihre sechs Kinder bewohnten eine schöne neue Villa am Ufer der Isar, die dahinrauschte wie das Meer, das er als Junge gekannt hatte. Ordentlich, elegant und unnahbar wie seine Bücher – ein Rezensent schrieb über Thomas Manns ersten Roman, die Familiensaga *Buddenbrooks*, dass er durch seine vollendete Klarheit so befriedigend sei wie eine Dürer-Zeichnung – trug er die feinste Kleidung, die er sich leisten konnte, oft aus englischem Tuch. Aber insgeheim dachte er auch gerne bei sich: Ein Teil von mir ist lateinamerikanischer Abstammung.

Er sah verteufelt gut aus, könnte man sagen. Wenn Thomas, der Konsul in den *Buddenbrooks*, in maßgeschneiderten Kleidern sein Ankleidezimmer verlässt – frische Unterwäsche an seinem Körper, Geruch von Brillantine auf seinem Schnurrbart und der kühle, herbe Geschmack des von ihm benutzten Mundwassers –, dann gibt ihm all das ein Gefühl der Zufriedenheit und Angemessenheit, vergleichbar dem eines Schauspielers, der alle Details seines Kostüms und seiner Maske aufeinander abgestimmt hat und nun die Bühne betritt.

Thomas Mann wurde am Meer geboren, um ruhelos zu sein. Seine Geschichte der Familie Buddenbrook stützt sich auf ein internationales Handelsgeschäft, das auch Dürer bekannt war. So enthielt beispielsweise im Jahr 1846, dem Jahr, in welchem eines der ersten Kapitel spielt, eine Liste der wichtigsten aus Norwegen nach Hamburg importierten Waren 4758 Pfund Blaufarben, 83 209 Pfund gewalztes Kupfer, 205 Marderhäute, 28 Hasen- und Kaninchenfelle, 787 Pfund Walrosselfenbein und eine Million Töpfe mit Zugöl, das von Walen und Robben gewonnen wurde. Naturbelassen und roh. Ihre einheimischen Produkte, wie Konsul Buddenbrook sie benennt: Getreide, Raps, Häute und Felle, Wolle, Öl, Ölkuchen, Knochen usw.

Mann ließ Öl und Getreide hinter sich. In München zählte Kunst mehr als Kommerz. Im riesigen Museum, der Pinakothek, hing Dürers Porträt

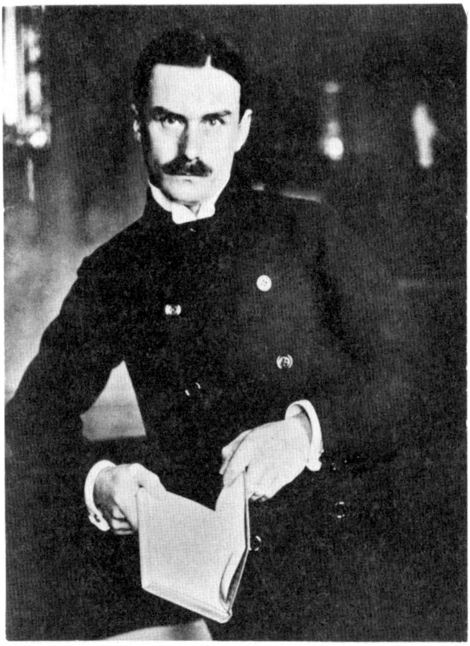

aus dem Jahr 1500 wie eine Ikone; Nürnberg, wo das Haus des Künstlers als Reliquie angesehen wurde, war nur eine kurze Zugfahrt entfernt. Die Statuen, Parks und Galerien der Stadt; die Wälder und Schlösser der Umgebung – Mann hatte das Gefühl, am Ende dieses Romantizismus zu leben. Und so wie er drei große Persönlichkeiten des letzten Jahrhunderts ins Herz geschlossen hatte, so hatten diese ihrerseits Dürer in ihr Herz geschlossen.

Goethe sah in Dürer die Essenz der starken deutschen Seele; die Männlichkeit und Anmut des Künstlers war für ihn der Geist Deutschlands, als wären seine Holzschnitte aus dem Schwarzwald selbst geschnitzt. Nietzsche hütete seinen Druck des Reiters, heute bekannt als *Ritter, Tod und Teufel;* er umgab ihn mit purpurfarbenem Samt und sagte: Er steht mir sehr nahe, ich kann kaum sagen, wie; dann schenkte er Wagner ein Exemplar, der seine Verehrung für den Künstler durch das Tragen einer losen Samtmütze zum Ausdruck brachte. Zusammen beschworen diese drei Männer den Künstler in einer Wattewolke herauf. Sie waren ein unzuverlässiges Dreiergespann, das sich immer wieder stritt, und mit dem sich auch Mann überwarf, wenn es ihm passte. Er war ein launischer und eitler junger Schriftsteller, gestand er, ein Historiker und Analytiker der Dekadenz, ein Liebhaber des Pathologischen, ein Liebhaber des Todes, mit einer Neigung zum Abgrund.

Das 20. Jahrhundert hatte mit der Gründung des Dürerbundes begonnen, einer 300 000 Anhänger umfassenden Volksbewegung, die den Künstler als Symbol gesunder Kultur, als Inbegriff des Deutschtums pries. Im Jahr 1928, als in ganz Deutschland der 400. Todestag Dürers gefeiert wurde, schrieb Mann einen Essay, in dem er die liebreizende Schönheit des Künstlers pries. Nietzsche war das Medium, durch das er Dürers Welt kennenlernte. Durch ihn schaute ich, ich ahnte, ich erfasste meinen Weg durch meine Gefühle, schrieb Mann. Es war der Mythos selbst, der Mann faszinierte. Wo sonst als in Dürers *Ritter, Tod und Teufel* seien die Seinsvorstellungen des Philosophen jenseits von Gut und Böse zu finden, fragte er. Mann hielt seinen Lesern dieses Bild vor Augen. Es sei ein Symbol für eine ganze Welt, meine Welt, sagte er. Eine Geisterwelt der Leidenschaft, des Grabesduftes, des Mitgefühls mit dem Leid und der faustischen Melancholie. Eine Welt der Tagträume, dämonisch und anzüglich, angekränkelt von Unendlichkeit und Selbstquälerei.

In den dreißiger Jahren hatte sich Dürer jedoch bereits zu jemand anderem entwickelt. Von 122 Werken, die das neue Regime für die häusliche Dekoration genehmigte, war jedes vierte von Dürer; und noch während Thomas Mann Freud zum neuen Ritter erklärte, der zwischen Teufel und Tod gefangen war, ging dieses Bild in andere Hände über. Der Führer erhielt es bei einer Kundgebung; der Bürgermeister sagte ihm, auch er sei ein Ritter, der sie zum Sieg führe. Er wurde in einer Rüstung zu Pferd gemalt, doch statt einer Lanze mit Fuchsschwanz hielt er eine Fahne mit einem krummen Kreuz. Dutzende von Dürers Zeichnungen wurden geraubt und an ihn geliefert; er hatte sie gern zur Hand, wohin auch immer er ging. Ich blättere die Seiten des Katalogs um, und sein Name erscheint unter den Bildern als ihr letzter bekannter Besitzer. Dürer hält sich die Hand vors Gesicht.

Alles, wofür Mann stand, wurde pervertiert; dabei war ihm klar, dass er auf eine Art und Weise Teil der Geschichte war, als hätte er sie selbst geschrieben. Seine ältesten Kinder, Erika und Klaus, flehten ihn an, den Mund aufzumachen. Er fürchtete, dass er dann zum Schweigen gebracht und nie wieder gehört werden würde. Er glaubte, dass die Kunst die Politik

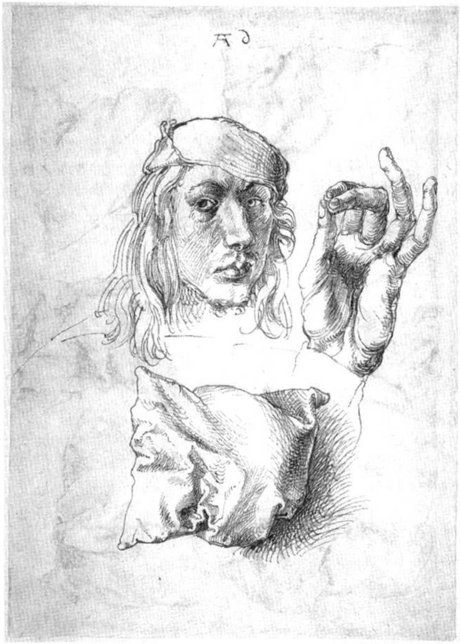

übertrumpfen könnte. Es war ein gefährliches Spiel. Es widersteht mir ja schon, den Namen des »historisch« gewordenen, erfolgsverklärten Popanzes überhaupt in den Mund zu nehmen, schrieb er in sein Tagebuch.

Sein Sohn sah den Führer in einer Teestube, wo er sich mit Erdbeertörtchen vollstopfte. Er sei erstaunlich hässlich und viel vulgärer, als er erwartet habe, sagte Klaus.

Erika stellte sich hin, um vor Publikum zu lesen; eine Bande stürmte herein, mit Gewehren und Knüppeln. Sie scherzte in tödlichem Ernst, dass sie nie gedacht hätte, dass das Lesen von Gedichten sie so in Schwierigkeiten bringen könnte. Aber wenn sie eine Schlägerei wollten, könnten sie sie haben.

Klaus sagte, es sei gefährlich, eines der Bücher ihres Vaters in einem Laden zu kaufen. Thomas erklärte in Reden, dass die Ideologie falsch sei; in seinem Tagebuch nannte er sie eine Mammutreklame für das Nichts.

Im März 1933 reiste Mann, nachdem er Vorträge über Goethe und Wagner gehalten hatte, nach Amsterdam, Brüssel und Paris. Er und Katia – deren Vater Jude war – hielten sich in Arosa in der Schweiz auf, als Erika und Klaus ihren Eltern in einer verschlüsselten Warnung vor schlechtem Wetter mitteilten, sie sollten nicht zurückkehren. Dies provisorische und ungewisse Reise-Dasein bei feindselig und tückisch bedrohlich verschlossener Heimat geht weiter, sagte Thomas. Er hatte gehört, dass vor den Toren Münchens ein Lager für Kommunisten und Sozialisten eingerichtet worden war; ihre Genossen wurden in Berlin gefoltert. Er und Katia nahmen jede Nacht Schlafmittel, Phanodorm, Adalin, Evipan, um ihre Träume zu unterdrücken. Wenn er aufwachte, spürte er noch die Rückstände der Medikamente in seinen Gliedern.

Erika hatte geplant, ihre Eltern mit ihrem schicken Buick Phaeton von München nach Madrid zu fahren. Doch sie waren von ihrem Chauffeur Hans verraten worden. Im April hatten die Behörden das Haus angeblich nach Waffen durchsucht und das Eigentum der Manns illegalerweise beschlagnahmt. Als Hans Klaus ein letztes Mal zum Hauptbahnhof fuhr, erzählte er ihm, dass der neue Besitzer das Auto toll fand.

Aber der Verrat von Hans reichte noch tiefer. Thomas wollte unbedingt seine Tagebücher aus dem Haus holen. Der Koffer, in dem sie verstaut waren, war auf mysteriöse Weise verschwunden. Meine Befürchtungen gelten jetzt in erster Linie und fast ausschließlich diesem Anschlag gegen die Geheimnisse meines Lebens, sagte er. Er wusste, dass alles, was sie über ihn wussten oder zu wissen glaubten, durch den Inhalt des Koffers bestätigt werden konnte. Katia und ich saßen viel Hand in Hand, sagte er. Sie verstand seine Ängste. Er dachte, er würde verrückt werden.

Im Mai fingen sie an, Bücher zu verbrennen. Werke von Klaus und von Thomas Manns Bruder Heinrich, der den Roman verfasst hatte, auf dem der Film *Der Blaue Engel* basiert, wurden ins Feuer geworfen. Die Vorgänge wurden live im Radio übertragen. Die Bücher von Thomas Mann blieben nur deshalb verschont, weil das Regime nicht wagte, einen Nobelpreisträger anzugreifen. *Die Buddenbrooks* hatten sich eine Million Mal verkauft; es wäre schwierig gewesen, sie alle den Flammen preiszugeben oder sie zu ertränken, auch wenn sich vielleicht Wege finden ließen. Dass der Befehl bereits erteilt worden war, wusste Thomas nicht: Sobald er die Grenze wieder überquerte, sollte er verhaftet werden. Man sagte ihm, wenn er geblieben wäre, dann befände er sich jetzt in Dachau.

In jenem Herbst trafen sie in dem Urlaubsort Bandol zwischen Toulon und Marseille ein.

Donnerstag, 7. September. Die Gewohnheit des morgendlichen Schwimmbades vom Steg (bei ruhigem und klarem Wasser) ist mir lieb geworden.

Er wusste, wofür er stand. Er sagte, moralisch und kulturell gewinnt meinesgleichen bei zunehmender Applanierung etwas einsam Ragendes, und ich verkenne nicht, dass viel von den Huldigungen, die ich auf dieser Reise empfing, auf Rechnung der menschlichen Ehrfurcht vor den Überlebenden einer höheren Epoche kommt.

Das Meer war zu einem verwundbaren Bereich geworden. Auf der Suche nach Sicherheit im Landesinneren ließen sie sich am Ufer des Zürichsees nieder, in Küsnacht, demselben Ort, in dem Jung lebte. Mann misstraute der irrationalen Symbolik des Psychoanalytikers und warf ihm insgeheim vor, mit dem Strom zu schwimmen und die Neurosen des Regimes zu verherrlichen. Als der Winter einsetzte, kamen die Mäntel und Pelze der Manns aus München, gefolgt von Thomas' Schreibtisch. Er öffnete die Schubladen und fand darin seine persönlichen Erinnerungsstücke.

Er legte sie einzeln nebeneinander aus: eine kleine blaue Vase, eine ägyptische Statue, eine Achatscheibe, ein Vergrößerungsglas, ein aus einem Walrossstoßzahn geschnitztes Falzbein und einen Pottwalzahn, Statussymbole des Nordhandels seiner Familie. Sie brachten ihn an andere Orte: zu den Lagerhäusern, die *Wal* oder *Walross* hießen, und zu dem Robbenfellsack, den er als Junge besessen hatte; zu den Schiffen, auf denen er gefahren war, beladen mit lebender Fracht – einem Eisbären und einem bengalischen Tiger, die von Hamburg nach Dänemark geschickt worden waren und unter Deck jämmerlich brüllten, während sich die Wogen auf dem Meer überschlugen. Die Sommer, die sie in Travemünde verbracht hatten, wo sonderbar überdachte Korbstühle in Reihen auf dem Sand standen wie Gehäuse für menschliche Einsiedlerkrebse. Das Haus, das er in den Dünen von Nidden gebaut hatte, mit Blick auf die Lagune. Das Aufblitzen des hellen Hauses in der sich verdichtenden Dunkelheit; das Meer, das seine Sorgen und Leiden verschluckte.

Seine Tagebücher trafen ein. Nun konnte er sich an die Presse wenden, die Regierung vor aller Welt anprangern, dass sie es wagte, ihm sein Deutschtum abzusprechen. Von nun an wurde er zum lautstärksten Exil-Kritiker seines Landes. Im Dezember 1936 erklärte man ihn zum Nicht-Staatsbürger, zum Un-Menschen, und seine Villa am Flussufer wurde einer Stiftung übertragen, die sich der Züchtung von Reinrassigen verschrieben hatte.

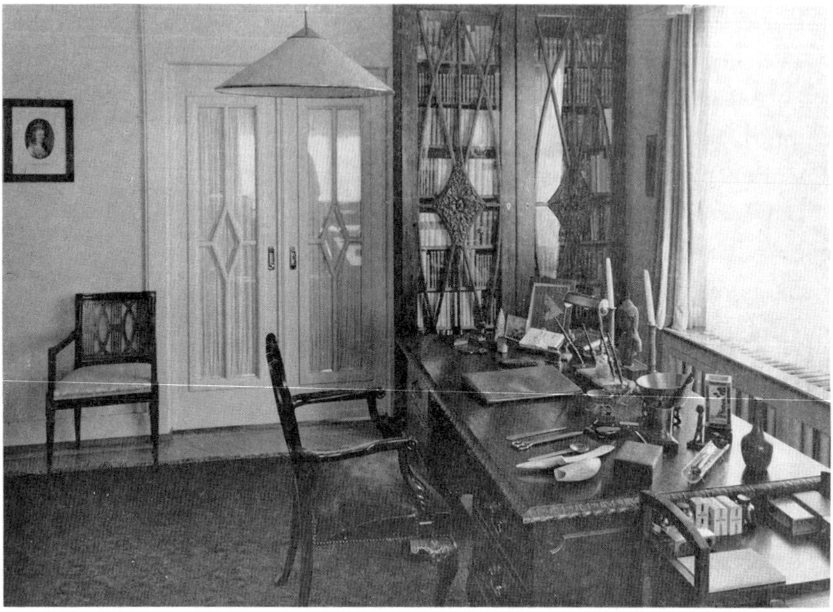

27. August 1939. Es wird keinen Krieg geben, schreibt er in sein Tagebuch, im Grand Hotel, Saltsjöbaden, an der kalten, klaren Ostsee. Eine Badeinsel liegt direkt vor der Küste. H. G. Wells ist aus England eingetroffen.

3. September. Großbritannien erklärt Deutschland den Krieg. Sie fliegen von Kopenhagen über Amsterdam nach London. Nicht einmal in der Luft fühlen sie sich sicher; auf früheren Flügen hatten deutsche Jagdflieger vom Himmel aus nach den Passagieren Ausschau gehalten; auf dem nächsten Flug wird einer erschossen, der offenbar mit Mann verwechselt wurde. Im Zug von Waterloo nach Southampton schreibt Thomas sein Tagebuch, nachdem er ein kurzes Frühstück mit Tee und heißem Toast mit Butter zu sich genommen hat. Er rechnet damit, dass er für den Rest seines Lebens in Amerika zu Hause sein wird.

Der Krieg würde zehn Jahre dauern, sagen sie, das wird das Ende der Zivilisation sein. Es waren nur 15 oder 16 kapitalistische Erzschurken, die den Ton angaben. Mann setzte seine Hoffnung auf das Bündnis zwischen Großbritannien und Frankreich und die Entstehung eines freien, geeinten Europa, um sich den Kräften entgegenzustellen, die der Mensch entfesselt hatte. Nun wird unsere Sprache gesprochen, Hitler ein Wahnsinniger genannt, sagt er. Spät, spät!

An jenem Nachmittag fahren sie mit dem Luxusdampfer SS Washington. Zwei Monate zuvor hatte das gleiche Schiff 175 deutsch-jüdische Kinder von Berlin nach Southampton gebracht. Ein Jahr später sollte das Schiff dann meine zehnjährige Freundin Pat nach Amerika bringen, wohin sie von ihrer jüdischen Mutter geschickt worden war. Auf seiner nächsten Reise wird das Schiff von einem U-Boot aufgehalten. Auf ihrer Atlantiküberfahrt, schreibt Thomas, drängen sich zweitausend Menschen auf dem Schiff, die auf improvisierten Pritschen in den umgewandelten Gesellschaftsräumen schlafen müssen. Er vergleicht die Szene mit einem Konzentrationslager. Jetzt lebt er in Princeton, einer Stadt der Prinzen. Ihr Haus an einer von Bäumen gesäumten Allee hat zehn Schlafzimmer und fünf Bäder. Er hat einen wunderschönen neuen Pudel namens Niko bekommen. Aber von Anfang an habe ich es darauf angelegt, dass er sich besonders zu mir gehörig fühlt. Und wie von Zauberhand erscheint sein Schreibtisch mit allen Gegenständen an ihrem richtigen Platz, zusammen mit dem Gemälde, das ihn überallhin begleitet: drei nackte, badende Knaben, die sich auf blauen Steinen räkeln.

Er träumt allein in seinem großen Schlafzimmer, in seinem großen breiten Bett mit der Daunendecke. Er hält Vorlesungen über Faust und Freud und trifft seine Kollegen, Panofsky und Einstein. Als Dora Panofsky krank wird, bekommt sie von einer Drei-Mann-Schicht vorgelesen: ihrem Gatten, Thomas Mann und Einstein. Er kann sich frei äußern und gewinnt seine Stimme zurück. Er übermittelt die ersten Berichte über die Todeslager nach Deutschland; Alfred Knopf sagt ihm, er sei der schlimmste Feind des Führers; Roosevelt plant, ihn zum Oberhaupt einer deutschen Exilregierung zu ernennen. Ein Zeitungsredakteur erklärt ihm, er werde nach dem Sturz des Führers Präsident werden. Er ist der Gegenpol zu seinem Gegner auf der anderen Seite des Ozeans geworden. Er hat seine Talismane zur Hand, so wie JFK Walzähne auf seinem Schreibtisch sammeln wird.

Er blickt aus der Ferne auf sich selbst. Er erklärt sein Exil zu einem schlimmen Formfehler der Geschichte, so als hätte Gott einen Fehler gemacht. Niko wird beim Spazierengehen von Panofskys bösem Pudel angegriffen. Es ist nicht nur möglich, dass die beiden deutschen Exilanten über Dürer diskutieren und darüber, was aus ihm geworden ist; es ist sicher, denn Mann hatte während der Weimarer Zeit Panofskys Monografie über *Melencolia* gelesen, als dieser Stich ein Spiegel der Zukunft zu sein schien, ein Engel im Staubmantel auf einer Brüstung.

Jetzt zieht er wieder um – so weit weg, wie es nur geht. Er möchte nicht länger den Professor oder Politiker spielen. Er macht sich auf die Suche nach der Sonne und lässt sich ein modernistisches Haus am Stadtrand von LA bauen. Seine neue Nachbarschaft, die Pacific Palisades, begann als eine Hüttensiedlung; jetzt ist sie eine Ansammlung millionenschwerer Häuser. Schönberg und Brecht wohnen in der Nähe; in ihrem Lieblingscafé gibt es Sachertorte. Der New Yorker bezeichnet Mann als Goethe in Hollywood. Er lebt in der Stadt der Engel.

Hermann Hesse berichtet er von der Landschaft ringsum des Hauses, von dem Blick auf das Meer, dem Garten mit seinen Bäumen – Palmen, Oliven, Pfefferbäumen, Zitronen und Eukalyptus. Leuchtende Sinneseindrücke sind ihm in Zeiten wie diesen keine Kleinigkeit, und der Himmel ist hier fast das ganze Jahr über strahlend hell.

Dort oben in den Hügeln, umgeben von Bougainvillea und Palmen, stellt er sich seinem Schicksal. Jeden Morgen geht er am Meer spazieren, aber der Pazifik ist ein anderer Ort geworden; der blaue Kriegsschauplatz, wie er ihn nannte, war ein Ort des Hasses. Er erinnert sich an eine Idee für eine Geschichte über den Pakt eines Künstlers mit dem Teufel, die er 1901 in drei Zeilen skizziert hatte. Sie war kaum greifbar, aber ihre langen Wurzeln hätten, wie er meinte, weit in sein Leben hineingereicht, als wäre sie ein lebendiger Organismus.

23. Mai 1943. Zwei Wochen vor seinem 68. Geburtstag, 6000 Meilen von zu Hause entfernt, setzte sich Mann an seinen Schreibtisch, ordnete seine Talismane und begann zu schreiben. Doktor Faustus ist ein verstörendes Buch. Es wurde zu einer Zeit geschrieben, in der Kunst und Wirklichkeit so unvereinbar waren wie nie zuvor, wie er meinte. Alles hatte sich darauf zu bewegt.

In Manns berühmtestem Roman, *Der Zauberberg*, der 1924 erschien, besucht Hans Castorp, ein junger Mann aus Hamburg, ein Sanatorium für Schwindsüchtige. Er ist 22 Jahre alt, hat rotblondes Haar und blaue Augen, ein unheldenhafter Held: Er macht eine Ausbildung zum Ingenieur, trägt aber elegante bunte Hemden. Er ist gekommen, um seinen kranken Vetter Joachim zu besuchen, einen jungen Soldaten, der Hans zu seinem Zimmer bringt und ihm erzählt, dass der letzte Bewohner am Tag zuvor gestorben ist. Hans findet das alles sehr amüsant. Jeder Bewohner schläft auf seinem

Balkon, eingewickelt wie ein kleines Kind. Als Hans sich die Krankheit zuzieht – er lädt sie geradezu ein –, wird er einer von ihnen. Uns friert nicht, sagt er. Zeit bedeutet dort nichts, nur eine übermütige Melancholie, wie er sagt und das Leben mit einer Infektion vergleicht. Aufgrund seiner Isoliertheit wird der ganze Ort zu einem Sinnbild für Europa, das in Wahnsinn und Zerfall versunken ist.

In der seltsamsten Szene dieses seltsamen Buchs findet eine Séance im Sprechzimmer statt, wo das Medium – ein neunzehnjähriges Mädchen namens Elly – unter einem Stich von Rembrandts Anatomiestunde und neben dem Röntgengerät, welches das Innere von Hans wie ein zusammengefaltetes Taschentuch und das sich wie eine Qualle ausdehnende und zusammenziehende männliche Herz seines halbnackten Cousins enthüllte, den Geist eines Dichters namens Holger channelt. Die Patienten lauschen einer gespenstischen Ode an das Meer, das unter einem sich auflösenden Himmel und einem silbernen Mondsteinglanz schlummert, während der Sand durch eine Sanduhr rieselt; ein weihevolles, zerbrechliches Spielzeug, das zusammen mit einem aufgeschlagenen Buch und einem Totenkopf die Hütte eines Einsiedlers schmückt. Hans, mit auf die Faust gestützter Wange, bittet den Geist, ihm zu sagen, wie lange er noch dort bleiben wird. Holger zeigt die Nummer seines Zimmers an, vierunddreißig. Jeder würde diese Zahl und diese Bilder wiedererkennen. Während Hans auf dem Grammophon ein Lied aus Gounods *Faust* spielt, erscheint Joachim, der einige Wochen zuvor gestorben war, seine schönen Augen wie große dunkle Kugeln, die sich im letzten Stadium der Krankheit wölben, in der Ecke, auf einem Stuhl sitzend, einen Helm tragend wie ein mittelalterlicher Soldat in einem bevorstehenden Krieg.

Die Schallplatte geht mit einem Kratzen zu Ende, die Nadel stolpert über leere Rillen. Mit Tränen in den Augen fleht Hans seinen Cousin an, ihm zu verzeihen. Jemand schaltet das Licht wieder an.

Die unheimliche Schönheit und die düstere Komik seines Buches brachten Mann den Spitznamen ein, mit dem er sich selbst gerne bezeichnete: der Zauberer. Die Arbeit am Zauberberg hatte er 1912 nach einem Besuch bei seiner Frau in einem Sanatorium in Davos aufgenommen; er war als komische Novelle gedacht, als selbstironische Persiflage auf die Todesnähe seiner Venedig-Erzählung, die er im Jahr zuvor geschrieben hatte. Aber erst im Herbst 1918 kehrten seine Gedanken zu dem Berg zurück. Das Bild wuchs in seinen Gedanken, als er in der Dämmerung mit seinem Hund Bauschan am Flussufer spazieren ging und die Fledermäuse im Auge behielt, die aus den Bäumen flatterten.

Mann wurde verfolgt von der kollabierenden Gegenwart. Tagsüber allein in seinem Arbeitszimmer, verbrachte er die Abende in der Oper, hörte *Parsifal* und *Palestrina* – aus der faustisch-dürerischen Sphäre – und nahm in den Pausen Gemüsesuppe, Tomatensandwiches und Rotwein zu sich, während in der Ferne Maschinengewehre ratterten. Seinem Tagebuch vertraute er an, dass eine tödliche Melancholie sein zentrales Thema war, und er fragte sich: was, wenn er jetzt sterben würde?

Donnerstag, 19. Juni. Unverändert schönes Wetter, blau, trocken, warm, für seidenen Anzug.

Das Menschliche bot keine Gewissheit, also schrieb er über jemanden, den er kontrollieren konnte. Bauschan lebte draußen in einem Hundehaus mit Sackleinenvorhängen. Anders als der vorherige Hund, Percy, ein Collie, dessen Züchtung ein aristokratisches, aber verrücktes Tier hervorgebracht hatte, war Bauschan, ein deutscher Vorstehhund, unterwürfig, wie einer aus den unteren Klassen – Mann legte Wert darauf zu betonen, es gehe ihm nicht darum, die Aristokratie zu preisen.

Bauschan kannte seinen Herrn. Sein Herr kannte ihn. Wenn Mann frühmorgens, bevor die Belastungen des Tages anstanden, zu seinem Spaziergang aus dem Haus trat, pfiff er, und Bauschan kam herausgerannt, so treu, dass er seinem Herrn sogar folgte, wenn dieser in die Stadt fuhr, und hinter der Straßenbahn herlief. Wie wildfremd und sonderbar das Wesen eines so nahen Freundes sich mir unter Umständen darstellt, sagte Mann. Wenn sie zusammen im Park saßen, Thomas mit dem Rücken zu einem Baum, legte er sein Buch weg und rief immer wieder den Namen seines Hundes, um ihn daran zu erinnern: dass er Bauschan war und dass Bauschan sein Name war.

Es war eine Art Experiment. Wenn ich dies eine Weile fortsetze, schrieb Mann, kann ich ihn dadurch in eine wahre Verzückung, eine Art Identitätsrausch versetzen, sodass er anfängt, sich um sich selber zu drehen und aus der stolzen Bedrängnis seiner Brust laut und jubelnd gen Himmel zu bellen. Eines Tages, während einer Jagd im Park, trieb Bauschan seinem Herrn einen Hasen in die Arme. Mann stand einen Augenblick lang Auge in Auge mit dem verängstigten Geschöpf da.

Für eine Sekunde oder den Bruchteil einer Sekunde sah ich den Hasen mit außergewöhnlicher Deutlichkeit, seine langen Ohren, von denen eines aufrecht stand und das andere herabhing; seine großen, hellen, kurzsichtigen, hervorstehenden Augen, seine gespaltene Lippe und die langen Haare seines Schnurrbartes, das Weiß auf seiner Brust und seinen kleinen Pfoten; ich spürte das Pochen seines gejagten Herzens oder glaubte, es zu spüren.

Sein gejagtes Herz. Er hätte Dürers Hasen halten können. Er nennt ihn den kleinen Genius des Ortes. In jenem Sommer, während die Revolution grassierte, flüchtete er allein ans Meer bei Glücksburg, dem nördlichsten Zipfel Deutschlands. Er schwimmt dreimal am Tag und bekommt einen Brief von Katias Bruder, der als feindlicher Ausländer in Australien interniert war und dessen Rückkehr durch die Grippe erschwert wird; 20 Tote, die über Bord geworfen werden, ohne dass das Schiff auch nur Halt macht. Er ging zurück ins Wasser, aus Liebe zum Meer und seiner Reinheit. Aber er zitterte, und das aufgewühlte Wasser war voller Algen und Quallen. Im Zug sprach er mit einem jungen Mann in weißen Hosen. Es scheint, ich bin mit dem Weiblichen endgültig fertig, schreibt er in sein Tagebuch. In München bekommt er einen neuen Anzug. Er ist glücklich über die Qualität und Eleganz seiner Kleidung. Jeden Abend freut er sich auf sein Bad. Er ist 45 Jahre alt.

Manns Themen schwellen an wie eine einzige Einheit, steigen und fallen mit den Gezeiten. Er kann nicht schreiben, als wäre die Vergangenheit nie geschehen, das war nicht seine Begabung. Er geht ins Krankenhaus, um die Knochen seiner Hände auf einem Röntgenbild zu betrachten. Er geht ins Tierkrankenhaus, um seinen Hund zu sehen, der seine Pfote ausstreckt und gleich sterben wird. Er geht mit seinem neuen Hund spazieren. Der Fluss ist durch den Regen grau angeschwollen.

Sonntag, 22. Mai. War mittags im Wald lesen, begleitet von Lukas, der ein neues Halsband trägt und sich, während ich am Baum lag, sehr treulich zu mir hielt.

Zwanzig Jahre später setzte sich Mann nieder, um das Buch zu schreiben, von dem er annahm, es werde sein letztes sein. Sein gesamtes Werk entstand im immer selben Arbeitszimmer, wo auch immer er sich aufhielt, wie auch immer die äußere Umgebung war, unter welchem Regime er auch arbeitete: Er schrieb zwischen zwei Kerzenleuchtern, dem Zahn und dem Stoßzahn auf seinem Schreibtisch, hielt ab und zu inne, um eine Zigarre zu rauchen

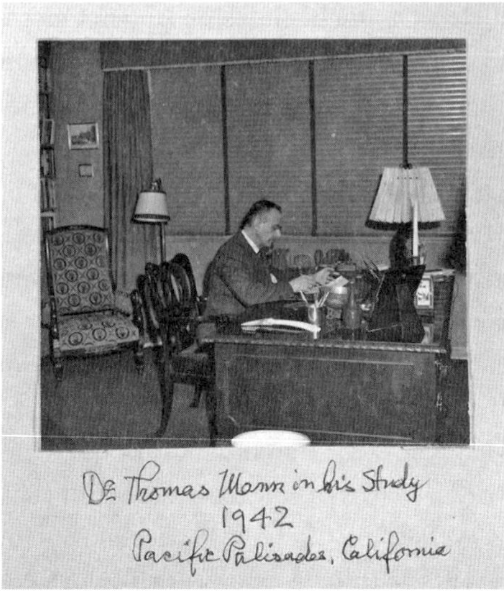

und seinen Pfefferminztee zu schlürfen. Die Aussicht änderte sich, aber die Wörter und die Routinen waren dieselben: der Nachmittagsschlaf auf seinem Bett, der Morgenspaziergang mit dem Hund, die Geselligkeit am Vorabend, die Intrigen, die Schrecken, seine Aufzeichnungen. Ein Glas Wermut vor dem Mittagessen. Er zieht die Jalousien herunter.

Im Mittelpunkt von *Doktor Faustus* steht ein avantgardistischer Komponist, Adrian Leverkühn, der aus einer alten Stadt, Kaisersaschern – »Asche des Kaisers« – stammt: Kaisersaschern ist Nürnberg, mit einem Touch Lübeck. Erzählt wird der Roman von Serenus Zeitblom, der Adrian seit der gemeinsamen Schulzeit liebt. Doch als er sich am 23. Mai 1943 an den Schreibtisch setzt, um zu schreiben, weiß Zeitblom, dass es seine Pflicht ist, nicht nur sich selbst, sondern auch allen anderen zu erklären, wie der Mann, den er so bewunderte, mit dunklen Mitteln zum Genie wurde. Von seinem Schreibtisch in Bayern aus sieht Zeitblom die Glut des Feuersturms am Horizont. Das fürchterliche Bombardement der Stadt Dürers und Willibald Pirckheimers war kein entferntes Ereignis mehr, sagt er.

Manns Aussicht ist eine ganz andere. Von seinem Zimmer aus blickt er auf das Meer, auf Venice Beach und seine muskelbepackten Engel. Er trifft Johnny Weißmüller. Die Nachbarn beschweren sich, dass die Manns ständig über Homosexualität reden. Auf Film festgehalten, sitzt er mit einem Drink in der Hand auf der Terrasse, trägt einen grauen Homburg und eine runde Sonnenbrille mit Metallrand, ein Alien, der nicht nach Hause zurückkehren kann. Sein Herz war in Lübeck lebendig, sagt er, aber in München war es tot. Er hat sich in seinem Körper nie wohlgefühlt, in dieser schweren, fehlerhaften, verhassten Last, wie er ihn nennt, die ihn immer daran hinderte, etwas Anderes und Besseres zu sein.

Dort oben auf dem Zauberberg geriet Hans in den Bann einer Mitpatientin; ihre Mandelaugen erinnerten ihn an Hippe, den Jungen, in den er in Schulzeiten verliebt war. Für genau eine Stunde hatte er sich den Bleistift von Hippe ausgeliehen, die einzige wirklich glückliche Stunde seines Lebens. Ich wußte es nicht, aber es interessiert mich schon längst, was es mit solchen Augen auf sich hat, sagt Hans. Wolfsaugen oder Tatarenschlitze. Die wilden Augen eines schönen Raubtiers. Die Augen eines verlorenen Jungen. In einer anderen Geschichte, die in Lübeck spielt, verliebt sich der Schuljunge Tonio Kröger in seinen Freund, der ebenfalls Hans heißt, eine kurze Matrosenjacke trägt, bei der der breite blaue Kragen seines Matrosenanzugs über den Rücken herabhängt, und eine dänische Matrosenmütze mit schwarzen Bändern, unter der ein Schopf flachsblonder Haare hervorschaut. Auch er wird ihn verraten, so wie sie es alle tun.

Thomas Manns große Liebe war Paul Ehrenberg, ein Künstler. Sie lernten sich 1899 in München kennen. Mein erster und einziger menschlicher Freund, sagte er, die zentrale Erfahrung meines Herzens; seine blauen Augen graben sich fast in dein Gesicht ein. Eine Ekstase, die ich nur einmal im Leben erlebt habe, und das ist auch gut so. Sie putzten sich stets heraus und fuhren in ihren Knickerbocker-Anzügen aufs Land. Als er noch ein kleiner Junge in Lübeck gewesen sei, erzählte Mann, wachte er eines Morgens mit dem Vorsatz auf, für einen Tag ein 18-jähriger Prinz namens Karl zu sein. Er kleidete sich in eine vornehme, majestätische Robe und schritt vom Geheimnis seiner Würde umwoben stolz und glücklich umher. In einem anderen Roman steht der eigensinnige Felix Krull seinem Künstlerpaten nackt als griechischer Gott Modell. Er ist 16 Jahre alt, ein Kostümknabe: ein spanischer Stierkämpfer im Paillettenjackett, ein deutscher Bergsteiger in Lederhosen und, was am besten passt – denkt Felix –, ein Florentiner Dandy des späten Mittelalters.

Als er im Mai 1943 mit dem Schreiben begann (der Frühling war immer ein guter Zeitpunkt, um damit anzufangen), war Mann immer noch getarnt. Sein Faust wird unter kalifornischem Himmel wiedergeboren; er trifft Stars in schicken Aufmachungen, und seine Phantasie nimmt das Ausmaß eines Lebensfilms an; wie Bilder auf einer Leinwand. Er greift auf mittelalterliche und zeitgenössische Ideen zurück; er trägt seinen Anzug, wie immer, aber Faustus ist in seinem Herzen verankert, sagt er. In ausgefeilten Szenen, seitenlangen Absätzen und Sätzen, die sich umeinanderwinden (wenn es nach ihm ginge, gäbe es keine Absätze oder Abschnitte), erinnert Zeitblom an die bayerische Erziehung von Adrian Leverkühn, der wie ein Prinz erzogen wird.

In einer frühen Episode zeigt Adrians Vater Jonathan den Knaben Bücher mit farbigen Illustrationen von exotischen Schmetterlingen und Meeresbewohnern. Sie sind voller Skurrilitäten und faszinierender Wesen: tropische Insekten, von denen die Eingeborenen glaubten, sie seien böse Geister, die Malaria bringen könnten, und die Schalen bestimmter Salz-

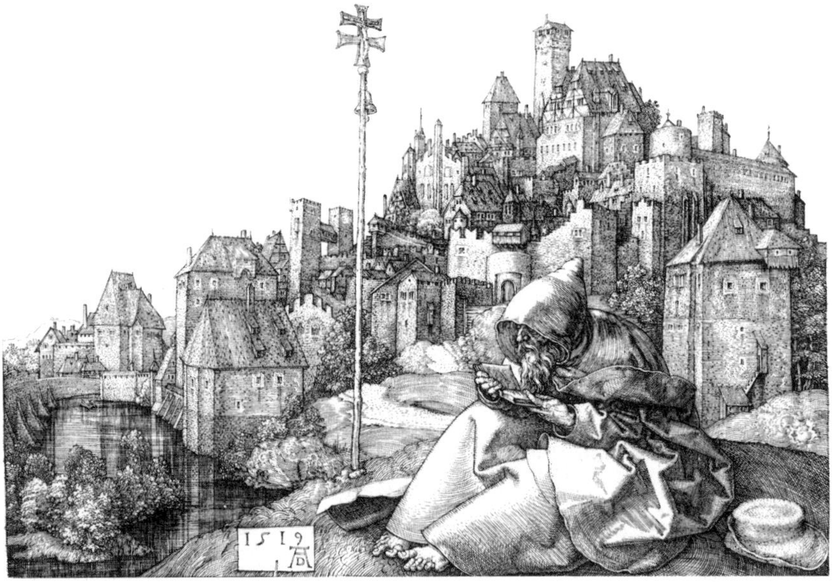

wassermuscheln, auf denen Hieroglyphen geschrieben zu sein scheinen. Und als Jonathan Kristalle in einem chemischen Meer aus braunen Zacken und grünen Riffs wachsen lässt, die aus Kupfersulfat und Kaliumchromat gekeimt sind – ein Experiment, das ich als Junge auch durchgeführt habe: einen Nebel in Zeitlupe in einem Marmeladenglas zu erzeugen –, hält der junge Zeitblom dies für das Bemerkenswerteste, das er je gesehen hat; zutiefst melancholisch, ja geradezu bösartig.

Der Schauplatz für all das ist die Stadt, ein in der Zeit eingeschlossenes Riff, eine Kulisse, eine eigenständige Gestalt. Man könnte sie in die Hand nehmen und schütteln, bis Schnee rieselt. Die alten Kirchen, die originalgetreu erhaltenen mittelalterlichen Wohn- und Lagerhäuser, die Gebäude mit freiliegenden und vorspringenden Obergeschossen, die runden Türme in der Stadtmauer mit ihren spitzen Dächern: Das ist ein Ort, an dem man seltsame Dinge beobachten kann. Zeitblom stellt sich einen Kinderkreuzzug vor, einen Veitstanz, einen wandernden Wahnsinnigen mit kommunistischen Visionen und Menschen, die in der kleinen alten Frau mit dem bösen Blick noch etwas Dämonisches sehen können. Es sei keineswegs unmöglich, dass eine solche alte Seele heute wieder brennen müsse.

Hier könnte alles Mögliche passieren. Die aus Dürers Zeiten übrig gebliebenen Teufel könnten auftauchen, durch die engen Gassen schleichen und aus den Fenstern springen. Die Stadt ist ein Glutofen der Träume. Das Haus, in dem Adrian wohnt, hat drei Stockwerke, das Dach nicht mitgerechnet, das in Erkern gebaut wurde, das Sockelgeschoss ist unverputzt und schmucklos. Es befindet sich seit dem 16. Jahrhundert im Besitz derselben Familie, aber es ist klar, wem es wirklich gehörte. Adrian hat ein magisches Quadrat, das er über seinem Klavier aufbewahrt – jede Zeile ergibt die Zahl 34.

Für die Recherche zu seinem Roman griff Mann auf Wilhelm Waetzoldts Buch über Dürer zurück. Es erschien ein Jahrzehnt vor Panofskys Biografie und zeichnete ein ganz anderes Bild des Künstlers. Waetzoldt war 1933 als Direktor eines Berliner Museums entlassen worden, weil er Juden beschäftigte und moderne Kunst ausstellte. Sein Buch, das 1936 erschien, war dann jedoch sorgfältig an die damalige Gegenwart angepasst. Auf dem orange-schwarzen Umschlag ist kein Porträt des Künstlers zu sehen, nicht einmal eines seiner Tiere; unter dem schrillen gotischen Schriftzug prangt das martialische Bild von Lukas Paumgartner in Rüstung, in der Hand die Lanze mit der Hirschkopffahne. Das dritte Kapitel trug den Titel *Apokalypse*, mit einer düsteren Folge von Holzschnitten, die in ihrem strengen Druck eine neue Schreckenswirkung entfalteten; und Einlagen aus steifem schwarzem Papier ragten aus den Seiten heraus und dienten als Rahmen für Farbtafeln mit echten deutschen Gesichtern.

Waetzoldt schreibt, was es so reizvoll mache, den Lebensweg dieses Mannes nachzuvollziehen, sei die außergewöhnliche Art und Weise, wie sich ein solches Maß an solider Ehrbarkeit mit so viel Wagemut verbinde, wie die Dämonen an die Scheiben der stillen Werkstatt des Tiergärtnertors klopften und wie Albrecht Dürer aus der Wärme der Zunft in die kühle Isolation des Genies aufsteige. Waetzoldt lobte Dürers nordischen Geist, behauptete, dass seine ausgeprägte, aber harmlose, männliche Eitelkeit und sein langes Haar nicht irgendeinem »Strang« ungarischen Blutes geschuldet seien, und sagte, in Nürnberg seien vier der besten Rassenstränge zusammengekommen. Für Mann war die Stadt einer der schlimmsten Orte in Deutschland, wo sie zu Tausenden in Fackelzügen durch die Straßen marschierten.

Die Tatsache, dass Waetzoldt sein Vorwort mit den Worten »Deutschland, Vaterland!« beendet und es mit »Sylt, Sommer 1935« signiert, reichte aus, um Mann zu verstören. Als er in diesem entsetzlich nationalistischen Buch blätterte, fand er eine Fotografie vom Haus des Künstlers aus dem 16. Jahrhundert, auf der eine einsame Gestalt auf dem Platz stand.

Während er in seinem Zimmer mit Meerblick arbeitete, stellte Mann seine Quellen zusammen. Er stützte sich auf mittelalterliche Kirchenbücher, die avantgardistischen Kompositionen Schönbergs und die radikalen Essays von Theodor Adorno. Beide Männer waren Nachbarn. Er fragte Adorno: *Wie würden Sie vorgehen, wenn Sie einen Pakt mit dem Teufel hätten?* Er las Joyces *Ulysses* wegen seines Gebrauchs von Mythen, und er unterstrich Zeilen aus *Der Sturm*. Ein Buch faszinierte ihn so sehr, dass er es zweimal las. Franz Werfel, der österreichische Schriftsteller und Ehemann von Alma Mahler, war ein weiterer Nachbar; sein futuristischer Roman *Stern der Ungeborenen* wurde kurz nach seinem Tod im Jahr 1946 veröffentlicht.

Das Buch war voller seltsamster, bizarrster Dinge, die in ein unendlich weit entferntes Zeitalter überführt wurden, wie auch Mann staunte. Es gab Werbeplakate, die aus frei beweglichen Sternen bestanden; die Menschen steuerten nicht mehr auf ein Ziel zu, sondern benutzten ein Instrument, das ihnen dieses Ziel auf eine technisch-spirituelle Weise zuführte. Das seltsamste Detail von allen war eine Bemerkung über die unschuldig falsche Sprache der Hunde, die immerzu nickten, statt zu verneinen. In diesem astromentalen Zeitalter hatten sich die Hunde so entwickelt, dass sie ebenso

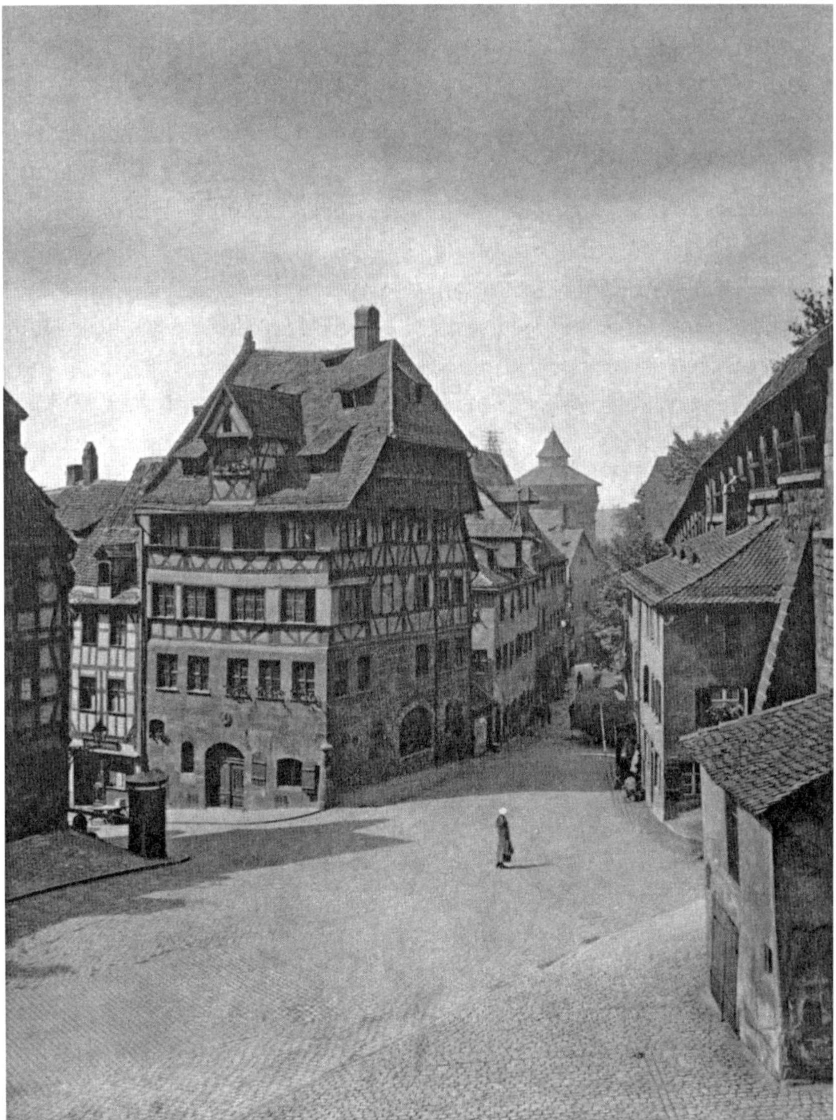

lange lebten wie die Menschen, aber sie hatten die Fähigkeit verloren, auf eine Meile Entfernung einen Geist zu erkennen.

Mann hatte schon immer Geister gesehen – in den *Buddenbrooks* sieht der Bruder des Konsuls regelmäßig einen Geist auf seinem Sofa sitzen. Er durchforstete Waetzoldts Buch nach seinen spiritistischen Illustrationen, die mit feierlichem Ernst in Fotogravur angelegt sind. Bei schönem, sonnigem Wetter, kalifornischem Wetter, studierte er das Kapitel über die Apokalypse, als die Nachrichten von den Nürnberger Prozessen eintrafen. Er machte eine Pause, um Nikos schwarzen Pelz scheren zu lassen. Die Welt war zu Science Fiction geworden.

So befand Waetzoldt, dass in unseren Tagen die Phantasie des Volkes von den Problemen der Strahlung und der sogenannten Todesstrahlen in Anspruch genommen werde, von den Geschichten der Wahrsager und den Vorhersagen der Astrologen. Die Entwicklung des Stratosphärenflugs und der Raketen, die Versuche, den Himalaya zu besteigen, die Entdeckung von Überresten aus den frühesten Epochen der Geschichte – all das sind Fragen, die die ganze Welt bewegen. Mann wiederum machte Waetzoldt in seinem Buch zu einer Figur: einem Dürer-Gelehrten namens Gilgen Holzschuher, der zu einer Gruppe von Intellektuellen gehört, die Zeitblom wegen ihrer Begeisterung für Blut und Boden und ihrer Bereitschaft, die Menschenrechte über Bord zu werfen, nicht akzeptieren kann. Das ist die Formulierung, die er verwendet. (Auf dem Zauberberg plädiert ein Jesuitenpater für Terror als Taktik und sagt, Flieger nähmen Raben als Maskottchen mit in ihr Flugzeug.)

Wir wissen, worauf das hinausläuft. Wir wären dumm, wenn wir es nicht wüssten.

Adrian wird ein Übermensch. Mit dem bloßen Sein in Dumpfheit und Unbewußtheit, dem Ichthyosaurus-Dasein, sei gar nichts getan, sagt ein Kommilitone Adrians; heutzutage müsse man in Bewusstsein seinen Mann stehen und mit artikuliertem Selbstgefühl seine spezifische Lebensform behaupten – lange genug habe es gedauert, bis die Jugend als eine solche anerkannt worden sei: eine seelische Jugend, als Spontaneität, als Lebensgläubigkeit und Dürer'sches Reiten zwischen Tod und Teufel. Auf der Suche nach Vollkommenheit verabscheut Adrian das Dumme und Alltägliche.

Aber es wartet schon jemand; er stellt sich vor, lange bevor wir ihn sehen. Die große alte Schlange, Timothy Tempter, Old Blackie, Adaddon, Belial, Meister Dicis-et-non-facis, Schwarzer Kasper, der Vater der Lüge; auch bekannt als der Zerstörer, der Erzbetrüger, der böse Unhold, der große Widersacher. Er taucht in dem Buch in vielen Gestalten auf: eine zwielichtige Gestalt, die aus einer Ecke ein Brötchen wirft oder die Gläubigen dazu bringt, während der Messe abscheuliche Unflätigkeiten zu murmeln.

Und als Adrian nach Italien flieht, stellt er fest, dass er verfolgt worden ist.

In seinem abgedunkelten Zimmer sitzt Adrian in seinem Sommeranzug und liest Kierkegaard. Plötzlich wird die Temperatur abgezogen, und er ist nicht mehr allein. Jemand sitzt mit verschränkten Beinen auf dem Sofa in der Ecke.

Er trägt eine über ein Ohr gezogene Sportmütze, sein rötliches Haar steht ihm von den Schläfen ab, seine Augen sind rosa, sein Hemd ist schräg gestreift, die Ärmel sind zu kurz, die Hose zu eng. Seine gelben Schuhe sind abgenutzt. Er ist ein Strolch, ein Strizzi, ein Zuhälter, den man an einer Straßenecke treffen könnte. Die Kälte kommt direkt von ihm; wie sonst sollte er dort, wo er herkommt, kühl bleiben? Und mit einer Stimme, die so eloquent ist wie die eines Schauspielers, angenehm zu hören, verwickelt er Adrian vierzig Seiten lang in ein Gespräch. Er spricht auf Deutsch, hier in Italien, diesem heidnischen, katholischen Land. Es ist eine Oper, eine Aufführung; wir warten in den Kulissen.

Deutsch soll ich sein, sagt der Besucher Adrian, aber dass es mich auf einmal auf gut Dürerisch nach der Sonne fröre, das will der Herr mir nicht gönnen.

Adrian lacht, als würde er sich über seine eigene Nachforschung amüsieren.

Außerordentlich dürerisch, sagt er. Du liebst es. Erst ›wie werde ich nach der Sonne zittern‹; und dann das houre-glaasse der Melancolia. Kommt das magische Quadrat auch? Weißt du, wie du aussiehst? Wie irgendein unanständiger Lump.

Er und sein Gegenüber tauschen sich aus wie in einem Wilde'schen Theaterstück.

(Nach der Hälfte der Arbeit an seinem Roman erhält Mann selber Besuch: ein 14-jähriges Mädchen namens Susan Sontag, das den Mut gefunden hat, ihn aufzusuchen. Er erzählt ihr bei Tee und Kuchen, dass in seinem Roman der Teufel selbst als Figur auftritt und im Deutsch des 16. Jahrhunderts spricht).

Und Adrian fragt sich, wie lange er dasitzen und frieren und sich sein unerträgliches Kauderwelsch anhören muss. Er spürt die Kälte, trotz des Umhangs, den er sich eben geholt hat.

Ob das nur eine Metapher für eine kleine normale Dürer-Melancholie ist?, fragt sich auch sein Besucher; dann verändert er seine Gestalt und verwandelt sich in einen Kritiker mit Fliege und Hornbrille, der Adrian verspricht, er werde ein Held seiner Generation werden. Er bietet ihm 24 Jahre Genialität an – obwohl es streng genommen kein Angebot ist, denn es kann nicht abgelehnt werden. Dann verwandelt er sich wieder, in eine Karikatur seiner selbst, mit Spitzbart und Oberlippenbart, und enthüllt den Plan, den sie von Anfang an für Adrian vorgesehen hatten, indem er Zeichen wie wundersame Kreuze auf den Gewändern der Männer, Meteore und Kometen und das Zusammentreffen der richtigen Planeten anführt; eine Infektion, die vor vier Jahrhunderten entstanden ist, sagt er.

Da kamen, wie Meister Dürer auf dem Krankenblatt klug gezeichnet hat, die zarten Kleinen, die Schwärme lebhafter Korkenzieher, die liebenswürdigen Gäste aus Westindien in die deutschen Lande, metaphysisch, metavenereal, meta-infektiös.

All das ist lediglich eine Bestätigung. Die Keime befinden sich bereits in Adrians Wirbelsäule und arbeiten sich bis zu seinem Kleinhirn vor. Wir wissen, dass der Komponist sich absichtlich mit Syphilis angesteckt hat, um den Bazillus in sein Gehirn einzuladen. (Mann glaubte, Nietzsche habe sich die Syphilis in einem Bordell eingefangen; laut Freud in einem Männerbordell.)

Adrian wird Ekstase und übermenschliche Einsicht versprochen. Es gibt nur eine Bedingung: Er darf in diesen vierundzwanzig Jahren nicht lieben.

Dann verwandelt sich sein Besucher ein letztes Mal, wieder in einen Strizzi mit engen Hosen.

Adrian dreht sich um, und er ist allein.

Die Infektion eröffnet Adrian neue Wahrnehmungen. In der nächsten Szene, bei der es sich um einen Traum handeln könnte, taucht Adrian mit Professor Akercocke, einem Meeresbiologen, in einer Taucherglocke auf den Meeresgrund hinab. Er beschreibt das kugelförmige Gefährt als ähnlich ausgestattet wie ein Stratosphärenballon, mit einem Sauerstofftank, einem Telefon, Hochspannungs-Scheinwerfern und Quarzfenstern rundum, und ins Wasser gelassen wird es von einem Kran. Hans hatte den verschneiten Berg erklommen; Adrian steigt in den dunklen Abgrund hinab. Sein Tauchgang ist ein weiteres Experiment, eine Art viktorianisches Aquarium, das im Fenster eines Stadthauses installiert und mit Versandhausmonstern bestückt ist, die die Hausmädchen zum Kreischen bringen.

Manns Beschreibungen der Tiefsee sind so anschaulich, dass man meinen könnte, er sei selbst in einen Tiefseegraben abgestiegen. Tatsächlich hatte er einen Bericht von William Beebe gelesen, einem Wissenschaftler, der seit seiner Studienzeit von der Unterwasserwelt fasziniert war und vor der Küste Neuenglands auf- und abtauchende Wale gesehen hatte: Ich kann das eigentümliche Gefühl der Eigenartigkeit und der Freiheit nicht in Worte fassen, das es mir vermittelte, so hatte Beebe geschrieben, diese gewaltigen Urzeitmonster zu sehen, die so souverän in dieser riesigen Weite toben.

Um diese andere Welt zu erforschen, arbeitete Beebe mit Otis Barton, einem Taucher und Schauspieler, zusammen, um eine Bathysphäre zu entwickeln, die dem immensen Druck auf dem Weg zum Meeresgrund standhalten konnte. Beebe und Barton, Wissenschaftler und Showman, setzten ihre Erfindung in den Gewässern vor den Bermudas ein – Prosperos Insel der eigenartigen Geräusche, wo ein paar Jahre später ein Schallmessgerät aus dem Kalten Krieg, das nach sowjetischen U-Booten suchte, stattdessen die unheimlichen Klänge von Walen aufzeichnete, die wie verlorene Seelen sangen. So tief sind nur Tote gesunken, stellte Beebe fest, als er und Barton durch das dunkle Blau in die Schwärze fielen und der Wissenschaft unbekannte Kreaturen auftauchten: Einige hatten die Farbe von totem oder wassergetränktem Fleisch, andere leuchteten in blassgelbem Licht.

Beebe schrieb über seine Erfahrungen für *National Geographic – A Half Mile Down: Strange Creatures, Beautiful and Grotesque as Figments of Fancy, Reveal Themselves at Windows of the Bathysphere* – im Jahr 1934 (ich stelle mir vor, dass Thomas Mann ein zerfleddertes Exemplar im Wartezimmer seines Zahnarztes vorfand).

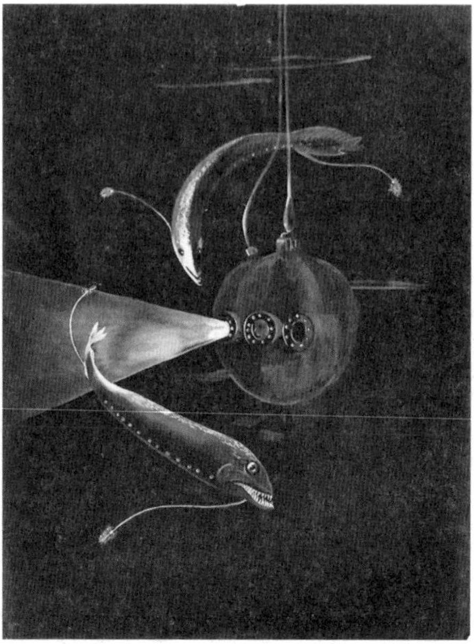

Der Artikel war durch phantastische Illustrationen der jungen Künstlerin Else Bostelmann ergänzt, die sich auf Beebes verbale Beschreibungen stützen musste, welche sie über eine Telefonleitung aus Tausenden von Metern Tiefe erhielt, um detaillierte Bilder von Neon-Organismen zu schaffen, die lila und rosa leuchteten, als wären sie auf schwarzen Samt gemalt. Ähnlich wie Dürer zeichnete sie das Unsichtbare. Einige Kritiker behaupteten, Beebe habe sich diese Monster lediglich ausgedacht, oder er sei durch Kondenswasser am Fenster der Taucherglocke getäuscht worden, oder er habe aufgrund von Sauerstoffmangel halluziniert. Andere wiederum wandten ein, dass seine Beschreibungen zwar auf kein bekanntes Tier zutrafen, dieses fremde Gebiet aber noch so unbekannt war, dass Beebe womöglich der erste und letzte Mensch war, der diese Kreaturen lebend gesehen hat. Was auch immer er dort unten sah, durch den riesigen, in der Dunkelheit baumelnden Augapfel – die Berichte von Beebe hatten jedenfalls eine sensationelle Wirkung. Sie wurden wie eine Mondlandung live im Radio übertragen und zu einem Film verarbeitet, *Titans of the Deep*, der so überdramatisiert war, dass er in einigen Kinos als Horrorfilm lief und Beebe daraufhin seinen Namen zurückzog.

Manns Version von Beebes Expedition wiederum wurde zu einer düsteren Phantasie, begleitet von einem Studioorchester. In 600 Metern Tiefe, unter 500 000 Tonnen Druck, in geräuschloser, wilder Fremdartigkeit, sieht Adrian im Ozean der Welten »das Unerschaute, nicht zu Erschauende, des Geschautwerdens nicht sich Versehende«. (Eine seiner ersten Kompositionen ist *Phosphorescence de la mer.*) Aus der Schwärze taucht eine albtraumhafte Vision von obszönen Kiefern und Teleskopaugen auf, der Papiernautilus, und Silber- und Goldfische mit Glotzaugen auf den Köpfen; andere lassen phosphoreszierende Laternen als Köder baumeln. Allesamt werden sie von zuckenden Krämpfen ergriffen: Als eines der schleimigen Dinger die Kapsel berührt, zerplatzt es in tausend Stücke.

Doch sobald er die größte Tiefe erreicht hat und nicht mehr weiter vordringen kann, wird Adrian in seiner infizierten Phantasie plötzlich in den interstellaren Raum katapultiert. Er ist Faust, dem der unermessliche Himmel gezeigt wird. Als er die Galaxien sieht, die die Form von Taschenuhren haben, wird ihm klar, dass das jenseitige Universum weder endlich noch unendlich ist: Es ist einfach, was es ist. Hoch über der Welt sieht er, dass die mittelalterlichen Theorien über das Schicksal der Sterne ein Echo in den neuesten wissenschaftlichen Theorien finden, die die These aufstellen, dass Keime, Bakterien, Organismen von anderen Planeten – Mars, Jupiter oder Venus – eine Grippeepidemie auf der Erde auslösen könnten. (Vielleicht hätte er sogar bemerkt, dass die Spanische Grippe nicht aus Europa, sondern über amerikanische Seeleute auf dem umfunktionierten Schiff Leviathan gekommen war). Krankheit ist ein metaphysischer Zustand, und das Oratorium, das Adrian als Ergebnis seiner Begegnung mit Mephistopheles schreibt – *Apocalipsis cum figuris* – ist vom Geist Dürers inspiriert, der selbst infiziert war.

Begeistert erklärt der Komponist seinem Freund Zeitblom die transformierende Wirkung, die Dürers Stiche auf seine Kunst hatten: schrille, lärmende Musik, in der der schreckliche Chor der Menschheit vor den vier Reitern flieht, stolpert, fällt, überwältigt wird; Johannes der Täufer kocht in einem Ölkessel, während der Hund des Kaisers zusieht; und die Türme und Giebel und spitzen Erker Nürnbergs werden zur Kaisersaschern-Silhouette von Adrians Geburt. Diese Hommage an Dürer ist eine modernistische Vision einer mittelalterlichen Hölle, unterlegt mit Jazzsequenzen, die Schlagzeugmaschinen und Lautsprecher zu kakophonischer, infernalischer Wirkung einsetzen. Aus monströsen Kiefern könnte eine Kolonne von Drohnenarbeitern marschieren. Es gibt nur eine einzige Aufführung, im Jahr 1926: weniger ein Konzert als eine große und durchdringende Prophezeiung des Endes, wie Zeitblom meint.

Die Hölle hat sich bereits eingestellt. Die Kunst entwickelte eine zunehmend apokalyptische Sicht auf die Welt, wie Sebald in seiner Naturgeschichte der Zerstörung schreiben würde. Die Dämonen hämmerten an die Jalousien der Pacific Palisades. Einige trugen Aqualungen. Auf dem Umschlag seines Buchs – die Dürer-Symbolik ist wirklich recht fein, sagte Mann – rast das seltsame Gebilde aus *Melencolia*, in das eine Sanduhr, Tonleitern und Noten eingraviert sind, wie Dürers Stern durch einen atomaren Himmel.

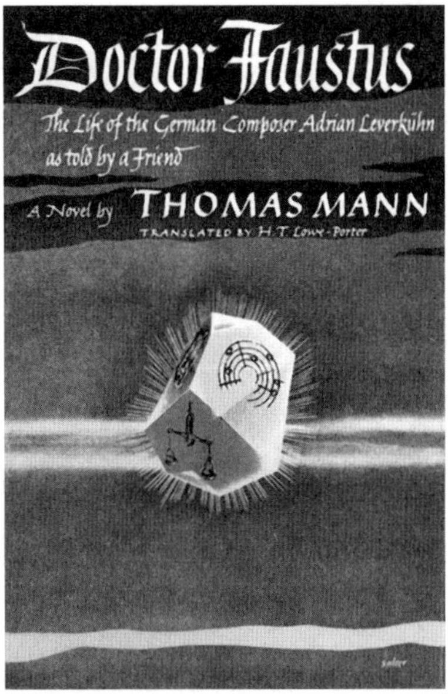

30 Jahre später, in der gleichen Stadt, in seinem Zimmer mit Blick auf den Ozean, wird der Starman Kreise auf den Boden zeichnen und einen Dämon in seinem Pool sichten; er trifft den Teufel in der Innenstadt von LA, schafft es aber, in einem Auto zu entkommen. Mann wurde Zeuge des aufkommenden Sturms, der weißen Stümpfe. Dürers Vision suchte sein eigenes Haus heim. Sie bauten die Bomben – und mussten sie einsetzen.

Es gibt einen Aufschrei über diese Verbrechen gegen die Kultur, Verbrechen, die wir selbst heraufbeschworen haben, sagt Zeitblom. Das alte Deutschland hängt an einem Kronleuchter aus Knochen und Geweihen.

Alles, was deutsch ist, ist für die Welt unerträglich gemacht geworden. Die faulen westlichen Demokratien, sagt er, wüssten schließlich, wie sie ihre Waffen einzusetzen hätten.

Durch seinen Schwager Peter Pringsheim (einen Physiker, der mit Einstein zusammenarbeitete und dessen Spezialgebiet die Phosphoreszenz und die neue Atomtheorie war) wusste Mann ebenso wie Panofsky schon vorher von der Atombombe. Das Geheimnis ist also heraus, schreibt Mann am 6. August 1945 in sein Tagebuch, als sei er letztlich mitschuldig – wie Oppenheimer, der in der Nacht des Trinity-Tests mit großen Augen *Les Fleurs du Mal* liest; oder Nietzsche, der vorhersagt, dass die Welt seinen Namen mit etwas Ungeheuerlichem in Verbindung bringen werde. Einer der Wissenschaftler auf dem Testgelände verglich die Eigenartigkeit mit dem *Zauberberg*. Kunst wurde zu spaltbarem Material, zu einer auf den Kopf gestellten Genesis.

Als die deutschen Städte zusammenbrechen und sich ergeben, hört Zeitblom von Banden rasender, verrückter Burschen, bekannt als Werwölfe, die sich in den Wäldern verstecken und die Eindringlinge töten wollen. Adrian verändert sich erneut. Er lässt sich einen Knebelbart wachsen, und es kommt ein schmales Oberlippenbärtchen hinzu. Es sei dieser Bart gewesen, sagt Zeitblom, der seinem Antlitz etwas Vergeistigt-Leidendes, ja Christushaftes verlieh. Seine Augen sind in Starre erweitert.

Er ist Dürer geworden.

Er lädt seine Freunde in sein Abtszimmer ein, das auf Waetzoldts Fotografie von Dürers Arbeitszimmer basiert. Es ist mit einem Holzfußboden und geprägtem Leder an der Wand ausgestattet. Von der Decke hängt ein riesiger Kronleuchter mit Hörnern, Schaufelhörnern und anderen phantastischen Formen. Es handelt sich um eine Druckkammer mit Flaschenglasfenstern, ein Spuklabor, das einer Filmkulisse nachempfunden ist. Fische mit Teufelsaugen schwimmen vorbei, ihre Kiefer sind bereit, an toten Menschen zu knabbern.

Hier, in dieser Zelle und ihren Schatten, hält Adrian eine bizarre Rede, in der er erschreckende Vorstellungen vom Verlust des Kindes, das er liebte, und von dem Preis, den er bezahlt hat, offenbart.

Während seine Worte immer wüster werden, erklärt er, dass er für die Hölle geboren worden sei. Die Gäste beginnen zu gehen, irritiert und verstört. Einer beklagt, dass kein Psychiater verfügbar sei. Umgeben von sei-

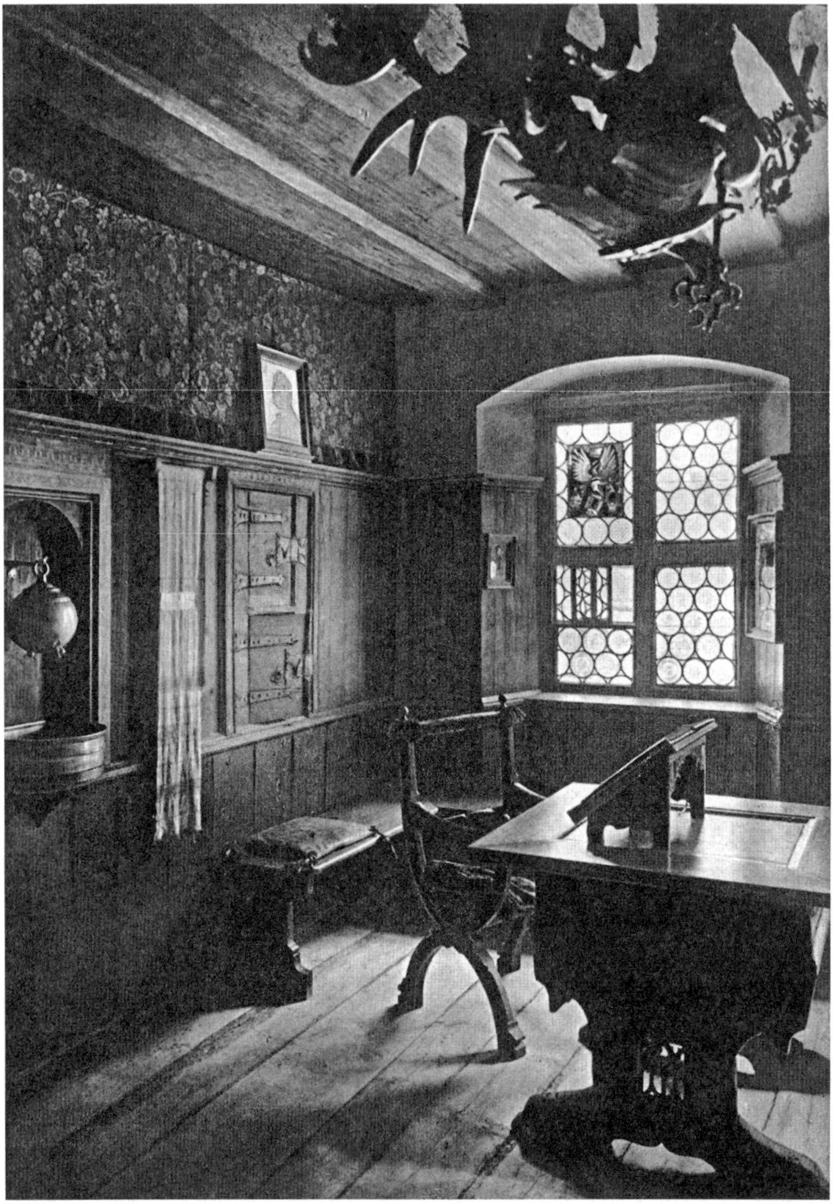

nen wenigen verbliebenen Freunden beginnt Adrian, zum ersten und letzten Mal seine *Klage des Dr. Faustus* zu spielen. Die dissonanten Töne lassen seinen Wahnsinn widerhallen, und er fällt gelähmt zu Boden.

Es ist alles vorbei. Er wird nach Hause gebracht, um von seiner alten Mutter gepflegt zu werden, die den Ikarus-Flug ihres Helden-Sohnes miterlebt hat. Alle seine Erinnerungen sind verschwunden. Eines Nachmittags wird er entdeckt, wie er bis zum Hals im Teich steht. Als er unterzugehen droht, stürzt sich ein Knecht hinein und holt ihn heraus.

Als sie ihn zurück ins Haus bringen, spricht er wiederholt von der Kälte des Wassers und fügt hinzu, dass es sehr schwer sei, sich in einem Teich zu ertränken, in dem man als Junge oft gebadet habe und geschwommen sei.

Nach der Hälfte der Arbeit an seinem Buch, 1945, nahm Mann seine Tagebücher aus den Jahren 1921 bis 1933 mit in seinen Garten und verbrannte sie. Es sei ein lang gehegter Entschluss gewesen, sagte er. Man schrieb den 21. Mai, Dürers Geburtstag.

Es war ja nicht so, dass er die Zeichen ignoriert hätte. Sie waren da, schon ganz am Anfang, in der verräterischen Schönheit des Meeres.

19-. Der Kontinent befand sich in einer bedrohlichen Wetterlage. Überreizt von seiner Schriftstellerei, die einen schwierigen und bedenklichen Punkt erreicht hatte, verließ Gustav von Aschenbach, die Tatsache vergessend, dass er 50 Jahre alt war, München in Richtung der Stadt am Wasser, in die er sich verlieben würde. Venedig, das Grand Hotel des Bains, erstreckte sich entlang des Strandes.

Es ist Ende Mai, und während Aschenbach in seinem Liegestuhl am Lido sitzt, beobachtet er einen Jungen, der im Sand spielt. Der Junge trägt einen englischen Matrosenanzug mit Bändern und Schleifen. Trotz der Gerüchte über die Seuche, die sich aus dem Osten ausgebreitet hat und nun in der Stadt wütet, bleibt Aschenbach und riskiert eine Ansteckung. Sein Entschluss, die anderen Gäste nicht vor der Epidemie zu warnen, schon gar nicht die Familie des Jungen, entspringt laut Mann einer abgründigen Neugier auf das, was kommen wird; es ist das lüsterne Delirium der Auslöschung. Dunkle Kunst wird aus dem Tod geboren. Aschenbach ist tödlich betört. Bei schwülem Wetter, die Haare gefärbt und das Gesicht in einer Leichenparodie der Jugend geschminkt, endet seine verfallene Dorian-Gray-Geschichte an einem mit Unrat übersäten Strand. Ihm war aber, als ob der bleiche und liebliche Psychagog dort draußen ihm lächle, ihm winke, schreibt Mann, als ob er, die Hand aus der Hüfte lösend, hinausdeute, voranschwebe ins Verheißungsvoll-Ungeheuere. Und, wie so oft, machte er sich auf, ihm zu folgen.

Es war eine Geschichte über die Sinnlichkeit des Untergangs. Er wollte die Tragödie höchster Vollendung zeigen. Er erinnerte sich an diesen Besuch, an die unvergleichliche Melancholie - er schrieb an Erika, als sie dort in demselben Hotel wohnte -, an das Leben zwischen dem warmen Meer am Morgen und der ambivalenten Stadt am Nachmittag. Er liebte sie uneingeschränkt, wie Byron, wie Nietzsche. Der Anfang und das Ende, die sich verbinden, wie in *Doktor Faustus*, sogen das Leben aus ihm heraus. Er spüre, wie er abnehme - und verwendet das Wort im mythischen Sinn des Mondes. Die Röntgenaufnahmen zeigten den Schatten auf seiner Lunge. Nachdem er so viel über Krankheiten geschrieben hatte, hatte die Krankheit ihn selbst eingeholt. Mit 70 Jahren habe er nach eigener Aussage sein wildestes Buch geschrieben. Jetzt haben sie ihm den Krebs herausgeschnitten, die erste Operation, der er seinen Körper unterzogen hat.

Ich kann mich an jede Einzelheit dieser ersten Stunden erinnern, wie ich die Bekanntschaft der an der Wand hängenden Pendeluhr machte, wie die Krankenschwestern hin- und herliefen, Fieber maßen, Injektionen gaben, Beruhigungstabletten verteilten; wie die Ärzte, die mich behandeln sollten, *in corpore* kamen, um mich zu begrüßen, an ihrer Spitze der Chirurg selbst.

Nach der Operation kam er wieder zu sich und berichtete, wie sehr er gelitten habe - obwohl er in Wirklichkeit nichts davon spürte. Seine Fäden wurden von dem hübschen jungen Carlson in seiner Gummischürze gezogen (gutes Aussehen war ihm ein Vergnügen, ob bei Männern oder Frauen), und Alfred Knopf schickte ihm Kaviar. Als er mit einer riesigen Narbe, die von der Brust bis zum Rücken verlief, entlassen wurde, beeilte er sich zum Erstaunen seiner Ärzte, nach Hause zu kommen, um sein Buch zu beenden, und kehrte mit dem Zug im Speisewagen nach Hause zurück, wo er von seinem Pudel freudig begrüßt wurde. Niko hatte die ganze Tragweite der Abreise seines Herrchens gespürt und an jenem Morgen seine Pfote auf Thomas' Knie gelegt, als sie auf die Ankunft des Krankenwagens warteten. Jetzt rannte er tanzend und mit wilden Sprüngen im Kreis herum.

Mann schrieb die letzten Zeilen seines *Doktor Faustus* am Morgen des 29. Januar 1947 und ging dann am Strand spazieren. Am 11. Mai reisten er und Katia mit der Queen Elizabeth nach Southampton. Im Juni war er zurück in Zürich und wartete auf die Druckfahnen.

Das Meer, von Anfang bis Ende. Das Meer, das er als Junge kannte, Sintflut und Verfall: die gestrandeten Quallen und die seichten Gezeiten von Travemünde, das fahle Nordmeer und das erinnerte Tosen; eine ungeborene, körperlose Welt, die danach verlangte, geordnet und gestaltet zu werden. Der Klang der kleinen Wellen, wovon ein einziger Klang ihn immun machen würde gegen alle Schrecken, die ihm bevorstanden. Die große Seestadt Hamburg, wo Kräne Kisten aus den Bäuchen der Seeschiffe hoben, wie ruhige Elefanten bei der Arbeit.

Die Vergangenheit schien in einem Trommelwirbel auf. Die Insel Sylt, verzaubert von dem großen, sanften Wind und den raubtierartigen Wellen und dem furchterregenden Vergnügen, mit Kräften zu spielen, die so groß waren, dass eine Annäherung fast Zerstörung bedeutete. Er war verloren und gefunden. Selbst bei seinen Spaziergängen am Fluss, wenn Bauschan mit tugendhafter Miene ins Wasser tauchte, sorgte sich Mann, dass sein Hund mitgerissen werden könnte, bis hin zur Donau und darüber hinaus. Denn der Mensch ist ein Kind des Wassers, stellte er fest; zu neun Zehnteln besteht unser Leib daraus, und in einem bestimmten Stadium unserer Entwicklung vor unserer Geburt besitzen wir Kiemen.

Nirgends lieber arbeite er als am Meer, sagte er; nur in dessen Anschauung war wahre Selbstvergessenheit erreichbar. Hans beim Skifahren auf Schneefeldern, die ihn an die weiten Dünen des Meeres erinnern, an die im Raum ertrinkende Zeit und an ein Gefühl tiefer Zufriedenheit; Adrian opferte die kleine Meerjungfrau, deren Schwanz glatter war als der gegabelte der Menschen, deren Augen so blau waren wie die Tiefe und die den Komponisten mit dem Wissen tröstete, er werde als Schaum auf dem Meer enden, während sie ihn zärtlich ertränkte. Tadzio winkend auf dem Lido. Der Junge, den er auf Sylt traf. Die Notiz, die er im Gästebuch des Hotels hinterließ, auf dass die Zukunft sie finde.

11. September 1927. An diesem erschütternden Meere habe ich tief gelebt.

Der hübsche Matrose, der melancholische Engel, der gefährliche Blick. Nachdem der Junge für zwei Wochen nach München gekommen war, fragte Mann die Familie: Seid ihr froh, dass der junge Narr weg ist? Er zitierte aus Goethes Faust.

Das war das letzte Mal, dass ich geliebt habe, sagte er. Schwarze Augen füllten sich mit Tränen über mir. Lippen, die ich küsste. Das werde ich sagen können, wenn ich sterbe. Er gab sogar zu, dass er seinen eigenen Sohn begehrte. Was hat seine Kunst mit ihm gemacht? Er kann uns nicht einmal mehr ansehen.

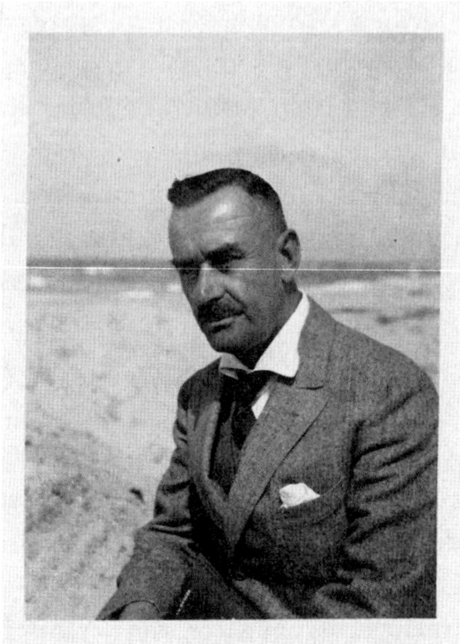

Aschenbach ... war, als lasse nicht alles sich ganz gewöhnlich an, als beginne eine träumerische Entfremdung, eine Entstellung der Welt ins Sonderbare, um sich zu greifen, der vielleicht Einhalt zu tun wäre, wenn er sein Gesicht ein wenig verdunkelte und aufs Neue um sich schaute.

VERRAT

Wie könnte ich einen solchen Mann nicht lieben? Er geht vor mir über den Sand, sein Herz wie eine Anemone. Das Meer, kalt genug, um jeden zu verwirren, um jeden Schmerz zu betäuben. Diese ganze liebliche Schönheit war besudelt worden. Der Himmel über der Stadt war nicht mehr so blau.

Seine Kinder rebellieren. Erika in ihrem Kabarett in Hamburg und Berlin, im engen Männerjackett und Rüschenhemd; Klaus, leicht zu verwechseln mit seiner Schwester, mit den gleichen zurückgekämmten Haaren. Sie verstehen sich als Zwillinge, geben vor, den Geburtstag des anderen zu haben, und führen in der Straßenbahn freche Dialoge.

Die zwanziger Jahre, diese trostlose, verstörende Zeit. Thomas verarbeitete sie in einer Geschichte, *Unordnung und frühes Leid,* die von Marianne Moore in *The Dial* veröffentlicht wurde. Darin sieht er seinen eigenen Sohn und ihren Diener, wie beide ihr schweres Haar oberhalb des Mittelscheitels auftragen, mit dem gleichen charakteristischen Schwung aus der Stirn geworfen. Er wollte so sein wie sie.

Sie haben sich sogar um denselben Jungen gestritten (Thomas schreibt Erika und Klaus: Ich bin schon alt und berühmt, und warum solltet ihr allein darauf sündigen?). Klaus imitiert seinen Schauspielerfreund, einen Künstler der sogenannten Modernen Schule, der in seltsamen und auf Thomas völlig affektiert wirkenden Tanzhaltungen auf der Bühne steht und jämmerlich kreischt. Beide jungen Männer schwärzen den unteren Rand ihrer Augenlider. Klaus meint, wenn er als Kellner in einem Club enden würde, würde er genauso gehen.

Ich wollte auch wie sie sein. Der grüne Nagellack, die dunklen Augen. Erika und Klaus in den Armen des Geliebten des anderen, das Glühen der

Sonne, Schatten, die wie Blätter fallen. Klaus fand Worte für das, was sie fühlten. Sie versuchten, weltmännisch und aufrührerisch zu sein, sakral und schnoddrig, fortschrittlich und romantisch, fanden sich mystisch und zynisch. Sie wollten, dass alle glücklich sind. Nichts schien endgültig oder unmöglich zu sein. Sie seien wie verhexte Königskinder, sagte einmal jemand zu ihnen. Sie konnten sich nicht entscheiden. Alles, um nur ja nicht gewöhnlich zu sein. Ich kannte solche Leute. Engel am Ende der Dinge. Eine Gesellschaft verlorener Seelen.

Erika spielt eine Lehrerin in dem Film *Mädchen in Uniform*, die ihre transvestierten Mädchen in einem Theaterstück trimmt. Denkt nicht, gehorcht, sagt sie ihnen. Auf die Knie! Öffnet eure Arme! Ihre Augen glühen vor Leidenschaft. Der Film wird verboten. Ihre Geliebte ist die Schweizer Schriftstellerin und Fotografin Annemarie Schwarzenbach, weder Mann noch Frau, mit dem Gesicht eines untröstlichen Engels; sie und Klaus sind Zwillinge der Sucht. Morphium betäubt ihre Verzweiflung, während sie von Zimmer zu Zimmer kriechen. Das Meer in den Fenstern, der leere Strand.

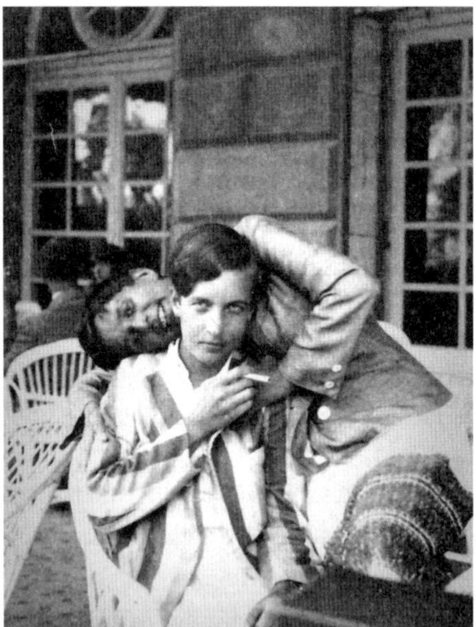

Mai 1932, Grand Hotel des Bains, Venedig.

Sie ziehen von Wien nach Prag und Paris; 1935 wohnen sie in der Emmastraat 24, in der Nähe des Vondelpark in Amsterdam. Ihre Mitbewohner sind Christopher Isherwood und sein Freund Heinz, ebenfalls auf der Flucht. Isherwood arbeitet an *Goodbye to Berlin*. Vielleicht haben sich die Menschen im Mittelalter so gefühlt, sagt er, als sie glaubten, ihre Seelen an den Teufel verkauft zu haben. Klaus gibt seine antifaschistische Zeitschrift heraus und arbeitet an einer Geschichte über seinen Helden Ludwig, den wahnsinnig gewordenen König, den er mit Wilde vergleicht und der nicht in einem See ertrunken ist, sondern noch lebt, gesegnet mit ewiger Jugend, wie Lohengrin. Klaus sieht sich als Kaspar Hauser, den verlorenen Prinzen, der aus dem Wald kam, nach Nürnberg. Alle Meere warteten auf ihn, der menschliche Körper ist schön in allen seinen Teilen. Er schreibt *Mephisto*, in dem sich ein eitler Darsteller dem Regime unterwirft, um Ruhm zu erlangen.

In jenem Sommer gesellen sich Morgan Forster, Stephen Spender und der berüchtigte, brillante Brian Howard zu ihnen, der beim Tee in einem Hotel ein Stück Papier hervorholt und Isherwood fragt: Weißt du, was das ist, my dear?, bevor er den Inhalt schnupft. Kokain gibt ihm das Gefühl, sich in einem herrlich ruhigen venezianischen Palast zu befinden und Jeanne d'Arc zu sein; Heroin breitet sich wie eine steinerne Blume vom Magen auf die Beine und Arme aus. Als sie den Kanal entlang zurückspazieren, springt er aus einer Ecke hervor, den schwarzen Pelzmantel über dem Kopf, wie ein Bär. Siehst du, wie sehr er uns liebt?, sagt Christopher. Auch das Böse ist eine Performance. In München besucht Klaus mit Brian eine Kundgebung; dieser dreht sich zu der jubelnden Frau um, die neben ihm steht, und fragt sie, ob sie jemals einen wirklich guten Psychiater konsultiert hätte.

Sie konnten sich eigentlich nicht vorstellen, was auf sie zukam. Klaus fragte Christopher, ob er Erika heiraten wolle, damit sie eine neue Staatsbürgerschaft beantragen könne; dieser lehnte ab, weil seine Mutter das nicht gutheißen würde, aber Auden war einverstanden, er hatte nichts dagegen. Wozu, meinte er, gäbe es schließlich Schwule? Zurück in England sucht Forster Stephen Tennant in einem Hotel in Sussex auf, mit Neuigkeiten vom Kontinent. Alles rückt in immer größere Ferne. Sie diskutieren über *Moby Dick*. Ich weiß das alles, weil ich die Überlebenden von damals getroffen habe. Ich wollte wie sie sein. Ich spürte, dass ich es gewesen war. Ich dachte, ich könnte mich so verhalten oder sprechen wie sie, mit ihren Fischgrätenmänteln und lässigen Frisuren. Meine Schwester und ich trugen Kleider, die wir an dunklen Winterabenden auf Trödelmärkten in den Vorstädten ergattert hatten. Einer von ihnen signierte sein Buch für mich. Er datierte die Inschrift auf August 1930.

Klaus und Erika fliehen aus Spanien; ihr Vater erfährt, dass sie von einem U-Boot gerettet wurden. Klaus folgt seiner Familie über den Atlantik. Er segelt von Southampton aus auf einem neuen Luxusliner, der *Champlain*. Nicht dass er es nicht schon gewohnt gewesen wäre. Drei Monate später nehmen Auden und Isherwood in ihren Tweedmänteln den Zug nach Southampton und fahren mit demselben Schiff. Vor Neufundland geraten sie in eine Havarie; das Schiff kommt in New York an und sieht aus wie eine Hochzeitstorte. Wie Schwanenritter aus dem Schnee auftauchend, kommen ihnen auf dem Quarantäneschiff Klaus und Erika entgegen.

In Manhattan – von Panofsky als gigantisches Funkgerät beschrieben, das in der Lage ist, eine Vielzahl von Stationen zu empfangen und zu senden, die sich gegenseitig nicht erreichen können – werden die Manns zur inoffiziellen Empfangsstation für Künstler und Schriftsteller, die aus Europa fliehen. Unser Haus ist zu einem Rettungsbureau für Gefährdete, sagt Thomas, Hilfe Rufende, Untergehende geworden.

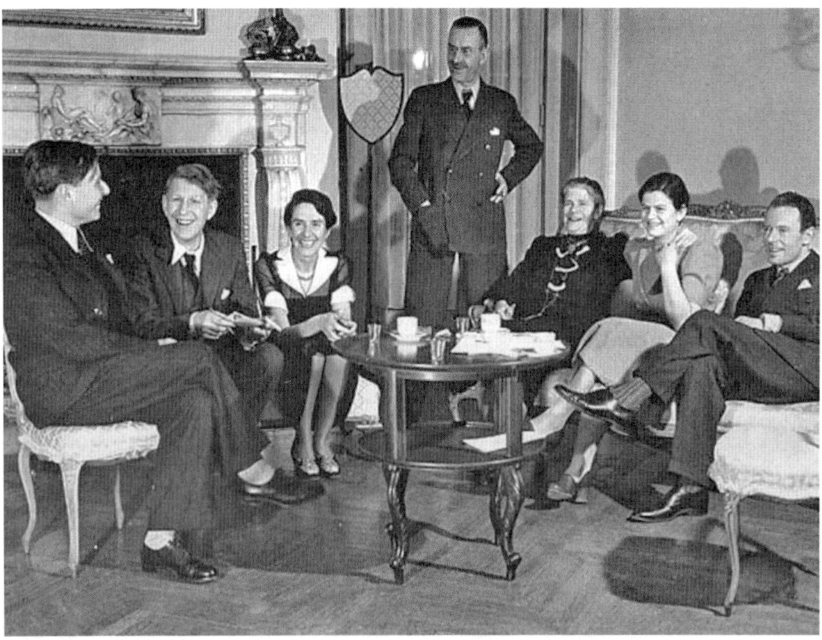

In Princeton werden sie für die *Time* fotografiert, in ihrem Wohnzimmer, in der Runde sitzend. Verschwörerisch lächeln sie in ihre Masken. Man kann nicht sagen, wer zu wem gehört, welche Forderungen sie stellen werden. Thomas steht mit der Hand in die Hüfte gestemmt; sie lachen, weil er gerade gesagt hat, Christopher sei der Zuhälter der Familie. Sie sind zurück in ihrer Villa am Fluss, draußen schnurrt der Buick. Der verschnörkelte Kamin, die Rokokosessel, ein schwarz-weißes Standbild von einer Filmkulisse, still und hell, von unten beleuchtet. Das Blitzlicht wirft Schatten an die Wand. Sie sehen überhaupt nicht ausländisch aus.

Oktober 1940. Eine weitere Familie versammelt sich in Brooklyn Heights, mit Blick auf das Meer. In der Middagh Street 7, einem hohen, giebelständigen Haus, einem Schiff, das aus der Verankerung gerutscht ist, beziehen Freunde ihre Zimmer: Jane und Paul Bowles, der Sally in Isherwoods Geschichte seinen Namen gab; Benjamin Britten und Peter Pears, die aus *Der Tod in Venedig* und *Billy Budd* Opern machen werden (Mann wollte, dass sie sich auch des *Doktor Faustus* annehmen); der smarte Zeitschriftenredakteur George Davis und Gypsy Rose Lee, die intellektuelle Burlesque-Queen; und der untröstliche Engel Annemarie, in die Carson McCullers untröstlich verliebt ist. Auch der Haushalt ist nicht nur menschlich: Joe, der Schimpanse, zieht mit seinen Freunden ein, einem Rudel zirkusreifer Hunde.

Auden inszeniert dieses zweijährige Kabarett, eine herausfordernde Darbietung, geleitet von einem Dichter, der die Miete kassiert und den Ort wie eine Schule führt: Wir haben einen Braten und zwei Gemüsesorten, Salat und Salzgebäck, und politische Diskussionen wird es nicht geben. Abends gehen sie mit ihren Matrosen und Freunden in die Bars am Wasser. Alle sind schön und nie langweilig. Es ist ein Getümmel aus Alkohol und Inzest. Klaus gründet eine neue Zeitschrift mit dem bezeichnenden Namen *Decision*; Marianne Moore schreibt an der ersten Ausgabe mit. Thomas nimmt den Posten des Beraters an, unter der Bedingung, dass Marianne sich bereit erklärt, Klaus' Mitherausgeberin zu sein. Klaus und Erika sagen, dass die Kunst Partei ergreifen und Widerstand leisten müsse, sonst würde die Kultur selbst untergehen; alles andere sei eine Farce.

Wystan und Christopher sind sich da nicht so sicher. Auden sagt, es sei die Pflicht des Künstlers, zuerst die Wahrheit zu sagen, auch wenn das bedeutet, auf unbequeme Tatsachen hinzuweisen, da man sonst Gefahr läuft, wie seine Feinde zu werden. Er schlurft in seinen Pantoffeln herum und trägt teure und zugleich schlechtsitzende Kleidung. Er ist penibel und ungepflegt – einmal musste er eine seiner Mützen wegwerfen, weil er sich im Kino übergeben hatte – und wird beim Frühstück mit Benzedrin und beim Abendessen mit Seconal betäubt, wonach er sich nach oben zurückzieht und sagt, er wolle allein sein wie die Garbo.

Auden, einem Mönch darin nicht unähnlich, gab das gewöhnliche Leben für die Kunst auf. Sein Leben war ein Gemälde. Wenn er aus dem Fenster schaute, sah er Whitman, der bei Flut die Fähre bestieg, und Melville, der in die Milde segelte, sein Beruf eine andere Insel. Marianne Moore, Audens amerikanische Lieblingsdichterin, lebt in der Nähe. Er sagt, ihr Werk sei Delphin-graziös (er zitierte daraus). Sie sagt, sein Werk habe die mühelose Kontinuität des Wals oder des Tümmlers in Bewegung, und sie und Wystan seien durch Stahlreifen miteinander verbunden.

Ihr Leben war von stählernen Banden bestimmt. 1887 wurde sie in St. Louis geboren und von ihrer Mutter Mary erzogen, ihren Vater lernte sie nie kennen. Er hatte sich, dem Matthäus-Evangelium folgend, die rechte Hand abgehauen und war in eine Anstalt eingewiesen worden. Marianne erhielt eine feministisch ausgerichtete Erziehung am Frauencollege Bryn Mawr, wo sie die meiste Zeit im Biologielabor verbrachte und mit einem Seil um die Taille in einem glitschigen Pool schwimmen lernte. Die Intensität des mütterlichen Einflusses führte dazu, dass Mary und Marianne vierzig Jahre lang im gleichen Bett schliefen, selbst als Marys Geliebte, die ebenfalls Mary hieß, einzog. Ihre Mutter war ihr anderes Selbst, ihre Korrektur-Stimme.

Es war schwierig zu wissen, wer wer oder was war. Marianne und Warner, ihr Bruder, verstanden sich als Zwillinge; er und ihre Mutter sprachen von Marianne als er, sie hielt es genauso. Alle drei nahmen nicht-menschliche Identitäten an: Mary, ein Maulwurf oder ein Kaninchen, Warner ein Hund oder ein Dachs, Marianne eine Ratte oder ein Basilisk. Die ganze Familie war eine Tieranalogie. Marianne schrieb bereits Gedichte, die aus dem Nichts zu kommen schienen, verblüffend modernistisch, geschöpft aus ihrem Abtauchen in Bücher und Kunst. Ich tauche nicht auf, mein Werk zuckt und bäumt sich auf, sagte sie zu Ezra Pound.

Sie ist fest entschlossen, in New York zu leben; ihren ersten Besuch dort im Jahr 1915, den sie allein unternahm, nannte sie ihren Aufenthalt im Wal. Die Stadt war Ninive, und sie war beim Aquarium im Battery Park Jona, wo

Ismael mit den anderen Wasserfreunden über seinen Zustand als Landbewohner geklagt hatte. Im Inneren des ehemaligen Forts, in einem kreisrunden Becken von siebenunddreißig Fuß Breite und sieben Fuß Tiefe, das einst Belugawale beherbergt hatte, schwammen jetzt Delphine. Sie waren im Jahr zuvor von Cape Hatteras entwendet worden. Was widert dich an?, fragte Marianne und blickte hinüber zur Freiheitsstatue.

1918 zogen sie und ihre Mutter in eine Zweizimmer-Souterrainwohnung am 14 St Luke's Place in Greenwich Village. Die Wohnung war drei Blocks vom Fluss entfernt, und sie konnten die Spitzen der Masten sehen. Mary musste im Badezimmer kochen, und ihr Essen nahmen sie auf dem Badewannenrand sitzend ein. Mariannes Arbeitszimmer war eine Sofaecke, ein Nest aus Büchern und Notizen, wo sie ihre Wortmustertücher stickte. Die Wörter purzelten in seltsamen Anordnungen heraus, einfach so, geordnete Eindrücke und ausgeschnittene Zitate. Man nannte sie nur deshalb Gedichte, weil es keine andere Kategorie gab, in die man sie einordnen konnte: Es waren Beobachtungen, sagte sie, niedergeschrieben, um angeschaut zu werden.

Sie wollte Künstlerin werden oder Belletristik schreiben. Das klingt ziemlich bizarr, würde sie sagen. Niemand erwartet von einem Dichter, dass er konsequent ist. Ich mag Künstler nicht, sagt sie, ich mag Laborwissenschaftler und Tennisspieler und Jungs von der Sorte, die in Schwärmen unterwegs sind und wenig sagen, wenn sie allein sind. Aber sie mochte Marsden Hartleys großartiges kleines Bild vom Meer, das sie in der Galerie von Alfred Stieglitz gesehen hatte, und Man Ray machte einen tiefen Eindruck auf sie. Sie schwärmt ihrem wohlhabenden jungen Mäzen Bryher von *Das Kabinett des Dr. Caligari* vor, von der Art und Weise, wie sich jeder Winkel neigt und kippt; *Mädchen in Uniform* wird sie lieben. Alle, die sie in London kannte, zogen nach Berlin. (Stieglitz erzählt Rockwell Kent, dass Deutschland an der Spitze der Zivilisation steht; Hartley erfindet ein Mischlings-Amerika, indem er abstrakte Porträts von Berliner Offizieren mit ihren Orden und indianische Schwimmer in ihren Badehosen kombiniert.) In Greenwich Village lebt Marianne mit ihrer Mutter wie eine Einsiedlerin. Sie verbringt Monate mit dem Schreiben eines einzigen Gedichts. Dort draußen, in den abnormen Straßen, dunkel und schummrig in einer Mittsommernacht, besucht sie das Provincetown Playhouse, dessen Schauspieler mit der Fähre vom Kap ankommen. Sie trifft radikale Dichter, deren

Werk sie schon um Jahre überholt hat. Sie sonnt sich auf dem Dach und bezeichnet sich als Pterodaktylus, mit einer Sehnsucht nach Pfauenblau. Sie steht auf der Straße, in der Hand die Zügel eines Ponys; ihr Tizian-Haar, ihr blasses Gesicht, ihre irische Abstammung, täuschend zurückhaltend. Man müsste eine praktische Maske erfinden oder einen Hindu-Schleier für das soziale Event Stadt, sagt sie. Sie isst Zwiebeln und Pflaumen, ihr Gewicht stürzt ab auf fünfundsiebzig Pfund. Sie liebt den Zirkus; sie hat ein Trapez, um ihre skoliotische Wirbelsäule zu strecken. Ich könnte sie mit einer Hand hochheben wie einen Vogel.

Sie war nicht exzentrisch; wir sind es, die exzentrisch sind. Sie sieht die Tiere als ihre Vorfahren: in der Bibliothek, im Museum, im Zoo, wo Seelöwen ihre Runden schwammen und immer noch schwimmen. Es war das Meer, das sie festhielt, das Einzige, was sie in ihre Arbeit einbringen wollte. Ihr Bruder war immerhin ein Seemann. Sie floh mit ihrer Mutter nach Monhegan, einer Insel vor der Küste von Maine mit felsigen, baumbestandenen Ufern. Es war ein Ort für wilde Schriftsteller und Künstler, erzählte sie H. D.; Hartleys Freund Rockwell Kent arbeitete dort. Sie kletterte auf einen 150 Fuß hohen Felsvorsprung und sah, wie die Dinge im klaren Wasser von Tieren zu Mineralien zu Menschen wurden. Ihre Titel wurden zu den ersten Zeilen ihrer Gedichte, so dass

Ein Oktopus
aus Eis. Täuschend zurückhaltend und flach,

zu einem Gletscher wird, der zu Glas wird, das sich biegen kann, sich dann wieder in einen Oktopus verwandelt, der Strandschnecken von den Felsen pflückt, während Lärchenäste das Sonnenlicht filtern (wie Wale) und Antilopen auf wolkenfarbenen Felsen stehen. Sie ist die Beobachterin, in wechselndem Tierwetter. Sie sieht eine Qualle als bernsteinfarbenen Amethyst, der vor lauter Absichtlichkeit zittert, einen Fisch, der durch schwarze Jade watet, die immer wiederkehrende Phosphoreszenz der Antike; das Meer als Abgrund, in dem sie eingeschlossen war. Mein Schreiben ist nicht geradezu ein Fossilienkabinett, aber doch eine Art Sammlung von Fliegen in Bernstein, sagt sie; sie mochte, was Thoreau gesagt hatte: von Kopf bis Fuß Neugier zu sein. Sie zitiert aus Ruskin und *The Tempest*, aus Magazinen und Landkarten, sie sammelt ihre Kuriositäten, verwandelt sich in sie: ihre

Hände, ihre Augen, ihre Füße, ihre Haare aus dem Zeitalter der Inka. Ein verlorener Prinz, eine Eisjungfrau, eine Königin. Ab und zu funkle ich ganz schön, sagte sie.

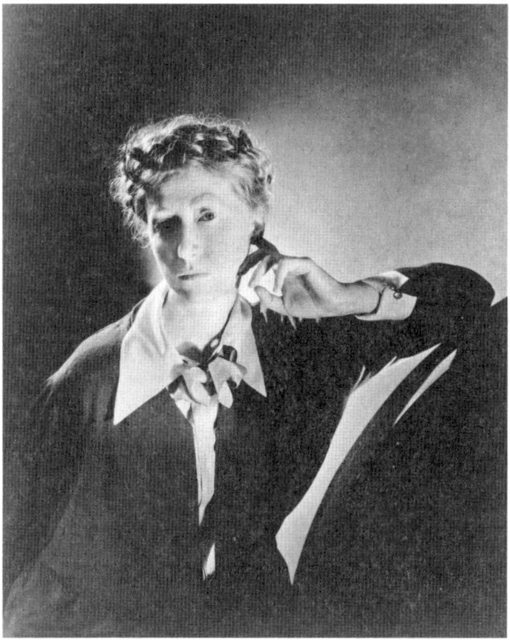

26. Mai 1927. Diese scheinbar schüchterne, absolut moderne Frau und Herausgeberin von *The Dial*, einer einflussreichen Literaturzeitschrift (Thomas Mann ist ihr schwer zu fassender Auslandskorrespondent; Marianne versteht seine Berichte als Kommentar zu seiner Belletristik), bricht zu einer zweimonatigen Reise nach England auf. Sie und ihre Mutter segeln mit der *Caronia* von New York nach Southampton; die Strecke sei die große Fernstraße zwischen der Neuen Welt und der Alten, heißt es in der Werbung. Sie hatte die letzte Ausgabe in einem guten Zustand zurückgelassen. Sie schickten Roger Fry den Brueghel zu spät zur Rezension, sie akzeptierte Hart Cranes Gedicht, obwohl es nicht gut geriffelt war; könnten sie verklagt werden, weil sie gegen die Piraterie von *Ulysses* protestierten, sollten sie das Mann-Pamphlet mit einer Rezension vom *Zauberberg* veröffentlichen? In London wohnen sie in Bedford Place, um die Ecke von Faber und Faber, aber sie lehnt es ab, T. S. Eliot zu besuchen, obwohl er nur ein paar Türen

weiter wohnt. Sie waren sich nie begegnet, wurden aber im selben Jahr in derselben Stadt geboren und hatten seit 1921 miteinander korrespondiert.

Marianne und Mary erkunden die Buchläden, Museen und Ruinen Englands, wie sie es 1911 bei ihrer ersten Englandreise gemacht hatten. Damals hatte sie die jungen Männer von Oxford bestaunt, die sie beschrieb wie exotische Vögel. Ein luxuriöser Haufen, sagte sie, mit weißen Flanellhemden & knalligen Krawatten und Socken. So eine Kombination von Geschmack und Seekrankheit hatte sie noch nie gesehen. Grüne Socken mit orangefarbenen Uhren, lavendelfarbene Socken und Flanellmäntel mit breiten Regenbogenstreifen in Orange, Hellblau und Dunkelblau. Jeder Zoo, jedes Aquarium, jede Bibliothek, jeder Garten, jeder Briefband war eine Anthologie, ein Porträt vom Geist des Kurators, sagte sie. Alle flossen sie in ihre Poesie ein, in die entstehenden Porträts der Springmaus, der maschinenartigen Form des Schuppentiers und des Ameisenbären, die sie für ihren jungen Neffen skizzierte. Sie schrieb über Tiere, weil sie, wie Sportler, am besten aussehen, wenn es sie nicht weiter kümmert.

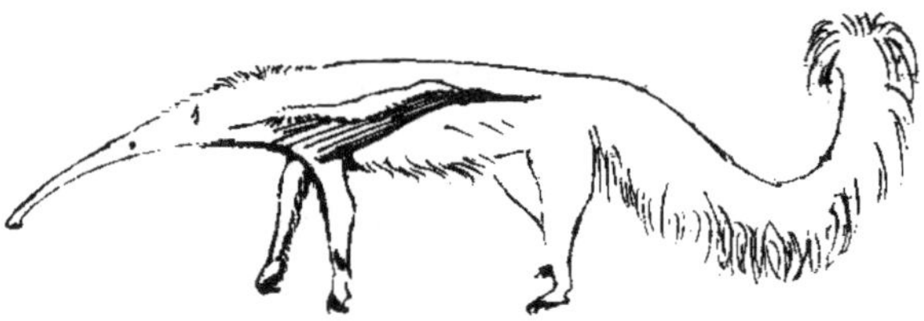

Als sich ihre Reise 1927 dem Ende zuneigt, wohnen sie bei Alyse Gregory und Llewelyn Powys in einer Hütte der Küstenwache auf einer Kreidefelseninsel in Dorset, die als White Nose bekannt ist. Hier ist das Ende von England. Von fast 500 Meter hohen Klippen blickte sie wie von einem Mast herab. Powys, der wegen seiner Tuberkulose dort war, nimmt sie mit an die Felskante.

Wir befanden uns direkt über dem Meer, sagte Marianne, das sich in einer Art urzeitlichem Panorama kilometerweit erstreckte, so weit das Auge reichte, bis hinunter zum Bogen von Durdle Door. Powys zeigt ihr, als wäre er Gott, tumbe Trottellummen & Papageientaucher & junge Möwen, möglicherweise Raben & vielleicht einen Fuchs sowie einen jungen Turmfalken auf dem Weg. Im Inneren des Cottage hielten zwei Löwenschädel auf dem Bücherregal Wache, und an der Wand hing ein wunderschöner Stich. Er zeigte Lulworth Cove, dessen geologische Erhebungen in Mariannes Augen wie die Kiemen eines Wals aussahen.

Am nächsten Tag nahmen sie den Zug von Dorchester nach Southampton und segelten zurück nach New York; Mary wollte, dass das Schiff in die andere Richtung fuhr. Ich wünschte, du hättest die Yachten auf der Isle of Wight sehen können, sagte Marianne zu Warner, ihrem Bruder, der jetzt Kaplan bei der Marine war. Zurück in Greenwich Village ist *The Dial*, das sie sieben Jahre lang daran gehindert hatte, ihre eigenen Gedichte zu veröffentlichen, zu einem Ende gelangt. Warner, der in die Navy Yard in Brooklyn versetzt wurde, besteht darauf, seine Mutter und seine Schwester dorthin umzusiedeln und sie in einer Wohnung in der Cumberland Street unterzubringen. Dort gibt es einen Speiseaufzug, eine Küche und zwei Schlafzimmer, aber die beiden Frauen schlafen immer noch im selben Bett.

Marianne, gestrandet im dritten Stock des anonymen gelben Backsteinblocks, hat sich mit ihrem neuen Zuhause arrangiert. Brooklyn ist keine Bohème, aber sie mag die Meeresluft, die Straßen mit Namen wie Ocean, Surf, Mermaid und Half-Moon, und andere, die Orange, Cranberry und Pineapple heißen, nach den Waren, die von Cape Cod und den Westindischen Inseln mitgebracht wurden. Ihre Straße endete an der Marinewerft, deren Hafen von der Bucht aus zu sehen ist. Sie bemerkte, dass bei den örtlichen Händlern der Hund drinnen warten darf, aber nicht in der Nähe der Waren. (Sie hatte keinen Hund.)

Und hier begann sie wieder zu schreiben: eine stille, unerhörte Sequenz, die Neuengland mit einem Zeitungsbericht aus dem Hafen von Brooklyn verbindet, als

TEIL EINES ROMANS, TEIL EINES GEDICHTS,
TEIL EINES THEATERSTÜCKS.

THE STEEPLE-JACK (DER TURMKLETTERER)

Dürer hätte es eingeleuchtet, in einer Stadt
  wie dieser zu leben, mit acht gestrandeten Walen
zum Anschauen; mit der süßen Seeluft, die in Ihr Haus strömt,
an einem schönen Tag, vom Wasser geätzt
  mit Wellen, so formvollendet wie die Schuppen
eines Fischs.

In Brooklyn gab es einen Küstenabschnitt, der *Whale Kill* hieß, aber sie konnte sich nicht erinnern, wo sie von den Walen gelesen hatte. Sie hätte Dürer heiraten sollen. Sie liebte ihn: Das hatte sie in *The Dial* 1928, an seinem Geburtstag, ganz offen kundgetan, nachdem sie eine Ausstellung seiner Grafiken in der New York Public Library gesehen hatte. Es war eine bescheidene Ausstellung, räumte der Kurator ein, verglichen mit der Nürnberger Fackelparade zu Ehren des Künstlers im selben Jahr; aber sie enthielt *Melencolia* und Drucke des *Heiligen Eustachius* und *Hieronymus*. Marianne schrieb darüber, eineinhalb Seiten, ein Liebesgedicht in Prosa. Sie liebte an Dürer das Neue im Alten, sagte sie, eine spukhafte und doch so selbstverständliche Wunderbarkeit wie eine Flamme auf einem Wappen oder ein freies Feuer in der Luft, und die Tatsache, dass seine Geheimnisse nicht leicht zu ergründen waren.

Sie sprach von sich selbst. Jahrelang war sie Dürer nachgelaufen und hatte sich an ihn herangeschlichen als der Bibliothekskormoran, der sie nun mal war. Im Sommer 1911 hatten sie und Mary seine Drucke im Hunterian in Glasgow und sein an Turner erinnerndes Aquarell von Tirol im Ashmolean in Oxford gesehen. Dann verließen sie mit dem Nachtschiff Southampton und schauten sich mit hungrigen Augen die Dürers im Louvre an, wo das Porträt des Künstlers als junger Mann hing, mit seinem Quallenhut und den langen rotgoldenen Locken. Sie verglich ihn mit Edward de Vere, dem Earl of Oxford, dessen Hütchen sich wie eine Auster an seinen Kopf klammerte und von dem es hieß, er habe Shakespeares Stücke geschrieben. Sie liebte Dürers Gespür für prunkvolle Kleidung. Paris war auch voller Pudel, bemerkte sie, mit staubigen Ohren, Flecken und glatten Beinen.

In New York, im Met, hatte sie zwei seiner Holzblöcke – zu Samson, der den Löwen reißt, und zum Martyrium der Heiligen Katharina – sowie die Werkzeuge gesehen, mit denen sie geschnitten waren. Der Bankier Junius Morgan hatte dem Museum einen fast vollständigen Satz von Dürers Drucken geschenkt. Nürnberg, vor ihrer Haustür, eine U-Bahnfahrt entfernt. Sie beteuerte, den Blöcken und ihrem Reliquienzauber zu misstrauen – als ob jemand ihre Schreibmaschine verehren würde –, gab jedoch zu, dass ihnen durchaus eine lebendige Energie innewohnte. Ihre Wertschätzung sei eine echte Votivgabe, sagte sie. Jetzt, in Raum 321 der Bibliothek, stand sie seinem Nashorn Auge in Auge gegenüber. Er hatte es sich nur für sie ausgedacht. Eine Verbindung von Phantasie und Kalkül, sagte sie. Sie mochte die subtile Art und Weise, in der sich das D seines Monogramms unter dem mittelalterlich anmutenden A verbarg. Schon seine bloßen Reisen waren voller Inbrunst, stellte sie fest und merkte an, dass er an die holländische Küste gefahren war, um einen gestrandeten Wal zu betrachten, der ins Meer gespült wurde, bevor er es schaffte, dort einzutreffen. Dürers Härte zog sie an. Der Kirchturmkletterer schlüpfte von Maine nach Oxford und wieder zurück,

> ein Meer, das Purpur des Pfauenhalses ist zu grünlichem Azur verblasst, so wie Dürer
> das Tannengrün Tirols zu Pfauenblau und Guinea
> Grau veränderte. Du siehst einen fünfundzwanzig Pfund schweren Hummer; und Fischernetze
> zum Trocknen ausgelegt.

Sie spielte Dürer nach, wie einen Zirkus, wie einen Zoo, wie die Porzellantiere auf ihrem Kaminsims oder ihr kleiner Samtbär in einem Grillen-Käfig. Sehen war ein Akt des Glaubens, vom domestizierten Löwen des Hieronymus, der in ihren *Sea Unicorns and Land Unicorns* von 1924 auftaucht, bis zu *Then the Ermine:* von 1952

> mit der Kraft einer Implosion;
> wie Veilchen von Dürer;
> sogar noch dunkler.

Sie erwirbt ein mattsilbernes Buch mit gotischem Schriftzug, **Albrecht Dürer / Blumen und Tiere**, erschienen 1936 in Berlin, mit Dürers Hirschkäfer auf dem Einband, der nur aus Stacheln und Hörnern besteht. Im Innern waren seine zu einem Strauß gebundenen dunklen Veilchen abgebildet. 1937 vergleicht sie die Ausstellung dadaistischer und surrealistischer Kunst im MOMA mit dem Mariners Museum in Virginia, in dessen laborähnlichen Räumen sie ausgebleichte Holzgirlanden, Aushängeschilder mit fischschwänzigen Monarchen aus Meer und Land, einen Tätowierapparat, schillernde Glasobjekte aus dem Meer, das Skelett eines Walbabys betrachtet. Das Museum ist ein Paradies für Shakespeare oder Dürer, sagt sie, nicht zufälliger als ein Kunstwerk zufällig ist. Ein Freund schickt ihr zu Weihnachten einen Druck von prächtigen Eichhörnchen. »Von dem wohl größten Maler der deutschen Schule«, zitiert sie, da möchte ich nicht widersprechen! Solche gedankenverlorenen, geschäftigen, wilden Tieraugen.

Für eine Dichterin, die elisabethanische Narwale als stolze Ureinwohner der neuenglischen Küste betrachtete und sich fragte, wie es wohl wäre, ein (riesiger, zuweilen unsichtbarer) Drache zu sein, war es vorherbestimmt, dass Dürers Vision zu der ihren wurde. Sie verpflanzte einen deutschen Künstler aus dem 16. Jahrhundert in das New York des 20. Jahrhunderts, in ihre eigene Rüstungsausstellung.

Sie wurde zu ihm.

Ihr Dürer war verpackt und fremdartig, wie ein gestrandeter Hummer. In ihren aufgeladenen Worten wurde der Wal zu dem Amerika, das der Künstler nie gesehen hat. Vom mittelalterlichen Meer Dürers zum modernistischen Meer Moores: der melancholische Engel, das aztekische Gold, die gepanzerten Tiere, die exotischen Vögel, das fahle Mondlicht; die ganze Traurigkeit der Welt im Auge eines Wals. Albert wurde Ahab; *Moby Dick* der *Faust* der Vereinigten Staaten. Der Weiße Wal, so Charles Olson im Jahr 1947, war Amerika, sein gesamtes Territorium, und die *Pequod*, auf der alle Rassen zusammenleben, war ein noch nicht in Erfüllung gegangener Traum. Das Weiße des Wals, die Finsternis der Apokalypse. Die Abwesenheit und Anwesenheit des Meeres, von Southampton bis Rotterdam, Hamburg und Lübeck; Manhattan und seine Projekte, Prospero, der mit seinen dunklen Künsten den Sturm heraufbeschwört. Im selben Jahr, 1947, stellte Howard P. Vincent fest, dass Moby Dick in Zeit und Raum allgegenwärtig war. Gestern habe er die *Pequod* versenkt, sagte er; in den letzten zwei Jahren sei er fünfmal durchgebrochen, in der Wüste von New Mexico, über Hiroshima und Nagasaki und zuletzt im Bikini-Atoll.

Unten in der Marinewerft, in der Warner arbeitete, gab es tatsächlich einen gestrandeten Wal: das erste amerikanische U-Boot, das 1863 für den Bürgerkrieg gebaut wurde und jetzt auf dem Trockenen lag. Es trug den Namen INTELLIGENT WHALE und wurde mit einer Handkurbel angetrieben; es hätte von Dürer entworfen sein können. Als ich 1929 zum ersten Mal nach Brooklyn kam, schrieb Marianne, lag es im Tor der Cumberland Street, ein formschöner kleiner Zylinder in Muschelgrau, wie ein Schwein (sie fügte mit einem gewissen auftrumpfenden Unterton hinzu, dass das American Museum of Natural History einen Blauwal besaß, der sechzig Tonnen wog).

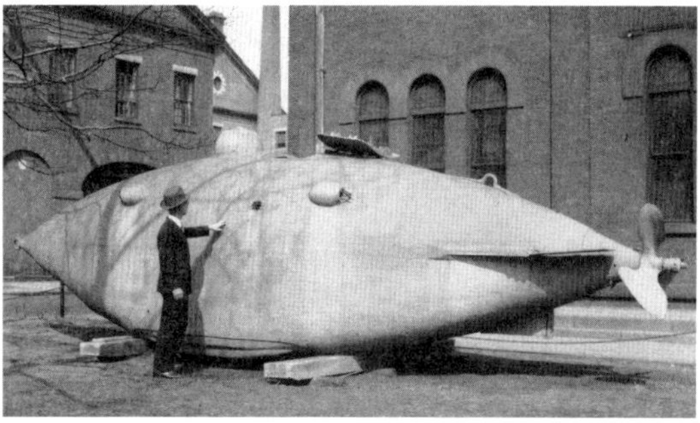

Von ihrem Krankenbett aus beobachtete Marianne durch das Fenster, wie ein Kirchturmkletterer an der Kirche am anderen Ende der Cumberland Street arbeitete. Sein Name war C. J. Poole; das las sie an dem Schild am unteren Ende seiner Leiter ab; ein weiteres Schild warnte in roter Farbe vor der Gefahr, während er hinaufstieg, um den Stern an der Spitze zu vergolden. Die Kirche hatte seit 1860 stolz an einer Ecke der Lafayette Avenue gestanden, ein Gebäude aus rotem Sandstein;

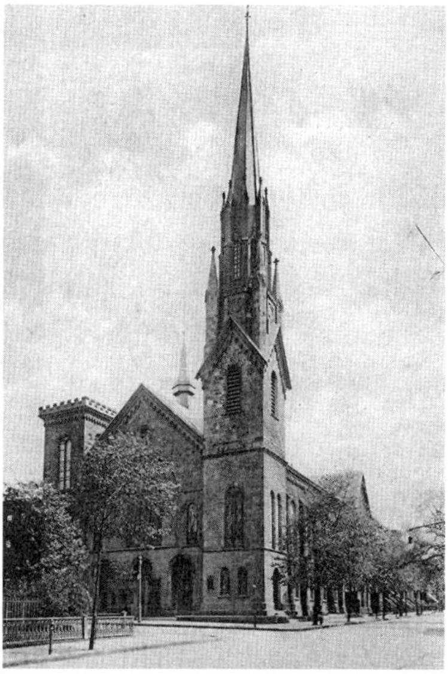

sie war als Tempel anlässlich der Abschaffung der Sklaverei errichtet worden. Frederik Douglass und Harriet Tubman sprachen dort; Sklavenflüchtlinge der Underground Railroad wurden in den Tunneln darunter versteckt. Obwohl sie in der Kirche einen geeigneten Zufluchtsort für Waisen, Kinder, Tiere und Gefangene sah, bezweifle ich, dass Marianne das wusste; oder dass sie wusste, dass der junge Douglass, Tubman und Abraham Lincoln 1833 alle Zeugen desselben gewaltigen Sternschnuppensturms waren, der den Himmel elektrifizierte und als große Erschütterung der Verhältnisse angesehen wurde. Als sie jedoch dem Arbeiter in seinem scharlachroten Overall zusah, wie er sein Seil wie einen Spinnwebfaden hinunterrollte, da war der Kirchturm, auf den er kletterte, bereits durch den neuen U-Bahn-Tunnel, der unter der Straße durchgetrieben wurde, instabil geworden.

Eine erstaunliche Straße. Eine kippelige gotische Kirche am einen Ende, ein gestrandeter eiserner Wal am anderen. In der Mitte eine Dichterin, hoch oben in ihrem Zimmer. Bald schon würde die Turmspitze fallen, so wie der Sturm die Sterne über Maine durcheinanderbrachte und die Wale an die Küste von Brooklyn rief. Marianne konnte nur von ihrem Fenster aus hinunterschauen und schreiben.

Gefesselt von Stahlreifen. Sechs Jahre später, 1938, als Auden zusammen mit Isherwood Brüssel besuchte, stand er vor Brueghels Gemälde und sah einen Jungen ins Meer stürzen. Ein Mann am Ufer mit rotem Hut fischte weiter, und gemächlich fuhr ein Schiff vorüber.

Zwei Jahre nachdem *The Steeple-Jack* im Druck erschienen war, schickte T.S. Eliot seinen Regiekollegen Frank Morley zu ihr nach Brooklyn. Die Bedeutung von Morleys Spitzname – *The Whale* oder *Leviathan* – blieb denen verschlossen, die glaubten, er rühre von seinem beachtlichen Umfang her. (In seinem Brief zeichnete Morley, damit Marianne ihn erkennen konnte, eine Skizze von sich selbst von hinten und teilte ihr mit, dass er einen Meter breit war.) Als er dann zum Tee kam, beschloss Marianne, dass sie Mr. Morley sehr mochte: erstens wegen seines karierten Raglanmantels aus der Wolle seiner eigenen Schafe, zweitens wegen der amüsanten Manier, in welcher er wie Tweedle-Dee seine Knöchel überkreuzte, und drittens, weil er ein Buch geschrieben hatte, *Whaling North and South*, in welchem er seine Abenteuer vor Shetland und in Südgeorgien im Jahr 1924 beschrieb. Weit davon entfernt, ein gewöhnlicher Bericht in einem Magazin für Jugendliche zu sein (WEIL wir alle wieder »Moby Dick« lesen, ist uns die monumentale Bedeutung des Walfängers nicht länger ein Geheimnis, stellte die *Radio Times* 1927 fest. In seinem Vortrag heute Abend wird Frank Morley beschreiben, wie das größte Lebewesen der Erde gefangen wird), erzählte Morley Marianne, dass er von dem Gemetzel, das er sah, empört war.

Es gibt zwei Arten von Walen, hatte er geschrieben: die Wale, die als Cetacea klassifiziert werden, und diejenigen, die zu Ideen aufgeblasen werden. Er hatte den toten Wal gesehen. Marmor wäre nicht gut genug, um diesen Kadaver darauf zu betten, sagte er. Dies ist der schäbige Rest, doch das Auge kann auch jetzt noch ersetzen, was verloren gegangen ist.

Der dicke Mann hatte sich für sein Thema erwärmt.

Diese monströse Form, diese graphische Gestalthaftigkeit hat sich ihren Weg im Sommer durch phosphoreszierende Wellen gebrannt, die schwarze Nacht erhellt von leuchtenden Wolken ihres eigenen Atems; und in sanftem Schweigen sank sie in ungesehene Tiefen, auf unbekannte Sehnsüchte. Ein wenig so wie ich - sein Körper war allein unter den Völkern des Meeres. Hier ruht er nun, der Wanderer, auf Erden empfangen, sagte er, schöner und schrecklicher als die Sphinx.

Marianne, die kleine Frau, spricht über den Wal zwischen ihnen. In dieser New Yorker Konversation war kaum Platz für Geschäfte. Ein paar Wochen später schaltet sie Radio WJZ ein, für den Donnerstagnachmittagsvortrag um 17.30 Uhr über Tiere in der Kunst. Diese Sendung habe sie besonders fasziniert, erzählt sie Warner, weil sie von Walen handelte. Der Name stammt von Aristophanes, der den Wal den lautmäuligen *phalos* (oder war es großmäulig?) nannte - und nicht, wie bisher angenommen, von *wallow*, »sich suhlen«, so der Vortragende. Michelangelo wählte den Wal als Symbol des neuen Lebens, und Alexander der Große hängte große Glocken an Bug und Heck seiner Galeere, um den Wal zu verscheuchen. Er war das architektonisch am meisten ausgeprägte aller Tiere. Marianne machte sich selbstverständlich Notizen, so wie sie es schon bei der Abfassung von *An Octopus* getan hatte, und schrieb gewissenhaft mit Bleistift in ihr liniertes Notizbuch: American Pacific Whaling Co schleppt Wale ein, Buckelwale, Finnwale, Schwefelbäuche, & Pottwale -.

Gleichzeitig dachte Eliot in London über eine Anfrage nach. Ein Freund fragte ihn, ob er für eine Radiofunkserie aus *Moby Dick* vorlesen und einen Mann aus Nantucket im Stil der Gespräche darstellen würde, die er zwischen Eliot und Morley gehört hatte. Der Dichter antwortete, er habe das

Buch nie zu Ende lesen können, weil er es langweilig fand, gestand jedoch, dass sein Urgroßvater von New Bedford aus Walfangschiffe betrieben hatte.

Es war ein einträgliches Geschäft, sagte er.

Jeder Hafen [*port*] hatte einen Namen für das Meer, sagte Auden (es war ein Tippfehler, *port* für *poet* [Dichter], aber er ließ es gerne so stehen). Er hatte von Kierkegaard, dass jedes Leben aus drei Akten bestehe. Der erste Akt war der flüchtige Moment der Empfindung; der zweite das Engagement und die Verantwortung; der dritte die Einsicht, dass es kein Verdienst gibt und dass, ganz gleich was man tut, möglicherweise nichts Gutes dabei herauskommt. Man könne sich nur der Verzweiflung hingeben oder sich auf die Barmherzigkeit Gottes verlassen.

Klaus überraschte alle, als er sich der US-Armee anschloss. Er stand mit einem Megaphon an der Front und forderte seine deutschen Kameraden auf, sich zu ergeben. Als er nach München zurückkehrte, stellte er fest, dass von dem Haus seiner Familie, das als staatliches Bordell genutzt worden war, nur noch die Außenmauern übrig waren. Er stand da und blickte über den klaren, grünen Fluss. Von Frieden war nichts zu spüren. Das Haus in der Middagh Street wurde von dem Stadtplaner Robert Moses zerstört, der Brooklyn durch eine Schnellstraße von seinem Meer trennte und das Ende der Cumberland Street von der Landkarte verschwinden ließ, um es durch ein nach Walt Whitman benanntes Wohnbauprojekt zu ersetzen, das jeglichen Dichterblick auf die Bucht versperrte.

Bitter enttäuscht von Amerika und unfähig zu akzeptieren, was mit seinem Heimatland geschehen war, musste Klaus der Tatsache ins Auge sehen, dass seine Träume von einem föderalen Europa mit der Errichtung des Eisernen Vorhangs zu Ende gegangen waren. Es gäbe keine Hoffnung, sagte er. Die Intellektuellen, sie sind Verräter oder Opfer. Wir sind verloren! Wir sind erobert! Annemarie war ihrer Geliebten nach Nantucket gefolgt, hatte zweimal versucht, Selbstmord zu begehen, starb aber nach einem Fahrradunfall in der Schweiz, als sie versuchte, freihändig zu fahren. Sie war vierunddreißig. Klaus, ihr Seelenverwandter, süchtig und ohne Hoffnung, landete letztlich an der Mittelmeerküste und nahm am 21. Mai 1949, Dürers Geburtstag, in Cannes eine Überdosis. Laut Isherwood war dies auch das Datum, das ein internationaler Selbstmordclub von Intellektuellen für ihren letzten Protest festgelegt hatte; Klaus war der Einzige, der den Beschluss ausführte. Thomas lehnte es ab, an der Beerdigung seines Sohnes teilzunehmen. Warum, das erklärte er nicht, vielleicht konnte er es nicht erklären.

In seinen 1942 in New York veröffentlichten Memoiren *Der Wendepunkt* hatte Klaus von seiner Kindheit geschwärmt. In ihren exotischen bestickten Kleidern verbrachten die Geschwister die Sommer in ihrem Landhaus, und besonders gern badeten sie in einem Teich. Das Wasser so schwer, dass man das eigene Gewicht kaum spürt, solange man sich seiner goldenen Tiefe anvertraut, sagte Klaus. Aber er erinnerte sich auch an den Bäcker, der darin ertrunken war und den er in einer Kapelle aufgebahrt gesehen hatte, die Hände so zerbrechlich und verklärt und so unsagbar edel, als hätte er etwas ganz Feines und Ungewöhnliches geschaffen. Der Mund des Leichnams war mit einem schwarzen Band verschlossen, das die blauen, geschwollenen Lippen wie eine Schnauze bedeckte. Es war in Klaus' Augen ein neues Rätsel, eine neue Schönheit, ein neuer Mythos.

Zum Schweigen gebracht, mit zugenähtem Mund, wie ein Demonstrant, konnte er sich nicht wehren oder vom Tod sprechen.

Im März 1949 hielt Auden an der Universität von Virginia drei Vorlesungen über das Meer. Darauf hatte er lange gewartet. Er begann mit einem langen Zitat aus Wordsworths Prelude – der widerhallenden Muschel der Phantasie und dem geometrischen Stein der Abstraktion – und entwarf dann mit Verweisen auf Coleridge, Baudelaire, Mallarmé und Rimbaud einen Helden mit Doppelnatur, eine Mischung aus Melville und Dürer: teils Ismael, der Exilant, teils Glaubensritter, der das Goldene Zeitalter wiederherstellen würde. Auden sah das Meer als einen Zustand grausamer Unbestimmtheit und Unordnung und nahm an, dass klassische Autoren Marianne Moore wohl zugestimmt hätten, die gesagt hatte, dass es in der menschlichen Natur liegt, in der Mitte einer Sache zu stehen, aber in der Mitte *da*von kann man nicht stehen.

Isherwood sagte, Auden habe das Meer gehasst, weil es so formlos war. Aber man kann von einem Dichter nicht erwarten, dass er konsequent ist. Auden war seit seiner Kindheit ein leidenschaftlicher Schwimmer und hatte die letzten beiden Sommer mit seinen Freunden James und Tania Stern in einer Hütte verbracht, die sie auf Fire Island gemietet hatten. Fotos zeigen seinen blassen, von den Wellen aufgeweichten Körper. Dort schrieb er sein episches Gedicht *The Sea and the Mirror*, das *The Tempest* neu interpretiert. Ich bezweifle, dass er wusste, dass dort auch Melville begonnen hatte, *Billy Budd* zu schreiben, und Wilde dort geschwommen war. Doch er wusste um das Böse, das er 1936 auf einer isländischen Walfangstation gesehen hatte. Als Junge war eines seiner Lieblingsbücher *The Cruise of the Cachalot*, Frank Bullens Geschichte über seine Reise von New Bedford und die Lust der Mannschaft an *Actual Warfare, Our First Whale* [»Buchstäbliche Kriegsführung, unser erster Wal«]. In Island wurde der Dichter mit der Realität konfrontiert. Er beschrieb die Szene in einem Brief an seine Frau.

Ein Wal ist das schönste Tier, das ich je gesehen habe, berichtete er Erika, er verbindet die Faszination von etwas Lebendigem, Riesigem und Sanftem mit den funktionalen Schönheiten moderner Maschinen. Ein siebzig Tonnen schweres Exemplar lag auf der Helling wie eine große und sehr würdige Herzogin, die von Käfern für den Ball hergerichtet wird. Zu sehen, wie sie mit Dampfwinden und Kränen in Stücke gerissen wird, macht einen zum lebenslangen Vegetarier.

Audens Mitgefühl war vermischt mit Schuldgefühlen. Er glaubte, dass er seine eigene Abstammung, sein blasses Gesicht und sein strohiges Haar diesem Land verdankte. Die Menschen sahen eine gewisse Grausamkeit in ihm, so ging es auch mir, als ich meinen ersten Wal in Gefangenschaft sah und meine eigene Grausamkeit erkannte. Der Körper blieb allein in der Sonne liegen, sagte er, das Fleisch dampfte noch ein wenig. Es vermittelte einem einen außerordentlichen Eindruck von der kalt kontrollierten Grausamkeit der menschlichen Spezies.

Fünf tote Wale lagen in der Bucht. Aus dem Radio ertönte die ganze Zeit ein törichtes Liedchen: *I want to be bad.* Tiere sind unsere Vergangenheit und unsere Zukunft, schrieb Auden später im Jahr, als die Nachrichten schlechter wurden. Seinem Foto gab er den Titel *The Corpse*. Lassen Sie mich so tun, als wäre ich das unpersönliche Auge der Kamera, sagte er.

In seinem Gedicht *Herman Melville* aus dem Jahr 1939 hielt Auden zwei einfache Wahrheiten fest. Das Böse war unspektakulär und immer menschlich, aber das Gute geschah jeden Tag. Doch gestand er ein, dass keines seiner Worte auch nur einen einzigen Juden rettete, und

Keiner wird je verschont außer in Träumen.

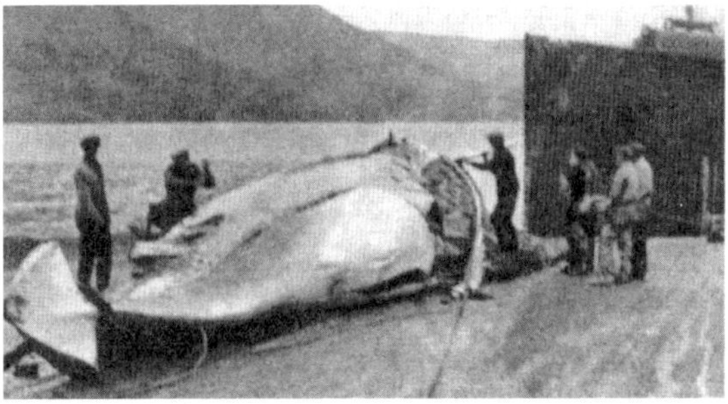

Der aus dem Ozean gehobene Geist, der Heilige in seiner Nische, die Flüchtlinge unter der Kirche. In seinen Virginia-Vorlesungen beschwor der Dichter den feuchten, verregneten November herauf, der zu Ismaels Selbstmordgedanken führte, als er an der Spitze von Manhattan stand, wo Marianne von ihrem Aufenthalt im Wal geschrieben hatte. Auden erklärte seinen Zuhörern, dass das große Bild, welches alles an diesem Zustand erklärte, natürlich Dürers Engel sei, der nicht schlafen kann, nicht arbeiten kann, umgeben ist von nutzlos gewordenen Werkzeugen und den Bruchstücken einer Stadt, ohne den Willen zu bauen; heimgesucht von einer fledermausähnlichen Kreatur. Und hinter ihnen ständig das dunkle Wasser, der Regenbogen und der Komet. Äußerst melancholisch, stimmte Melville zu. Alles Edle sei davon betroffen.

Im November 1945 war Erika Mann nach Deutschland zurückgekehrt, um über die Nürnberger Prozesse zu berichten. Sie beobachtete Kriegsverbrecher, die keine Reue zeigten und so taten, als sei der ganze Prozess eine Art Unterhaltungsprogramm. Als sie sie in ihrem Hotel-Gefängnis besuchte, sagten sie ihr, sie hätten die Dinge anders gemacht. Einer trug Nagellack an Fingern und Zehen. Zurück in Berlin war sie schockiert über das Nichts: Sie empfand die Stadt als ein Meer der Verwüstung, uferlos und unendlich. Alles war vergiftet. Ihre Familie war durch dieselbe Pervertierung der Macht aus Amerika vertrieben worden, die sie zuvor aus ihrer Heimat vertrieben hatte. Ein Bericht, der Jahre später veröffentlicht wurde, enthüllte, dass das FBI sie und Klaus ausspioniert hatte, weil man sie verdächtigte, Kommunisten und homosexuell zu sein.

Ich verspüre nicht den Wunsch, meine Gebeine in ihrer seelenlosen Erde zur Ruhe legen zu lassen, der ich nichts verdanke und die nichts von mir weiß. Amerika hatte ihn vernichtet. Die Manns kehrten in die Schweiz zurück, wo sich Erika – die den *Doktor Faustus* herausgegeben und vierzig Seiten chirurgisch so entfernt hatte, wie der Krebs aus der Lunge ihres Vaters herausoperiert worden war – der Unterstützung ihres Vaters widmete. Er hatte prophezeit, dass 1945 sein letztes Jahr sein würde, als ob dies die ihm zustehende Zeitspanne wäre. Zehn Jahre später, 1955, verliebte er sich in einem Hotel in Zürich in einen jungen Kellner mit schönen Augen und Zähnen.

Er hätte einen Hund beschreiben können. Erika rügte ihn wegen seiner Indiskretion. Die Freude an einem Pudel ist nichts anderes, klärte er sie auf. Der Junge gab ihm am Tisch Feuer für seine Zigarette; Thomas wartete darauf, dass das Streichholz in der hohlen Hand des Jungen brannte. Als wir noch aus Liebe litten, sagte er. Es passiert noch mit fünfundsiebzig. Der dunkle Engel, der die Hände löst und jeden ins Alleinsein mit seinem Nichtsein weist, schrieb er an seine Frau, hat er wirklich in jedem Falle Gebot und Macht, so zu tun? Der fragende Blick in den grau-grünen Augen ihres Vaters, die Erika immer größer und blauer entgegenblickten. Prospero – mein Ende ist Verzweiflung – zitierte er nicht mehr; Worte, die ihm das Herz durchbohrt hatten.

Sie verbrachten jenen Sommer in Noordwijk, an denselben Ufern, an denen Wale strandeten und Dörfer verschwanden, und er sah, wie Zeit zu Meereszeit wurde, eine andere Dimension, die in der unermesslichen Monotonie des Raums unterging. Dies war einer seiner Lieblingsorte, wie er Hermann Hesse mitteilte; sie waren schon einige Male hier gewesen. Das Hotel war ebenso schlecht wie teuer, aber die große Terrasse, der Strand und das Meer waren herrlich, das Schönste, was er kannte. Hier hatte er im August 1939 auf den Ausbruch des Krieges gewartet, war im kalten Sommermeer geschwommen, hatte in seinem Strandkorb geschrieben und Goethes *Faust* gelesen.

August 1955. Das Wetter war ungewöhnlich gut, da waren sich alle einig. Zum Schreiben brauchte er nach eigener Aussage ein Dach über dem Kopf, und weil er am Meer besser als irgendwo sonst arbeiten konnte, brauchte er ein Zelt oder einen Strandkorb. Da saß er dann also in seinem sandigen Refugium, umgeben von spielenden Kindern, mit Blick auf das sanft bewegte Meer, in der erfrischenden Luft; er fühlte sich besonders wohl und liebte den Platz, sogar bei Nebel. Er schrieb seinen letzten Essay, für eine

Anthologie der schönsten Erzählungen der Welt. Er wählte *Billy Budd*; Melvilles letztes Werk, das er an einem Strand geschrieben hatte. Nachdem er die Schlussszene erneut gelesen hatte, in der Billys schöner Körper an der Rah aufgehängt wird, bevor er ins Meer gesenkt wird, wünschte Mann, er hätte das geschrieben! Die Liebe zum Meer ist nichts anderes als die Liebe zum Tod, sagte er.

In Amsterdam, wo ihn sein Tod erwartete, wohnte Mann im Hotel Amstel und gab seine letzte Pressekonferenz, 19 Jahre bevor der Starman eben diese Treppe hinunterschritt, in hochhackigen Schuhen, mit feuerrotem Haar und einer Augenklappe über einem Auge. Thomas plante eine neue Geschichte mit Figuren aus der Reformationszeit. Er hatte ein Geschenk erhalten: einen schwarzen Pudel namens Niko, der ein Halsband aus Florentiner Goldleder mit Fransen aus goldenem Flitter trug. Er könnte auch Diamanten um seinen Hals tragen. Ein neuer Hund oder derselbe, so treu wie alle anderen, wie Bauschan oder Lux, der Schäferhund. Ein Leben, gemessen in Hunden, die immer an seiner Seite waren.

Zwei Wochen danach wurde Mann mit einer Thrombose vom Strand mit dem Krankenwagen in ein Krankenhaus in Zürich gebracht, von wo er an einen Freund schrieb, er hoffe, dass er nicht zu langer Verzauberung auf dem Berg verurteilt sei. Sie können sich nicht vorstellen, wie leid es mir tat, dass ich vorzeitig aus Noordwijk abreisen musste, meinte er, ausgerechnet dort musste mir das passieren.

Zwei Tage später verschlechterte sich sein Zustand. In der Obhut desselben Arztes, der James Joyce durch seine letzte Krankheit betreut hatte, starb Thomas Mann am 12. August 1955. Schwarze Augen hatten sich mit Tränen gefüllt. Lippen, die er geküsst hatte.

Nach dem Tod ihrer Mutter im Jahr 1947 war Marianne Moore frei. Im sicheren Bewusstsein ihres brillanten Geistes begann sie, sich wie eine Figur aus ihrer eigenen Welt zu kleiden, sie trug einen schwarzen Umhang und einen von einer Hutmacherin in Brooklyn gefertigten Dreispitz. Seit ihrer Zeit in Bryn Mawr hatte sie sich nach einem dreispitzigen Matrosenhut gesehnt. Elizabeth Bishop sagte, sie sehe aus wie ein lumineszierender Paul Revere; andere, dass sie Washington sei, der den Delaware überquert. Er war ein Aushängeschild, dieser archaisch-moderne Look: ein Hinweis auf Genie und Liebe zum Meer, wie Tennyson in seinem breitkrempigen Hut und Umhang auf der von Walen umgebenen Isle of Wight, oder Dürer in seinem Arbeitskittel in den Straßen von Nürnberg.

Endlich war sie der Kapitän ihres eigenen Schicksals, und ihr Werk war überall zu sehen. Sie trat mit Mickey Spillane und Andy Wahrhol in einem Werbespot für eine Fluggesellschaft auf, sagte ihr Sprüchlein auf –

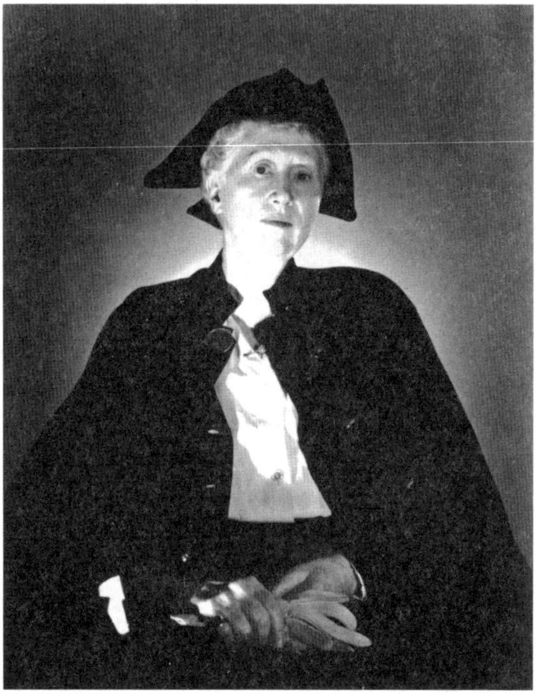

When you've got it, flaunt it (»Wenn du es hast, dann zeig es«) –; dann wendet sie sich mit ihrem stählernen Blick zu uns um. Für jemanden, der so schüchtern war, wurde sie ihr ganzes Leben lang bemerkenswert häufig immer wieder fotografiert: von Sarony's Studio, wo Wildes Amerikabild festgelegt wurde; von George Platt Lynes, Cecil Beaton, Carl Van Vechten, Henri Cartier-Bresson, Richard Avedon und Diane Arbus. Handschuhe in ihren gefalteten Händen. Sie besuchte Capote's *Black and White Ball* in einer Maske zu 39 Cent und verfasste den Begleittext zu Muhammad Alis LP *I am the Greatest!* (Sie verglich ihn mit Sir Philip Sidney.) George Plimpton nahm sie in den Madison Square Garden zum großen Kampf mit; Norman Mailer lud sie an seinen Tisch ein.

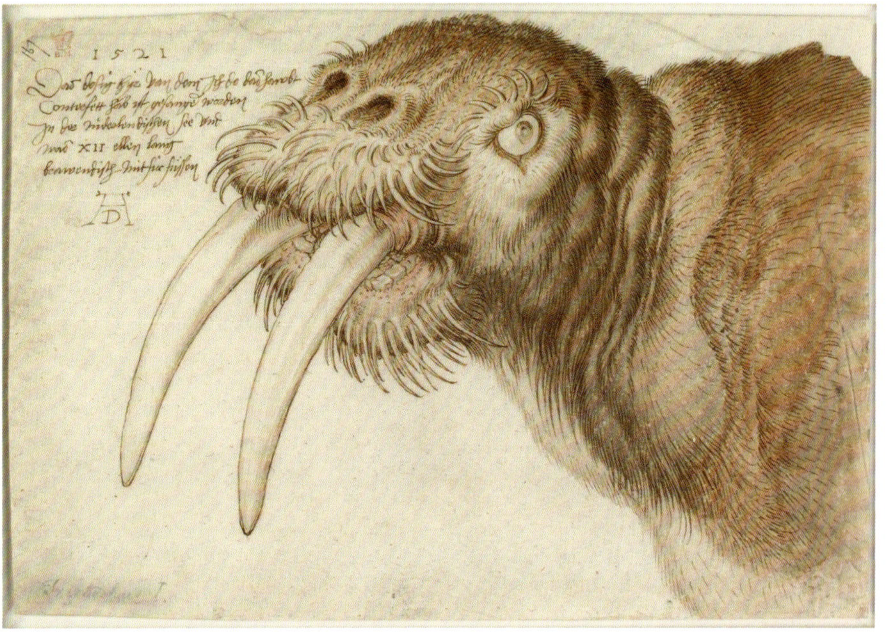
1521

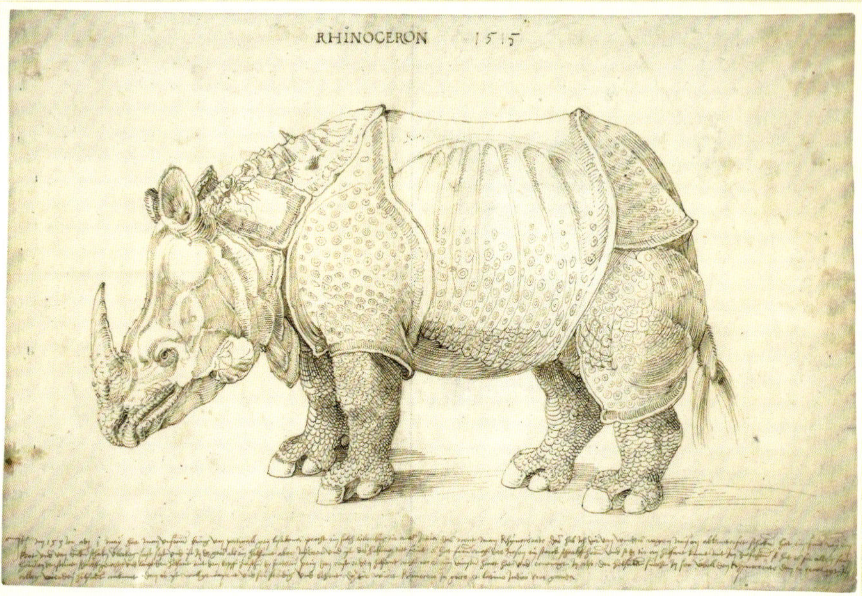
RHINOCERON 1515

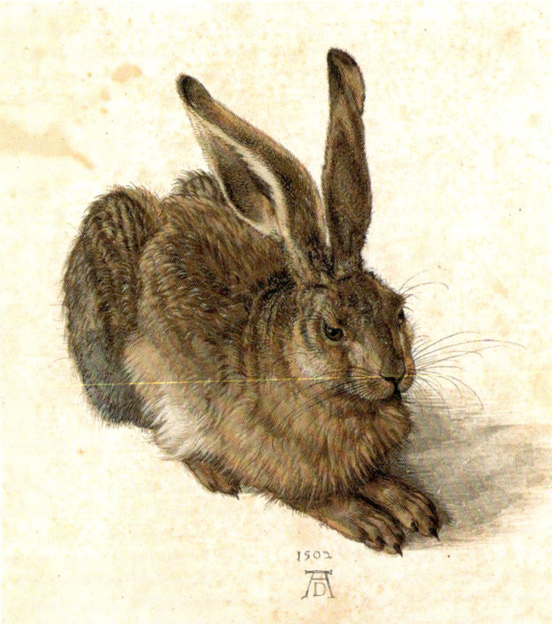
1502

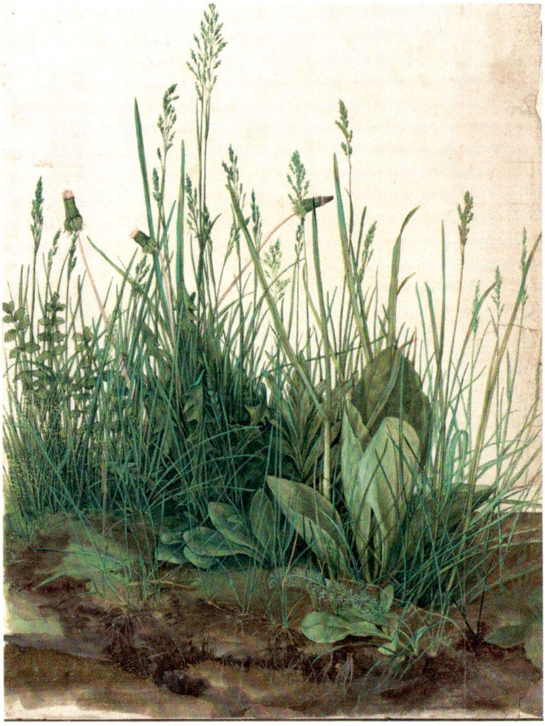

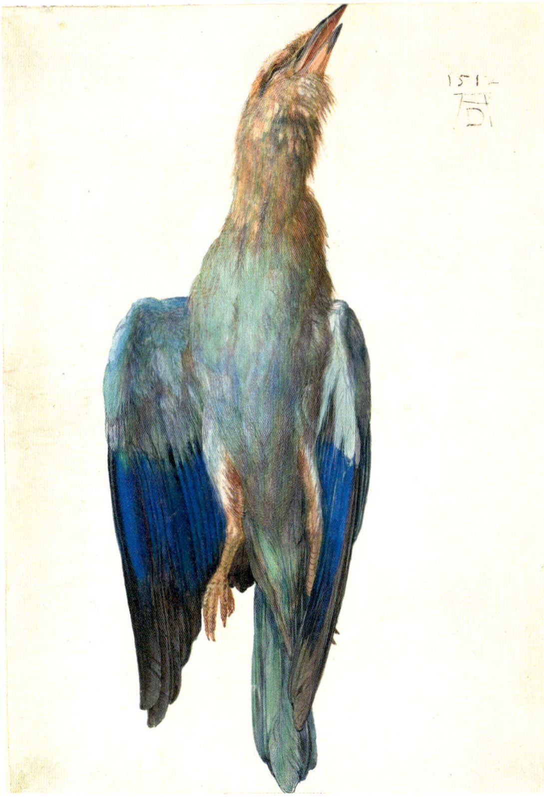

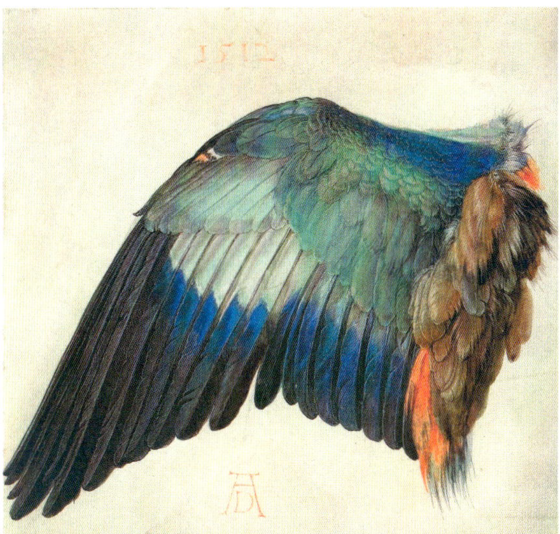

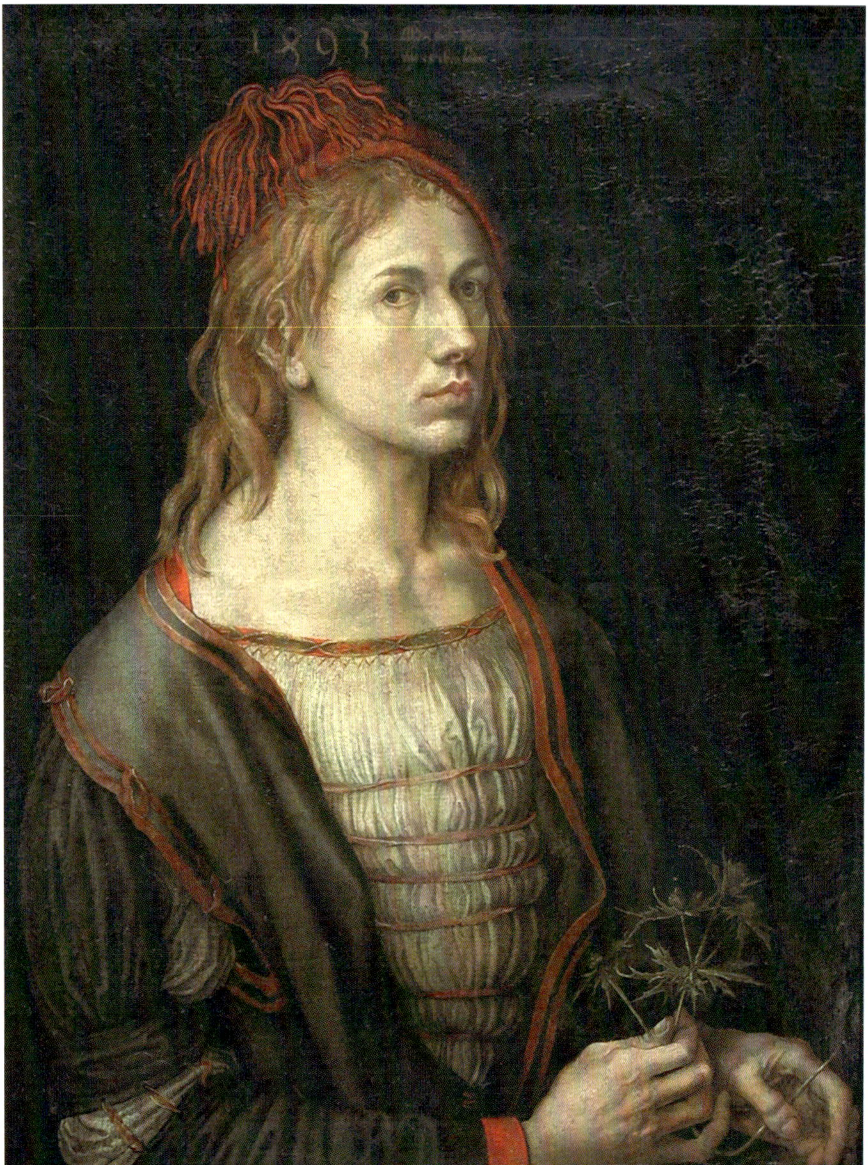

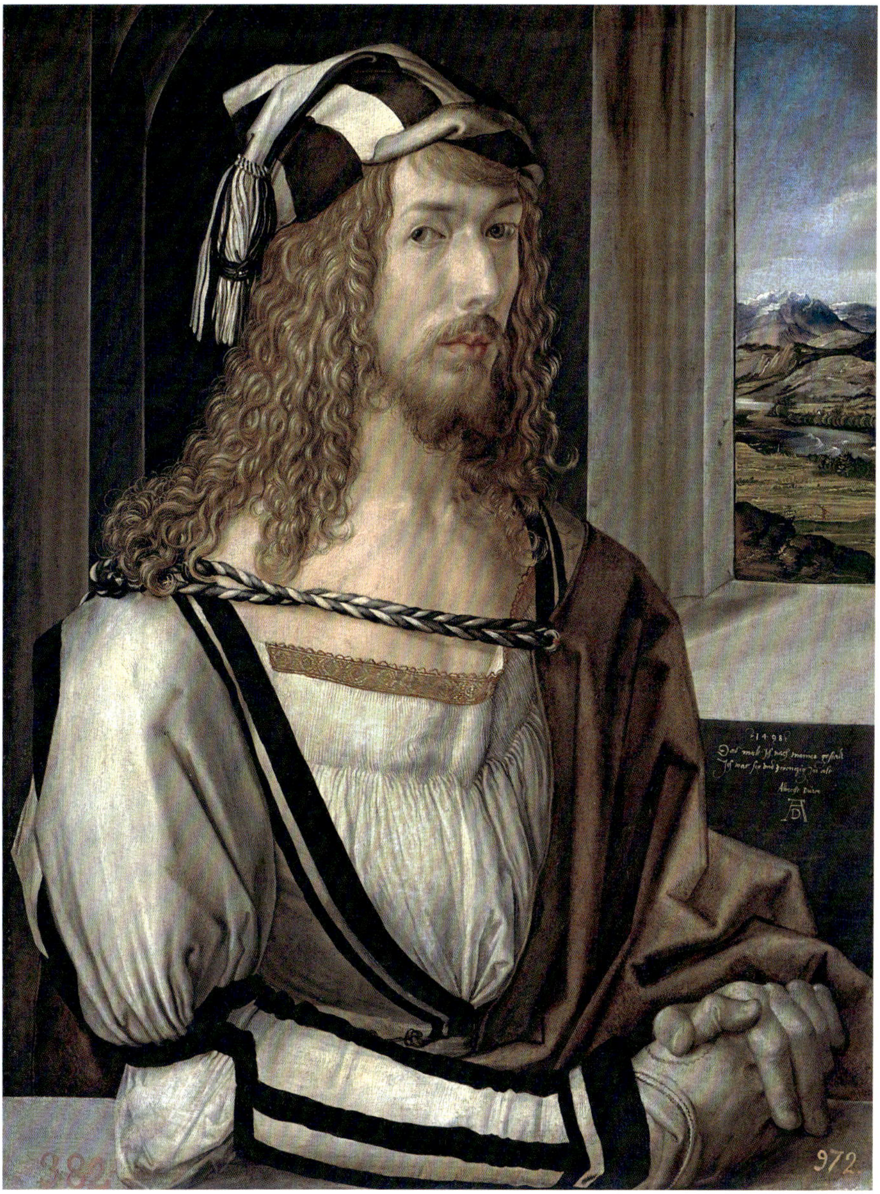
1498
972

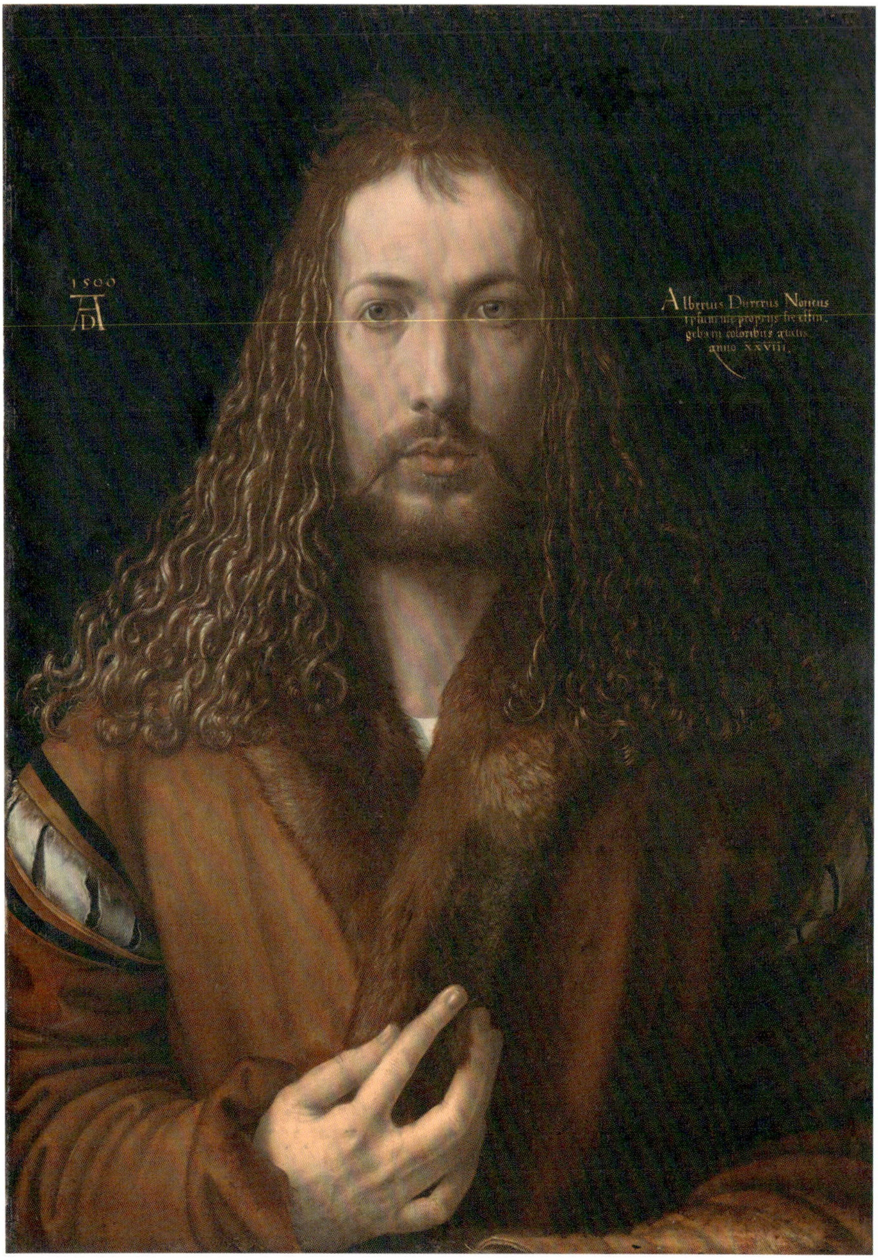
1500
Albertus Durerus Noricus

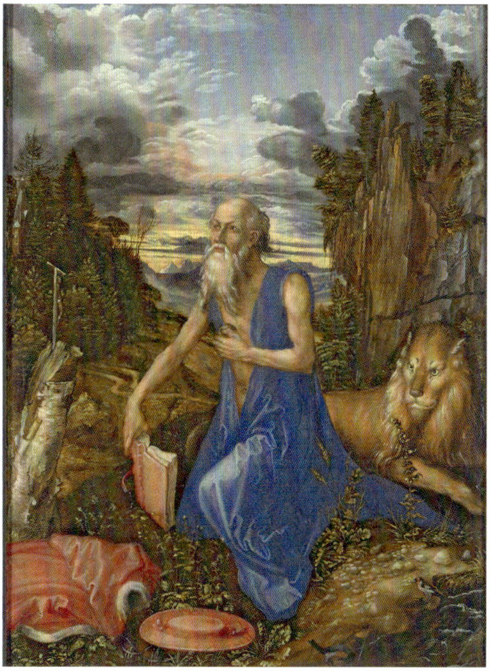

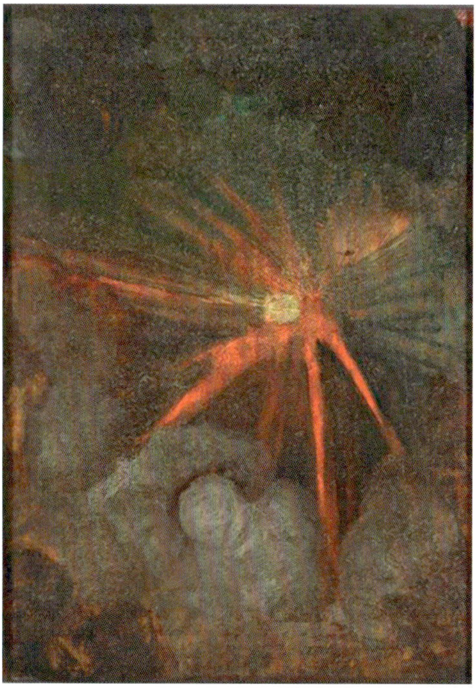

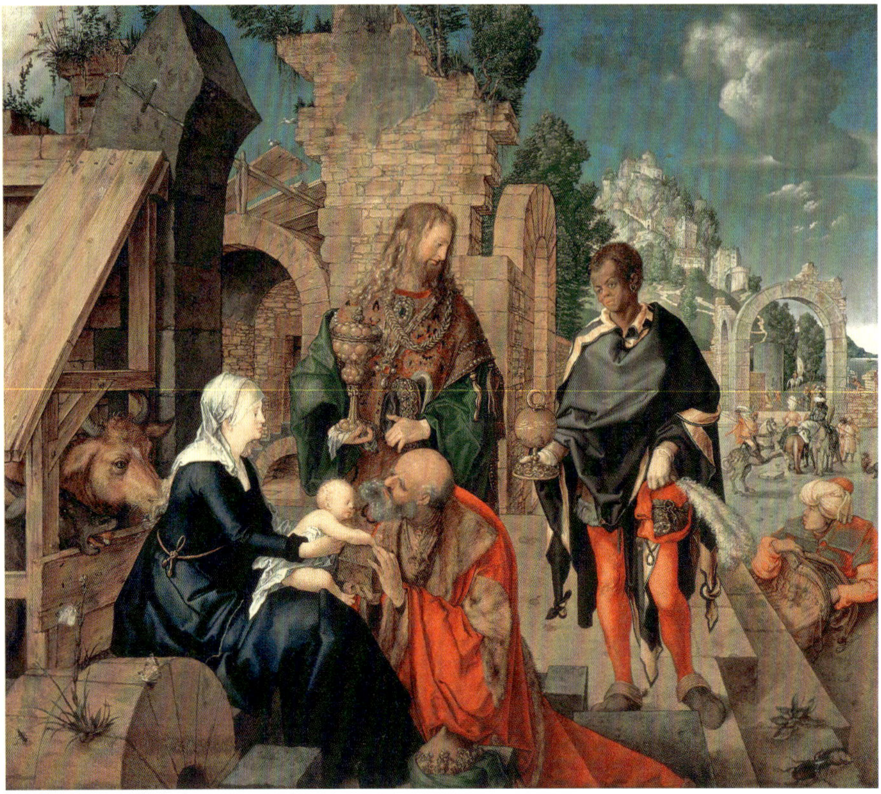

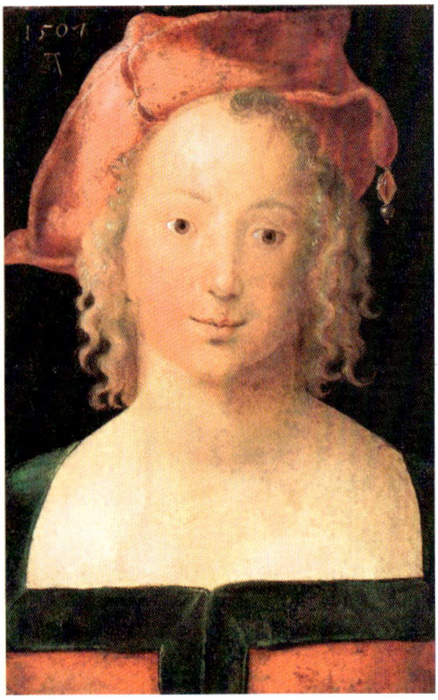
1507

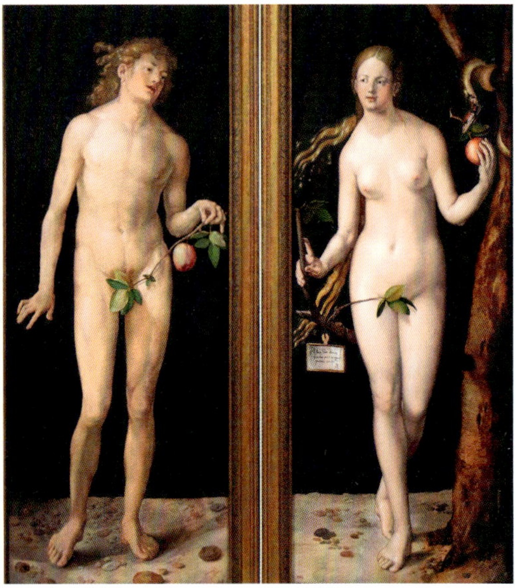

Ihre Tiere sprachen für sie: der Elefant, der den Buddha-Zahn trug, der Papiernautilus, in dem sie ihre Eier aufbewahrte, die wortkarge Giraffe. Ihr Armband aus Elefantenhaar, die Peitsche aus Nashornleder und der Walrosszahn von der Greely-Expedition wurden zu kleinen Wörter-Museen, ähnlich den Schachteln von Joseph Cornell, ihrem Freund. Sie trug zwei Armbanduhren, um sich ganz sicher nie zu verspäten, und trug in ihrer Handtasche ein schwarzes Plastikfernglas, das sie gekauft hatte, um einen Blauhäher in ihrem Garten zu beobachten. Sie machte ihn gern nach, sodass er ihr mit scharfem Blick antwortete, wie Pluto die Krähe, die sie, wie sie annahm, im Park adoptiert hatte, die ihren Hut mit blaugrün schimmernden Federn schmückte und für sie *Webster's* aus dem Regal holte. Bishop schrieb, ein Besuch in ihrer Wohnung sei eine außerirdische Erfahrung gewesen – als würde man in einer Taucherglocke aus einer anderen Welt leben, hinabgelassen durch die krude Atmosphäre des 20. Jahrhunderts. Miss Moore empfing jeden; ich hätte an ihrer Tür klingeln können, und sie würde mir einen Zehner für die Rückfahrt mit der U-Bahn geben.

Im Oktober 1955 erhielt Marianne einen Brief von Robert B. Young von der Ford Motor Company in Dearborn, Michigan. Ob sie sich wohl einen Namen für ihr neues Modell ausdenken könne, der dessen Eleganz, Schnittigkeit und seine fortschrittlichen Funktionen zusammenfasst? Im Lauf der nächsten Wochen schickte sie 43 weltraumtaugliche, animalisch-mechanische Vorschläge an Ford, eine Aneinanderreihung von Namen wie Aërundo, Angelastro, Astranaut, Thunderblender und Mongoose Civique. Keiner stieß in der Chefetage auf Gegenliebe. Als Antwort auf die geheimen Skizzen, die die Leute von Ford geschickt hatten und in denen sie einen Sinn für den Auftrieb von Fischen sah, schrieb sie: Ich hatte schon immer eine Vorliebe für den INTELLIGENT WHALE – das kleine erste U-Boot der Navy, das wie eine Süßkartoffel geformt ist; in unserem Brooklyn Yard war es ausgestellt (als ob es dort draußen geparkt wäre).

Nachdem sie die Mechanik des Wagens, der für sie so faszinierend war wie ein gepanzertes Tier, genau studiert hatte, wollte sie das Prinzip der Drehachse nachvollziehen, die sie mit dem Bett des Kapitäns auf dem Walfangschiff Charles Morgan verglich (das zuletzt in New Bedford lag und jetzt in Mystic, Connecticut, vertäut ist). Das Bett war so ausbalanciert, dass es gerade blieb, unabhängig von der Neigung des Schiffs. Wenn ich über einen Treffer stolpere, bekommt ihr ihn, sagte sie zu Ford. Ihre letzte

Idee, UTOPIAN TURTLETOP [utopische Schildkrötenkrone], hatte dann jedoch eine surreale, wenn nicht gar ironische Qualität, und von Ford kam keine Antwort mehr. Zehn Monate später teilte das Unternehmen schriftlich mit, dass Herr Young die Firma verlassen habe, um in der US-Küstenwache zu dienen, und dass man beschlossen habe, das Modell Edsel zu nennen, nach dem Sohn des Gründers.

Fords Automobil der Zukunft war ein Flop. Nach zwei Jahren stellte man mit einem Verlust von 250 Millionen Dollar die Produktion ein, und der Name Edsel wurde zum Synonym für eine kommerzielle Katastrophe. Nun konnte Marianne sich auf das konzentrieren, was eindeutig schon seit Beginn ihre Mission gewesen war: dem Intelligent Whale eine neue Besatzung zu geben. Thomas bediente die Schiffsschraube, Queequeg war erster Offizier, Wystan spähte durch das Fernrohr, und Marianne war ihr Piratenkapitän, mit Pluto auf der Schulter, der auf dem Weg zu utopischen Ufern die Befehle krächzte.

Denn, wie sie sagte, wenn man nicht bereit ist, rücksichtslos zu sein, was soll dann das Ganze?

In Zürich setzte Erika Mann ihre Arbeit an der Herausgabe der Werke ihres Vaters fort, als ob er noch an seinem Schreibtisch säße. Sie starb 1969 und wurde neben ihm beigesetzt. Die jüngste der Mann-Schwestern, Elisabeth, lebte noch bis ins 21. Jahrhundert, in Nova Scotia, wo sie sich dem Schutz der Ozeane und einer Organisation verschrieb, deren Motto *Pacem in Maribus* lautete. Im Jahr 1980 sagte sie gegenüber der Zeitschrift *People*, die Menschen würden zum Meer zurückkehren, so wie es die Wale und Pinguine getan hatten.

Früher war das Meer eine feindliche Umgebung, jetzt jedoch machte es einen wichtigen Teil menschlichen Lebens und der Wirtschaft aus, und sie hoffte, dass ihre Kooperationsgesellschaft Planet Ocean den Menschen als Teil der Natur verstehen werde und nicht als ihren Herrscher (nicht als eine Spezies, die aus Stoßzähnen Falzbeine oder aus Zähnen Briefbeschwerer macht). Elisabeth gab zu, dass ihre Worte womöglich utopisch und hochtrabend klangen, sie wies jedoch auch mit Nachdruck darauf hin, dass Pessimismus eine sich selbst erfüllende Prophezeiung sei. Es sei notwendig, Optimismus aufzubringen, sonst könne man nicht handeln.

Dürer saß in seiner Kammer, im Licht seiner Butzenscheibenfenster, und

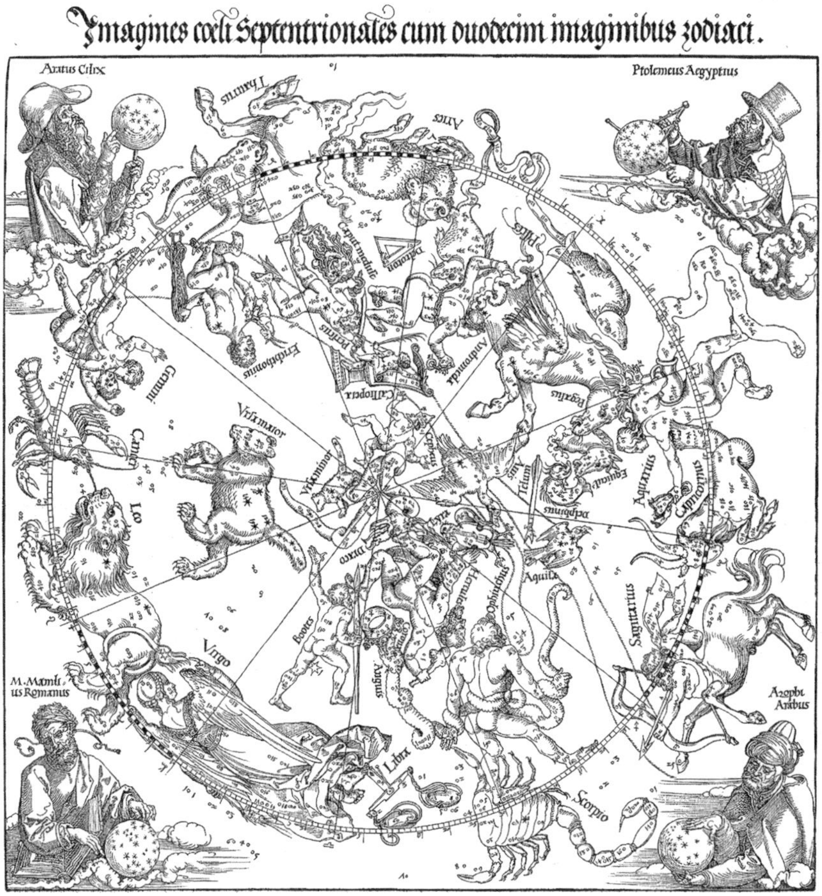

dachte über die Sterne nach. Im Jahr nach *Melencolia* stach er ein Paar Drucke für Johannes Stabius, Astronom des Kaisers, der das Firmament wie ein Astrobiologe auslegte, der Lebensformen erforscht, die möglicherweise existieren, vielleicht aber auch nicht. Im Jahr 1509 hatte Dürer mit seinem Haus auch ein eigenes Observatorium erworben; es hatte seinem Paten Bernhard Walther gehört, der mit dem großen Astronomen Regiomontanus zusammengearbeitet hatte. Es gab ein Fenster, das eigens für die Beobachtung der Sterne gebaut war (ein Ratsbeschluss untersagte das Entleeren von Nachttöpfen auf das Dach des Nachbarhauses). Dürers Vater hatte Astrolabien hergestellt; Nürnberg war berühmt für dergleichen Geräte.

Die Stadt, gelegen im dunklen Herzen Europas mit dessen dunklem

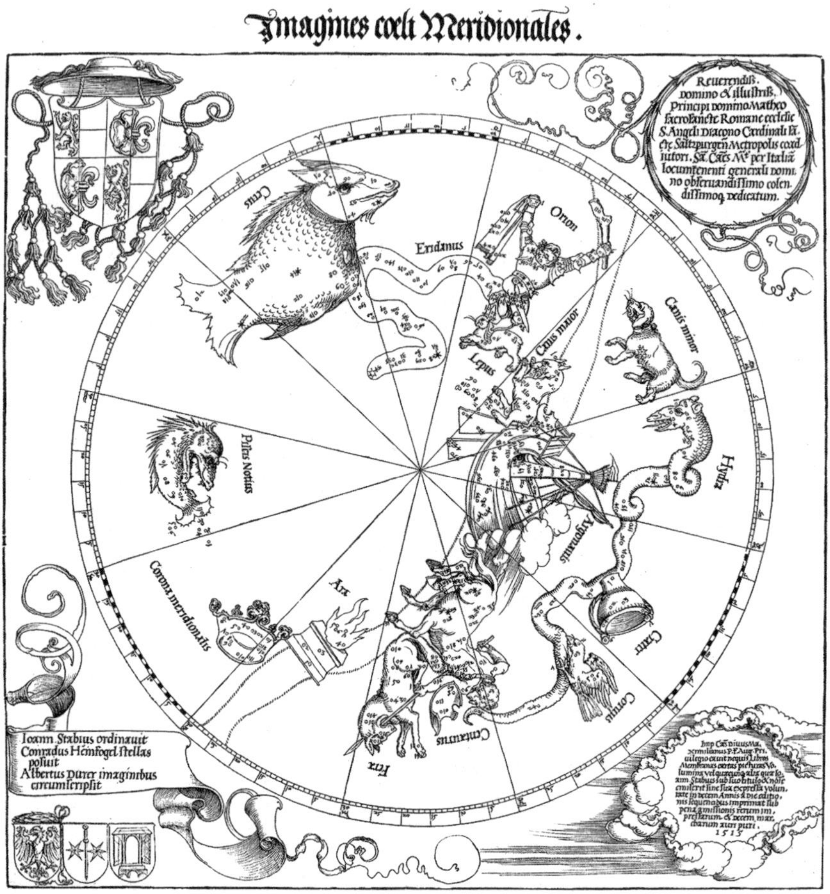

Himmel, sei der beste Ort, um die Sterne zu beobachten, sagte Regiomontanus. Dürers Entwürfe brachten das Universum zum Schweigen. Im ersten Teil rangeln die nördlichen Konstellationen um den Luftraum. Hier gibt es keine Trägheit. Alles sprüht vor Leben wie ein menschlicher Zoo. Teil zwei bot einen klareren Blick auf den Süden, den Pazifik, den er nie sah.

Die Ausdehnung der Erde, des Wassers, der Sterne lässt sich nach Dürers Auffassung dank der Malerei besser verstehen, die bildliche Darstellung ist sehr lehrreich. Seine Tiere streifen umher. Der Jäger mit seinen Hunden (O blinkender Orion, sagte Marianne, als sie über Baseball schrieb, deine Sterne sind muskulös wie der Löwe); schuppige Untiere schwimmen so tief, dass nur ein Niederländer sie sehen kann. Unterdessen navigieren in jenen südlichen Ozeanen Wale, gelenkt von der Sonne und dem Mond und den Sternen.

Und wenn euch das Thema zu Höherem erhebt, so werdet ihr unweigerlich große Wale am Sternenhimmel entdecken, sagt der mit seinem Harpunier unter einer Decke liegende Ismael. Auf diese Weise hab ich den Leviathan rund um den Pol gehetzt, indem ich den kreisenden Bahnen der hellen Punkte folgte, die ihn für mich geformt haben.

Unter dem schimmernden Himmel des südlichen Eismeers - so fährt er fort, während tätowierte Beine über die seinen geschwungen sind - habe ich mich der Jagd auf den astralen Cetus angeschlossen, welche den Hydrus und die fliegenden Fische weit hinter sich gelassen hat. Ich wollt, ich könnte diesen Wal besteigen und zu den höchsten Himmeln mich hinaufschwingen!

Er dreht sich um und schläft weiter.

1976 wurde ein Krater auf dem Merkur nach Dürer benannt; einem anderen gaben sie im selben Jahr den Namen Melville. Ich bin achtzehn, beobachte den Starman in einer abgedunkelten Halle, eingesperrt in Schwarz und Weiß. Ich schreibe dies am anderen Ende der Welt, wo die Wale in den tiefsten Ozean tauchen, den ich je kennen werde, und mich mit ihrem Schnalzen nach unten locken. Aber das Meer ist kein Trost. Es erinnert sich nicht an mich, und keiner wird gerettet, außer in den Sternen.

MELANCHOLIE

Der Kaiser lag da, verschrumpelt wie ein kleiner Vogel, geschrumpft auch alle seine Sünden. Er trug eine rote Totenkopfmütze, die Augen zugedrückt und nichts mehr sehend, die Habsburg-Nase ein Schnabel.

Ein vorhergesagter Tod. Als Maximilian am 12. Januar 1519 starb, wurde sein letztes Porträt von einem anonymen Künstler - A. A. - gemalt. Der Monarch hatte in den letzten Jahren seines Lebens auf Reisen immer seinen Sarg mitgeführt (Nelson tat dasselbe). Er hatte sein Grabmal in Innsbruck vorbestellt, mitsamt den von Dürer entworfenen Wächterstatuen. Die Anlage war eine grandiose, dabei leere Geste, denn Maximilian befand sich nicht darin. Sein Leichnam war an anderer Stelle beigesetzt; jedenfalls das, was von ihm übrig war. Er hatte verfügt, dass seine Überreste vernichtet werden sollten. Sein Haar wurde abgeschnitten und seine Zähne ausgeschlagen, die Reste mit brennenden Kohlen vergraben; sein Fleisch wurde gegeißelt und mit Ätzkalk bestreut, auf dass es sich schneller zersetzte, und, mit Asche bestreut und in Sackleinen gehüllt, wurde sein Leichnam allen Augen zur Schau gestellt, als mahnende Erinnerung an die Eitelkeit irdischen Ruhms!

Der Tod trocknet uns aus. Man fließt auseinander, sagt der Arzt auf dem Zauberberg. Wir lösen uns auf, lassen nur eine Hülle zurück; all die Zellen, die einen zusammenhalten, zerbrechen und zerfallen. Der Tod ist die zerstörerischste Kraft, sagt Mann. Er sprengt einen auf wie einen Wal. Und Marianne Moore meint, das Meer habe nichts weiter zu geben als ein gut ausgehobenes Grab. Für einen Mann, der die Welt regiert hatte, war der Tod eine Abdankung, doch selbst danach wurde er noch gezüchtigt. Als Maximilians Sarg im Jahr 1573 geöffnet wurde, fand man neben dem Leichnam Birkenruten.

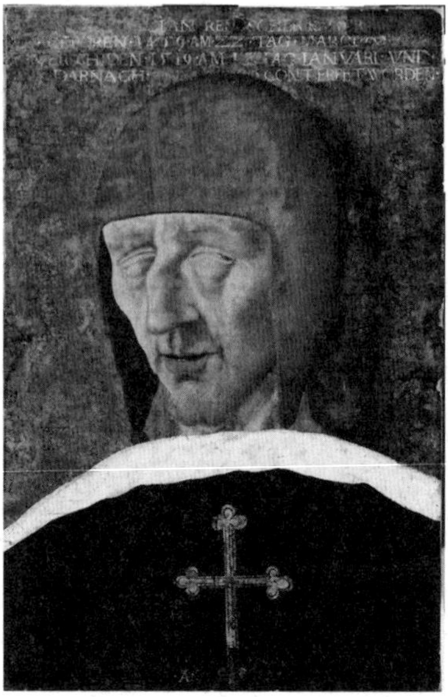

Das Hinscheiden seines anspruchsvollen Gönners wirkte sich auf Dürer unmittelbar aus. Keine Triumphbogen mehr, keine Rüstungen mehr zu stechen oder Gebetsbücher zu illustrieren. In seinen mittleren Jahren wurde er entlassen, wurde wieder Student. Dürers Skizzenbücher aus dem

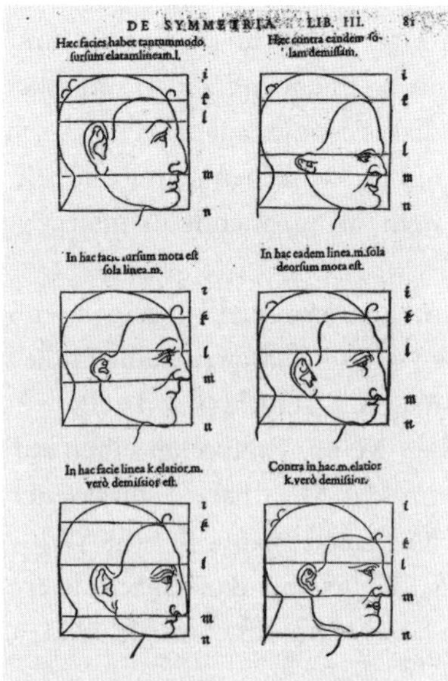

Jahr 1519 erinnern eher an die eines Künstlers aus dem Jahr 1919, sie sind gefüllt mit Figuren, die auf ihr Wesentliches reduziert sind, nehmen Duchamps eine Treppe hinuntergehenden Akt auf oder die Roboter-Arbeiter aus *Metropolis*. Diese Haltungen und Gesten, so Panofsky, waren bestimmt von einer Rechtwinkligkeit, die sie teils abrupt, teils eingefroren, manchmal fast verzerrt, aber immer sonderbar ausdrucksstark in ihrer mechanisierten Bewegung wirken ließen. In seiner rastlosen Ästhetik – die sich, während sein eigener Körper alterte, eher beschleunigte als verlangsamte – entwarf Dürer den Menschen neu für die endgültige Renaissance: die Renaissance unserer selbst.

Typisierte Gesichter, in Kästchen gequetscht wie sein Alphabet.

Eine Parade von Ektomorphen und Endomorphen, gemessen und bewertet, bis sie den idealisierten Figuren ähneln, die nicht auf Kupferplatten oder Rüstungen geätzt sind, sondern auf goldene Scheiben, die ins Weltall geschickt werden. Ein törichter Versuch der Selbstdarstellung.

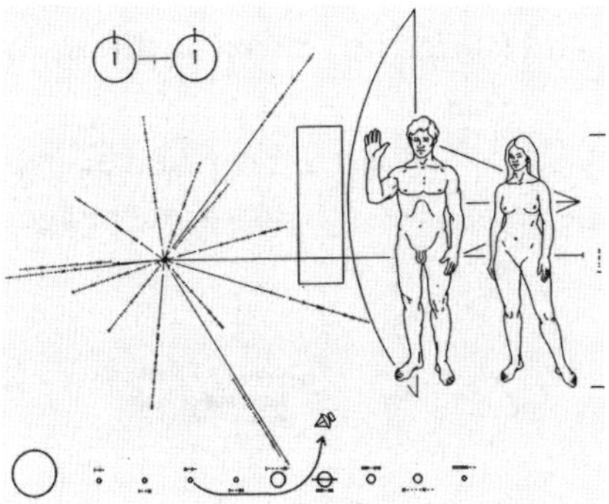

Hi, wir sind hier

Wir können nicht anders – wir sind doch so wichtig! Panofsky zufolge destilliert Dürer die unregelmäßigen Kurven lebender Organismen in polyhedrale Formen. Das war das Endresultat all der Grasbüschel und zitternden Hasen: spiralförmige Krümmungen, fraktale Formen.

Jung sagte: Alles ist Archetyp – wenn man nur wüsste, welche Tiefen der Zukunft man in sich trägt! Die Zukunft wartete auf Dürer: Er entwarf Masken für Monarchen in Palästen am Fluss, betrachtete Landschaften durch ein Claude-Glas, hielt Menschen als fließende Geister auf versilberten Leinwänden fest.

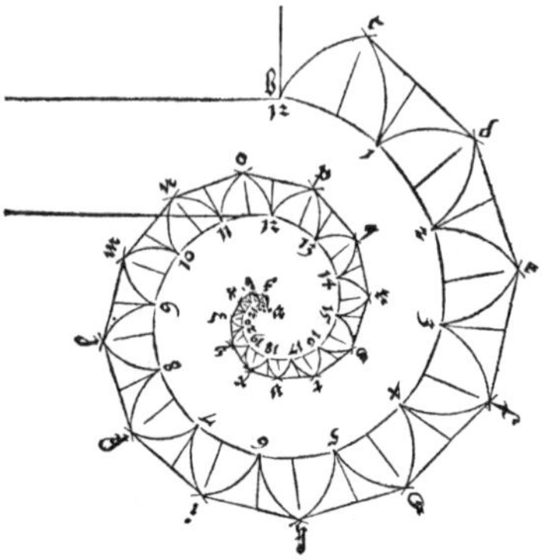

Hi, ich bin hier

Panofsky sagte, dass Dürer der Natur in gewissem Maße Gewalt antat; Ruskin meinte, er sei durch Anatomie verunreinigt und gelähmt und sei außerstande, eine weibliche Form, ein schönes Gesicht zu zeichnen. Von seinem Nürnberger Horst aus beobachtete und schloss Dürer, dass wir aufgrund der vier verschiedenen Hautfarben unterschiedliche Arten von Menschen hätten.

Und außerdem gäbe es zwei Rassen: Weiß und Schwarz. Der Unterschied zwischen ihnen ist bemerkenswert. Seine Auffassungen waren mit Sicher-

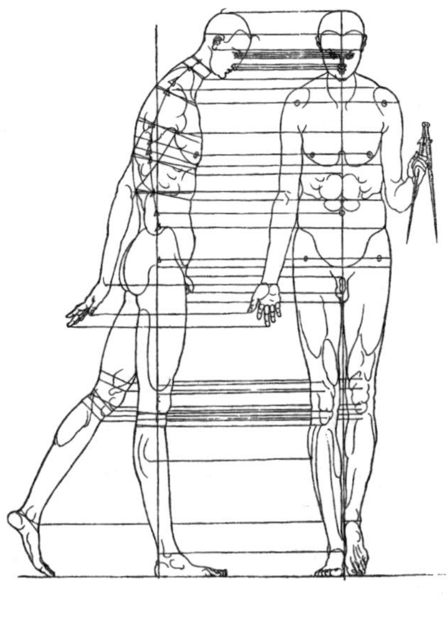

heit nicht aufgeklärt. Doch zeichnete er eine junge schwarze Frau namens Katharina, zwanzig Jahre alt, die im Dienst seines Freundes João Bradão stand, dem portugiesischen Konsul in Antwerpen; außerdem einen jungen Mann, ohne Namen. Dies sind die ersten ernsthaften Porträts von People of Colour in der westlichen Kunst; sie sind mit Subtilität und Feingefühl gezeichnet und ihrer Zeit weit voraus.

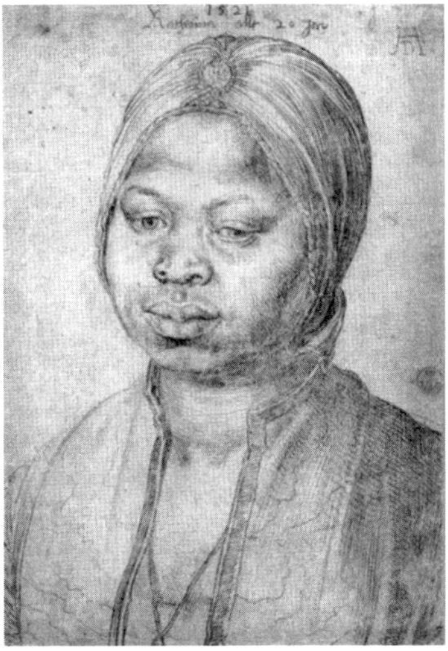

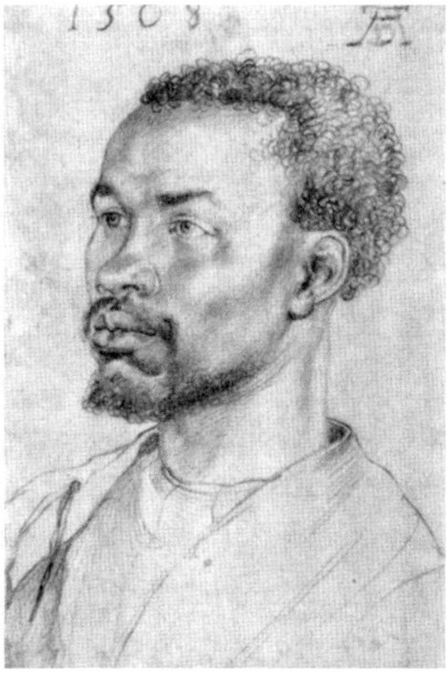

Nachdem er dreihundert lebende Menschen untersucht hatte, stellte Dürer fest, dass keiner deformiert oder hässlich war. Seine Schlussfolgerung: Vollkommenheit ist unmöglich. Der Schöpfer habe die Menschen so geschaffen, wie sie sein sollen, und ich bin der Meinung, dass angenehme Form und Redlichkeit in der Vielseitigkeit aller Menschen zu finden sind.

Auf seine präzise, kühle Art formulierte er die Zufälligkeit des Begehrens; die Vorstellung, dass wir überhaupt unsere Körper als schön ansehen sollten, wo wir doch lediglich eine Ansammlung von Knochen sind, die unter Haut- und Fettschichten wachsen, dürftige Gebilde, dazu gemacht, zusammenzusacken, sich zu bewegen und zu verarbeiten, voller Blut, Schweiß, Scheiße und Pisse, bereit für Umarmungen und Emotionen, Empörungen und Ablehnungen, und intime, geheimnisvolle Zusammenschlüsse. Wir sind asymmetrisch, unfähig zu binärer Trennung. Er bemerkte, dass unsere Körper unsichtbar von einer unbekannten Energie vibrieren, wie Dynamos: zuckende Schnurrhaare und flackernde Augen. Er wollte verstehen können, während er sich auf sein Ende hin und zurück zu seinem Anfang bewegte, wie Leonardos Zeichnungen eines Fötus im Innenraum des Mutterleibs.

Die Zeit drängte. Sein größtes Werk sollte eine sacra conversazione sein, an der er im Jahr 1521, nach seiner Reise durch die Niederlande, zu arbeiten begann. Darin wollte er all die Tiere und Engel in einem monumentalen Altarbild vereinigen, seinem bislang besten. Panofsky sagt, die vorbereitenden Zeichnungen würden uns erlauben, die Erfindung in ihrem Wachstum zu beobachten, wie ein Entomologist die Entwicklung eines Schmetterlings beobachten kann. Es wäre eine Inspiration für jedes Gedicht von Marianne Moore. Er zeichnete die Skizzen auf blau-grünes Papier aus Venedig, das mit Türkisch-Indigo eingefärbt war, und ließ seine Welt auf diesen wässrigen Blättern schweben, wie Hokusai; alles Bisherige sah er als Vorbereitung für das Kommende. Er stellte sogar eine Liste der Farben auf, die er verwenden wollte, sodass wir uns das vollendete Bild vorstellen können

feilet, rot, plo, rot | prawn, ~~gel~~, feilett, rot, gel, weis, chilh
Violett, Rot, Blau, Rot | Braun, ~~Gelb~~, Violett, Rot, Gelb, Weiß, Neutral

– und das müssen wir tatsächlich, denn sein Gemälde wurde nie gemalt, so wie er auch nie den Wal gesehen hat. Es blieb bei einer privaten conversazione. Gegenüber seinem Freund Philipp Melanchthon, einem melancholischen Automaten, äußerte Dürer, dass er sich, als er jung gewesen sei, nach Abwechslung und Neuem gesehnt habe. Jetzt, im Alter, habe er angefangen, das ursprüngliche Antlitz der Natur zu sehen, und verstanden, dass diese Einfachheit das letzte Ziel der Kunst sei.

Sein Schaffensdrang pochte in ihm mehr denn je zuvor. Kein Wunder, dass er so interessiert an Knochen war. Er sah und fühlte seine eigenen, alles vollgestopft mit den Geweihen und Zähnen und Fellen, seine melancholische Anatomie.

In der Galerie angekommen, lasse ich die Schlange der Winterpilger unter der Glaspyramide hinter mir, steige die Treppen hinauf und schreite durch endlose Gänge, vorbei an Gemächern, in denen ein Kaiser in seinem Himmelbett schmachtete; vorbei an Porträts wohlgenährter Kaufleute und extravagant gekleideter Damen, deren Haut nie ein Sonnenstrahl berührt hatte; vorbei an zahlreichen Darstellungen von Folterungen, die Märtyrer erlitten hatten, als ob das Zeugnis umso glaubwürdiger wäre, je ärger man sich das Schicksal vorstellte; vorbei an den Leuten, die durch ihre Telefone hindurch die vage lächelnde Frau und Flüchtlinge auf einem Floß anstarren.

Ich habe einen weiten Weg auf mich genommen, um ihn zu sehen. Ich hätte einen Termin vereinbaren sollen. Im obersten Stockwerk des Gebäudes hört der Flur auf: mit Brettern vernagelt. Mir war klar, was das bedeutet. Er war allein da in einem eiskalten Raum, mit freiliegendem Ausschnitt, ordentlich herausgeputzt. Ob ich eine Wache bestechen sollte, mich hereinschleichen wie ein Dieb? Eine Hand schiebt sich vor mein Gesicht.

Ich gehe also den Fluss hinunter. Dick und grau fließt das Wasser dahin. Ins Wasser gehen kann ich nicht - nicht, weil ein arktischer Wind bläst, sondern weil ich die Aufmerksamkeit des Polizeiboots und seiner bewaffneten, behelmten Besatzung auf mich ziehen würde. Stattdessen finde ich mich im Botanischen Garten wieder. Ich ignoriere den Dunggestank aus dem Zoo, wo Sebald das Gebrüll von Großkatzen hörte, die langsam verrückt werden, und steige eine weitere Treppe hinauf. Ich habe keine Ahnung, was sich darin verbirgt. Nach allem, was ich weiß, könnte es ein Bahnhof sein.

Alles ist still und kahl. Ich befinde mich in einer solchen Trance, dass ich stracks an der jungen Frau in dem hölzernen Kiosk vorbeigehe und von einem strengen Wachmann zur Umkehr aufgefordert werde, der mir befiehlt,

Achetez un billet, s'il vous plaît (neun Euro).

Der Eintrittspreis. Ich bitte fast um Rückgeld. Das Sonnenlicht fällt schräg ein, nicht auf Züge, die darauf warten, Menschen abzutransportieren, sondern auf reihenweise Gebeine. Eine Endstation anderer Art.

Vor mir, alle in dieselbe Richtung blickend, sind sämtliche Tierarten angeordnet, die ich mir vorstellen kann, und noch viele mehr, die ich nicht kenne. Kamele und Affen und Tauben, Fische und Schlangen und Flugsaurier, alle auf dasselbe sonderbare Grau reduziert, in ihre Bestandteile zerlegt. Draußen muss eine Seuche gewütet haben, vier Reiter reiten munter die Böschung hinunter und lassen diese hohläugigen Kreaturen zurück. Oder sie sind vielleicht auch Versuchsopfer des Tierlagers nebenan, ihre Organe abgefüllt in Gläser, die neben den Embryos mit dem noch anhaftenden kittfarbenen Fleisch an den Wänden aufgereiht stehen.

Die fahle Kavalkade wird angeführt von einem gehäuteten Menschen, der sie mit erhobener Hand zur natürlichen Auslese oder zum Schlachthof führt. Ich hasse Museen, sagt Thoreau mürrisch. Sie sind die Katakomben der Natur. Marianne Moore hingegen kann ihnen mehr abgewinnen als nur Information, entdeckt etwas geradezu Anrührendes in ihnen. Die Parade könnte ewig so weitergehen, ein endloses Dickicht aus Rippen und Oberschenkelknochen und Rückgraten. Einige stehen in Schulterhöhe und kuscheln sich an das Seil, das zwischen uns gespannt ist. (Ich taste in meiner Hosentasche nach einem Zuckerstück.) Andere sehe ich aus dem Augenwinkel an einer Fußleiste entlanghuschen. Sie sind alle augenlos, und dennoch schauen sie mich an. So wie wir im Mutterleib sind, es ist dieselbe Formel: Wirbel, Brustbeine, Schädel, die alle dieselbe Funktion ausüben.

Es ist kein Ende in Sicht. Die Knochen fangen an, ins Wasser einzutauchen, gehen in Meereszustände über, Finger verschmelzen zu Flossen, Rippen blähen sich auf und werden zu Robben und Walen und Dugongs; es ist, als sähe man MRT-Aufnahmen von engen Freunden. Am Ende lauert ein Säugetier, das ich nicht kenne: der Übergang zum Wal, viel größer als ein Walross, mit einem langen Schwanz, breiten Fluken und einem beunruhigend kleinen Kopf. Die Knochen entziehen sich der Diagnose.

Ich brauche zwei oder drei Runden und mein gesamtes Schulfranzösisch, um anhand des vergilbten Etiketts herauszufinden, was das für ein Wesen ist. Eine Stellersche Seekuh – Rhytine, vom griechischen Wort für Falte – eine riesige Kreatur, die erstmals 1741 entdeckt wurde und fünfundzwanzig Jahre später nicht mehr auffindbar war. Zuletzt wurden die zehn Meter langen Tiere gesehen, wie sie in flachen Gewässern nach Nahrung suchten und dabei ein Schnauben und Seufzen von sich gaben, als ob sie ihr Schicksal beklagten. Da sie wegen ihres Fleisches geschlachtet wurden, war die Art im Jahr 1768 vollständig ausgerottet.

Georg Wilhelm Steller, der deutsche Wissenschaftler, nach dem sie benannt wurden, berichtete, wie diese sehr geselligen, schwerfälligen Tiere im kalten Nebel verfolgt und getötet werden. Ein Mann in einem Boot, sagte er, oder ein nackter Schwimmer könne sich ohne Gefahr zwischen ihnen aufhalten (er erklärte nicht, was einen Seemann dazu bewegte, nackt zwischen ihnen zu schwimmen). Steller, der Stellar-Forscher, strich ihnen über den Rücken und stach dann seine Lanze hinein. Er sagte, sie seien sich ungewöhnlich liebevoll zugetan: Wenn ein Weibchen getötet wurde, suchte ihr Partner den Strand auf, an dem sie gestorben war, als ob er sich über ihren Zustand informieren wollte. Dieses Tier existierte nur einen Wimpernschlag lang, wobei 1962 Seekühe vor der Halbinsel Kamtschatka gesichtet wurden; der *New Scientist* gab an, dass die Russen, sollte sich der Bericht als wahr erweisen, die notwendigen Schutzmaßnahmen ergreifen würden.

Dann drehe ich mich um und sehe sie. Dutzende, in einer unordentlichen Schlange.

Sie schauen mich an. Warum hast du so lang gebraucht?

Les rorquals, cachalots, dauphins, narvals, béélugas, orques.

Eine exotische Ansammlung von Tieren, die in ihrer Unterordnung so zusammengepfercht erscheinen, dass sie, wenn sie noch am Leben wären, einen sehr ungezogenen Haufen abgeben würden. Der Schwertwal schnappt nach der Schwanzflosse des Buckelwals; der Große Tümmler stößt einen Schweinswal mit dem Schnabel an; ein Blauwal, die größte jemals auf der Erde aufgetauchte ozeanische Kreatur, gähnt träge und schluckt den ganzen Haufen mit einem Happs hinunter.

Ich konnte nicht umhin, mir die Besitzer dieser Knochen vorzustellen, die nicht tot, sondern lebendig sind, sich ausdehnen und wachsen und sich mit unversehrtem Fleisch erneuern. Exemplare, die so groß waren, dass sie ihre Gelenke sprengten und sich an den Halteschrauben zu schaffen machten; die Ältesten, die gewissenhaft mit Prothesen versorgt waren, ältere Wale mit hölzernen Hüftprothesen. Ihre Rippen hallen in der eisernen Gewölbedecke wider; an den Geländern und Balkonen blühen blassgrün gestrichene Eisensträuße, die sich in Fleurs du Mal verwandeln, wie Sträuße von Plastik-Chrysanthemen, die an einem Straßenrand stehen. Diese Halle wurde zur Feier des Fin de Siècle über den Fluss gehoben, un bâtiment de verre, de fer et de lumière, ein Gebäude aus Holz, Eisen und Licht, ein glamouröses Industrie-Ossuarium für Wirbeltiere. So weit haben wir es gebracht. Aber trotz all ihrer Pracht macht sie mich einsam, diese Pantomime aus schönen Knochen.

Plötzlich ist der Bann gebrochen. Am anderen Ende hat eine Schulklasse die Halle betreten. Die Tiere stehen stramm, sträuben ihr längst verlorenes Fell und ihre Federn, als die Schüler hereinplatzen, mitsamt ihrer Anarchie, schnattern und mit Fingern und Handys auf die Tiere zeigen. Eben noch war alles still und akademisch, jetzt sind die Knochen zum Leben erwacht. Das ist das Publikum, auf das sie gewartet haben. Während sich die Kinder zur Fütterungszeit um die Tiere scharen, klettere ich die Treppe hinauf. Auf dem nächsten Spiellevel finden sich in diesem Warenhaus noch einmal so viele Exemplare aufgestapelt.

Deuxième étage: grands carnivores quaternaires.

Die Säugetiere da unten wurden von ihren ausgestorbenen Vorgängern an Größe übertroffen. Knurrende Hyänen und riesige Höhlenbären; ein baumgroßes Riesenmaultier und ein Moa – einer von les oiseaux géants terrestres –, der sich auf gigantischen Hühnerbeinen anschleicht. Ein Glyptodon schlendert dahin wie ein wandelnder Korallendom. Aus einem seitlichen Schaukasten schaut die Hominidin Lucy zu, halb so groß wie ich, in irritierender gipserner Nacktheit, durch ihre Glasaugen hindurch betrachtet sie die Dinosaurier: Chirotherien, Bradysaurier und Ichthyosaurier, daneben Ammoniten von der Größe von Traktorreifen und Austern, groß wie Felsbrocken, immer noch dieselben.

Eine bevorstehende Tragödie. Um die Jahrhundertwende trifft Thomas Manns Alter Ego, Felix Krull, der Schönling, ein hübscher Hochstapler, adrett als Marquis verkleidet, im Zug aus Paris auf einen Mann. Der Professor hat gerade die Knochen eines Tapirs aus diesem Museum geholt, um sie in sein eigenes Institut in Lissabon zu bringen. Er sah mich an mit seinen Sternenaugen, sagt Krull, und er erklärt während der Fahrt, wie alles im Leben zusammenhängt, von den Mineralien in der Erde bis zu den Knochen eines schönen Mädchens. Sie sprechen über Wale und Dinosaurier. Als Krull sein Museum besucht, sieht er das fünf Meter lange Modell eines Ichthyosauriers in einem Becken schwimmen. So ist das in Museen, sagt er, sie bieten zu viel.

Dürer kommt herein, staunt, liest im Reiseführer: C'est le cas du squelette du rhinocéros de la ménagerie de Versailles rescapé de la Révolution. Dieses indische Nashorn traf am 11. September 1770 ein, als Geschenk für einen anderen König, Ludwig XV. 23 Jahre lang wurde es von Leuten in seinem Stall besucht, wo es täglich mit zwei Pfund Hafer und Mehl gefüttert wurde und aus einem großen Becken Wasser trank. Als es älter wurde, wollte es nicht mehr herauskommen; es versteckte sich lieber in seinem Heu und ließ nur Nase und Ohren von sich blicken.

Das Tier wusste, was bevorstand. Das pessimistische Nashorn überlebte das erste Jahr der Republik und den Terror, als die Menagerie geplündert und die Tiere gefressen wurden, sodass nur fünf von ihnen überlebten, darunter ein Löwe aus dem Senegal und ein Quagga vom Kap der Guten Hoffnung. Im Sommer 1793 ertrank das Nashorn – nicht im Mittelmeer, sondern in seinem Wasserbecken. Ein doppelt trauriges Ende, denn es hätte in Malmaison ein neues Zuhause finden sollen, wo Kaiserin Joséphine ihren eigenen Zoo einrichtete: springende Kängurus aus Terra Australis, Emus, Papageien und schwarze Schwäne gesellten sich zu Gazellen, Straußen, Lamas und Zebras sowie einer einzigen einsamen Robbe.

In diesem toten Palast rühmen sich viele Tiere, die meist aus anderen Staaten gestohlen wurden, eines königlichen oder präsidialen Status. Vom *Orang-Outan* aus Borneo, der sich in der Sammlung des Statthalters Wilhelm von Oranien befand, bis zu den *ossements du grand mastodonte d'Amérique offerts en cadeau à la France par le président Thomas Jefferson* – Jefferson war von Mastodonten so fasziniert, dass er glaubte, im Wilden Westen könnten sie womöglich überlebt haben, obwohl ihre Stoßzähne kaum in der Lage waren, sich dem unentrinnbaren Schicksal zu widersetzen – informiert uns der Führer über die kulturelle und wissenschaftliche Bedeutung dieses monströsen Regiments. *Ces galeries ont inspiré des écrivains comme Léon-Paul Fargue, des poètes comme Paul Claudel, des dessinateurs comme Tardi, des photographes comme Henri Cartier-Bresson et des cinéastes comme Joseph Losey.* Sartre und de Beauvoir verwenden die Knochen, um über die Illusion des Daseins zu sinnieren; Philippe Taquet, *Professeur émérite de Paléontologie*, schwärmt von *Ces troupeaux de vertébrés, ces forêts de pattes, ces successions de colonnes vertébrales, cette profusion de crânes de la ceintures scapulaires.* Es ist schwer zu sagen, wer in diesem Wettlauf mit der Zeit zuerst aussterben wird.

Im November 1849 kam ein Chronist der Salzwasser-Mastodonten in dieser Stadt an, nachdem er auf der Suche nach Kultur und Nervenkitzel den Atlantik überquert hatte.

Ich bin (gerade jetzt) satt – schrieb Melville in sein Tagebuch, in seiner Einzelkajüte auf der *SS Southampton* – von dieser herrlichen Reise in den Osten.

Er wohnt in der Rue de Buci, in einem gemütlichen Zimmer im fünften Stock, mit einem vom Dienstmädchen angezündeten Feuer und einer Flasche Schnaps, zur Aufmunterung. Am nächsten Morgen verlässt er sein Zimmer mit einer blauen Nase (so kalt war es) und spaziert, stolz auf seinen neuen grünen Mantel, über den Fluss nach Notre-Dame – sie reparieren es, berichtet er – und dann am Ufer entlang zum Louvre. Besser als das Britische Museum, denkt er. Dann geht er in die königliche Bibliothek, um sich die Bildtafeln von Albert Dürer anzusehen. Am nächsten Tag findet er den Weg zum Musée Dupuytren in der Rue de l'École-de-Médecine.

Pathologisch, sagt er. Reihenweise zerbrochene Schädel. Skelette & Dinge ohne Namen.

Ich bin froh, dass die Sammlung ein Jahr vor meiner Ankunft ausgezogen ist. All diese zerfressenen Gesichter und Zyklopen und seltsamen Dinge in Gläsern, die weder menschlich noch tierisch aussahen – nicht einmal so, als wären sie überhaupt je lebendig gewesen. Hermans Laune wäre besser gewesen, wenn er stattdessen hier in dieser Halle hätte stehen können, benommen von ihrer Pracht, ihrer Perfektion, von den Walen, denen er im wirklichen Leben begegnet war.

Museen drehen die Zeit gleich in zweifacher Weise zurück: Sie suggerieren eine perfekte Vergangenheit und lassen dich wieder zum Kind werden. Wie gerne würde ich auf die Schultern des Riesenfaultiers klettern, den pelzlosen Beuteltiger streicheln und mit dem nacktrippigen Delphin schwimmen. In ihrer diskreten, toten Schönheit wissen sie nicht, was wir ihnen angetan haben. Ich möchte mich hinsetzen und um diese augenlosen Seelen und heimatlosen Knochen weinen, um die Räume, die sie hinterlassen haben und hinterlassen werden. Aber was haben Tränen je gebracht? Sie reichen nie aus. Wie unser Pfarrer einmal sagte: Wenn du unglücklich bist, bist du verdammt noch mal selbst schuld.

In meinem Zimmer hoch über dem Laden, wo ich versuche zu schlafen, ganz unruhig gemacht von den Tausenden von Büchern unter mir, gebe ich schließlich nach und stehe auf, um durch das Fenster die Kathedrale zu betrachten, deren Zwillingstürme vom Vollmond illuminiert werden.

Ohne den Verkehr auf der Uferstraße und das Heulen der Sirenen in der Nacht könnte es jedes beliebige Jahrhundert sein. Ich habe keine Uhr, keinen Computer, kein Telefon; die Glocken sagen mir die Zeit und halten mich wach. Ich spüre sie alle unter mir, die Reihen der Toten. Dieses hohe alte Haus war einst voller Mönche. Vorsichtig, damit ich sie nicht aufwecke, die da an den Kellerwänden hängen, schleiche ich die Treppe hinunter und schlüpfe hinaus.

Als ich die Brücke überquere, ist niemand zu sehen. Das Gebäude ist in der Mitte des Flusses angelegt. Die Türen sind fest verschlossen. In Stein gemeißelte Kreaturen, eine mittelalterliche Evolution aus Drachen mit Zähnen und wilden Männern, aus in die Höhe schießenden Strebepfeilern und Korallentürmen, überkrönt mit Zinnen und Brüstungen. Alles ist still, dreht sich um mich und den Mond. Ich fühle mich ein bisschen betrunken.

Und während ich dort stehe, in der dunklen und nüchternen Welt, mit dem zu beiden Seiten fließenden Wasser, wird mir klar, dass sich nichts geändert hat und nichts sich ändern wird.

ANATOMIE

All dies geschieht mitten im Winter, wenn sich die Zeit entschleunigt. Der Kipp-Punkt, an dem Dinge sich in beide Richtungen entwickeln können. Ein guter Ort, um sich zu verstecken. Ich packe meine Tasche mit denselben Sachen, die meine Mutter für sich eingepackt hatte. Das Taxi bringt mich durch die Stadt. Es ist Halbmond, und der Starman singt im Radio. Ich erinnere mich an diese langen Nächte und an die letzte Nacht, als ich sie hier zurückließ. Es ist mein zweiter Besuch in einer Woche. Bei der Untersuchung hat mich die Schwester verkabelt wie ein Auto. Mit klebrigen Leitpads, die an meinem Oberkörper befestigt wurden, lag ich auf dem schmalen Bett. Ich sagte ihr, ich fühle mich wie die Kreatur und warte darauf, dass der Doktor den Schalter umlegt und mich anlässt.

Gleich werde ich als jemand anders wiedergeboren, scherzte ich.

Wer wären Sie denn gern?, fragte sie. Ich wagte es nicht zu sagen.

Blutdruck 118/70, Herzfrequenz 56/min

Die piepsende Maschine schrieb mein Leben als elektrischen Impuls um; meine Biografie reduzierte sich auf eine einzige schwarze Linie. Alle Höhen und Tiefen, alle Gezeiten und Monde zogen vorbei. Wir warteten auf den Ausdruck, der meine Un-Natur-Geschichte verraten würde. Ich hätte sie mit bemerkenswerten Ereignissen versehen können, an denen mein Herz sprang und wo es abstürzte. Es stürzte ab in diesem Gebäude, im Obergeschoss, als ich sie bat, meine Mutter von der Maschine zu trennen. Ich wusste immer, dass alles nur eine Abfolge von Höhen und Tiefen ist. Wie die Zukunft, so würde auch die Vergangenheit einem immer wieder weggenommen werden.

Die Krankenschwester nahm mir den Stecker ab; ich überprüfte, ob mein Herz noch schlug. Es gab Formulare auszufüllen, verschiedene Auswahlmöglichkeiten. Warum, wann, wo, was. Was, wenn ich gelogen hatte? Was, wenn sie alles getestet hatten, mein Herz, mein Blut, meine Keime, mein Inneres und Äußeres, was, wenn sie nach all dem herausfanden, dass ich nur so tat, als wäre ich ich, dass ich die ganze Zeit ein Schwindler gewesen war?

Seit einiger Zeit zeigte mein kleiner Finger an der rechten Hand immer stärkere Anzeichen eines Syndroms, das langsam auch meine anderen Finger in Mitleidenschaft zog. Ich hatte mich an diesen Prozess gewöhnt. Zuerst bildeten sich Klumpen unter den Fingerknöcheln und anderen Gelenken. Dann verdickten sie sich und drückten und drohten unter Anspannung meine Hände in Krallen zu verwandeln.

Es war ein Kampf mit meiner Haut, ein kleiner Dämon, der in mir herumzuckte. Mein kleiner Finger hatte eine neue Eigendynamik entwickelt, und ich wusste, dass es meine eigene Schuld war. Ich las von einem schottischen Seemann, der seinen Zustand darauf zurückführte, dass seine Hände oft taub waren, weil er im Nordatlantik Seevögel gefangen hatte, die er aus Schlingen auf schwimmenden Planken zog. Die begleitenden medizinischen Fotos, schlicht und zweckmäßig, zeigten, dass einer seiner kleinen Finger amputiert worden war. Im Alter von neunundsiebzig Jahren lehnte er eine weitere Operation ab und zog das traditionelle Heilmittel Haifischöl vor. Es war eine Art resonierender Magie: So wie das Meer seine Hände zu den Krallen der Vögel gekrümmt hatte, die er gefangen hatte, so suchte er seinerseits die Heilung des Meeres.

Hatte ich mir das selbst zuzuschreiben? War es eine Bestrafung dafür, dass ich es gewagt hatte, nachts im kalten, dunklen Meer zu schwimmen? Ich hatte von meinem Arzt erfahren, dass es sich bei dieser Fehlfunktion um etwas Genetisches handelte; dass ich auch das meiner Mutter zu verdanken hatte. Ich konnte es nicht hassen. Der Name gehörte allerdings jemand anderem: Baron Guillaume Dupuytren, dem Pariser Chirurgen, der das Hôtel-Dieu leitete, das monumentale Krankenhaus neben Notre-Dame; es war sein Museum, das Melville 1849 so bestürzt hatte.

Damals war der Baron seit 14 Jahren tot. Man trauerte nicht sonderlich um ihn. Melvilles Freund Oliver Wendell Holmes, Anatomie-Professor an der Harvard-Universität und Erfinder des Begriffs der Anästhesie, hatte bei Dupuytren gelernt. Er beschrieb seinen Lehrer als einen kantigen, gedrungenen Mann mit hohem aufgewölbtem Kopf, der sich orakelhaft äußerte und dem seine Mitmenschen gleichgültig waren; manchmal, so Holmes, sei er sehr grob mit ihnen umgegangen. Dupuytrens Kollegen äußerten sich unverblümter: Pierre-François Percy erklärte, der Baron sei der Erste unter den Chirurgen und als Mensch das Hinterletzte.

Sein Erscheinungsbild war spektakulär. Bei Krankenhausvisiten trug er einen grünen Kittel, eine weiße Weste, eine blaue Hose und eine selbst entworfene grüne Mütze; man sah diesen Medizin-Dandy häufig an den Nägeln von Daumen und Zeigefinger kauen. Eine solche Nervosität konnte kaum Vertrauen einflößen, aber seine Selbstsicherheit brachte ihm den Spitznamen das Ungetüm von der Seine) ein, als wäre er ein schlangenartiger Entführer oder ein schlechter Schauspieler. Er erklärte, es sei besser, an der Krankheit zu sterben als an der Operation, und man munkelte, dass er in jenen Tagen, als es noch keine Anästhesie gab, vornehme Patientinnen auf die Operation vorbereitete, indem er ihnen Worte von solcher Obszönität ins Ohr flüsterte, dass sie in Ohnmacht fielen und keine Schmerzen mehr verspürten.

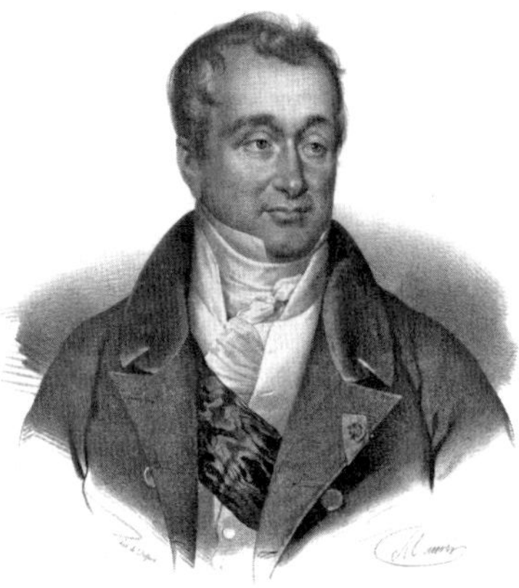

Als Knabe war er so attraktiv, dass er mit zwölf Jahren von einem Kavallerie-Offizier von zu Hause weggeholt wurde, der ihn in Paris ausbilden ließ. Das geschah im Jahr des Ausbruchs der Revolution, 1789. Dupuytren entwickelte sich zu einem Wüstling und Glücksspieler, aber auch zu einem chirurgischen Genie. Er behandelte Napoleons Hämorrhoiden und war Leibarzt von Ludwig XVIII., der ihn in den Adelsstand erhob. Der Baron stellte Theorien zur Spontanentzündung auf (er glaubte, die Kleidungsstücke der Opfer wirkten wie Zunder, die aus den brennenden Körpern Fett herauszogen); verfasste einen Aufsatz über den künstlichen Darmausgang, unerfreuliche Nebenwirkung eines Leistenbruchs; und er war fasziniert von der Selbstkastration Geistesgestörter. (Ein Freund, der als Krankenpfleger in der Psychiatrie arbeitete, erzählte mir einmal, wie er eines Morgens auf seine Station kam und einen Patienten vorfand, dessen Penis neben dem Bett lag.) In Anbetracht derart schauriger Interessen war es unvermeidlich, dass der düstere Ruf des Barons ihm zu Rollen in literarischen Werken verhalf. In Balzacs Novelle *Die Messe des Atheisten* zischt er meteoritengleich durch die wissenschaftliche Welt; er taucht auch in Flauberts *Madame Bovary* und in Hugos *Die Elenden* auf. Aber in meinen Händen lebt er weiter.

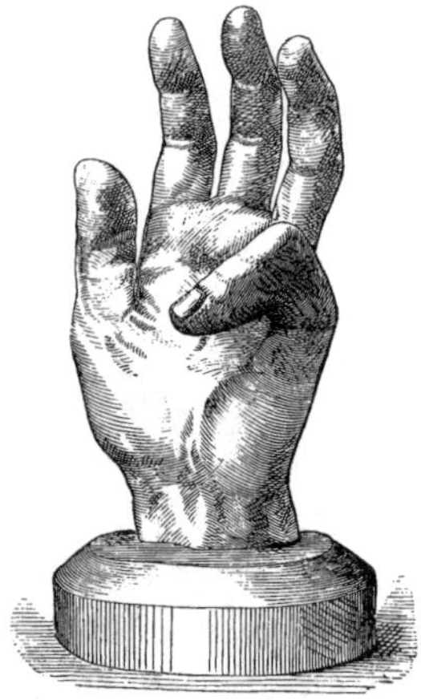

Die Retraktion der Finger, meine Herren, vor allem des Ringfingers, beobachtet man seit vielen Jahren, so die Ankündigung des Barons, allerdings kam es erst kürzlich dazu, dass der Grund dieser Fehlstellung erfolgreich untersucht wurde. Es gab viele Meinungen zu dieser Krankheit, die meisten Chirurgen hielten sie jedoch für unheilbar. Nicht so der Baron, dessen Hybris grenzenlos war. Er eignete sich die Krankheit einfach unter seinem eigenen Namen an. Es juckte ihn in den Fingern, sich an die Arbeit zu machen. Sein Versuchskaninchen war M. L., ein Weinhändler, der im Jahr 1811 beim Heben einer Weinkiste gespürt hatte, wie etwas in seiner linken Hand riss. Der Ringfinger und der kleine Finger des Mannes fingen an, sich zu biegen. 1831 waren sie vollständig gebeugt und lagen auf der Handinnenfläche auf.

Die Hand des Patienten wurde sicher fixiert, und Dupuytren begann die Operation, indem er einen fast einen Zentimeter langen Quereinschnitt vornahm. Als sein Messer erst die Haut und dann die Palmarfaszie durchtrennte, gab es ein deutlich hörbares Knackgeräusch, so die Beobachtung des Arztes. (Er hätte in Waterloo dabei sein und ein Bein absägen können.) Nach diesem Schnitt nahm der Ringfinger wieder seine ursprüngliche Position ein und konnte fast so vollständig wie zuvor ausgestreckt werden. Durch weitere geschickte Schnitte mit seinem säbelgleichen Skalpell gelang es ihm, auch den kleinen Finger des Weinhändlers zu befreien. Die Wunden wurden verbunden und mit einem passenden Apparat ruhiggestellt. Einen Monat später, als die Wunden verheilt waren, wurde die Vorrichtung entfernt. Das Ungetüm zeigte sich zufrieden. Im Hôtel-Dieu war Dupuytren Gott.

Es war seltsam, mit dem Namen eines anderen in Verbindung gebracht zu werden, als wäre meine Hand einem anderen Besitzer überschrieben, so wie Wale verdienten Männern gehören - Cuviers Wal, Brydes Wal, Trues Wal. Als Opfer der Dupuytren'schen Krümmung spürte ich, wie das sich entfaltende embryonische Ich sich in die falsche Richtung neigte und in fötale Lage zurückkrümmte, Finger, die zu Flossen verschmolzen. Wie eine Meereskreatur, meinte John zu mir beim Abendessen. Mark schickte mir eine Postkarte von Cranachs Adam und Eva unter dem Baum; er hatte einen Tippex-Pfeil hinzugefügt, der auf ihre verkrümmten kleinen Finger zeigte.

Was mit meinen Händen geschah, hatte etwas Reizvolles an sich; weniger eine Krankheit als eine Errungenschaft, etwas, das ich für mich erfunden hatte. Ich fühlte mich auf perverse Weise von der Fehlstellung, der Unordnung angezogen, die einer nicht-genealogischen Abfolge Ordnung verlieh und mich mit der Vergangenheit verband; mit Königen und Königinnen und Präsidenten und Schauspielern. James Barrie ließ sich von seinen verkrümmten Fingern zu seinem Kapitänshaken inspirieren; Beckett klagte über seine Dupuytren-Klauen, als wären sie das Erbe der schwarzen Wasser von Lough Erne, an dessen Ufern er - ebenso wie Wilde - zur Schule gegangen war und wo im Lauf der Jahre ein Dutzend oder mehr Jungen im See ertrunken waren; einer schrie, als er fiel, er stecke im Schlamm fest und sinke schnell, als ob die Dunklen an ihm Geschmack gefunden hätten und ihren Preis nach unten zogen. Diese selben Wasser umschlangen auch meine Beine, wie diese Krankheit.

Es war ein Akt des Glaubens oder Unglaubens, dieser Kontrakt, diese Kontraktion. Eine Ur-Sünde. Seit ich denken kann, wird mir die segnende Hand über den Kopf gehalten, wenn ich durch die gefalteten Hände hindurch zum Altar hinaufblicke. Ein Zeichen, so unauslöschlich wie die Stilettos der sechziger Jahre, die ihre Stigmata auf dem Parkettboden unter der Kommunionschlange hinterließen. Ich kniete da in meinen grauen Shorts und meinem handgestrickten rotzgrünen Pullover und betete zu diesen schönen, in Glasmalerei eingefrorenen Menschen, die mir sagten, was ich tun sollte.

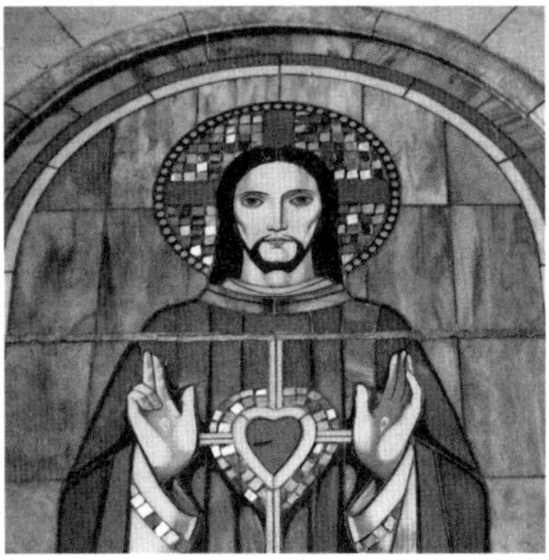

Einige meinten, diese Segensgeste gehe auf die gebogenen Finger eines frühen Papstes zurück; andere, dass Statuen der Caesaren, deren Hände in Gerechtigkeit und Wahrheit geballt waren, dieser päpstlichen Geste vorausgingen. Einige griffen sogar noch weiter zurück, auf den heidnischen Gott Sabazios, der von den Thrakern, Römern und Juden verehrt wurde und dessen geheimnisvoller Kult mit vom Körper getrennten Händen durchgeführt wurde, in Bronze gegossen oder aus Elfenbein geschnitzt; Votivobjekte, kunstvolle Prothesen, die in das Handgelenk eines toten Kaisers geschraubt wurden.

Aus ihren Spitzen sprießen obskure Zapfen und seltsames Blattwerk; Schnüre aus Basiliskenschlangen fesseln sie, und am merkwürdigsten sind die kleinen gebogenen Phalli, die wie Anker von Ketten baumeln, ein Hinweis darauf, dass die Krankheit sogar das männliche Organ befallen könnte. (Es hieß, durch die Verkrümmung sei Casanova ein guter Liebhaber gewesen.)

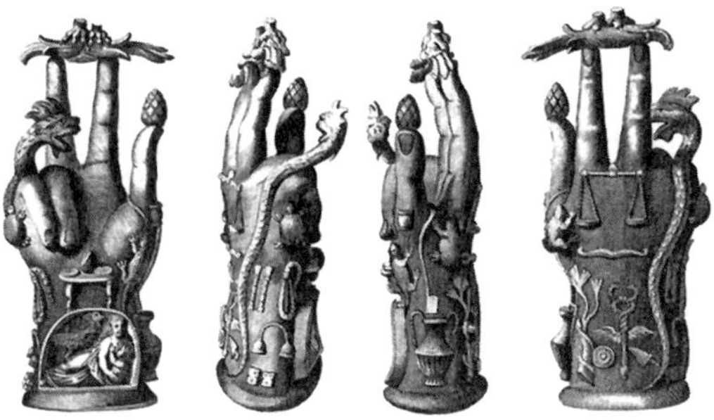

In Nordeuropa hingegen gab man den Wikingern die Schuld, die ihre Walstraßen entlangreisten und in unsere Gene eindrangen und mich und meine verkrümmten Finger zurückließen.

Die Längere Magnús-Saga aus dem 14. Jahrhundert erzählt die Geschichte des Grafen der Insel Orkney, einem zum Christentum Bekehrten, einem sanftmütigen Wikinger, der in kaltem Wasser schwamm, um den zölibatären Zustand zwischen sich und seiner Frau aufrechtzuerhalten, und der nach seinem Martyrium im Jahr 1117 als Heiliger angesehen wurde. Jahre später bemühte sich ein Inselbewohner namens Sigurd, der an verkrümmten Händen litt – alle seine Finger waren in den Handflächen fixiert –, um die Fürsprache von Magnús in dessen Heiligtum in Kirkwall, wo sich wunderbare Heilungen von Besessenen, Geisteskranken und Infizierten ereignet hatten. Ein Mann war so vom Wahnsinn befallen, dass er in ein Fell eingenäht werden musste, und er wurde wieder gesund. Ein anderer wurde von seinem Aussatz befreit, als der Geist des Magnús vor ihm erschien. Sigurds Mission war erfolgreich: Er wurde mit tadellos funktionierenden, geraden und geschmeidigen Fingern belohnt und brauchte keinen biestigen Baron.

Ich spürte diese nordische Verwandtschaft in meiner Abstammung, in den rotblonden Haaren meiner Mutter, die ich geerbt hatte, und in den Klumpen in ihren Fingern, die nun die meinen verformten. Ich konnte dieses Leiden nicht für die liebevolle Art hassen, wie es meine Hände faltete, weil meine Mutter, wenn ich vom winterlichen Meer nach Hause kam, meine Finger hielt, um sie zu wärmen und mich zurechtwies: Niemand zwingt dich, das zu machen. Es hat mich auch niemand gezwungen, das hier zu machen. Es war meine Entscheidung, mich zu korrigieren. Ich wurde vor den Risiken gewarnt und über die Vorteile aufgeklärt. Ich musste kein Heiligtum besuchen, nur ein schmuddeliges Sprechzimmer in einem Krankenhaus aus rotem Backstein. Es ist keine große Operation, sagte mir der Arzt mit einem ironischen Lächeln. Ich dachte, er wolle mir Mut machen. Nach einer kurzen Pause fügte er hinzu: »Es ist eine sehr große Operation.«

Ich betrete das Krankenhaus und warte geduldig mit den anderen Patienten. Es ist der Vorabend des Tages der heiligen Lucia, der Schutzpatronin des Lichts; die Mitternacht des Jahres. Wir sind im Brunnen des Gebäudes gefangen, dessen Öffnung mit einem Netz versehen ist, um zu verhindern, dass Tauben und Krähen in das sterile Territorium eindringen. Ich beobachte, wie die Sonne sich mit dem Aufgehen abmüht; die Zeitung habe ich bereits verschlungen: Es gibt einen Bericht über ein gigantisches, zigarrenförmiges Objekt, das mit 196 000 Stundenkilometern in unser Sonnensystem hineingeflogen ist und auf außerirdische Signale untersucht wird.

Sieben Stunden später ruft jemand meinen Namen auf. Ich werde in einen ruhigen weißen Vorraum geführt. Alle Ungewissheit wird durch Ordnung und Zwangsläufigkeit ersetzt, und durch neue Entscheidungen, die zu treffen sind. Der Anästhesist, ein charmanter Mann, stellt mir die Betäubungsmöglichkeiten vor. Ich kann entweder eine Vollnarkose haben oder eine Nervenblockade. Leider schlägt er mir nicht vor, mich mit ins Ohr geflüsterten Obszönitäten in eine Ohnmacht zu versetzen.

Mit einer Mischung aus Nervosität und Erregung entscheide ich mich dafür, bei Bewusstsein zu bleiben. Mir gefällt die nüchterne Vorstellung eines Blocks, der meine Nerven ausschaltet. Der Mann empfiehlt mir allerdings – nimmt er etwa ein ängstliches Zucken meiner Augen wahr? – ein Beruhigungsmittel, damit ich mich ein wenig entspannen kann.

Es ist wie ein großer Gin Tonic, sagt sein Assistent mit leuchtenden Augen, während er mit der Ausstrahlung eines Kellners in einer Cocktailbar in einen Schrank greift. Die Nadel fährt rein, und ein angenehmes Taubheitsgefühl überkommt mich. Ich bin jetzt zu allem bereit. Anästhesie ist ein so tröstliches Wort, sicher und wissenschaftlich, mit einem Hauch von geisterhaftem Glamour und Übergangsmythos. Man kann es nicht aussprechen, ohne benommen zu klingen, ohne versinken zu wollen. Ein bisschen venezianischer Sirup, der meinen Körper und mein Gehirn lockert. Nicht denken müssen.

Während sie mich vorbereiten, steckt der Assistent seinen Kopf durch die großen weißen Flügeltüren, um den Darstellern zu sagen, dass sie still sein sollen; ihr Lachen lenkt ab. Ich werde durch die Flügeltüren ins Theater gerollt und erwarte eine Runde Applaus. Alle tragen sie wallende Gewänder. Die Schwestern schweben in den Kulissen umher. Dieser Raum ist für alle Anwesenden die Krönung ihres Berufs. Im Mittelpunkt steht ihr Anführer, unser Baron, mit strahlend inselbraunem Teint, mit hellbraunen Schuhen unter seinem Gewand.

Dreieinhalb Stunden lang liege ich unter zwei riesigen runden Lampen, die aussehen wie silberne Sonnenblumen und deren Griffe wegen der Sterilität der Länge nach mit blauen und orangefarbenen Gummis bezogen sind. Verkehrte Gewebe imitieren Haut und Knochen. Eine Latexmanschette um meinen linken Bizeps bläst sich sanft auf und fällt wieder zusammen und drückt unablässig auf meinen schwachen Muskel. Mein Körper gehört mir nicht mehr; ich habe ihn für heute abgemeldet. Die Nervenblockade hat meinen Arm von meiner Schulter getrennt, er schwebt frei über mir, so wie der Arm von einem Tintenfisch sein eigenes unabhängiges Gehirn enthält. Ich erinnere mich an Ismaels sonderbare Empfindung, als er aufwacht mit Queequeqs Arm über sich, eine Umarmung, die ihn an eine Kindheitsepisode erinnert: Er war an einem Hochsommernachmittag in sein Zimmer verbannt worden, und als er aufwacht, fühlt er, dass seine Hand von einer übernatürlichen Hand umklammert wird. Und ich denke an den Vater von Marianne Moore, der der Aufforderung von Matthäus 5:30 folgte.

Es ist drei Uhr nachmittags. Drei Uhr ist immer entweder zu spät oder zu früh, um irgendetwas zu unternehmen, sagt Sartre. Eigentlich müsste ich im Meer sein. Stattdessen bin ich auf einem Tisch ausgestreckt, während sich drei Chirurgen an die Arbeit machen. Sie fallen über meine Hand her, nicht mit Nägeln, sondern mit Messern. Die Stelle ist mit einem Tischtuch abgedeckt. Panofsky, der Kunst-Anatom, beschreibt Dürer beim Gravieren: Er deckt die Teile, an denen er nicht arbeitet, mit einem Tuch ab, durch das er schneidet, ganz ähnlich wie ein Chirurg sich auf ein kleines Stück des Körpers konzentriert, der in aseptisches Tuch gehüllt ist.

Der Oberchirurg lockt seine Beute hervor; knusprige Häppchen aus einer

Krabbenklaue. Das gelbliche, vom Blut glänzende Kollagen schwabbelt, als es sich löst. Ich kann nicht glauben, dass man etwas so Großes aus meiner Hand entfernen kann, ohne dass der Rest der Hand auseinanderfällt. Ohne dass ich es gemerkt hätte, hat sich mein Finger entrollt. Vor lauter Befreiung ist mir schwindlig, und wie ein nervöser Gast auf einer Cocktailparty, der die anderen unterhalten will, fange ich an, über Wale zu reden. Sie nicken höflich. Sie werden dafür bezahlt, sich eine oder zwei Stunden lang um diese sonderbare Kreatur zu kümmern.

Ich frage sie: Kennen Sie Rembrandts Anatomiestunde?

Wir reden hier nicht so oft über Kultur, erwidert einer von ihnen.

Ich höre auf zu reden aus Angst, sie von ihrer Arbeit abzulenken, die ja ich bin. Als die Spitze des Skalpells in meine Haut stößt, um ein Stück für das Transplantat herauszuschneiden, merke ich mit einer Art von Kühnheit, dass die Nervenblockade nachlässt. Ich kann das Messer spüren. So ruhig ich kann, weise ich nervös darauf hin, dass das Gefühl zurückkehrt. Der Anästhesist kommt mir zu Hilfe, pumpt mehr Medikamente in mich hinein, und die Party geht weiter. Die neue Haut rutscht an ihren Platz. Nachdem sie meine Hand auseinandergenommen haben, nähen erfahrene Hände sie wieder zusammen. Sie haben die geschickten Finger von Schneidern, die geschwind etwas für einen wartenden Kunden nähen. Die Lappen werden mit einer elektrisch projizierten blauen Linie sauber abgeteilt, dann treten sie einen Schritt zurück, um ihr Werk zu bewundern. Es muss befriedigend sein, so schnelle Ergebnisse zu erzielen. Solange ich nicht auf dem Tisch aus dem Leben scheide, ist ihre Arbeit getan.

Die Aufregung lässt in dem Moment nach, als ich das Theater verlasse und zurück in die normale Welt gerollt werde, benommen von den Drogen, ohne Essen und ohne Licht. Der Tag ist verschwunden. Bald würde der Mond aufgehen. Ich könnte ein Jahr oder einen Tag lang hier gewesen sein. Dort unten, in der Etage unter mir, blieb die Zeit stehen, als meine Mutter von der Intensivstation gerollt wurde. Ich hatte ihnen gesagt, dass ich sie dort nicht lassen wollte. Zuvor hatte ich sie aus dem Haus geführt. Sie wollte nicht gehen. Dann habe ich sie hiergelassen. Es fühlt sich immer noch wie ein Verrat an, das Gegenteil von dem, was sie für mich getan hat. Vielleicht könnte ich zurück auf die Station gehen und alles richtigstellen, sie nach Hause bringen.

Einmal bin ich zurückgegangen. Ich fand die Station und das Bett, in dem ich sie zuletzt gehalten hatte, so wie sie mich zum ersten Mal gehalten hatte. Als ich mich dem Zimmer näherte, wusste ich, dass ich es nicht sehen wollte. Die Krankenschwestern waren beschäftigt; jemand würde mich fragen, wen ich besuchen wollte. Ich war ein Schatten, die Vergangenheit; viele Menschen waren seither in diesem Bett gestorben, jeder machte mit seinem eigenen Leben weiter. Ich würde kein Namensschild finden, keinen Blumenstrauß, der an das Kopfende des Bettes gebunden war, obwohl der graue Rahmen mir mehr bedeutete als das Feld in der Vorstadt, auf dem jetzt ihre Knochen lagen.

Zu Hause wache ich im Dunkeln auf und habe Schmerzen. Ich schaue noch einmal nach meinen Fingern. Sie sind nicht schwarz geworden. Ich habe gelogen, als ich sagte, es gäbe jemanden, der sich um mich kümmert.

Was soll ich jetzt tun?

Ich spüre die Erinnerung an die Drogen in meinen Gliedern. Ich bin unbeholfen, schief, habe meine Anmut verloren. Ich merke, wie sehr ich von meiner ausgestreckten Hand abhänge, wie sehr ich die Welt spüre. Gefesselt wie ein Schwan, kann ich nicht ich selbst sein. Ich kann nichts Neues lesen, es ist zu beunruhigend; neue Ideen machen einen nur müde, sagte einmal ein Philosoph.

Also krabble ich aus dem Bett und nehme *Die Ringe des Saturn* aus dem Regal, wo ich es mitten im Gespräch liegen gelassen habe. Ich habe es schon viele Male gelesen. Im Gegensatz zu alten Freunden verraten Bücher einen nicht. Sebalds Buch wurde 1998 auf Englisch veröffentlicht; mein Freund Adam schenkte es mir damals zum Geburtstag. Es kam mir schon damals alt vor, gebremst durch die Geschwindigkeit, mit der es sich entfaltet, so langsam erzählt, dass man nie ganz sicher ist, wo man sich befindet. Auf dem Titelbild steht eine einsame Gestalt mit Schlapphut an einem nebligen Ufer. Kommt das Wasser herein oder geht es hinaus? Man kann das Meer nicht vom Himmel unterscheiden. Es könnte ein Gemälde von Whistler sein, aber das ist Sebald am Strand.

Die Geschichte beginnt in den Hundstagen des August, unter Sirius, dem Hundsstern, der den Geist in tiefe Verzweiflung stürzen kann. Die Mission des Erzählers ist vorherbestimmt, noch bevor wir anfangen. Statt ihn auf seinem Spaziergang zu begleiten, um seine Traurigkeit auszutreiben, sehen wir ein Jahr später auf ihn herab, wie er bewegungsunfähig und

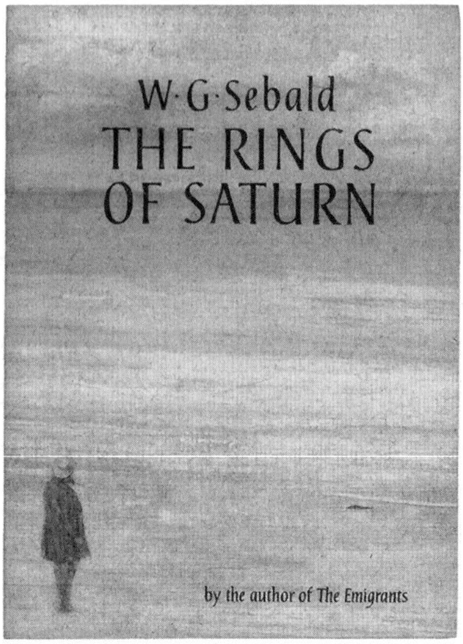

mit starken Schmerzen in einem Krankenhausbett liegt, von dem aus er zu einem vergitterten Fenster hinaufstarrt.

In der Stille des Nachmittags – es dürfte drei Uhr sein – beobachtet er, wie ein Kondensstreifen den Himmel vernarbt. Eingeschlossen in Isolation hört er nur das nie ganz verstummende Rauschen in seinen Ohren. Er ist in seinem eigenen Innenraum gefangen. Und wie einen Traum, an den man sich erinnert, den man aber lieber vergisst, erzählt er die Geschichte seiner Reise, einer Reise, die er vollständig auf oder unter dem Meeresspiegel unternimmt, als würde er auf dem Meeresgrund laufen.

In der Sommerhitze wandert er auf dem flachen Land durch Ostanglien, auf das deutsche Meer zu, gezogen von Zeichen und Wundern und von seinen eigenen Wörtern, die in Sätzen kreiseln, welche wie die von Thomas Mann die Frage aufwerfen, ob das alles womöglich eine List ist, ein cleverer Trick, um den Leser zu verwirren. Das war der Grund, weshalb ich in meinem opiumumnebelten Zustand das Buch noch einmal gelesen habe. Ich musste ihm auf seinem traumgleichen Gang folgen, wie ein Hund.

Er lässt beim Aufbruch aus dem Dorf, in dem er lebt, seinen großen schwarzen Labrador Morris zurück und trifft dann auf Szenen, wie man sie auf Postkarten in den Kisten in Ramschläden findet: Landhäuser, die vom Unrat der Vergangenheit überwuchert sind; ein pensionierter Major, der in einer Höhle sitzt; Felder, von denen aus Flugzeugflotten aufstiegen, um das

Land, in dem er geboren wurde, mit Bombenteppichen zu überziehen; Heringsschwärme, die beim Sterben leuchten. Ostengland scheint ins Meer zu kippen. Nichts kann es retten. Der Blick überwältigt ihn. Entfernungen lügen. Die Küste bleibt auf immer weit weg. Ein zweideutiger Ort. Vielleicht wusste Sebald, dass die Griechen Malaria als Therapie für Geisteskranke empfahlen, vielleicht auch nicht; und dass Ärzte im 18. Jahrhundert Melancholiker nach Ostanglien schickten, auf dass sie sich das Fieber holten. Im frühen 20. Jahrhundert wurde von der Malaria infiziertes Blut Patienten injiziert, die an einer durch tertiäre Syphilis ausgelösten Psychose litten.

Eine von Sebalds Figuren erzählt, dass vor dem Ersten Weltkrieg ein riesiger Erholungsort für die Anbetung des Körpers und der Sonne und des Meeres geplant war, der Englands Ostküste mit den Niederlanden und mit der fernen Insel Sylt verbinden sollte. Er hätte Kaufleute, hübsche junge Kellner und von den Sternen getäuschte Wale aufgenommen. Es ist schwer zu sagen, ob diese Geschichten wahr sind. Ich lese ja schließlich nicht die Wörter des Autors, sondern nur eine Übersetzung. In diesem Atlas der Verwirrung bildet Sebald eine Welt ab, die genau wie diese ist, nur anders. Sein Buch wirkt ruhig – die klare Schriftart, die in ihrem Echoraum angeordneten Fotografien –, aber es zieht einen hinein wie die Flut.

Die trüben Wellen lassen flüchtige Gestalten auftauchen. Edward FitzGerald, der viktorianische Übersetzer des *Rubaiyat* von Omar Chayyām, stellt ein Gemeinplatzbuch über das Meer zusammen und segelt, gekleidet in einen archaischen Gehrock, mit Zylinder auf dem Kopf und weißer Federboa um den Hals, auf seiner Yacht *Scandal* hinaus, in Trauer um seinen Freund William Browne. Er tröstet sich mit dem schwarzen Labrador, den Browne ihm geschenkt hat, und wird von einer Sehschwäche geplagt, wegen der er eine blau- oder grüngetönte Brille trägt; sein Gehör ist wie das von Sebald getrübt durch ein langes Rauschen, das wie das Rauschen des Meeres in einer Muschel klingt; dasselbe Geräusch, das sich seit Jahren in meinen Ohren festgesetzt hat.

Auch Sebald war von Hunden heimgesucht. In einem früheren Essay beschrieb er den Hund als ein Vehikel der Erlösung des Menschen und sagte, es sei seit jeher die Berufung der wahrhaft Auserwählten gewesen, ihrer Verwandlung in einen Hund nahezukommen. Es war die Traurigkeit eines Tieres, dessen Leben ganz im Gehorsam gegenüber dem Willen und Ruf des Menschen verbracht wird. Sie sind von einer verbissenen Beharrlichkeit; wir hingegen verbeißen uns in unsere Bestürzung. Lieber ein Hundeschwanz als ein glühendes Eisen auf der Stirn. In Sebalds Buch *Vertigo* wirft sich ein schwarzer Neufundländer, dessen natürliche Sanftmut durch Misshandlung gebrochen wurde, immer wieder gegen ein Tor. Der Erzähler erwägt, das Tier freizulassen. Es wäre wahrscheinlich neben uns hergelaufen, sagt er, und hätte seinen bösen Geist einem anderen Wirt überlassen.

Siehst du den schwarzen Hund durch Saat und Stoppel streifen? Betracht' ihn recht! für was hältst du das Thier? Bemerkst du, wie in weitem Schneckenkreise er um uns her und immer näher jagt? Und irr' ich nicht, so zieht ein Feuerstrudel auf seinen Pfaden hinterdrein. Joyces Hund am Strand trottet auf einer schwindenden Sandbank umher, schnüffelt nach allen Seiten, sucht nach etwas, das in der Vergangenheit verloren ging, und springt plötzlich wie ein Hase davon, seine Hinterpfoten schleudern Sand auf, seine Vorderpfoten scharren und wühlen, um etwas zu finden, das er dort vergraben hat, seine Großmutter. Sebald konnte sein Schreiben nur im Vergleich damit beschreiben, dass er seinen Hund auf einem Feld frei laufen ließ, um die Ecken zu erkunden und zu berichten, was er gefunden hatte.

Ich mochte es nie, Dinge systematisch zu tun, sagte er (oder vielleicht sprach auch sein Hund); je weiter ich kam, desto deutlicher spürte ich, dass man wirklich nur auf diese Weise etwas finden kann. Hunde führen einen immer zum Wasser, wie der einladende Finger des Knaben. Und die erotische Dynamik von Sebalds Buch, die Art und Weise, wie seine Worte sich kreisen und wiegen, ist so groß, dass man erwartet, dass es auch einen selbst in die Vergessenheit führt.

Ich ging hinaus in den Garten, um die Postkarte zu lesen. Sie war in einem Umschlag angekommen, adressiert in einer Handschrift, die man vor einem Jahrhundert in der Schule gelernt hatte. Auf der einen Seite hatte jemand, der mit Max unterschrieb, ein paar Worte über meine Arbeit geschrieben. Auf der anderen Seite der Karte, die aus einem Museum in Rouen stammte, war ein Gewitter aus dem Jahr 1651 abgebildet. Ich brauchte einen Moment, um herauszufinden, von wem die Karte stammte. Ich schrieb zurück. Er antwortete mir und schrieb weitere Briefe, in denen er auf meine antwortete: auf Postkarten aus europäischen Museen, auf elegantem Briefpapier aus seinem alten Pfarrhaus, auf linierten Blättern, die er aus einem Collegeblock herausgerissen hatte. Er lud mich ein, ihn zu besuchen. Er wollte nur höflich sein. Ich ging hin, um ihn sprechen zu sehen.

In einer Betonhalle am Flussufer stehend las er auf Deutsch und überließ das Englische seinem Übersetzer. Zwischen den Sprachen erkannte ich seine Kraft: Sie lag in seiner Naivität, seiner Kunst des Sammelns, seiner Bereitschaft, sich wie ein Kind erschrecken zu lassen. Es sind die Hartgesottensten unter uns, hatte er mir gesagt, die eine Ahnung von Metaphysik zu haben scheinen. Nach der Lesung bat ich ihn, mein Exemplar seines neuen Romans zu signieren. Ich konnte die Zigarette riechen, die er gerade geraucht hatte; mit der Zeit hatte der Teer seinen grauen Schnauzbart braun gefärbt. Er hatte große glasige Augen und sagte: Ich hoffe, es macht Ihnen nichts aus, wenn ich aus Ihrem Buch klaue?

Meine eigene Lebenserfahrung - das hatte er ein paar Wochen zuvor einer Zeitschrift erzählt - ist entschieden die, dass immer dann, wenn ich dachte, ich hätte alles im Griff, etwas passierte, das alles zunichtemachte, was ich mir vorgenommen hatte. Und das geht immer so weiter. Die Illusion, dass ich eine gewisse Kontrolle über mein Leben habe, hielt bis zu meinem 35. Geburtstag an. Dann hörte sie auf. Jetzt habe ich keine Kontrolle mehr, sagte er.

Ein paar Wochen später, an einem Sonntagmorgen, schlug ich die Zeitung auf und fand sein Gesicht auf Seite zwei. Es sah aus wie ein Bild aus einem seiner Bücher. Im Artikel stand, er sei bei einem Autounfall ums Leben gekommen, aber ich war unsicher, ob das wirklich stimmte.

Er war 57, dasselbe Alter, in dem auch Dürer starb.

Meine Faust ist ein schwammiger Boxhandschuh, in den allmählich das Blut eindringt. Ich zähle das Gefühl in meinen Fingerspitzen, eins, zwei, drei ... Nur die vierte scheint noch nicht wieder spürbar zu sein. Unfähig zu tippen, um mit mir selbst Schritt zu halten, schreibe ich in mein Notizbuch. Alles zieht sich in die Länge, wird zu Überlieferung. Sogar das Fallenlassen eines Stifts ist problematisch, wenn kein Flugbegleiter ihn aus der Schwerelosigkeit zupft.

In *Die Ringe des Saturn* beschreibt der Erzähler eine Kollegin, die alle ihre Akten und Papiere in riesigen Stapeln in ihrem Zimmer hortet und trotzdem genau weiß, wo sie jede gesuchte Information finden kann. Er sagt, sie sei wie Dürers Engel, unerschütterlich, inmitten der Instrumente der Zerstörung. Er bricht auf, um Die Anatomiestunde des Dr. Nicolaes Tulp in Den Haag zu sehen, ein Kulturausflug, der an der Strandpromenade durch heruntergekommene Cafés, einen Sexshop und Graffiti mit der Aufschrift *Willkommen* auf dem königlichen holländischen Friedhof abrupt unterbrochen wird. Am Strand – demselben Ufer, von dem Mann in einem Krankenwagen abreiste – befindet sich ein riesiges Hotel von verblichener Grandezza. Sebald verbringt die Nacht in einer heruntergekommenen Herberge. Die Straßenbahnen quietschen unaufhörlich. Am nächsten Morgen erreicht er die Galerie in einem Zustand der Verzweiflung und Verwirrung.

Er zündet sich eine Zigarette an und schaut auf seine Uhr. Sie zeigt 9.25 Uhr. Das Bild ist eine Lektion in Melancholie. All diese alten Meister, diese bärtigen Männer mit ihren ausladenden weißen, gewellten Halskrausen und voluminösen schwarzen Seidenmänteln, verstanden nichts vom Leiden. Sie versammeln sich um einen toten Mann, dessen Blöße durch die Häutung seines Arms noch verstärkt wird. Sie haben einen Flachland-Teint; er ist blassgrün. Tulp war der erste, der einen Narwal genau beschrieben hat; hier führt er den Vorsitz in einem stummen Drama, das in einer Stadt des Himmels und der Kunst stattfindet, in der man durch ein Fenster ohne Vorhang die entblößte Seele eines Menschen sehen kann. Rembrandt sammelte Dürers Werke; er sagte, das Leben sei dazu da, die Kunst zu unterstützen, nicht umgekehrt.

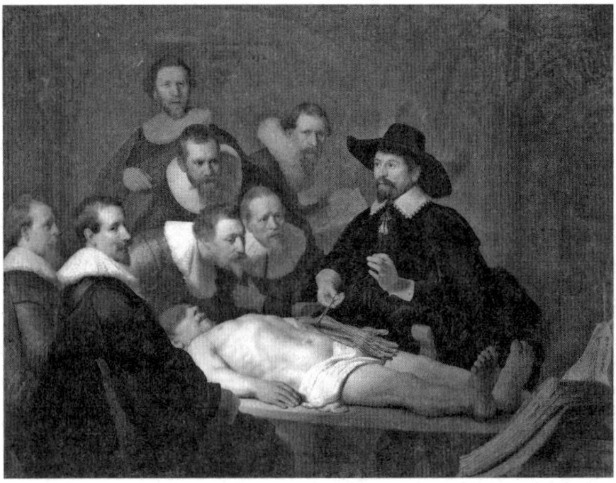

Wir brauchen die Toten, um uns selbst zu erkennen, sagte John Berger. Tulp ist ein Magier; die Gesichter seiner Zuschauer leuchten im Leichenlicht. Er hält seine Hand segnend über die tote Hand, als wolle er ein Kaninchen aus dem Hut ziehen. Der Verbrecher liegt da wie Christus, mit entblößter eingefallener Brust, seine entfleischte Hand wie eine Vogelkralle. Der Künstler dirigiert eine Sinfonie der Toten. Ein Jahrhundert zuvor kam Dürer in diese niederen Lande und wäre beinahe ertrunken. Sebald sah die Zukunft ins Meer stürzen: Weiße Knochen lagen dort unten. Er ist überwältigt von Zeichen und Wundern und Wassermassen; selbst der Name seines eigenen Dorfes Poringland klingt, als würde es wie Wasser ablaufen.

Er wendet sich Thomas Browne zu, dem Arzt und Schriftsteller, der im 17. Jahrhundert in Norfolk lebte und den Melville einen geknickten Erzengel nannte. (Hermans Freund wunderte sich: Hat jemals ein Seemann so etwas gesagt?) Browne sagte – so Sebald etwas unheilvoll –, dass alles Wissen von Dunkelheit umhüllt ist und dass das, was wir wahrnehmen, nicht mehr ist als einzelne Lichter im Abgrund der Unwissenheit.

Doch Brownes Erkundungen sind alles andere als feierlich. Sie reichen von vergrabenen Urnen in Ostanglien bis zu den Walen und Walrossen in Grönland. (Sie können sehen, warum er einer von Mariannes liebsten Schriftstellern war.) Er bittet seinen Korrespondenten, ihm das Weiße eines Walauges zu bringen, das durch Kochen hart gemacht wurde, und die Blase eines Wals oder eines Seelöwen, die gereinigt und getrocknet wurde, damit sie aufgeblasen werden kann, und er fragt: Was findet man noch in den Mägen von Seepferdchen oder Seelöwen: Welches Kraut ist es, von dem sie sich angeblich auf dem Meeresgrund ernähren?

Browne mochte Fragen; sie provozierten unmögliche Aussagen. Seine *Enquiries Into Vulgar and Common Errors* sind Maskeraden der Vernunft: Dass Menschen die natürliche Gabe haben zu schwimmen, wenn sie nicht durch Angst aufgestört werden; dass ertrunkene und versunkene Menschen am neunten Tag, wenn ihre Galle bricht, an die Oberfläche kommen; dass ertrunkene Frauen auf dem Bauch schwimmen, Männer aber auf dem Rücken – all das sind populäre Behauptungen, denen wir nicht zustimmen können.

Sogar der Mensch sei eine Blase, wenn man die *vesicula* oder *bulla pulsans* betrachte, in der der Keim des Lebens beginne. Und wenn einige in Ohnmacht gefallen sind, so fuhr er fort, können sie auch im Traum gestorben sein, da der Tod nur eine beständige Ohnmacht ist.

Dass es dämonische Träume gibt, ist kaum zu bezweifeln. Warum sollte es nicht auch angelische geben?, schließt er. Gegenwärtigen Umfragen zufolge glaubt einer von dreien meiner Mitbürger an Engel. Der erste Junge, den ich je liebte, sagte, ich sähe aus wie ein Engel im Klassenzimmer. Vier Männer sitzen auf Plastikstühlen. Schwarze Hunde schlummern zu ihren Füßen. Die Uhr rückt vor auf Viertel nach drei.

Max steht auf und ergreift das Wort.

Melancholie, sagt er, die Betrachtung der trostlosen Lage, in der wir uns befinden, hat nichts mit dem Wunsch zu sterben zu tun.

Er fährt fort und kramt in seinen Notizen.

Die Beschreibung der trostlosen Lage, mit der wir konfrontiert sind, enthält die Möglichkeit, sie zu überwinden, sagt er.

Herman räuspert sich.

Ich sah ein königliches Federtier, makellos weiß, sagt er, und wedelt mit den Händen in der Luft. Dann und wann spannte es seine gewaltigen Erzengelschwingen aus und streckte sie nach vorne, so als wolle es eine heilige Bundeslade umschließen.

Albert steht auf, überlegt es sich anders.

Thomas glättet seinen Schnurrbart, holt sein Zigarrenetui heraus und reicht es herum.

Ich stand hier und lebte für ihn, sagt er. Was ist Treue?

Es ist Liebe, ohne zu sehen, Sieg über ein verhasstes Vergessen.

Marianne kommt an, mit Slashback-Revers und einem schwarzen Samthut.

Das Meer hat nichts weiter zu geben als ein ordentlich ausgehobenes Grab, sagt sie.

Die Hunde stehen auf, gähnen und strecken sich, dann lassen sie sich wieder seufzend nieder. Sie warten darauf, dass ihre Menschen die Entscheidungen für sie treffen.

03:50

Mein Nachttischradio, das einst die Zukunft verhieß, blinkt in schwachem rotem Licht. Ich gehe und stelle mich auf die Straße. Regen tropft von den Bäumen. Ich kenne diese Straße schon mein ganzes Leben lang, aber sie sieht völlig fremd aus.

Weil ich nicht weiß, was ich sonst machen soll, gehe ich zum Strand. Schwimmen kann ich nicht. Die Ufermauer ist aufgebrochen, umspült von dumpfem Tosen. Das Wasser zieht sich zurück. Ich bahne mir einen Weg durch die Trümmer, die der letzte große Sturm hinterlassen hatte. Einen Monat später kam eine Gruppe jugendlicher Straftäter in Warnwesten. Sie schlurften umher, schichteten Haufen von Steinen auf Bewährung auf, machten dann und wann eine Pause und rauchten Selbstgedrehte, bevor sie wieder abgeführt wurden.

Hinter mir, zwischen den Bäumen, liegt die Abtei. Die Mönche stehen um zwei Uhr auf, um zu beten. Sie ließen ein rotes Leitlicht für die Schifffahrt brennen, boten Seeleuten einen sicheren Hafen gegenüber dem Ozean der Welt. Sie meinten, die Pest sei von hier gekommen. Auf den Trümmern hockt immer dieselbe Krähe und beäugt mich mit ihrem gespannten Blick. Vielleicht hat sie mich adoptiert. Entweder das, oder sie macht sich über meinen gebrochenen Flügel lustig. (Gestern war sie auch wieder da und machte einen Schritt, zwei Schritte hinter mir.) Ich bin der Landschaft anhänglich und dankbar, sagt Mann, darum habe ich sie beschrieben.

Entlang der gesamten Küste hat das Meer natürliche Anlegestellen aus dem Kies herausgespült. Heute landet dort niemand mehr, nur Luftkissenboote machen Probefahrten und verscheuchen die Vögel. Im Jahr 1808 wurde jedoch Miss Austen in einer kleinen Gruppe über das Wasser gerudert, um die Abtei und das neu gebaute Kriegsschiff *Victorious* mit seinen vierundsiebzig Kanonen zu bewundern. Ihre Neffen bastelten Papierschiffe, ließen sie auf das Meer hinausschwimmen und beschossen sie dann mit Kastanien. Im Jahr 1911 schaute Dorothy Shakespear von der anderen Seite des Wassers herüber. Ich habe in den letzten Tagen ein oder zwei schöne Dinge gesehen, erzählte sie ihrem Verlobten Ezra Pound. Gestern waren das Meer und der Himmel eine einzige gräuliche Fläche, weil es so heiß war. Am Abend legten sechs große, schweigsame, graue Zerstörer vor der Küste an, und sie gaben sich vom Masttop aus lange Zeit gegenseitig Signale. Wir befürchteten einen nächtlichen Angriff, sagte sie, aber heute Morgen waren sie wieder weg. Letzte Nacht stand der Erntemond über dem Wasser – ich habe Angst vor dem Mond.

Auf dieser Seite der Flussmündung wird es im Winter kaum hell; die Sonne geht unter, bevor der Tag begonnen hat. Seltsame Dinge tauchen am Ende des Jahres auf, wo gefallene Erzengel die Sterne von ihren Brauen schleuderten, wie Stephen Dedalus sagt. Seeigel mit purpurnen Stacheln, Seesterne, steif vor Schmerz; ein fingernageldünnes Stück Messing, Teil von etwas Altem, vielleicht sehr Altem, grünlich, dessen Rand von Löchern durchbohrt ist. Ich schmecke es mit meiner Zunge, so wie ich früher Batterien abgeleckt habe. Eines Tages werde ich an diesem Strand etwas finden, das mein Leben verändert. Ich kenne diese Steine so gut, dass ich sie alle aufzählen könnte; früher hatte ich Alpträume davon, sie einzeln abzählen zu müssen.

Manchmal wird dieser Strand von einem alten Mann bewacht. Zumindest sieht er alt aus, ich habe ihn nicht gebissen, um das herauszufinden. Er schiebt einen selbst gebauten Wagen, der aus Teilen alter Fahrräder besteht. Sein Outfit ist zusammengeflickt, die Klappe hinten an seiner Mütze hängt ihm in den Nacken wie einem viktorianischen Müllmann. Seine selbstgewählte Aufgabe ist es, mit einer Hummerschere, die wie eine Verlängerung seines Körpers wirkt, Müll vom Ufer aufzusammeln. Er ist ein Aasfresser, wie ich. Wir umkreisen einander. Ich traf ihn einmal auf dem Parkplatz des Supermarktes, wo ich mein Fahrrad neben seinem geparkt hatte. Ich dankte ihm für das, was er tat. Aus der Nähe, unter seinem Hut, war sein Gesicht braun und rissig, und wenn er sprach, zeigte er Kronen, die bis auf ihre Metallstümpfe abgenutzt waren. Er könnte mich beißen. Aber wenn er sprach, war er schön, und er erzählte von den vielen Ländern, in denen er gewesen war, und warum er tat, was er tat.

Ich schaue zum Horizont – nur zu dieser Jahreszeit kann man in die Sonne schauen. (Regulus wurde an einen Pfahl gebunden, die Augenlider abgeschnitten, und gezwungen, direkt in die aufgehende Sonne zu schauen.) Die Flamme der Raffinerie setzt das Meer in Brand. Die Flut und die Sonne stehen so tief, wie es eben möglich ist; der Tag hat sich verflüchtigt. Als ich mich auf den Heimweg mache, sehe ich einen blassgrünen Brocken im Schlick stecken. Ein Glasstopfen, eine ungeleckte Gletscherminze. Ich hebe sie auf, diese winzige Beute eines dunklen Nachmittags, und halte sie gegen das Restlicht. Es glitzert wie ein verfallenes Filmbild. Ich frage mich, ob ein Gott in der Flasche war, oder wenigstens ein kleiner Kobold.

Aber es ist nichts weiter als ein abgesplitterter Klumpen. Die Steine in meiner Tasche reden miteinander. Ich sammle Dinge über meine Person. Ich verliere sie, während die Sonne untergeht.

Wenn Sie vorübergehen, würden Sie mein Haus kaum bemerken, es sei denn, Sie gehören zu der Sorte Mensch, die Anstoß an unbeschnittenen

Bäumen nimmt und an Efeu, das sich an roten Backsteinmauern emporrankt. Sie denken womöglich, diesen Ort würde keiner lieben. Sie würden sich irren.

Das Meer ist eine Meile entfernt, den Hügel hinunter. Dieser Ort hieß früher Shoreland (Uferland), mein Vater klärte die Versicherung jedoch auf, dass unsere Police reduziert werden müsse, weil es bei uns nie zu einer Überschwemmung kommen würde. Es ist ein bescheidenes, schlichtes Haus, erbaut auf einer struppigen Heide in den zwanziger Jahren, als die Sonne noch Gott war und die Leute auf den Plätzen um die Ecke Tennis spielten. Es hat einhundert Jahre Geschichte überdauert. Ich habe davon sechs Jahrzehnte gelebt, meistens an eben diesem Ort.

Im hinteren Teil, ganz oben, befindet sich mein kleines Schlafzimmer, das wie ein Bug aussieht und dessen Decke bis zur Traufe abfällt. Das Panoramafenster wurde von meinem Vater eingebaut – er stammte aus einer Stadt im Norden. All das Licht, das in mich hinein- und aus mir herausströmt. Man kann ein Panoramafenster nicht öffnen. Man kann das Innere nicht herauslassen. Im Sommer heizt die Sonne mein Zimmer auf, im Winter prasselt der Regen auf die Schieferplatten wie auf ein australisches Blechdach. Die Wärme der alten Heizkörper reicht kaum bis hierher. Ich mache Geräusche, um mich aufzumuntern. Als ich jung war, lebten neun Personen in diesem Haus mit drei Schlafzimmern. Außer meinem Bett hatte ich keinen Platz, den Rest musste ich mir vorstellen. Jetzt bin nur noch ich übrig und warte darauf, dass die Gezeiten sich ändern.

Mein Astronomie-Taschenbuch von 1966, auf dessen Einband sich der Saturn dreht, sagt mir, dass der Vollmond zu hell ist, um ihn genauer zu betrachten; das geht am besten nach dem ersten Viertel, wenn sein zurückweichender Schatten seine Berge und Krater offenbart. Der Mond und das Meer haben sich verschworen, die Zeit zu verlangsamen. Vor vierhundert Millionen Jahren dauerte ein Tag einundzwanzig Stunden; als der Mond sich entfernte, verlängerte das Meer die Zeit auf vierundzwanzig. Shakespeare sagte, der Mond sei ein wässriger Stern.

Warum sollten diese Himmelskörper nicht auch auf uns wirken? Auf mittelalterlichen Gemälden sieht man nackte Menschen, die unter dem Mond und der Sonne baden, angeregt von den Gezeiten des Frühlings. Ich überprüfe den Mondstand am Tag meiner Operation. Der Mond war voll, ich war zu spät dran: Operationen werden bei abnehmendem Mond empfohlen, einer Zeit des Wegnehmens, des Schwindens und der Melancholie. Mein Arzt hat mir das nie gesagt. Niemand hat mir gesagt, dass meine Knochen Bäume, Wale, Vögel, Steine sind, oder wie der Mond meinen Schatten auf dem Meeresgrund auflöst. Der Ozean, sagt Ismael, ist die dunkle Seite der Erde.

Ich werde aufgeklärt, dass es drei Abstufungen der Dämmerung gibt: Die bürgerliche Dämmerung, wenn das Restlicht der Sonne noch vorhanden ist, obwohl sie bereits untergegangen ist; die nautische Dämmerung, wenn die Sonne um weitere sechs Grad absinkt und noch genügend Licht für die Navigation übrigbleibt; und die astronomische Dämmerung, wenn sie sich auf achtzehn Grad Entfernung zubewegt: Dann erscheinen die meisten, wenn auch nicht alle Himmelsobjekte. Aber wie in der Geschichte kommt es auch hier darauf an, wo man steht; die Dunkelheit wartet immer auf ihren Einsatz. Sie frisst den Mond bis auf einen Kratzer weg, das Schönste, was ich je gesehen habe, zusammen mit all den anderen. Die dunkle Seite hat sich im Schein der Erde lavendelfarben gefärbt; ich wende mich ab, weil ich Angst habe, dass sie alles andere hässlich aussehen lässt, und weil die Sichel ganz langsam durch die Bäume herabsteigt, ein Raumschiff, das mich abholen will.

Die Nacht, sagt Sebald und zitiert Hölderlin, die Erstaunende, die Fremdlingin unter den Menschen.

Die Vorstadt ist am weitesten von allen Orten entfernt, an denen man sein kann. In diesen kleinen Zimmern in diesem kleinen Haus lebten wir unser kleines Leben. Nichts daran war langweilig. Mein Vater, der im zweiten Jahr des Ersten Weltkriegs geboren wurde, hat nie ein Buch gelesen, war aber immer neugierig, trug im Sommer seine kurzen Hosen und hatte sein Fernglas um den Hals geschlungen, als ginge er auf Patrouille. (Während des Krieges legte er Telefonleitungen nach Cornwall; die Heilsarmee weigerte sich, ihm Tee und Sandwiches zu geben, weil er keine Uniform trug.) Am Meer atmete er tief ein; er hat nie schwimmen gelernt, und ich auch nicht. Meine Mutter, geboren im selben Jahr, in dem dieses Haus gebaut wurde, mit ihrem roten Haar, ihren Halsketten und bunten Kleidern. Sie wollte Schauspielerin werden (sie mochte es, wenn die polnischen Offiziere kamen; einer hatte eine silberne Strähne im Haar). Ihr zweiter Vorname war Marion; unser Familienname war Moore. Sie machte mir rosa Satin-Oxford-Taschen aus Vorhängen, einen Kimono aus einer

Bettdecke und ein Wams mit geschlitzten Ärmeln aus einer schwarzsamtenen Frauenjacke. Sie strickte mir Norwegerpullis, die ich in der Schule trug, und Pop-Art-Pullis, die ich im Roxy trug. Ich war ein Junge, der sich gerne verkleidete. Das war meine Verteidigung, mein Widerstand, meine Angst davor, gewöhnlich zu sein. Ich wollte ein Künstler sein. Dieses Haus enthielt all diese Träume, angeleimt unter einer Schicht Tapete nach der anderen. Als ich sie abzog, fand ich eine Zigarettenkarte mit dem Bild eines Dandys, das die Bauarbeiter vor hundert Jahren in den Putz gedrückt hatten.

Im Krankenhaus werden die Verbände abgenommen. Ich rufe Pat in Provincetown an, um ihr von all dem zu berichten. Sie fragt, wann ich zurückkomme, sagt, sie vermisse mich, und die Leute dort würden mich mögen. Ich sitze auf der Kante meines Bettes, während die Sonne untergeht; dort drüben ist es heller Morgen. Sie ist Tausende von Kilometern entfernt, aber unsere Küsten teilen sich die gleichen Frühlingsgezeiten, hoch am Mittag und um Mitternacht, unter dem Vollmond, der mich aus meinem Bett auf dem Dachboden ins Meer rief, diesen warmen, holzigen, salzigen Ort, an dem ich wusste, dass ich damals glücklich war, auf eine Art und Weise, die wir immer erst im Nachhinein erkennen.

Wir reden eine Stunde lang. Wir sind austauschbar, beharren wir, trotz aller anderen. Sie hat mich adoptiert, wie das Meer, das unter ihrem Haus floss. Ich hatte noch nie jemanden getroffen, der so unverantwortlich war. Ihr Stiefvater kannte Thomas Mann; sie misstraute ihrer Mutter und deren Manhattan-Gesellschaft, die Partys für Truman Capote plante. Ich stellte zu viele Fragen, sagte sie, sie hatte kein Interesse an der Vergangenheit. Nach der Hälfte unseres Gesprächs beginnt sie, mir von mir selbst zu erzählen. Sie erzählt dieser dritten Person, die sich zwischen uns stellt, was ich gemacht habe, dass ich noch nicht so alt und noch ziemlich leistungsfähig bin, und dass ich bald weggehen werde. Sie sagt das alles ganz sachlich, in ihrer entschlossenen, abgeklärten Art. Die Kluft zwischen der Person, mit der sie zu sprechen meint, und der Person, über die sie spricht, ist so groß wie der Ozean zwischen uns. Ich fühle mich, wie man sich fühlt, wenn man in den Spiegel schaut und sich dabei ertappt, dass man für einen Augenblick jemand anderen, jemanden Gutes sieht.

Pat plaudert weiter, lässt mein Leben aus der Ferne Revue passieren. Gleich werde ich die innere Wahrheit erfahren, aus der Sicht ihrer achtundachtzig Jahre. Sie wird mir den Weg zeigen, so wie sie mir das Meer und seine Wale und Vögel gezeigt hat. Aber ich bin bereits ein Schatten für sie; in unseren veränderten Zuständen entfernen wir uns von der Realität. Vor 50 Jahren veranstaltete sie Partys, bei denen alle verhaftet wurden. Sie erzählte mir gern, wie sie für das Ende einen Vorrat an Heroin angelegt hatte. Jetzt erzählt sie mir, dass sie in einem Nachbau ihres eigenen Hauses lebt, das tatsächlich am Strand liegt, obwohl sie nicht weiß, wie und warum sie das gemacht haben.

Ich widerspreche nicht, ich glaube ihr sogar. Ich glaube ihr alles, das habe ich immer getan, seit sie mich zum ersten Mal in ihr Haus am Strand mitnahm, wo das Meer unter uns hindurchlief, um uns in der Nacht fortzutragen. Dann kehrt sie sich von ihrer Träumerei ab und zu mir zurück, diese Künstlerin, die mich geformt hat, immer im Bewusstsein ihrer selbst und des Meeres und der Luft um sie herum. Jetzt ist ihr Leben auf ein paar Quadratmeter geschrumpft, während es einst den gesamten graugrünen Ozean und den endlosen Strand umfasste und ihre nackten Fußabdrücke hinterließ. An diesem Wintermorgen, an dem die Temperatur kaum über dem Gefrierpunkt liegt, erzählt sie mir, dass sie ihr Kajak vom Dachbalken herunterholen und zum Wellenbrecher hinauspaddeln muss, wo ihr Orka-Freund gerne frisst. Sie beschreibt genau, wie das Flaschenzugsystem funktioniert und wo man das Boot losbinden muss, als ob ich direkt neben ihr stünde, um zu helfen – und so ist es ja tatsächlich.

Als ich mich verabschiede – und sie mit einem kleinen blauen Puff! verschwindet –, ist das Licht fast schon weg. In der Zeitung steht, dies sei der dunkelste Winter in Europa seit Beginn der Aufzeichnungen gewesen. Ich will nicht, dass es aufhört. Ich lebe von Tee und Keksen.

Dürers betende Hände hingen in jeder Wohnung, das einzige Kunstwerk im ganzen Haus. Sie tauchen im Hintergrund düsterer Kirchen auf, sind auf Arme tätowiert, auf Warhols Grabstein gemeißelt, und beten für die Seele der blassesten Person, die mir je begegnet ist. Der rechte kleine Finger kann sich nicht ganz an den linken anschmiegen. Er hinterlässt ein Stottern des Zweifels. Ich lege drei Karten auf meinem Bett aus. *Melencolia*; das Porträt von 1493; ein Polaroid des Starman in seiner Garderobe im Jahr 1974, seine Knochen in weiße Haut geschnitten, rotes Haar, blauer Pullover mit kleinen weißen Sternen, blassblaue Hose mit roten Hosenträgern. Ich erinnere mich an diese Aufmachung, ebendiese Pose, ebendiesen Hals, eben-

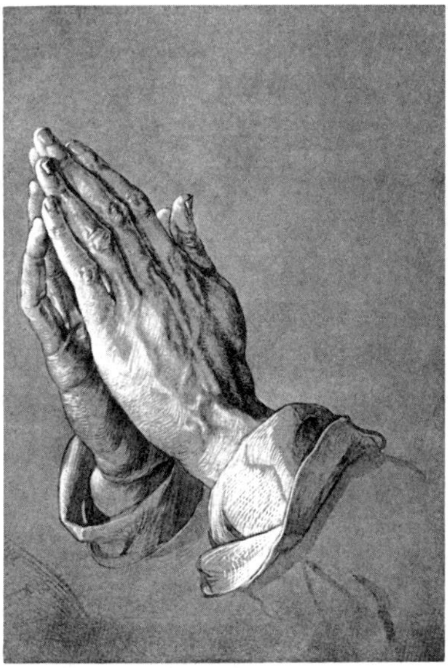

diese Augen. Dürer hatte lange, knochige Hände, wie die, die er gern malte, sagt Monneret. Seine Selbstporträts zeigen eine Vorliebe für Kostüme, für reiche und kostbare Kleidungsstücke. Zu Beginn des Jahrhunderts erklärten die Künstler, die als Die Brücke bekannt waren – eine Brücke in die Zukunft – Dürer zu ihrem Helden. Erich Heckel schirmte sein Gesicht ab. Diese Gesten sind ein Sinnbild für Melancholie, sagt Panofsky.

Er und sein Freund lesen Mann in ihrer Wohnung; die Dichter versammeln sich in einer Buchhandlung in der Innenstadt. Auden hockt auf einer Leiter, Marianne sitzt zu seinen Füßen und trägt einen geliehenen braunen Tweed-Anzug. Sie liebte Kleider, die sie sich nicht leisten konnte. Drei der Personen auf diesem Foto habe ich getroffen, aber sie war nicht darunter. Meine Augen haben sich seither verändert. Ich gehe zurück ins Krankenhaus. Die letzten Fäden sind gezogen – die Haut hat angefangen, über sie hinwegzuwachsen, und will sie nicht freigeben –, also gehe ich an den Strand. Ich weiß, dass es eine schlechte Idee ist, aber das Meer ist die einzige irdische Macht, der ich mich beuge. Ich zerre einhändig an meinem T-Shirt und entblöße meine blasse Haut vor dem Himmel.

Als ich hinausgehe, spucke ich auf meine Nähte, um eine Infektion zu verhindern. Um Himmels willen, hör auf zu zittern, man sieht meine Rippen durch meine Haut. In gewisser Weise, sagt Tristan Garcia, ist die Ro-

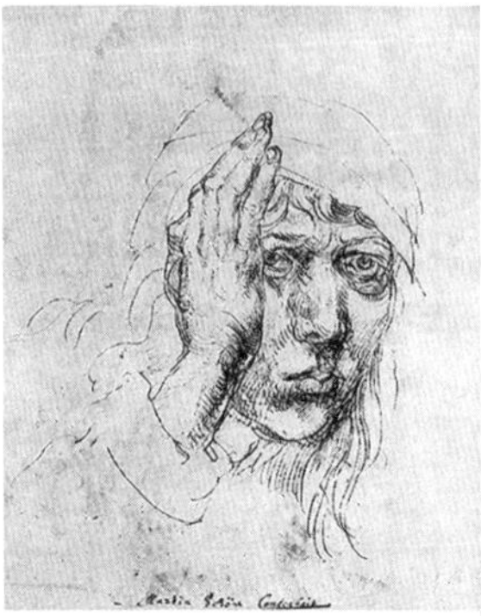

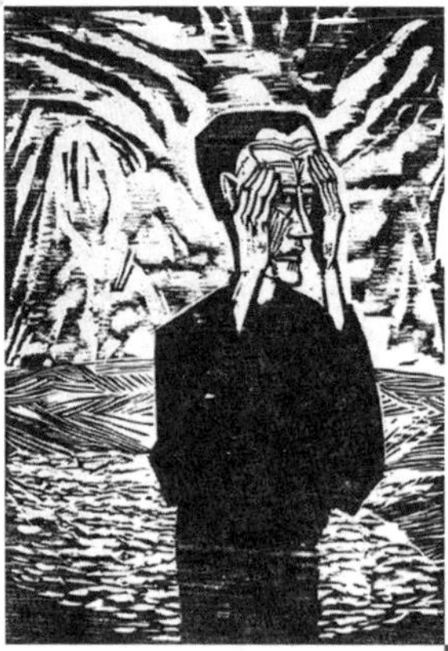

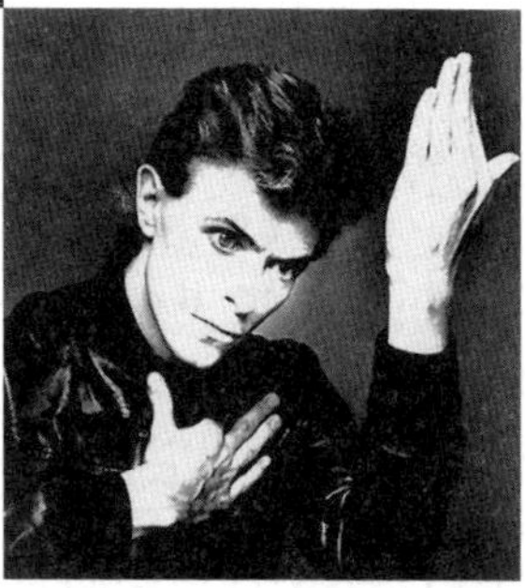

mantikerin eine Libertine, die, nachdem sie Städte und Salons verlassen hat, außerhalb ihres Körpers eine Art Nervosität entdeckt, die zur Natur insgesamt gehört. Ich habe die Farbe von Jeansstoff angenommen. Ich hätte es mit Haifischöl versuchen oder dem Mann folgen sollen, der im Wasser tauchte und sich mit seinen gefühllosen Händen herauszog, wobei er hörte, wie seine Finger wieder an ihren Platz zurückknackten. Als das Licht aufsteigt, leuchtet die Narbe auf meinem Arm rosa, ein Wurzelsystem. Ich habe also tatsächlich eine Tätowierung. Ich zeichne meine Naturgeschichte in Narben auf, von meinem Kopf bis zu meinen Knien. Seeleute, die an Skorbut erkrankten, entdeckten, dass die Krankheit alte Wunden wieder aufbrechen ließ, so als wären sie nie verheilt.

Am nächsten Tag kehre ich zurück, lang vor Sonnenaufgang. Als ich mich ausziehe, höre ich Schritte auf den Kieseln. Ich erstarre bei dem Geräusch. Ich schaue nach unten und sehe eine Füchsin zu meinen Füßen. Sie starrt mich mit glänzenden Nachtaugen an. Ich gehe nur schwimmen, sage ich. Ich fasse ins Wasser. Sterne funkeln an meinen Fingern. Ich frage mich, ob meine Narben aufplatzen werden. Als ich zurückkomme, ist die Füchsin immer noch da. Sie schnüffelt an meinem kleinen Haufen menschlichen Eigentums und huscht dann in die Dunkelheit davon.

Im Jahr 1504 zog Dürers Mutter bei ihm ein; sie war krank und fast blind. Sein Vater war zwei Jahre zuvor gestorben. Albrecht war nicht an seinem Bett gewesen. Der letzte Wunsch seines Vaters war, dass er nie seine Mutter verlassen sollte; sie starb 1514, dem Entstehungsjahr seiner *Melencolia*. Albrecht war dagewesen, doch wünschte er, er wäre es nicht gewesen.

Sie habe etwas Furchterregendes gesehen, weil sie um Weihwasser gebeten habe, und lange habe sie kein Wort gesprochen, sagte er. Also brachen ihr die Augen. Ich sah auch, wie ihr der Tod zwei große Stöße ans Herz gab, wie sie Mund und Augen schloss und unter Schmerzen verschied. Ich betete ihr vor. Davon habe ich solche Schmerzen gehabt, dass ich's nicht aussprechen kann. Und in ihrem Tod sah sie viel lieblicher aus, als da sie noch am Leben war.

Ich schaute zu, wie meine Mutter von den Krankenschwestern gewaschen wurde. Ich wandte mich ab, als sie ihr den Kittel wegzogen. Als ich mich zur Wand drehte, sah ich die Szene hinter mir, die sich in dem beschlagenen Spiegel über dem Waschbecken spiegelte. Sie lag auf der Seite, mit dem Rücken zu mir, ausgestreckt auf den Laken. Ihr silbernes Haar, das versilberte Glas. Das Morgenlicht glänzte auf ihrem nackten Körper, den ich seit meiner Kindheit nicht mehr gesehen hatte.

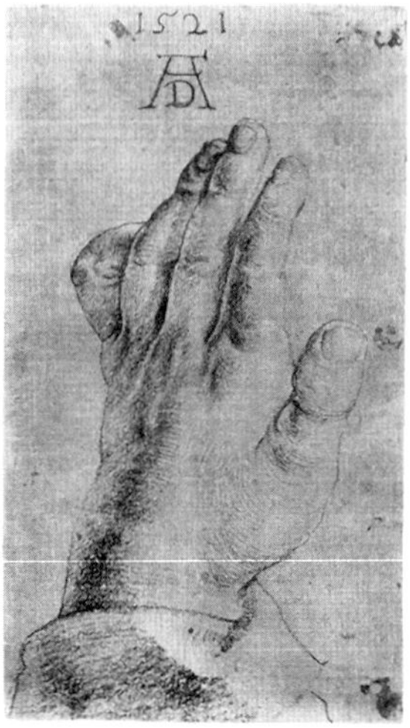

1521 zeichnete Dürer seine Hand ein weiteres Mal; er hatte keinen, der seinen verbogenen Finger korrigierte. Ein Jahr später schuf er sein letztes Selbstporträt. Nackt, zerzaust, vom Fieber gepeinigt, seine Muskeln hatten angefangen zu erschlaffen. Seine verkrampften Hände umklammern eine Geißel und eine Rute. Die Kunst der Malerei bewahrt nach Waetzoldt die Gestalt eines Menschen auch nach seinem Tod. Seine Locken wehen in einem Luftzug, sein Mund ist halb geöffnet, er versucht zu sprechen. Seine verdrehten Augen schauen aus dem Bild heraus, auf etwas, das seine Mutter gesehen hatte.

Und dann erzählte er uns – das berichtete Pirckheimer –, dass er manchmal in seinen Träumen inmitten von Dingen zu leben schien, die so schön waren, dass er, wenn es sie nur wirklich gäbe, der glücklichste aller Menschen wäre. Aber am Ende war er verdorrt wie ein Strohbündel und konnte sich überhaupt nicht mehr unter Menschen begeben.

Er starb, bevor seine Freunde eintreffen konnten. Eine Locke seines Haares wurde an Hans Baldung Grien geschickt, seinen Lieblingsschüler, und Pirckheimer ließ die letzte Gravur anfertigen –

QVICQVID ALBERTI DVRERI MORTALE
FVIT SVB HOC CONDITVR TVMVLO
EMIGRAVIT, VIII, IDVS APRILIS, MDXXVIII

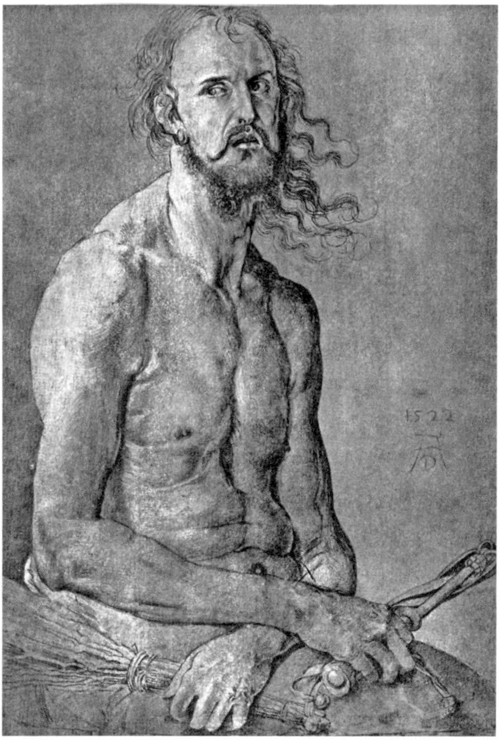

– als wäre er ein König, der nicht verstorben, sondern lediglich weitergezogen ist. Am folgenden Tag gruben ihn seine Künstlerkollegen aus und nahmen Abgüsse von seinem Gesicht und seinen Händen. Sie wollten ihn wieder zusammensetzen. Zwanzig Jahre später wurde das Grab geleert, und Dürers Gebeine wurden nach dem Brauch, der bei Verstorbenen ohne Nachkommen üblich war, kurzerhand und endgültig entsorgt.

ANBETUNG

All das geschieht im Hochsommer, wenn die Zeit sich beschleunigt und mich verlangsamt. Sie sagen mir, das Hotel sei ausgebucht, dabei ist es um acht Uhr abends dunkel und schummrig, keinerlei Anzeichen von anderen Gästen.

Draußen sind die Wände mit Graffiti bedeckt. Ich esse in einem Café namens Utopia. Die Nacht ist warm, und ich sitze auf der Straße. Ein Hund drückt sich an mein Schienbein. Ein kleines Mädchen spielt I-Spy. Die junge Frau, die bedient, liebt London, wo sie früher gelebt hat, und wünscht sich, sie wäre noch dort. Sie streckt ihre dünnen Arme aus, als wolle sie nach der Stadt greifen.

Wieder in meinem Zimmer lecke ich die zerkrümelten Reste einer Temazepan aus ihrer Packungsblase. Ich wache nass auf, habe vergessen, wo oder wer ich bin. Ich stolpere hinaus auf den Balkon. Der Garten unter mir ist mit Müll übersät. Er ist auch voller Blumen, die so blau sind, dass sie wie von innen beleuchtet wirken, wie der Himmel.

In einer Werkstatt in einer eleganten Straße taucht eine dunkelhaarige Frau namens Rosetta Schleifen aus dünnem Golddraht in eine Reihe von Elektrolytbäder im Umfang kleiner Fischbecken. In jedem dieser Bäder brutzelt der Draht, während er sich von gelb zu weiß und dann zu rosa verfärbt. Rosetta weiß, dass sie mir Alchemie vorführt. Ich verspreche, weder die Flüssigkeit noch das Verfahren oder den Ort zu verraten. Die kleinen Becken verströmen Metalldampf. Womöglich atme ich Gold ein: Diebstahl durch Inspiration.

Drei Arbeiterinnen sitzen an hölzernen Bänken, deren Kanten eingekerbt und vernarbt sind; mit einer Pinzette setzen sie Edelsteine in winzige goldene Formen, die zu Augen von Vögeln und Bienen und Hunden werden. Meine Gastgeberin, die Tochter des Besitzers, eine junge Frau in Röhrenjeans und einem langen, bunten Pullover, erzählt mir, dass bis vor Kurzem die Schablonen für diese Anhänger aus Tintenfischknochen geschnitzt wurden und das Gold in demselben Wachsausschmelzverfahren gegossen wurde, das in dieser Stadt seit dem Mittelalter im Gebrauch war. Dann nimmt sie mich mit ins Hinterzimmer und zeigt mir einen Safe von der Größe eines amerikanischen Kühlschranks.

Anstelle von Eiern, Milch und harten Käsestücken sind die Regale mit kleinen Manila-Umschlägen gefüllt, die aussehen wie Samenpäckchen. Jeder Umschlag enthält sorgfältig sortierte Steine: Rubine, Smaragde und Diamanten, die aus Orten mit archaischen Namen stammen. Ich habe noch nie Dinge gesehen, die so klein und so mächtig sind. Ich möchte sie wie Pillen schlucken. Nebenan, im Ausstellungsraum, öffnet meine Gastgeberin eine dezent mattierte Glasvitrine und holt ein anderes winziges Ding hervor. Es leuchtet wie ein wässriger Stern.

Ein rosafarbener Diamant, innerlich lupenrein, sagt sie.

Er hat seinen eigenen Reisepass, Südafrika über Manhattan nach Mailand. Er saugt die Energie aus dem Raum. Sie hält ihn gegen das Fenster.

Damit könnte man sich überall auf der Welt eine Villa kaufen, sagt sie.

Keiner von den schicken Leuten, die unten auf der Straße flanieren, ahnt, was sich über ihren Köpfen befindet. Umgeben von ihrem Erbe wird meine Gastgeberin so lebhaft, als würde sie sich Seidenhemden aus dem Kleiderschrank holen. Sie drapiert Steine in Wasserfallstreifen über ihr dünnes, nacktes Handgelenk und sagt, dass sie alles aus diesen Kabinetten tragen kann, wenn sie auf den Tischen der Nachtclubs tanzt.

Dann erzählt sie mir, wie ihre Großeltern diese Stadt verlassen mussten, wie ihnen gesagt wurde, dass sie mit dem Zug weggebracht werden sollten, und dass es nicht nötig war, Gepäck mitzunehmen. Sie flohen nachts, über den Bergpass, wo ihr Großvater einen Beutel Diamanten verwendete, damit sie über die Grenze kamen.

Ich verlasse den Laden und laufe schnell über den belebten Marktplatz, um die Rückseite der Kathedrale herum und in einen Innenhof. Oben an der breiten Steintreppe angekommen, erreiche ich die Tür, außer Atem, nur um gesagt zu bekommen, dass ich nicht hineindarf.

Die letzte Eintrittskarte wurde verkauft, sagt die junge Frau; die Kasse ist für heute geschlossen. Kein noch so gutes Zureden kann sie umstimmen.

Die Tür zu den Räumen hinter mir schließt sich endgültig, und ich gehe weg. Zurück im Hotel, auf dem Balkon, fasziniert von den Mauerseglern, die die Luft zerschneiden, frage ich mich, wie es wohl wäre, in die blauen Blumen zu fallen und in ihrem süßlichen Duft zu liegen, neben einem rostigen Fahrrad und ein paar kaputten Ziegelsteinen.

Am nächsten Tag komme ich an derselben Tür an und warte darauf, dass sie sich öffnet. Ja, ich darf eintreten. (Zwölf Euro.)

Da ist es, im Dämmerlicht, vor meinem Gesicht. Fast gehe ich in das Bild hinein und durch es hindurch. Juwelenglänzend, so groß wie dieser Palast. Was habe ich erwartet? Jedenfalls nicht diese glänzende Wand aus Öl, die im Dunkeln leuchtet.

Mein Gott, sage ich leise vor mich hin. Oder Worte in dieser Richtung. Die Anbetung der Könige. (Einhundert Millionen Euro.)

→ TAFEL VIII

Direkt aus der Werkstatt, noch feucht. Ich könnte daran lecken, und keiner würde es merken.

Der junge König aus Afrika blickt verwundert. Ist er hier überhaupt richtig? Sie spielen alle ihre Rolle. Ein Hundepaar, der eine schwarz, der andere braun, bellt; ein Käfer stellt seine Hörner auf. Ein Schmetterling zittert auf einem Blatt; wir können durch seine Flügel hindurchsehen. Die Jungfrau und ihr Kind, die gurrenden Besucher aus dem Osten mit ihren Geschenken, wie kleine Latex-Figuren, die wir um die Krippe herum aufstellen. Fantastisch ist der Hintergrund. Eine Stadt windet sich um einen Hügel, sie ist so detailliert gemalt, dass ich schrumpfen und den Weg hinaufkrabbeln möchte. Ganz im Hintergrund erstreckt sich das Meer, größer als alles andere. Man sieht es nur im Ding an sich.

Sie müssen mir also schon glauben.

Nach all der Zeit – all den Reproduktionen, die mich fernhalten sollten – nach all dem Sehen und doch nicht Sehen wird mir gesagt, dass dies sein erstes Meisterwerk ist. Eine Epiphanie. Sie ist mit 1504 datiert. Er ist in dem Bild enthalten: seine Fingerabdrücke in der Farbe, zusammen mit seinem Haar, seiner Spucke und seiner gelassenen Haltung in der Mitte des Ganzen, so beladen mit goldenen Ketten, dass er untergehen würde, wenn er in jenes weit entfernte Meer fiele.

Gold ist sein Erbe, unangreifbar. Er hält einen von Nürnberger Goldschmieden gefertigten Kelch. Ein Gefäß, ein Behältnis. Es ist nicht klar, wer oder was hier angebetet wird: das glucksende Christkind oder die verehrungswürdige Herrlichkeit Dürers.

Ich schleiche durch einen Türbogen in einen anderen Raum. Da ist es. *Melencolia.* So klein, dass ich es fast nicht wahrgenommen hätte; dicht wie Seide, so vertraut, dass ich vergessen habe, wie es aussieht. Eigentlich müsste es so breit und hoch sein wie dieser Raum, aber es misst nur 24,2 × 19,1 cm. Ein riesiger Engel, finster dreinblickend, muskulös; wirres Haar, zerknittertes Gewand.

Ich bin wieder da, wo ich angefangen habe. Mir rutscht ein einziges Wort heraus. Ich fluche in der Kirche. Eine Aufseherin kommt um die Ecke, eine weitere intelligente junge Frau.

Ich fange an zu schwafeln. Kennt sie dieses Werk? Ist es denn, ist es nicht – *wunderschön*?

Sie starrt mit strengem Blick unter ihrem Pony hervor. Ob dies womöglich der Tag ist, an dem sie um Hilfe rufen muss? In ihrem Kopf lässt sie diese aufregende Szene Revue passieren.

Sie gehen in die falsche Richtung, sagt sie.

Ich kenne Dürer richtig gut, kläre ich sie auf, als ob ich es persönlich meine.

Ihr Kollege hat einen Stuhl durch den Türbogen gezogen, um weitere Übeltäter abzuschrecken. Ich stehe meinen Mann, fixiert von Engelsaugen. Befehle entgegenzunehmen, war noch nie meine Stärke. Ich checke die Ausgänge und Eingänge. Es gibt Fenster. Ich könnte nachts hineinklettern. Ich biege um eine weitere Ecke. Da sind sie.

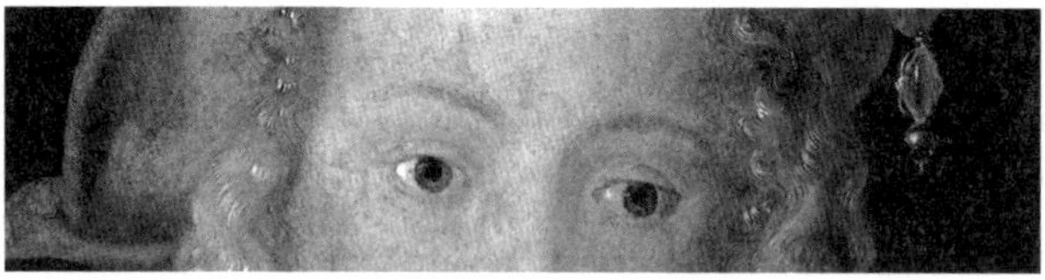

In einem schweren vergoldeten Rahmen, der zu schwer ist für sie, ein weiteres Augenpaar. Ich bin mir meines eigenen Blicks bewusst und schäme mich, dass ich so nah davor stehe. Ich trete zurück und konzentriere mich auf die schwarze Perle, die von der roten Mütze baumelt. Die Dinge könnten sich in beide Richtungen entwickeln. Es war eine steinige Laufbahn für einen fragilen Geist: empfangen in Venedig, geboren in Nürnberg, verkauft in Amsterdam; verschleppt nach London, Zuflucht gefunden in Berlin, gezwungen, ihre Sachen für ein paar kümmerliche Mark pro Kopf zu verschleudern, und jetzt nach Mailand verhökert.

Dieses Bild hat sein Geschlecht gewechselt, kläre ich ein Passanten-Paar auf, zwei Kahlköpfe. Sie gehen weiter.

(Felix Krull, der junge Mann, der so viel Wert auf sein äußeres Erscheinungsbild legte, beobachtete die Außenseiter, die weder eine Frau noch einen Mann suchten, sondern irgendein wunderbares Wesen dazwischen. Und das Wunderbare war ich, sagte er.)

Nichts von alldem sollte auf einmal zu sehen sein. Ein aufwendiges Drama in dieser hyper-kostümierten Stadt, das die Leute auf dem Platz überflügelt. Ich bin nicht sicher, ob er das alles wirklich ernst genommen hat. In einem anderen Rahmen schickt er einen Brief nach Hause und fügt eine mit schludriger Hand gezeichnete Karikatur von sich selbst mit krausem Haar hinzu, als ob all diese Porträts nur ein einziger riesiger Witz wären.

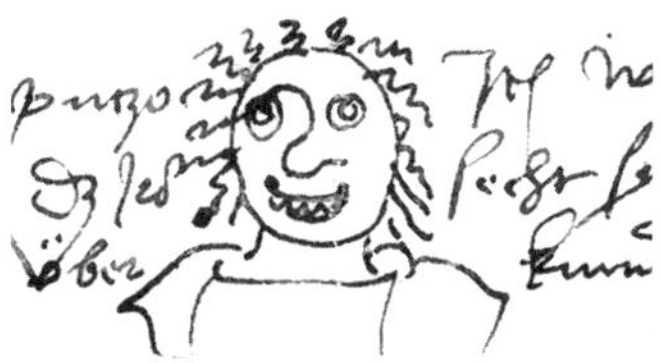

Ich werfe einen letzten Blick in die Runde, auf die bissige Krabbe, die er an einem Kai gefunden und auf ein Stück Papier gezeichnet hat; auf eine tote Ente, die an einem Nagel hängt; und auf Hieronymus und seinen Löwen, die im Frachtraum hierher geflogen wurden und den ganzen Weg über geknurrt und gebetet haben. Ich verlasse den Raum durch den Laden. Ich könnte ein Kissen kaufen, mit einem Detail von *Melencolia*, allerdings hätte ich mit einem Engel unter dem Kopf Angst um meine Träume

Wieder zu Hause in England erreicht mich ein weiteres Paket. Sorgfältig eingepackt in Döslein ist der kleine grüne Pavian, der auf Pats gusseisernem Ofen stand. Er hockte dort als ihr Vertrauter all die langen dunklen Winter hindurch und wärmte sanft sein kahles Hinterteil, sein dünner Schwanz auf Kopfhöhe aufgerollt, über dem leeren Bett ihres Hundes.

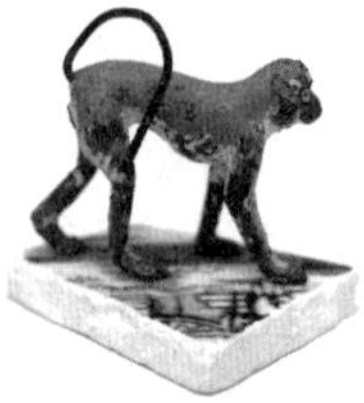

Unten in Devon ist Tangle für seinen Spaziergang bereit. Er steht an der Tür und wedelt wild mit dem Schwanz. Er kann sich nicht beherrschen; wenn ich einen Schwanz hätte, würde ich mich genauso verhalten. Er führt mich in der Dunkelheit zum Fluss hinunter. Er bellt ziemlich selten; tut er es doch, wirkt es, als knüpfe er an unser Gespräch an, das wir bei meinem letzten Besuch unterbrochen haben. Er sitzt neben mir und legt mir eine beruhigende Pfote auf den Arm. Er ist der Retter, der Retriever der Erinnerung, der schwarze Hund der Anti-Depression, ein Hochdruck von ganz eigener Art. Jeder schaut ihn an, wenn er die Straße entlanggeht. Er trägt seinen Ruhm vor sich her, mein Prinz. Er braucht keine Maler, die ihm den Weg bereiten; seine Majestät erscheint im Wallen zotteliger Locken. Ich finde ein Bild, das ich gemalt habe, bevor er geboren wurde; ich habe ihn aus einem Buch ausgeschnitten.

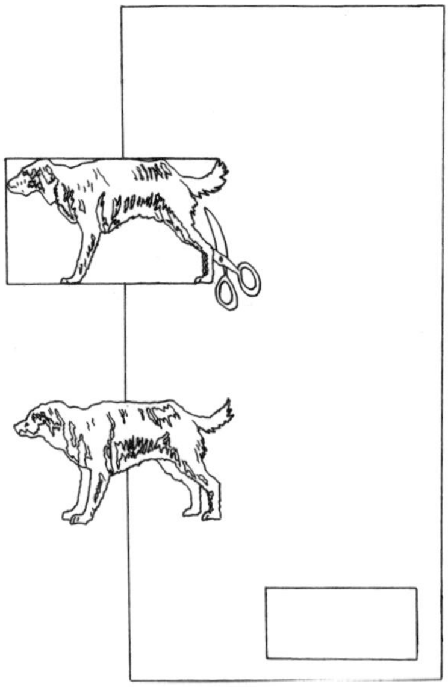

In jenem letzten Sommer gab er sich alle Mühe, mit dem jungen Hund, der in ihm lebte, Schritt zu halten, dem Hund, den er kannte, dem Hund unter meiner Haut. Er führte uns durch die moosbewachsenen Wälder zu einem flachen Tümpel und ließ seinen Körper sachte hinab. Wir hörten ihn seufzen. Er war darin geschult, Menschen zu helfen. Wenn man ihm die Leine über den Rücken legte, verlangsamte er seinen Schritt. Nahm man sie wieder auf, fiel er zurück in seinen beschwingten Gang. Jedes Mal, wenn ich ihn verließ, küsste ich seinen glatten schwarzen Kopf und sagte Dinge, die ich zu niemandem sonst sagen würde. Er war das, was Gott für mich vorherbestimmt hatte. Dann führten sie ihn weg. Sein Herz hörte in jenem unvertrauten Raum auf zu schlagen. Aber er geht immer noch neben mir, niemals ganz außerhalb meines Blickfelds, immer bereit, an meine Seite zurückzutraben.

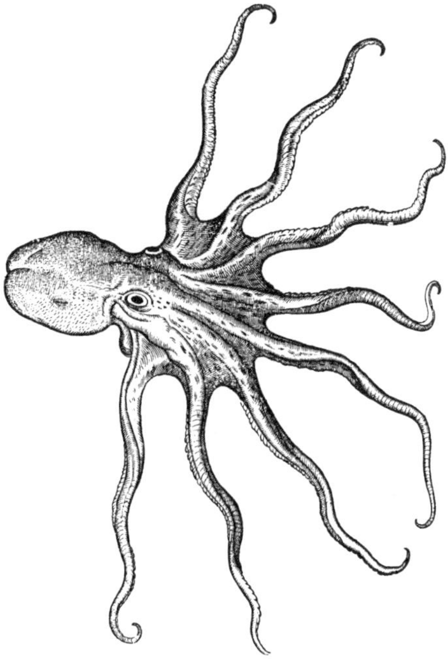

In der Stille eines Museums in Neuengland, beaufsichtigt von einem Gemälde eines gestrandeten Wals an einer holländischen Küste und einer Bibliothekarin im Business-Anzug, dessen Ärmel diskret verrutscht, um ein oder zwei Tätowierungen zu enthüllen, blättere ich die weichen Seiten von Conrad Gesners *Historiae animalium* um, und die Tiere fallen heraus, flatternd und krabbelnd und gleitend. Das Buch ist vollgestopft mit Säbelschnäbeln, Dachsen, Kameloparden, Mardern, Eulen, Einhörnern und Löwen und Tigern und Bären. Ein Oktopus, der so echt wirkt, als würde er durch eine Bathysphäre betrachtet, legt sich über die Seiten wie ein Gletscher und enthüllt ein Paar Störe, das beschlagen und mit Sporen versehen ist, wie derjenige, den Dennis und ich an dem gefrorenen Strand hier in der Nähe gefunden haben und dessen Schnauze auf den marineblauen Ozean zeigte.

Gesner wurde 1516 in Zürich geboren. Er war Arzt, Botaniker, Bergsteiger, Philologe, Bibliograph; ein zweiter Albertus. Um seine *Historiae* zusammenzustellen, in die er jede lebende Tierart aufnehmen wollte (er hatte bereits ein Buch verfasst, in dem er alle bekannten Veröffentlichungen seit Beginn der Geschichte auflistete), stützte Gesner sich auf seine persönlichen Beobachtungen und erklärte, die Bilder in seinem Buch seien nach dem Leben oder nach dem Vorbild getrockneter Exemplare entstanden.

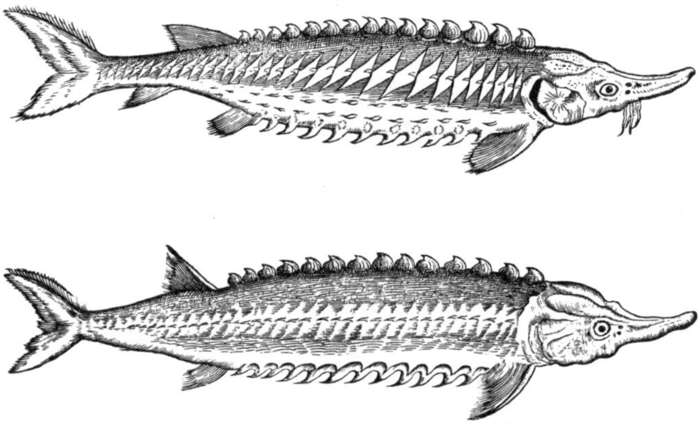

Doch seinen Oktopus hatte er aus Rondelets *De piscibus marinis* gestohlen, und er hatte es verabsäumt, Dürer um Erlaubnis zu bitten, seine Kreationen wiederzuverwenden, da der Künstler schon lang verstorben war. Hier war Ganda wieder, ganz verwaist; die Hunde des Eustachius, die in den Straßen Nürnbergs zusammengetrieben wurden und in der Luft nach ihrem verschwundenen Herrn schnüffelten; und sein Affe, an einer Kette.

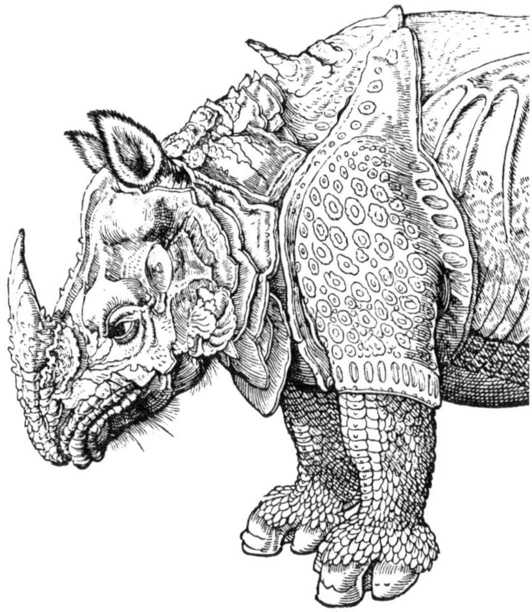

Gestners Bestiarium war eine Predigt, welche er vor einer Tierversammlung hielt, die darauf wartete zu hören, was wir so in petto haben. In vier Bänden, auf tausend Seiten ordnete der Doktor den Ursprung der Arten in Vierbeiner, Vögel und Wassertiere; ein fünftes Buch, das sich mit Skorpionen und Schlangen befasste, erschien nach Gesners Tod im Jahr 1565 – er war ebenfalls der Pest zum Opfer gefallen. Die *Historiae animalium* waren ein Akt der Aneignung, der Neugier und der Zerstörung; ein Rezeptbuch, ein Sektionsbericht. Ein Tukan wird zusammengesetzt aus einem Schnabel, den ein italienischer Briefpartner geschickt hatte, und einer in einem französischen Buch gefundenen Beschreibung; ein Hamster wird aufgrund eines

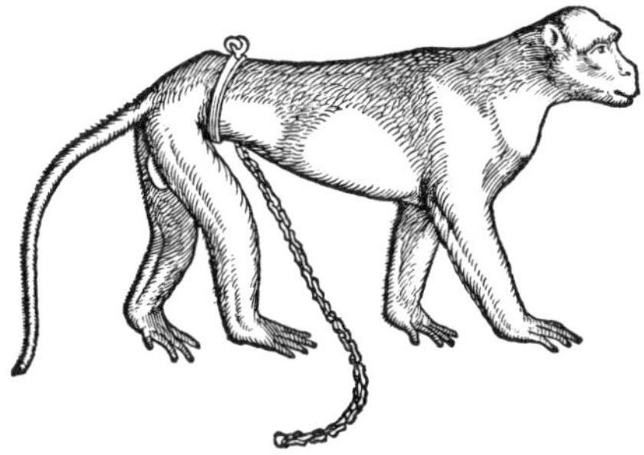

Fells wiederbelebt, das Gesner auf der Frankfurter Messe gesehen hatte; und ein Paradiesvogel wird nach einem toten Exemplar gezeichnet, das in Nürnberg für 800 Taler erstanden wurde.

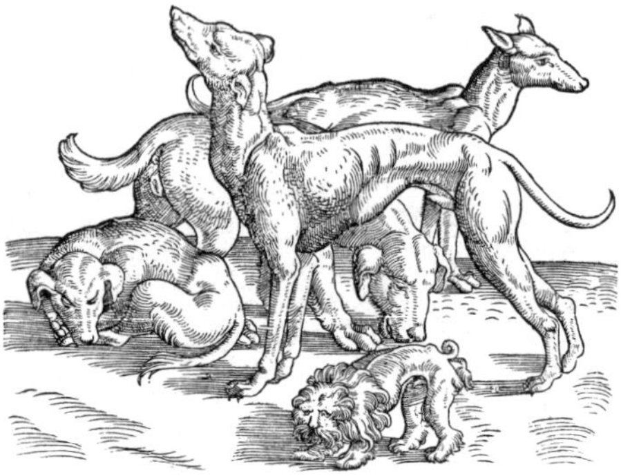

Artig steht sie bei ihren Namen, diese Versammlung plattgemachter Kreaturen. Gesners Tiere sind Archetypen, in dem Sinn, wie Gesners Landsmann Dr. Jung am 6. Mai 1936 seinen Studenten darlegte, dass das Unbewusste sich seine Symbole nicht ohne jegliche Ahnung von Zoologie sucht, dass sie vielmehr aus der Substanz geboren sind, die diesen Tieren tatsächlich zu eigen ist. (Thomas Mann, der kürzlich im selben Kanton eingetroffen war, war nicht dieser Meinung. Er war mehr am Zirkus auf dem Corso interessiert, mit seinen ungarischen Akrobaten, der erstaunlichen trainierten Robbe und einem unheimlichen Schwert- und Feuerschlucker. Und zur selben Zeit, da Jung zu diesen Studenten sprach, war Mann unterwegs nach Wien, um seine Vorlesung über Freud zu halten, bevor er den Psychologen in seiner Wohnung aufsuchte und mit Alma Mahler und Franz Werfel zu Mittag speiste.)

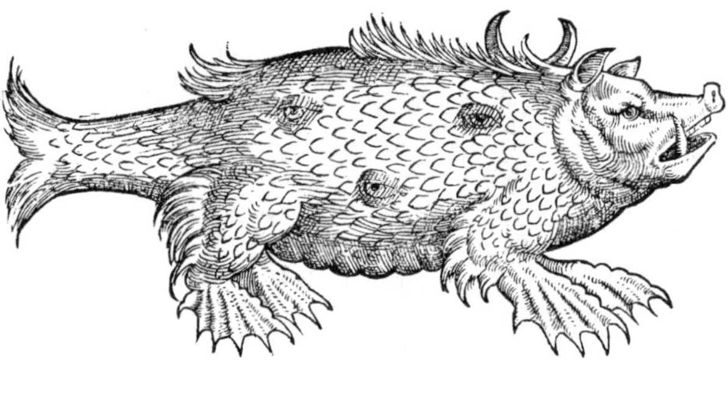

Und Melville, mit dem Kopf in seiner Bibliothek (er hatte sich im Jahr 1840 aus diesem Hafen ausgeschifft), schrieb sein verrücktes Dewey-System – Der FOLIO-WAL, Der OKTAVO-WAL, Der DUODECIMO-WAL – Gesner zu; der seinerseits angesichts der heulenden und sturmgeschüttelten Monster von Olaus Magnus und seiner Meereshyäne mit dem Kopf eines Ebers und in die Seite eingelassenen Augen in plumpem Latein fragte, Hoc mirum quod in eius latere tres velut oculi apparent expressi (Merkwürdig ist, dass drei Augen in seiner Seite eingedrückt zu sein scheinen) – Überrascht Sie das? –, bevor er zu seinem Glanzstück ansetzte, seinem singenden Walross, das sich nun in voller Länge ausbreitete, als hätte wie bei einer Kathedrale, was Dürer begonnen hatte, ein anonymer Künstler vollendet.

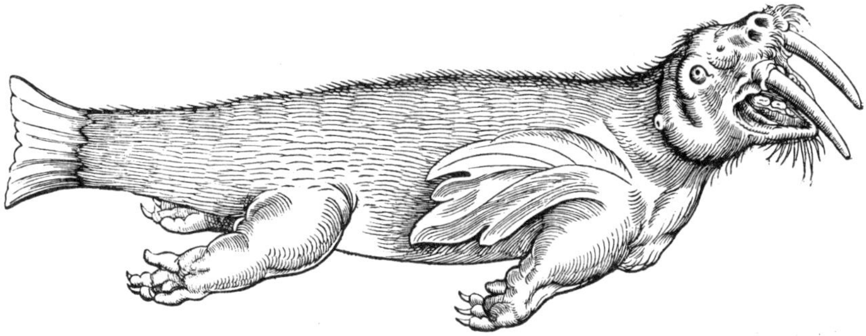

Die Zeichnung, die im Straßburger Rathaus zu sehen sei, umfasse auch die Füße, schrieb Gesner. Der übrige Körper sei nach Vermutungen oder Berechnungen hinzugefügt worden, diagnostizierte er. Der Doktor war kein Narr. Er wusste, dass es einige dieser Kreaturen schlicht nicht gab. Andere gab es, aber sie sahen nicht so aus. Zum Beweis präsentierte er einen nackten Schweinswal, der wie eingefroren im Fluss lag, so wie ihn Dürer für seine eigene Sammlung gezeichnet hätte, wenn nur Gesner dagewesen

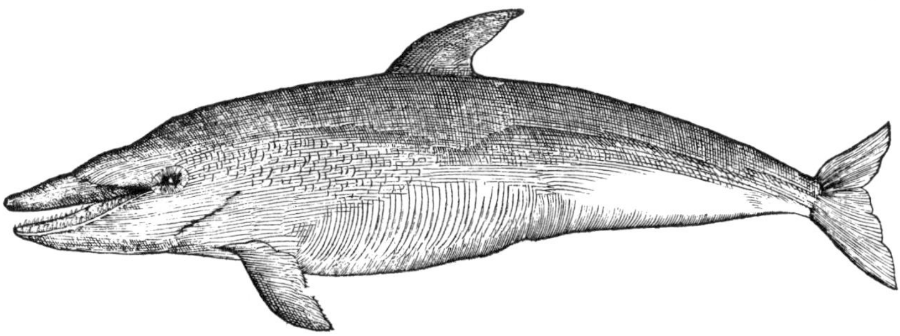

wäre, um all diese Knochen – oder auch das Walross zu erklären, das in einem italienischen Kuriositätenkabinett die Regale hochklettert, während Dürers Hunde auf dem Schachbrettboden Schach spielen.

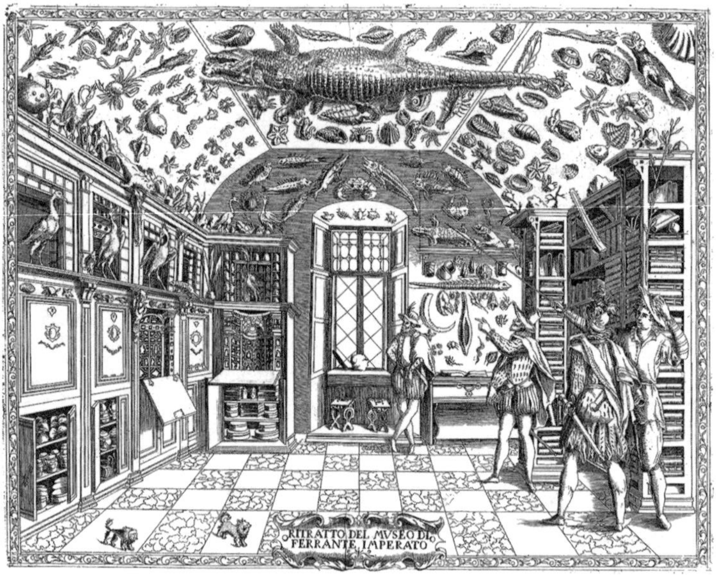

Die Insel Texel ist dem Kontinent vorgelagert, auf der einen Seite die Nordsee, auf der anderen das Wattenmeer. Auch dieser Ort ist nackt, vom Wind entblößt. Der Himmel ist so groß, dass er herunterfällt. Ich wate eine Ewigkeit, bevor ich aus dem Wasser komme; ich könnte auf die andere Seite laufen und käme am selben Strand wieder heraus. Hier hat Jeroen die Wale sterben sehen. Ein paar Tage vor meiner Ankunft tauchte ein Wal im Hafen auf. Sie hoben ihn heraus, bevor ich ihn sehen konnte, und schnitten ihn auf.

Adrie stößt in seiner Scheune zu uns. Der Geruch ist vertraut: scharfer Wal-Gestank. Vom Boden bis zur Decke strotzt der Ort nur so vor Knochen. Eine Implosion von Wal-Überresten. Sie sind überall – in Stahlschränken, von den Dachsparren baumelnd, an den Wänden hängend – von winzigen Gehörknöchelchen, die als letztes übriggeblieben sind, nachdem alles andere verrottet ist, bis zum riesigen Kiefer eines Blauwals, der sich wie ein Kirchenschiff bis zur Decke erhebt. Einige dieser Exemplare fanden ihren Weg zu Adrie, andere wurden von ihm aufgespürt. Die meisten wurden vom Meeresgrund hierhergeschleppt, wie Blumen in einen Garten. Sie stehen hier und warten auf das Urteil in Adries präziser Handschrift, auf die Schildchen, welche von ihrer Herkunft künden, obwohl sie ihr Fleisch längst verloren haben.

Adrie braucht natürlich keine Schildchen: Er weiß, zu wem die Knochen gehören, jeder einzelne von ihnen. Er ist von Beruf Fischer, ein kräftiger, vierschrötiger Mann. Er hat einen rötlichen Teint, blondes, lockiges Haar und einen einzelnen goldenen Ohrring in seinem linken Ohr. Er könnte von Rembrandt gemalt worden sein. Er besitzt eine eigene Flotte hellblauer Kutter; im Hafen sind sie nebeneinander aufgereiht, wie Spielzeugschiffchen. Seine Fischer halten sich an die Regeln: Jeder Knochen in ihren Netzen muss dem Chef vorgelegt werden.

Diese Ernte lagert hier in der Scheune. Kisten mit klobigen Mammutzähnen, die sich einst durch die Wiesen von Doggerland mampften; Hufe von Wollnashörnern, die längst in den Fluten versunken sind; ein Walrossschädel mit Krummsäbelzähnen; und Stoßzähne von Narwalen, die, obwohl sie im Schlick eines Industriemeers herumrollten, ihre magischen Kräfte bewahren, wie ihre mittelalterlichen Gegenstücke im Rijksmuseum – die Eenhoorn-Hörner, die auf Altären als grandiose Kerzenleuchter dienen oder auf der Speiseanrichte des Herzogs von Burgund bereitstehen, um ihn vor Giftanschlägen zu schützen. Auf dem letzten Regal liegen die seltensten Überreste: ein Rippenpaar von Grauwalen, einer Spezies, die in diesen Gewässern ausgestorben ist, seit der Herzog sein Abendessen verspeist und die Knochen sauber abgenagt hatte. All diese Überreste sind von den Gezeiten aufgewühlte Geschichten. Adries Obsession endet nicht bei trockenen Knochen. Ganze Schweinswale tummeln sich in Bädern mit rauchiger Flüssigkeit, wie Besucher eines luxuriösen Heilbads, die Haut vom langen Eintauchen gerötet, die Stupsnasen ans Glas gepresst. In einem Becken liegt ein totgeborener Zwergwal, erschreckend bleich.

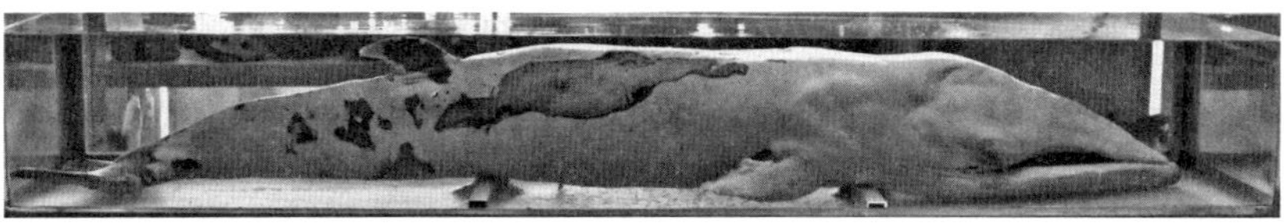

Und in einem Plastikbehälter von der Größe eines Familienkoffers, das mit Formalin gefüllt ist, so scharf, dass es mir in die Nase schneidet, als ich den Deckel öffne (Adrie warnt mich – zu spät –, nicht einzuatmen), liegt ein quadratisches Stück eines Buckelwals, aus dem Bauch herausgeschnitten, die Furchen am Bauch eine obszöne Ziehharmonika. Die schwarz-weißen Markierungen sind so ausgeprägt und klar, dass das Stück wie eine Reproduktion aussieht; ich muss es anstupsen, um mich zu vergewissern, dass es echt ist. Es ist die Gleichmäßigkeit dieser abgeschlachteten Scheibe, die eigentlich grauenerregend ist, denn sie beschwört den ganzen Wal herauf: die lebenden, sich ausdehnenden und wieder zusammenziehenden Kehlflächen, die ich nur Wochen zuvor gesehen hatte, als sich die Wale auf der Stellwagen Bank tummelten, mit den gleichen Furchen, deren Ränder von dem sie durchpulsenden Lebenssaft rosa waren.

Nichts könnte lebendiger sein; nichts könnte toter sein. Ich wäre nicht überrascht, wenn ich einen weiteren Behälter öffne und darin ein Walross vorfinde, dessen geschrumpfter Kopf mich anblickt. Eine Kaffeedose enthält die Hoden eines Schweinswales. Sie sind im Verhältnis lächerlich, von der Größe einer Aubergine; sicher viel größer als nötig. Zumindest hätte ich das angenommen, wenn mir Jeroen nicht am selben Morgen in einer nahe gelegenen Auffangstation ein Paar Schweinswale gezeigt hätte, die im Kreis schwammen. Einer, dessen Menschenname Michael war – keine Ahnung, wie sein Partner ihn nannte –, schwamm an das Sichtfenster heran und streckte seinen Penis aus, der mindestens ein Drittel der Länge seines Körpers hatte. Er schoss heraus wie ein wurstförmiger Luftballon bei einem Kinderfest; es wäre nicht einfach gewesen, das den jungen Besuchern zu erklären. Dann drehte er sich um und stupste das Glas mit seinem Schnabel an. Wahrscheinlich erkannte er Jeroen, der Michael als Volontär oft in den Armen gehalten hatte.

In Adries liebevoller Sammlung leben die Wale in ihrer ganzen Pracht weiter; frei, aber zerlegt. In seiner Werkstatt nebenan stehen sämtliche Werkzeuge bereit, falls sich die Gelegenheit ergibt. Finnwal? Aber sicher, sagt der Walmechaniker, während er die nötigen Teile holt.

Wir verlassen den Wal-Stall und treten hinaus in die helle Sonne. Eine rostige Harpunenkanone ist auf uns gerichtet, als wir die Wiese überqueren. Das Meer liegt direkt hinter den Dünen. Adrie und Ineke führen uns in ihr Haus. Es wirkt fast normal, bis ich feststelle, dass auch hier alles voller Wale ist. Wale als Parfüm und Öle und Salben; Wale als Schnürsenkel und Haarbürsten und Besen; Wale als Regenschirme und Haushaltsgegenstände, die für den Gebrauch gemacht sind. In einer Ecke steht eine elektrische Lampe aus einem geschliffenen Pottwalzahn, deren Schirm aus der Vorhaut eines Wals geformt wurde, ein außergewöhnliches Kunstwerk.

Steht womöglich das ganze Haus auf Knochen, ist die Insel ein schlummernder Leviathan, der nur darauf wartet, sich seiner Menschen zu entledigen? Aus der letzten Vitrine hebe ich das konservierte Auge eines Wals auf und blicke hindurch, ohne zu wissen, was ich zu sehen erwarte. Den tiefen Ozean, den dunklen, rückwärts laufenden Abgrund der Zeit. Oder einfach nur Jeroens Auge, das auf mich zurückblickt.

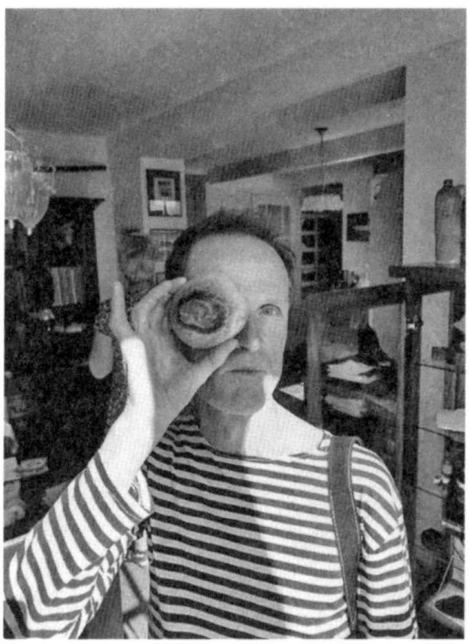

Ich radle an den Kanälen der Stadt entlang; niemand springt mit dem Mantel über dem Kopf heraus. Ich erreiche das Gebäude, in dem die Sondersammlungen untergebracht sind. Es ist klar und hell. Ein weiteres Paar Bücher wird in meine Obhut übergeben; es ist erstaunlich, wieviel Vertrauen die Menschen mir entgegenbringen. Ich habe Angst, die Bücher zu öffnen. Die Bände sind verschlossen und dunkelgrün, abgegriffen wie eine Bibel. Gestützt auf Kissen, müde von den vergangenen vierhundert Jahren, öffnet sich Band eins geräuschlos. Draußen rollen Fahrräder über das Kopfsteinpflaster. Zwischen den Buchdeckeln sind die Originalaquarelle für die *Historiae animalium* eingefügt. Ich fahre mit den Fingern über die

Seite, spüre die Finger, die diese Bilder ausgeschnitten und aufgeklebt haben, wie in dem Sammelalbum, das meine kleine Schwester früher führte. Gesner empfahl seinen Lesern, die schwarz-weißen Illustrationen selbst zu kolorieren.

Dies ist ein sicheres, modernes Gebäude, aber keine noch so gute Klimatisierung kann den Geruch und die menschliche und tierische Präsenz unterdrücken, die diese Seiten durchdringt; der Leim und die Haut, die toten Dinge, aus denen Bücher bestehen, zermahlen, genäht und gebunden, damit jemand aus dem 21. Jahrhundert an einem Schreibpult stehen und diese steifen Blätter umblättern kann. Die Bibliothekarin blickt unter ihrem Schreibtischlicht hervor, um sich zu vergewissern, dass ich ihre Schützlinge mit der gebotenen Sorgfalt behandle, als wären sogar Bücher bereits ausgestorben.

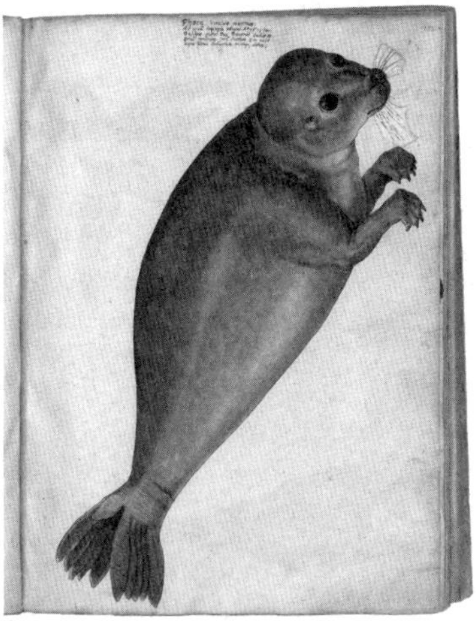

Welch ein Glanz, welch ein Elend in all dem!

Die Illustrationen leuchten, weil sie noch nie die Sonne gesehen haben. Kurzzeitig von der Kälte des Archivs befreit, flattern juwelenbesetzte Schmetterlinge und schwimmen rosafarbene Knurrhähne mit filigranen Goldschuppen; Hermeline und Dachse und Wölfe schleichen vor teerfarbenen Hintergründen umher. Und auf einer eigenen Seite, die sie mit ihren großen Glubschaugen ausfüllt, ist die Höflings-Robbe des Herzogs von Bayern zu sehen. Der Herzog war ein stattlicher Mann, der sein Leben dem Müßiggang und dem Vergnügen weihte und auf seinem Weg durch die deutschen Lande von seinem flossenbewehrten Haustier in seinem Meerwasserbecken begleitet wurde.

Da ist sie, die Robbe. Grün und grasbewachsen, mit Hauern, die, als sie aus dem Kanal gezogen wird, auf dem Kopfsteinpflaster klappern; so schimärenhaft wie ein Schnabeltier, so real wie ein Zentaur. Es ist ein Schock, sie da, in einer Pfütze, liegen zu sehen, als ob ich einen neuen Dürer entdeckt hätte, der nur auf mich gewartet hat.

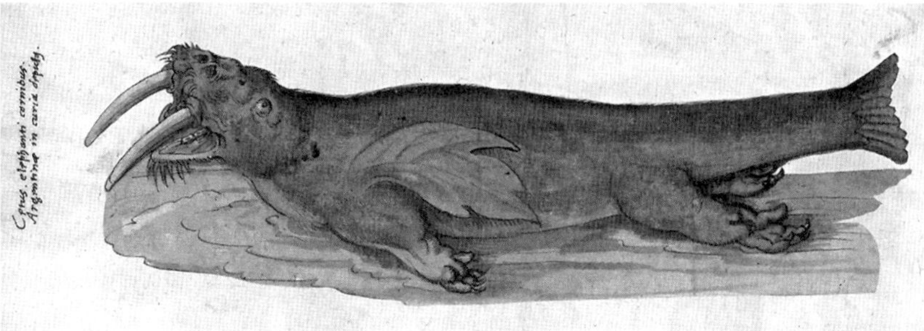

Ich blättere die Seite um, ohne zu wissen, was mich erwartet, und ein weiterer Akteur springt mich an. Die Aufschrift besagt, dass er in Hartlepool, England, gefangen wurde und vierundzwanzig Fuß lang ist. Er sieht aus wie eine Comicfigur, wie der erste Wal, den ich je gesehen habe, Ramu, ein Orka in einem Safaripark in der Vorstadt, der durch einen Reifen sprang und im Flug mit dem Schnabel einen Fisch fing. Auch ich habe versucht, ihn festzuhalten, indem ich ihn in mein Teenager-Tagebuch malte, ihn mit Nagellack zum Glänzen brachte, wie eine Muschel. Ein Tier, das eine eigenartig geisterhafte Schönheit ausstrahlt, wie mein Freund David sagte, als er einen Wal die Oberfläche durchbrechen sah: als käme er aus der Vergangenheit oder irgendwie anders durch die Zeit. Ein weiterer Mythos: Diese weißen Flecken, die der Ursprung der verschiedenen Augen der Meereshyäne waren, werden zu den Augen des alles sehenden Raubtiers; Augen, die ich gesehen hatte und die mich sahen, draußen im Indischen Ozean.

Tagelang hatten wir Ausschau gehalten. Das kleine Fischerboot, das wir gechartert hatten, fuhr jeden Morgen aus der Sandbucht heraus, wo ich vor dem Ablegen meine Gebete zu der Statue im Strandschrein sprach. Der Horizont wurde einfach immer weiter und weiter. Äquatorial, gleicher Tag,

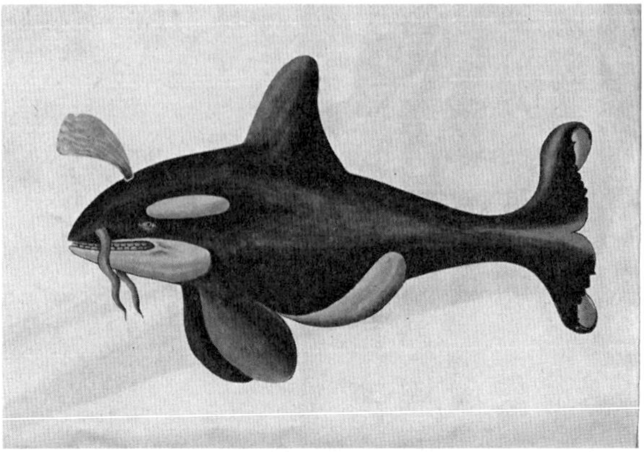

gleiche Nacht; gleicher Himmel, gleiches Meer. Nichts unterbrach den Horizont, kein gewölbter Rücken, keine steilen Flossen. Zurück an Land, in der tropischen Nacht, diskutierten wir darüber, was wir oder irgendjemand sonst (womöglich eine Gottheit) falsch gemacht hatten.

Am nächsten Morgen waren sie da und warteten auf uns. Einhundertundfünfzig Pottwale. Wir konnten nirgendwo hinschauen, ohne einen Wal zu sehen. Wir tauchten ins Wasser, wieder und wieder. Zwei Wale schwammen auf mich zu, ihre Köpfe ragten aus dem Wasser; ich sang ihnen zu, als hätte ich alte Freunde gesehen. Es lässt sich nicht beschreiben, wie aufgewühlt ich in diesem Moment war. Ein Wal lag neben unserem Boot und schlief. Zwei andere, die sich Bauch an Bauch paarten, glitten direkt unter uns hindurch, wobei ihre Liebelei durch unseren reparierten Rumpf diskret verdeckt wurde. Wir spürten ihr Klicken durch das Wasser, das sie mit uns verband. Der Ozean war also doch nicht leer.

Plötzlich setzten sie sich in Richtung Norden in Bewegung. Wir folgten ihnen, ohne zu wissen, was geschah oder wohin sie uns brachten. Ihre großen, quaderförmigen Köpfe ragten wie Bugspitzen aus dem Wasser, während sie schnell davonschwammen. Ich lachte, weil es mir so absurd vorkam wie eine Szene aus Melvilles Kopf; und weil ich sah, dass all diese Bilder eben doch keine Übertreibungen waren. Als wir anhielten - wir erwarteten eine Orgie -, entdeckten wir stattdessen einen Ort der Gewalt. Dreißig Wale hingen dicht gedrängt wie ein Floß an der Oberfläche. Als Drew und ich ins Wasser gingen, sagte ich: Oh, seht mal, Delphine. Aber es waren keine Delphine.

Eine Gruppe Orkas umkreiste die Pottwale, als ob sie sie aufscheuchen wollten. Unter der Wasseroberfläche konnten wir das gesamte Ausmaß ihres Angriffs erkennen: Die Orkas versuchten, die Verteidigung der Wale von unten zu durchbrechen; die Wale schnappten mit den Kiefern und entleerten sich, um den Anschlag ihrer Angreifer zu verschleiern. Während wir wie gebannt zusahen, kam ein Orka-Paar auf uns zu. Drew gestikulierte uns eindringlich, ins Boot zurückzukehren.

In den nächsten drei Stunden sahen wir zu, wie sich das Drama abspielte - drei unterschiedliche Spezies, Pottwale, Killerwale und Menschen, jeder in seiner Rolle. Es war wie im Film, nur dass wir eben darin mitwirkten. Eine Zeitlang befürchtete ich, wir würden den Pottwalen den Weg versperren und sie an der Flucht hindern; dass sie den Preis für unsere Anbetung zahlen müssten. Dann merkten wir jedoch, dass sie unser Boot als Schutzschild benutzten, eine vierte Wand. Wir waren Teil der Aufführung. Es war das Außergewöhnlichste, was ich je erleben durfte, aber es geschah in einer anderen, prä-humanen Zeit.

Irgendwann hatte die Orkas dann genug von ihren Bemühungen, diese mächtigen grauen Flanken zu durchbrechen, die so gepanzert waren wie Nashörner, und sie zogen ab. Da wir die Pottwale für sicher hielten, zogen wir weiter nach Norden, dorthin, wo sich die Killer wieder versammelt hat-

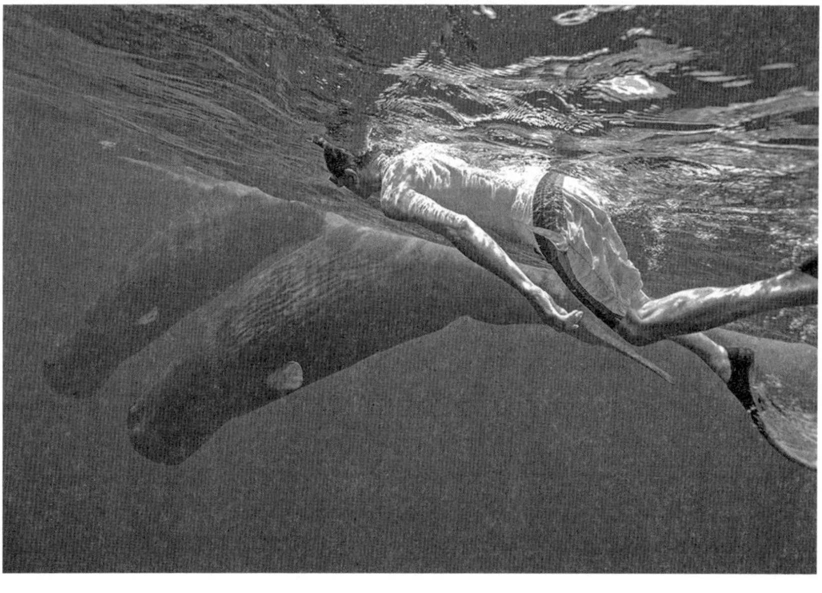

ten und anscheinend spielten, über das Meer hüpften, ausspähten und mit ihren Fluken auf die Wasseroberfläche schlugen.

Sie kamen näher ans Boot: eine eindringlich generierte Grafik, in Schwarz-Weiß auf einen blauen Bildschirm projiziert. Ich war völlig außer mir, schrie unwillkürlich auf, angesteckt von ihrer Schönheit und Geschwindigkeit. Dann fingen sie an uns zu umkreisen, näher und näher, durch die Wellen schneidend. Fünfmal stießen sie mit ihren Schnäbeln an unseren Bug. Als ich über die Seite schaute, während die anderen in die andere Richtung blickten, sah ich fünf von ihnen direkt auf uns zukommen, drauf und dran, uns wie Robben auf einer Scholle umzustoßen.

Ich hatte das Gefühl, dass uns eine Ehre erwiesen wurde. Im letzten Moment glitten sie unter das Boot. Sie spielten mit dem Abstand zwischen uns. Da waren sie: die erfolgreichsten Säugetiere auf dem Planeten. Sie waren in jedem Ozean präsent, hatten eine sechs Millionen Jahre lange Evolution hinter sich, sie warteten einfach nur ab. Sie hatten uns immer beobachtet.

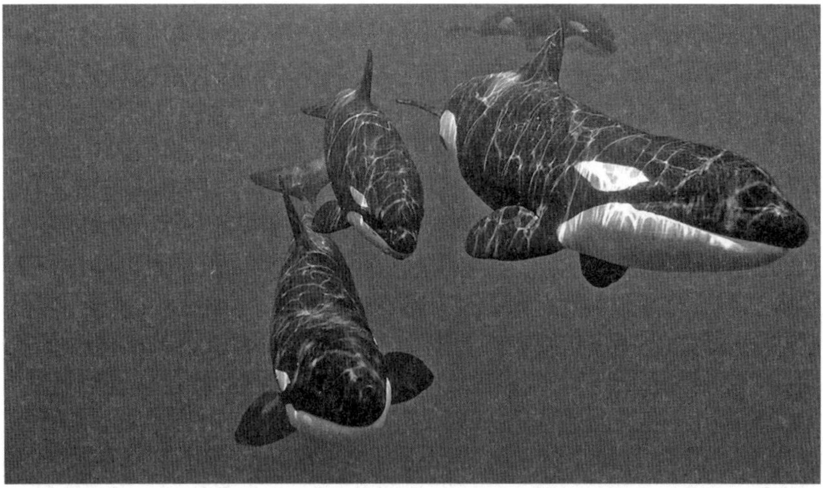

Trotz all der längst ausgestorbenen Tiere und derer, die noch aussterben werden, macht mich Gesners Album kindlich glücklich. Ich grinse vor mich hin, ein Grinsen so breit wie ein Walgrinsen. Vielleicht ist es der sonnige Tag in der Stadt, oder die Fahrradtour, als wir die Kinder zur Schule brachten, oder der Nachmittag, den wir am See verbrachten, in den See hineinsprangen und wieder herauskamen; vielleicht sind es all diese Dinge, die mich diese Bilder auf diese Weise sehen lassen. Sie vermitteln mir das Gefühl von Freude darüber, Teil dieser Welt der Dinge zu sein.

Als ich den Lesesaal verlasse, begegne ich einem älteren Mann, der bei den Schließfächern steht; er trägt eine Kippa. Er fragt mich, worüber ich da drin gelacht habe. Er hat schöne Augen.

Sie waren offensichtlich sehr erheitert, sagt er.

Ich radle zum Fluss, wo die Jungen ins Wasser springen, so wie Mark es gesagt hatte. Sie springen von der Brücke, sorglos; sie könnten nach oben oder unten treiben. Das Wasser fließt grün und braun. Der Sommer hat an diesem Nachmittag alles verlangsamt. Ich suche mir einen ruhigeren Weg ins Wasser, halte mich an einem Holzpfosten fest, bevor ich loslasse.

Über mir dümpelt die Welt, ich bin auf Augenhöhe mit den Enten. Eine ältere Frau im Bikini watet graziös vom Sonnendeck ihrer Holzhütte aus hinein. Ich lasse mich mit der Strömung treiben, dann klettere ich raus. Im Stadion in der Nähe schauen Freddie und ich zu, wie Lilian mit ihren Freunden um die Wette rennt. Die Stadt lebt ruhig weiter, und wir radeln heim zum Tee.

ÜBERRESTE

Es ist so heiß wie nie zuvor. Ich hätte den Fluss hinunter hierher schwimmen können wie ein Hund. Es zieht mich immer weiter und weiter, tiefer in den Kontinent hinein.

Ich lasse den Bahnhof, seine hellen Wände und Jugendstildekorationen hinter mir und überquere die Straßenbahnschienen. Ältere Wohnungen ziehen sich vor der Hitzewelle zurück, ihre gekachelten Flure und Eisengeländer winden sich zu endlosen Interieurs hinauf. Auf der anderen Straßenseite liegt der Campus. Um zur Bibliothek zu gelangen, muss ich durch eine Betonhalle gehen, die eher einem Parkhaus gleicht; die Studenten eilen die Treppe hinauf, als hätten sie Angst vor der Dunkelheit.

Martin erscheint mit einer großen grauen Pappschachtel.

Wo möchtest du es dir anschauen?, fragt er. Er ist an ein älteres, größeres Haus gewöhnt. Er ist jünger als ich, trägt sein Haar zurückgekämmt, Schuhe ohne Socken, ein Zugeständnis an die Hitze. An seinem kleinen Finger trägt er einen Ring mit einem Wappen. Wir gehen hinunter ins Untergeschoss, das ein Lager für den Versand von Waren sein könnte. Keinerlei besondere Merkmale.

Martin legt die Schachtel auf den Tisch und öffnet sie. Darin befindet sich ein in Saffianleder gebundener Ordner, dessen Kanten vom Alter abgerieben sind. Ein schmaler Beutel ist darin befestigt, er hat die Größe und Form eines Zigarettenetuis aus den zwanziger Jahren. Martin öffnet die Klappen. Sie tun sich auf wie eine Blüte. Darin befindet sich eine in einen silbernen Rahmen eingefasste Glasscheibe.

Martin holt sie vorsichtig heraus.

Ich plaudere weiter, zögere aber, auf das Ding in seiner Hand zu sprechen zu kommen. Hunderte von Meilen habe ich zurückgelegt, um es zu sehen, und jetzt schaue ich woanders hin. Er muss mich für sehr sonderbar halten. Unfähig, meine Augen länger abzuwenden, schaue ich hinunter. Im Glas – wie in Bernstein gefangen – befindet sich eine lange, erstaunlich blonde Haarlocke.

Sie sieht überhaupt nicht menschlich aus; sie könnte von der Mähne eines Vollblüters abgeschnitten worden sein. Anscheinend hat sie zwei Farben: ein helles Strohgelb und ein dunkleres Mausbraun, mit einem Hauch von Rot. Sie windet sich, als wäre sie lebendig.

Ein Armband aus hellem Haar über dem Knochen. Meine Hände schweben darüber. Darf ich es aufheben? Ja, aber ich muss es in der Nähe seiner Schachtel lassen.

Ich halte Dürer

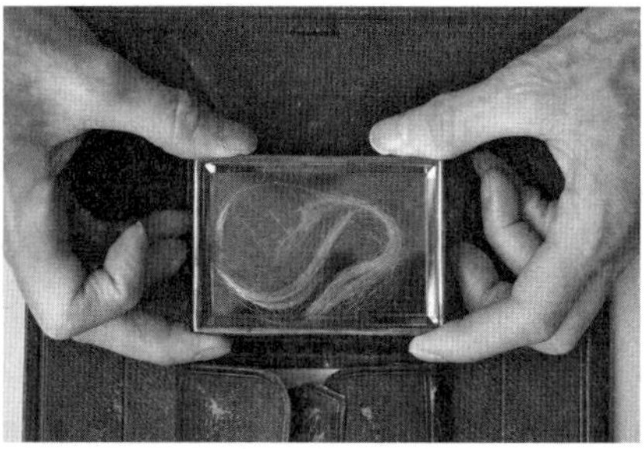

Er ist so schwer wie ein Zahn oder ein Stoßzahn. In meinen gebeugten Händen fühlt er sich nicht sicher. Er gehört in eine Barockkapelle, in eine Monstranz, nicht in diesen universitären Keller.

Ich unterhalte mich mit Martin darüber, was es bedeutet. Wir sind beide nicht sicher. Weil ich seine Muttersprache nicht beherrsche und er die meine nur bruchstückhaft, und weil zwischen uns dieses mächtige Ding ist, sind unsere Worte präziser.

Eigentlich, sagt Martin, sind wir uns gar nicht sicher, ob das überhaupt sein Haar ist.

Andererseits, sagt er, wie viele Wahre Kreuze gab es?

Dürer ist mit Reliquien aufgewachsen. Jetzt ist er selbst eine. Sein Haar ist nach seinem Tod weitergewachsen, eine einzelne Locke, die beim Barbier heruntergefallen ist. Ein Andenken an einen verlorenen Geliebten. Eingeschlossen, wie Schneewittchen in ihrem Kristallsarg, und darauf wartend, sich zu regenerieren. Wir könnten aus seinen Genen einen neuen Dürer machen.

Erst als wir das Kästchen zurück in sein Lederbett legen, entdecken wir ein einzelnes Blatt, das wie ein Testament in die Mappe gesteckt ist und in mehreren Handschriften abgefasst ist.

Der erste Eintrag, 1550, stammt von Sebold Büheler, dem Kaufmann, dem die Locke gehörte. Er bescheinigt, dass sie vom Haupt des weltberühmten Künstlers stammt; diese Worte benutzt er. Darunter stehen weitere Bescheinigungen, die jeweils mit dem Aufstieg und Fall diverser Großreiche datiert sind.

1595, 1649, 1668, 1798, 1806, 1860

Ich halte das Papier gegen das Fenster, und ein Wasserzeichen erscheint: ein doppelköpfiger Adler, die Flügel des Stadtwappens ausgebreitet wie ein Flughafen. Der letzte Eintrag markiert die Rahmung der Locke am Dürer-Jahrestag 1871. Ich möchte unser eigenes Zeugnis hinzufügen: 11:38 Uhr, 4. Juli 2018.

Unsere Arbeit ist getan, wir bringen die Schachtel zurück in Martins Büro. Auf dem Weg erzählt er mir von seinem Hund. Gerade frage ich, zu welcher Rasse er gehört, da geht die Tür auf, und Andrássy springt heraus, ein geschmeidiger brauner Ungarischer Jagdhund, so groß wie ich. Er gehört hier nicht hin. Er springt zwischen uns hin und her und will unbedingt hinaus in die Sonne.

Als Martin mich zum Ausgang bringt, erzählt er mir vom Fluss, in dem Andrássy wie ein Olympionike schwimmt. Er kritzelt den Namen der U-Bahn-Haltestelle auf einen Zettel, ich stecke ihn in meine Tasche.

Auf der Straße stampfen ungeduldig die Pferde. Sie tragen Scheuklappen über den Augen und Hüllen über den Ohren. Offenbar findet es keiner seltsam, dass so große Tiere mitten unter uns stehen. Alle Touristen tragen Sonnenbrillen und Baseballkappen, die Köpfe über Telefone gebeugt. Eine Straßenbahn hält an, und ein Hund und sein Mensch steigen aus. Er schüttelt seine Schnauze, er will frei sein.

Hunde müssen mit Maulkorb und Leine gesichert sein.

Sein Maulkorb ist heruntergerutscht, und er ist wieder ein stolzes Tier. Ich vermute, dass Hunde diese Stadt regieren. Sie kennen den Unterschied zwischen Nicken und Neinsagen. Ein Mann in einem Homburg eilt vorbei. Über uns erhebt sich das Museum mit seinen gewaltigen Steinmauern. Leute werden durch die Drehtür eingelassen. Ich werde zu einem Seiteneingang gewiesen, wie ein Handwerker.

Im Arbeitsraum werde ich vom Kurator begrüßt. Er ist groß und ebenso akkurat wie seine Stimme. Er ist immer beschäftigt. Ich schüttle ihm die Hand und sage, ich kann sehen, dass er seinen Tag genau planen muss. Er lächelt. Ich folge ihm. Ich kann meine Aufregung kaum unterdrücken. Wir begleiten den Präsidenten zu einem morgendlichen Briefing. Ein Kunsthistoriker-Paar aus Deutschland schließt sich uns an, eine Frau und ein Mann, beide adrett in weißem Hemd und grauen Hosen. Meine Sandalen quietschen auf dem polierten Boden.

Ich hoffe, es macht Ihnen nichts aus, dass sie die Gelegenheit nutzen?, sagt Christof höflich.

Seine Bemerkung unterstreicht klug die Besonderheit der Situation. Ich fühle die kalte Luft an meinen nackten Beinen – ich trage Shorts. Unsere Abordnung geht schnell den Korridor hinunter durch mehrere Flügeltüren hindurch und in einen weiteren Keller.

Das ist das Allerheiligste, sagt Christof. Sein Meister ist ein toter König in einer Pyramide.

Als wir das letzte Tor durchschreiten, kommen wir nicht in den Himmel, sondern in eine Kammer mit niedriger Decke. Dies ist der Maschinenraum von allem, was sich darüber befindet. Christof weist auf die Sprinkleranlage hin, die im Notfall nicht Wasser, sondern Gas ausströmt, in einer Menge, die es einem Menschen erlaubt, zu atmen und das Feuer zu löschen.

Reihen von Schränken verschwinden in der Dunkelheit. Ihre Inhalte kann ich nur erraten. Auf einem brusthohen Gestell stehen vier Staffeleien, jede mit schwarzem Filz überzogen.

Ein stämmiger Mann mit Stoffhandschuhen tritt aus den Regalreihen hervor, er trägt zwei große flache Schachteln aus demselben grauen Archivkarton. Er öffnete sie, eine nach der anderen. Sofort verwandelt sich der monochrome Raum in Farbe. Eine Privatvorführung nur für uns.

Ich rechne damit, dass Christof mit den Fingern schnippt und auf einem Silbertablett Sektgläser erscheinen.

Ich bewege die Werke am liebsten überhaupt nicht, wenn es irgend geht, gesteht er, als spräche er über die letzten Aristokraten einer aussterbenden Dynastie.

Nicht einmal, um sie nach oben zu nehmen, fügt er hinzu und schaut mich an. Hier sind sie.

Der Flügel der Blauracke. Und der ganze Vogel.

Der Maßstab ist eins zu eins, sagt Christof, ganz präzise. Lebensgröße. Aber tot.

Die Größe dieses offenen Buchs. Der klaffende Schnabel; die gespreizte Klaue, die andere hinter dem eingefalteten Flügel. Die Details sind barbarisch. Die Farbe singt. Ich kann die Andersartigkeit nicht fassen. Ich spüre den Schwung dieser Flügel, wenn sie sich zusammenziehen.

Ich beuge mich vor, um die Präparate zu untersuchen. Mein Verhalten am Krankenbett. Der einzelne Flügel entfaltet sich. Das Lebendigste und Unbelebteste, obwohl es fünf Jahrhunderte her ist, seit es sich das letzte Mal in den Wind gereckt hat. Auf Pergament gemalt, auf ausgestreckte Haut. Die roten Büschel an der Schulter scheinen mit dem Blut des Vogels befleckt zu sein, als sie weggerissen wurden, eine zerfetzte Flagge über einem sinkenden Schiff. (Dürer sehnte sich danach, sich ein Paar Flügel umzuschnallen und von seiner Brüstung zu springen, sobald die Schüler weg waren.)

Christof hat diese Gemälde viele Male gesehen. Es sind Ausstellungsstücke, sagt er, in seinem Ausstellungsraum.

Attrappen, um zu zeigen, was Dürer konnte. Ein Verkaufsargument für die Unsterblichkeit, mit Christof als seinem Agenten.

Der Meister kann nicht bei uns sein, er hat Wichtigeres zu erledigen. Aber schauen Sie doch, wie exquisit seine Hand ist.

Die Hand Gottes. Mehr Farbe pro Zoll, mehr Kunst für das Auge. Ich sollte eine Bestellung aufgeben. Tage in Pigmenten gemessen, Ultramarinzeit, zehn oder zwölf Dukaten die Unze, der Kopf und der Hals in Gold gepudert. Der Laborassistent öffnet eine weitere Kiste und stiehlt einen weiteren Rahmen heraus. Der Sonne zugewandt, zwei Stockwerke unter dem Himmel. Auch er ist eins zu eins. Wir schauen durch ihn hindurch, wie er es getan hat, aus der Sicht eines Maulwurfs. Er macht uns zu Botanikern. Der Löwenzahn hat geblüht, ist jetzt bereit, als Pusteblume in die Luft zu gehen.

Die Zeit, die das Gras zum Wachsen braucht, ist so unscheinbar, sagt Mann auf dem Berg, dass man sagen könnte, es wächst gar nicht.

Die Zeit ist ein flauschiges weißes Ding. Das ist es, was kommen wird. Ein stolzer Akt der Demut. Deshalb ist es so eng beschnitten. Ich muss näher heran. Christof redet.

Er sagt, ein Biologe sei zu dem Schluss gekommen, dass alle diese Pflanzen tatsächlich gleichzeitig wachsen. Er weist auf die freiliegenden Wurzeln hin, weiß vor braun, ins Haus verbracht. Die Stängel biegen sich in einer unsichtbaren Brise. Ein Wald oder ein dichtes Gestrüpp auf gewöhnlichem Gelände.

Die letzte Kiste wird auf den Tisch gestellt. Aus dem Inneren ertönt leises Scharren.

Der Deckel öffnet sich, und er blinzelt ins Licht. Kleiner als lebensgroß, sagt Christof, fast enttäuscht. Was hat er erwartet? Da ist er. Der junge Feldhase.

Christof zeigt auf die einzelnen weißen Linien, die Dürer entlang der Schnurrhaare gezogen hat, um sie hervorzuheben. Ich bin hierhergekommen, um Dürers Haar zu sehen; er hat Haare benutzt, um das Fell des Hasen zu malen. Der Hase zuckt. Er ist eine Illusion, ein Sack voller Tricks.

Un trompe-l'œil. In Christofs hartem Akzent klingen die Wörter köstlich. Natürlich, fügt er hinzu, noch bevor das Bild vollendet war, war der Hase im Topf. Er war das Abendessen. Das Fenster in seinem Auge ist nicht seine Seele. Es ist die Küche, sein Schicksal.

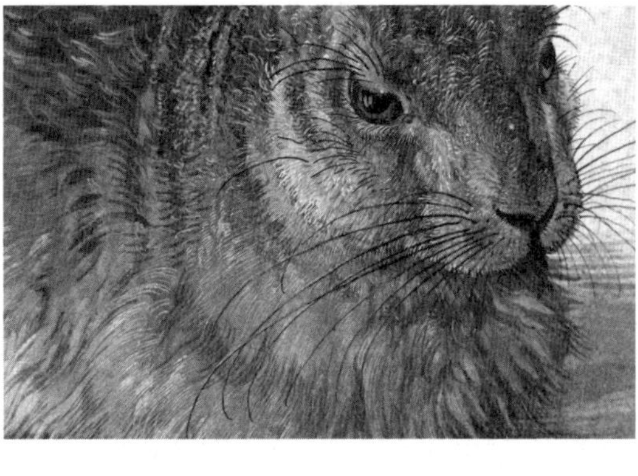

Dürer steht über ihm. Der Schatten des Hasen verrät ihn, sein Körper zittert. Er fürchtet den Hund des Jägers und rennt in seine Arme, der kleine Geist des Ortes. Ich möchte ihn knuddeln, ihn retten. Doch aus seiner Haut wird Leim für weitere Leinwände hergestellt werden, und seine Knochen werden sauber abgenagt - zu spät, ihm mitzuteilen, dass er Kunstgeschichte schreibt.

Christof klatscht in die Hände. Unsere Audienz ist vorbei. Der Hase muss zurück in seine Schachtel, und Christof muss sich um andere Dinge kümmern.

Nervös fotografiere ich die Bilder auf ihrer Identitätsparade, während sie sich selbst erklären, bevor sie alle vom Regal genommen werden und mich mit der Frage zurücklassen, ob ich sie jemals wiedersehen werde, diese alten Freunde, oder ob sie überhaupt jemals da waren.

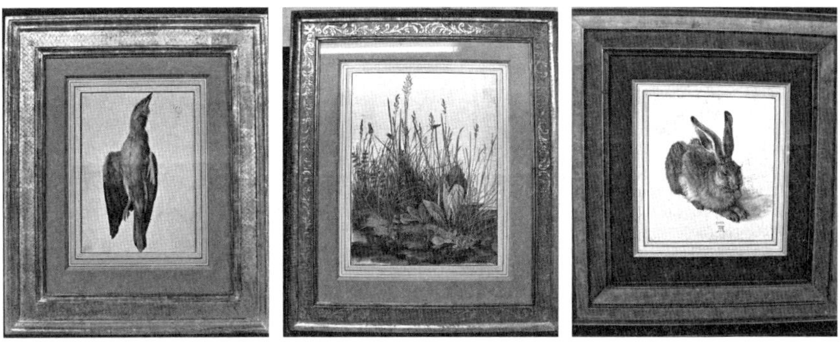

Blinzelnd trete ich auf die Straße hinaus. Die Pferde wurden weggeführt. Ich drehe dem Museum den Rücken zu; irgendwelche andere Kunst kann ich mir jetzt nicht ansehen. Ich kann mich kaum auf den Beinen halten.

Ich folge Martins Hinweisen, nehme die Metro zum Fluss und gehe zum Ufer hinunter, während die Züge oben vorüberfahren. Wir sind auf einer Insel, auf beiden Seiten fließt Wasser. In der Ferne Berge, Bergketten. Ich lasse meinen Körper kreisen, obwohl ich vor dem Unkraut um meine Füße Angst habe. Ich schwebe im Himmel.

Am Ufer sind Leute, in der Luft der Geruch von Hasch, und Rap-Klänge. Ich gehe zur Haltestelle zurück. Jemand hat C G A S auf den Weg gesprayt. Ich gehe schlafen, bevor die Sonne untergeht.

Christof fordert mich auf, um **3:30 p.m.** am Haupteingang zu sein. Er tippt es in Fettschrift. Gestern bin ich zehn Minuten zu spät gekommen.

Er trifft um **3:29 p.m.** ein, mit präzisen Anweisungen.

Ich folge den Anweisungen, begebe mich in den Arbeitsraum und warte zwischen den Stahlstühlen, hellem Holz und schweigenden Türen. Das könnte eine Privatklinik sein oder das Büro eines reichen Investors; verräterisch sind nur die Bücher. Bücher sind heutzutage verdächtig, genau wie Fußgänger. Wer weiß, was die hier drinnen aushecken?

Drei Frauen sind bei der Arbeit. Eine an ihrem Computer, eine andere blättert in einer Mappe. Die dritte hackt auf ihrem Laptop herum, sie transkribiert ein altes Manuskript. Wir sind jetzt alle Downloads. Das Licht ist kühl, kontrolliert. Keiner sagt etwas, aus Angst, die Aufbewahrten und die Toten da unten zu stören.

Ich bleibe an einer Säule stehen und schaue den Korridor hinunter. Er wird von Lichtbändern beleuchtet. Am anderen Ende befinden sich Doppeltüren. Ich warte darauf, dass der Star hereinbraust, während Lakaien die Aufdringlichen zurückdrängen, die seinen heilenden Mantel berühren wollen. Der Assistent kommt mit einer weiteren grauen Schachtel herein. Ich habe sie schon gestern gesehen, aus dem Augenwinkel. Ich musste sie haben; der Fluss hat es mir gesagt. Ich werde auf einen Platz gewiesen.

Da ist es. Sein erstes Selbstbildnis.

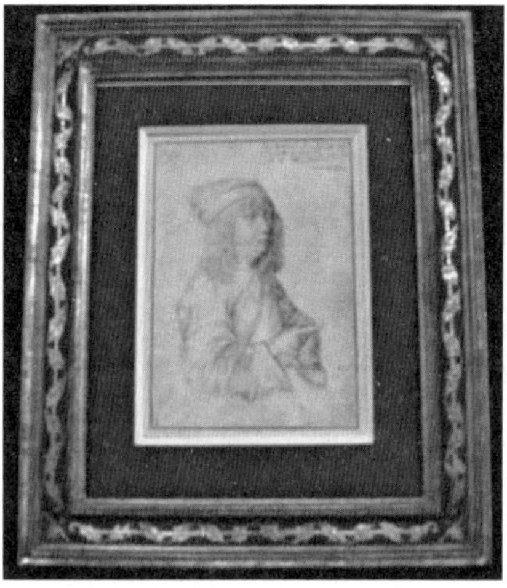

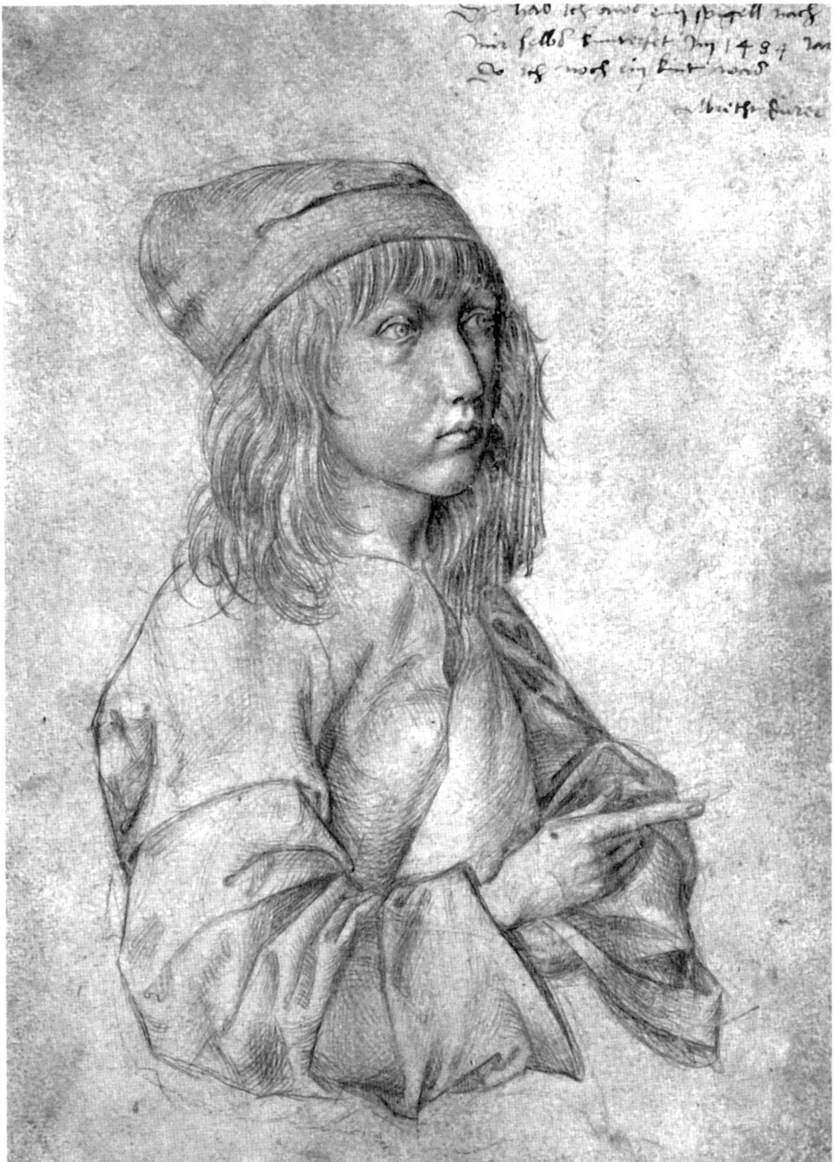

Wo er mit allem begann. Die Leuchtstoffröhren spiegeln sich im Glas, echo-orten ihn. Ich habe mich dieses Mal passend zum Anlass gekleidet, in meinem rot und blau gestreiften Hemd. Nur er und ich. Ich kann nichts anderes tun als zeichnen, mit dem gelb-schwarzen Bleistift aus dem Archiv,

Präzisionsarbeit made in Nuremberg. (Thoreaus Familie lebte von der Herstellung von Bleistiften; zur Bindung des Bleis wurde Walöl benutzt.)

Plötzlich taucht Christof neben mir auf. Ich decke meine Skizze mit meinem Ärmel ab. Was hat es mit dem Silberstift auf sich?, frage ich, um seine Aufmerksamkeit abzulenken.

Christof hat ein schiefes Lächeln auf den Lippen. Er erkennt einen Dieb, wenn er einen sieht.

Es ist genau das, wonach es klingt, sagt er. Eine silberne Spitze, die über einen Untergrund aus Knochenasche und Kaninchenhaut-Leim gezogen wird, mit hinzugefügtem Pigment. Diese Schicht – eine Gipsschicht oder der Kaolinglanz auf einem Hochglanzmagazin – ist seinerseits eine Haut.

Man darf keine Fehler machen, klärt Christof mich auf.

Ich halte meine Hand über mein Buch. Man brachte Lehrlingen diese Technik als Test bei. Sie erfordert große Geschicklichkeit, weil man seinen Strich nur einmal setzen kann. Wenn das Silber oxidiert, erscheint das Bild allmählich, es entwickelt sich wie ein Foto aus Silbernitrat heraus. Er war dreizehn Jahre alt. Mit dreißig Jahren fügte er eine Notiz hinzu.

Dz hab Ich aws eim spigell
nach mir selbs kunterfet Im 1484 Jar
Do ich noch ein kint was
Abrecht Dürer

Sein Gesicht ist rundlich, der Ausdruck schmollend, seine Augen mandelförmig, langer Nächte schuldig. Er sieht aus wie ich als Junge: zu ängstlich, um ins Wasser zu gehen, unter die Bettdecke getaucht, um bei Taschenlampenlicht Superhelden-Comics zu lesen. Von den anderen Schülern wurde er gemobbt.

Er kann nur eine Hand zeichnen; die andere verschwindet in seinem Gewand. Die Quaste seiner Mütze vermischt sich mit seinen Locken. Das ist der erste Anblick, den wir von ihm haben. Zwischen diesem und dem Riegel in seinem Prisma liegt alles. Sein Finger zeigt auf etwas in der Zukunft. Meine Zeit ist abgelaufen, und er wird nach unten in seine Zelle zurückgebracht.

Ich radle in der Hitze durch den Park. Menschen reiten auf Pferden durch die Bäume wie Geister. Schwarze Hunde bewegen sich in den langen Schatten des Nachmittags. Das weiße Rad dreht sich über uns. Die Lokalzeitung meldet einen Eindringling.

Wolf-Alarm im
Wienerwald!
Tier biss zu
MENSCHEN IN ANGST

Das Riesenrad lädt Menschen ein und aus. Ich radle zum Fluss hinunter. Ich schwimme hinaus in die Mitte, ermutigt durch die Körper um mich herum; ich bin es gewohnt, im Wasser allein zu sein. Wir liegen im Gras, in der warmen Abendluft.

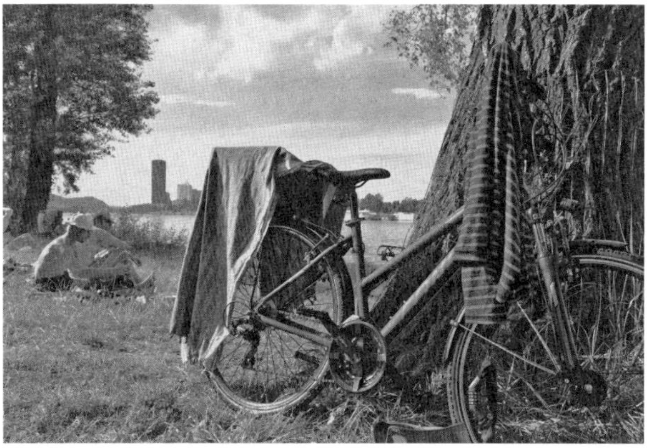

Der Tag geht zur Neige, und ich radle zurück, auf einen gepflasterten Platz. In der Mitte steht ein niedriges modernes Gebäude, dessen Wände aus nach innen gewandten Büchern bestehen. Fünfundsechzigtausend Menschen wurden mit dem Zug aus dieser Stadt verschleppt; ihre Reiseziele sind rund um dieses Mahnmal herum festgehalten. Eine alte Gedenktafel in der Nähe weist auf das Gebäude hin, das hier vor 500 Jahren stand. Es wurde von den Menschen, die darin Zuflucht suchten, in Brand gesteckt. Wolken ziehen auf. Ich gehe ein Eis essen.

Sie haben Pat in den sandigen Boden gebettet. Sie hätten sie auch am

Strand begraben können. Jim schickt mir ein Foto von ihr in einem Gewand mit ihrem Wolf an ihrer Seite. Dennis sagt, ihre Gemälde werden aus dem Haus geholt.

Ich bin immer noch zweihundert Meilen vom Meer entfernt, umgeben von Bergen, in einem Land, das schwarz, vornehm und blutig ist, sagte Mann. In der Dunkelheit vor der Morgendämmerung, in dem Park, in dem Philipp, der König der Welt, zu jagen pflegte, rutsche ich am Rand eines Springbrunnens herunter und hinein in das Zierbecken. Das Wasser ist dick und grün; es ist hier seit sechzehnhundertirgendwas. Meine Tarnung beruht darauf, dass ich wie ein Hund aussehe. Die Straßen dröhnen schon ins Leben. Der Patron dieser Stadt ist der heilige Eustachius. Deshalb gibt es hier so viele Hunde.

Im Museum (15 Euro) hebt Goyas Hund seinen Kopf aus dem Wasser. Ein kleiner Junge fällt vor dem Gemälde auf die Knie; sein Vater versucht, es ihm zu erklären. Antonio Saura sagte, dies sei das schönste Gemälde der Welt, nicht ihr traurigstes.

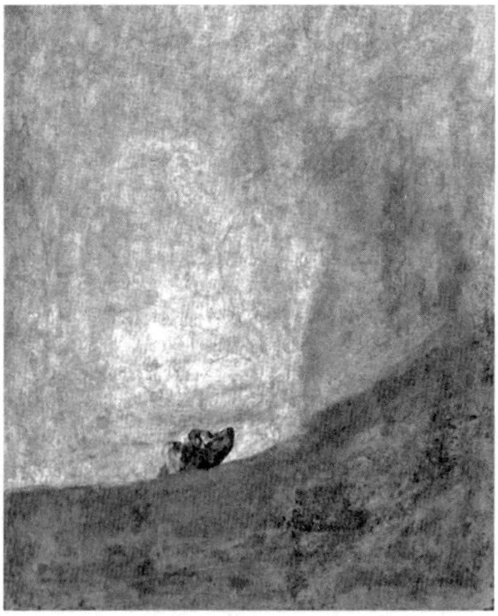

Perro semihundido.

Mir fällt wieder ein, weshalb ich hierhergekommen bin, meine Einkaufsliste. Eingefasst in einen goldenen Rahmen, in halber Lebensgröße, dominiert er die Wand, den Raum, den Palast. Kein Mensch lächelt, wenn er porträtiert wird; man würde Sie für verrückt halten. Seine Rosenblattlippen sagen: Das habe alles ich gemacht.

→ TAFEL V

Ich lasse meinen Blick zu seinen Händen hinuntergleiten; immer übertreibt er ihre Größe. Die behandschuhten Hände eines Edelmannes, nicht die nackten Knöchel eines Handwerkers. Er hat sich selbst in der Hand. Eine sauber genähte Stulpe ist zurückgerutscht und zeigt die Haare auf seinem Handgelenk.

Welch überzogene Eitelkeit, sagt Lord Clark in seinem Schloss.

Ein Meisterwerk der Selbstliebe.

Die Quaste seiner Mütze ist adrett hochgebunden, wie ein Pferdeschwanz; alles ist durchgeplant. Der Umhang ist über seiner Brust wie ein Segel aufgetakelt; sein Schatten fällt auf seine Brustmuskeln. Er ist ein attraktiver Seemann, schön wie ein zarter Gott, herkommend aus den Tiefen von Himmel und Meer, sagt Aschenbach.

Kein einziges dieser Kleidungsstücke ist nützlich. Wie werde ich frieren nach dieser Sonne!, klagt er. Nach seiner Rückkehr nach Deutschland halten sie ihn für einen Schmarotzer. Er sitzt in seinem Zimmer mit Blick auf das Meer. Berge fallen zum Ufer ab. Sein Haar fällt auf seine Schultern. Leonardo liebte diesen Geruch von frischem Öl.

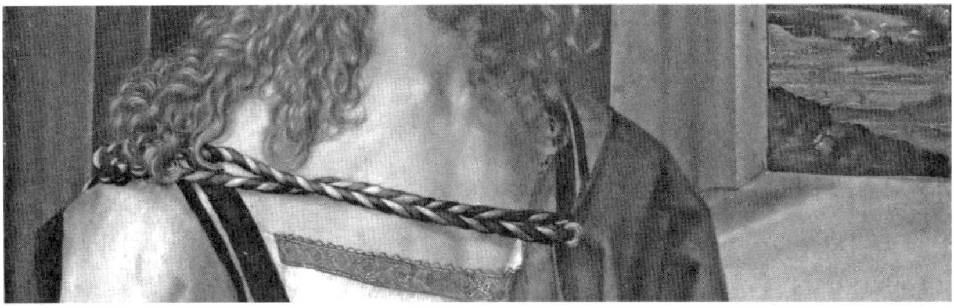

Aber es fehlt etwas. Eine Locke wurde abgeschnitten, ihr Fehlen wird durch eine einzelne Locke auf der anderen Seite ausgeglichen, die dort wie ein Köder für die Zukunft, für einen Geliebten baumelt. Es gibt immer irgendeinen Mangel im Ebenbild Gottes, das uns an Gottes Hand erinnern soll, sagt Melville. All die Durchschnittlichkeit, sagt Mann, durch kein Gebrechen verfeinert.

Neben ihm steht Adam, mitten im Palast unbekleidet, in doppelter Lebensgröße. Mit langen Gliedern tritt er an den Rand des Pools, wie ein Olympionike, der sich für einen größeren Sprung rüstet. Er hebt einen Fuß, dann den anderen. Eine schöne Kreatur, just geschaffen. (1520 gelangt dieses Bild in die Burg Frankensteins.) Das Blatt bedeckt seine Scham. Eva, eine schöne Frau, entstand aus ihm. Man sieht die Narbe an seiner Seite. (Meine zwölfte Rippe ist weg! Ich bin der Übermensch! schrie Mulligan, hinunterhüpfend auf das Fortyfoot Hole zu. Sie will mich ertränken, sagt Dädalus. Augen und Haar. Dünne Ringel von Seetanghaar um mich, mein Herz, meine Seele. Salzgrüner Tod.)

→ TAFEL VIII

Sie sind prachtvoll, klassisch nackt, das genaue Gegenteil all der Porträts von Leuten, die wie Möbel aussehen, diese in Samt, Pelze und Perlen gewandeten Männer und Frauen. Ihr Haar weht in der Brise; sie hat die Farbe von Mondlicht, sie ist neuer als er. Die Schlange ist im Baum verschlungen. Windungen, Körper, abgeschnittene Locken. Wer hat ihn gerettet? Wer hat ihn gesegnet? Manche lesen diesen geschürzten Lippen Bestürzung ab; ich sehe eine ekstatische Ohnmacht.

Sie sind Ausstellungsstücke in einem künftigen Museum, einem schwarzen Container. Ein hübsches Paar, frisch von der Agentur. Oh, das ist wunderschön, bleiben Sie so stehen. Sie balanciert wie eine Tänzerin, er bewegt sich zu ihr hin, weicht zurück. So neoklassisch in ihrer Villa, noch glänzend und feucht. Sie gehen wieder zurück hinter den nachtschwarz lackierten Art-déco-Schirm. Er zieht einen weißen Smoking an, sie ein lavendelfarbenes Chiffonkleid, eine andere Zeit, ein anderer Ort. Sein kleiner Finger ist geknickt, als er seine Hand in den Weltraum streckt.

Albrecht tritt einen Schritt zurück und bewundert den Glanz. Ein Jahrhundert später übergibt die maskuline Königin von Schweden das Paar an den König der Welt zur sicheren Verwahrung. Für immer getrennt, treffen sie sich nie, verlassen nie ihr Zimmer. Es wäre gefährlich, wenn sie sich befreien und nackt durch die Straßen ziehen würden, aus eigenem Antrieb. Bis zum 20. Jahrhundert wurden sie hinter Schloss und Riegel gehalten, zu schamlos für eine öffentliche Zurschaustellung. Die Tugend hatte ihren Lohn in sich selbst.

Dürers Selbstporträt verbrachte währenddessen ein halbes Jahrhundert

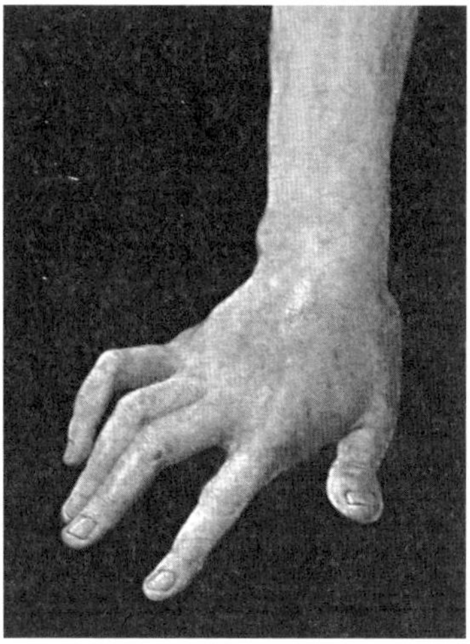

bei Karl I., nur um verkauft zu werden, nachdem der König sein gelocktes Haupt sowie seinen Einhornstock verloren hatte.

Nun sitzt er da, ohne mit der Wimper zu zucken, ein Autoretrato, eine Ikone seiner selbst, ein kostümierter Paramour.

Er sieht kein bisschen deutsch aus.

Alberto Dürero

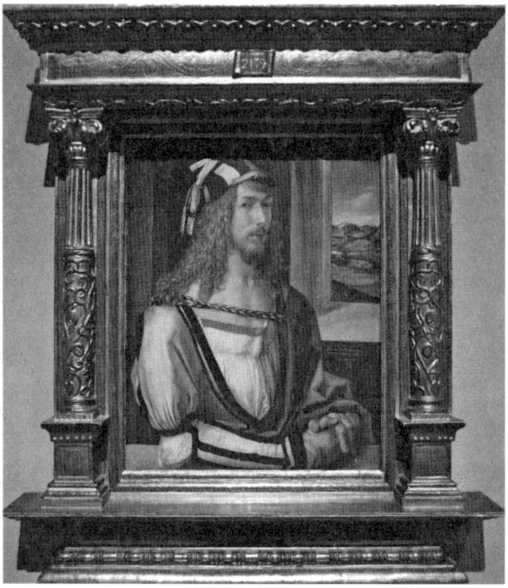

SCHÖN

Alle sind wir in diesem Abteil vereint, einem kleinen Wohnzimmer in steter Bewegung. Der junge Mann mir gegenüber schläft, sein Kopf liegt auf einem zusammengerollten Kapuzenpulli, wirres Haar hängt in seine Stirn. Er hat einen struppigen Bart, trägt Kopfhörer und ein Flanellhemd. Die Abteiltür öffnet sich, und ein junges Paar mit einem Baby kommt herein, sie setzen sich, das Baby wird gestillt. Der Zug rollt weiter und wiegt uns in den Spätnachmittag hinein.

Die Stadt verliert sich in Wäldern und Feldern. Dunkle Lärchen, Buchen und Tannen stehen am Rand heller Wiesen, die von Feuerwachtürmen überragt werden. Alles hat seine Ordnung: Holzstapel, die für die Mühle bereitstehen, Kirchen mit spitzen schwarzen Kirchtürmen, Häuser, geschindelt wie Schuppentiere; Dörfer, Bauernhöfe und Fabriken.

Es regnet in Strömen, als wir in die Stadt einfahren; es wird für den Rest der Woche regnen. Der Zug fährt weiter zum Meer. Mein Fahrrad rattert auf dem Kopfsteinpflaster; alles, was ich brauche, trage ich auf dem Rücken. Ich fahre um die Mauern herum, versuche, einen Weg hineinzufinden. Dicke runde Türme bewachen die Tore, Schlote für eine obskure Industrie, die unterirdisch betrieben wird. Ich verirre mich in den Straßen.

Er, mit seinen langen Haaren auf Statuen, Tafeln und Plätzen, führt mich. So überanwesend, dass man meinen könnte, er sei nie weg oder nie wirklich hier gewesen. Ich komme in meinem Hotelzimmer im Dachgeschoss an, ziehe meine durchnässten Kleider aus, die einzigen, die ich habe, und lege sie auf den Heizkörper zum Trocknen. Unter einer einzelnen Bettdecke auf dem Doppelbett schlafe ich ein.

Am nächsten Morgen, es ist noch dunkel, trockne ich meine Schuhe mit dem Föhn und radle dann durch das Burgtor und eine Straße entlang, die mit sieben Stationen des Kreuzwegs Christi beschildert ist. Der Friedhof ist abgeschlossen. Ich fahre hinunter zum Fluss und schiebe mein Fahrrad zwischen den Bäumen hindurch. Das Flussbett ist so schmal wie die Straßen. Das Wasser fließt schnell und braun unter niedrigen Ästen hindurch und verfängt sich an unsichtbaren Hindernissen darunter. Alles Mögliche könnte dort unten zurückgelassen worden sein. Als ich ins Wasser steige, habe ich ein Gefühl, als würde ich etwas stehlen. Ich steige aus dem Wasser und fahre zurück zum Friedhof.

Es regnet immer noch.

Flach liegen die Steine, niemand steht auf, als ich eintrete. Ein Menschenmuseum, die Gräber kaum voneinander unterschieden, mit Flechten übersät und frisch gefegt. Ich treffe den Gärtner in seinem neonfarbenen Kittel; er ist nicht ungehalten, sondern erfreut, und führt mich zu ihm. Er ist schwer mit Steinen und Grabblumen beladen. Auf der Tafel steht, dass das, was an sterblichen Überresten von ihm erhalten ist, hier begraben liegt, aber das ist eine Lüge. Ich bin den ganzen Weg hierhergekommen, und er ist nicht da.

Ich lege eine Muschel auf seinen Grabstein und radle weiter. Alles riecht im Regen besser, glänzend und neu. Die Stadt sieht noch unwirklicher aus. Die Fachwerkhäuser, die überdachten Brücken, die Türme und Türmchen – alles von ihm arrangiert und komponiert. Die Häuser stürzen von der Burg herab, ein Mann bindet seine Weinstöcke an der Mauer fest. Ich folge einem Muster, das vor Jahrhunderten angelegt wurde. Das Tiergärtner-Tor wurde nach einem mittelalterlichen Wildgehege benannt, das sich hier im Stadtgraben befand. Dort unten knurrten die Tiere. Ruskin kam 1859 auf der Suche nach Dürer hierher. Der Reiz der Straßen rühre von den Dachgauben in den steilen Dächern her, sagte er und fand in der Stadt keine erhabene Größe oder tiefe Schönheit, sondern eine imaginative Behaglichkeit, verbunden mit gewissen Elementen von Melancholie und Macht, ja sogar einigen Beimischungen von Anmut.

Dürers Haus liegt am Fuß des Schlosses. Die Stadt macht an dieser Ecke eine Biegung; eine steinerne Säule hält Autos und Touristen auf, die hier einbiegen wollen. Das schuppige Dach hängt unter seinem eigenen Gewicht durch; seine Gauben sind die Augen der Meerhyäne. Alles ist in sich geschlossen wie eine Filmkulisse, ich mache mich darauf gefasst, einen expressionistischen Schatten die Straße heraufwanken zu sehen.

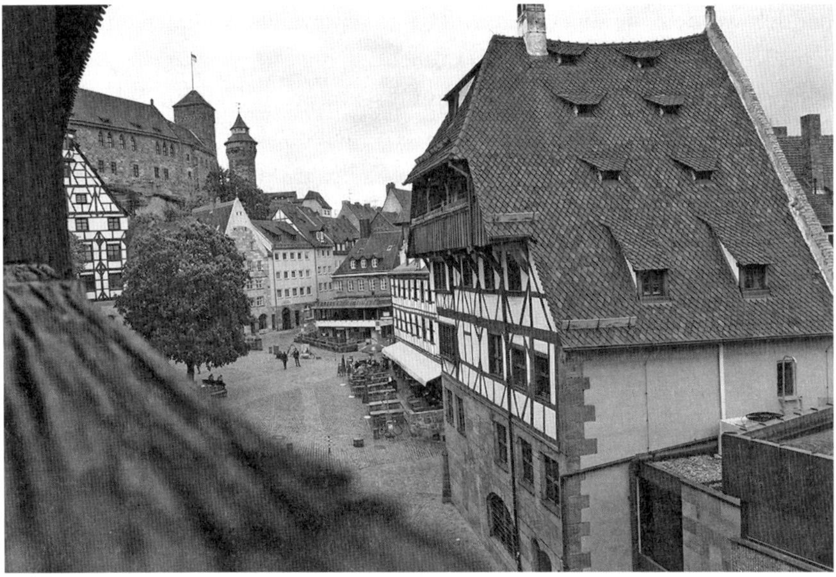

Ich stehe auf seiner Türschwelle und probe meinen Text. Schlag zehn Uhr öffnet sich die große schwarze Tür. Ich lächle und frage den Mann, ob er weiß, was heute für ein Tag ist. Er schaut mich ausdruckslos an. Noch ein Tourist.

Heute ist sein Geburtstag, sage ich.

Ich hatte zumindest auf eine Freikarte gehofft. Hinter mir sammelt sich die erste Reisegruppe, als ich meine sieben Euro bezahle. Der Audioguide wird mir wie ein Namensschild um den Hals gehängt. Ich soll mich vor die Schautafeln stellen; die werden mir alles sagen, was ich wissen muss. Stattdessen renne ich nach oben, nehme immer zwei Stufen auf einmal, um ihn auf dem Dachboden zu überraschen, wo er sich vor dem Spiegel in Pose wirft. Aber dort ist er auch nicht.

Unten in seinem Atelier macht Farbe den Raum hell, in Schalen, die mit Safran und Cochenille und Indigo gefüllt sind, mit Lapislazuli und Azurit, Drachenblut und Grünspan, aus Ungarn und von den Kanaren, aus Persien und vom Indischen Ozean. In der Küche, die vollgestopft ist mit Töpfen und Pfannen, hat er ohne Genehmigung einen kleinen Holzverschlag eingerichtet. Das brachte ihm einen strengen Brief vom Stadtrat ein: Albrecht Dürer ist darauf hinzuweisen, dass wir ihm wohlgesonnen sind, hieß es darin. Doch was seine Geheimkammer betrifft, so kann er nicht anders behandelt werden wie die anderen. Es war keine Zelle, sondern ein Abtritt, seine letzte Zuflucht in seiner Krankheit.

Er stieg die Treppe hinauf in sein Observatorium, um die Sterne zu sehen. Dämonen klopften an die Fensterscheiben. Die Vergangenheit war dunkel, die Zukunft modern und hell. Während des Krieges retteten die Bürger das Haus vor den Bränden, indem sie es mit Handtüchern feucht hielten. Ihre eigenen Häuser wurden zerstört, doch dieses überlebte, um wie ein Schiff wieder aufgebaut zu werden, eine Version seiner selbst. Ich schaue aus dem Fenster. Ich bin gekommen, um diese Stadt zu sehen, doch sie ist nicht da.

Die Straße kommt auf dem Platz zum Stillstand. Da ist er, bekränzt mit roten und gelben Rosen, am 21. Mai.

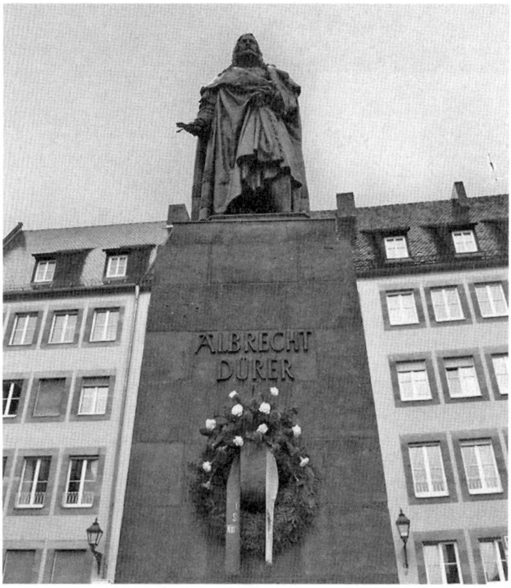

Im Mai des Jahres 1945 fuhr Auden, der sich zur allgemeinen Überraschung der US-Armee angeschlossen hatte, seinen Jeep in diese Sackgasse. (Er war ein schlechter Fahrer, auf der Autobahn fuhr er in die falsche Richtung.) Wale fand er auf dem Marktplatz nicht. Er und Jimmy Stern waren gekommen, um den Schaden zu begutachten. Die Brände waren fast erloschen. Sämtliche Häuser waren eingestürzt, als hätte sich eine Sintflut den Berg hinaufgewälzt und nichts als Wellen aus Schutt und Asche zurückgelassen.

Nur der Schlossturm war stehen geblieben. Zwei Frauen gingen die Straße hinunter, als wollten sie einkaufen, und ein Mann mit nacktem Oberkörper wühlte in den Trümmern.

Die gähnende Leere, die Kronleuchter aus Knochen. Inmitten dieses ganzen Chaos, umgeben von tiefen Löchern voller verdrehter, geborstener Wasserrohre, stand Albrecht Dürer - so Sterns Formulierung - hoch oben, aufrecht, wie ein einsamer Heiliger in seinem Steingewand.

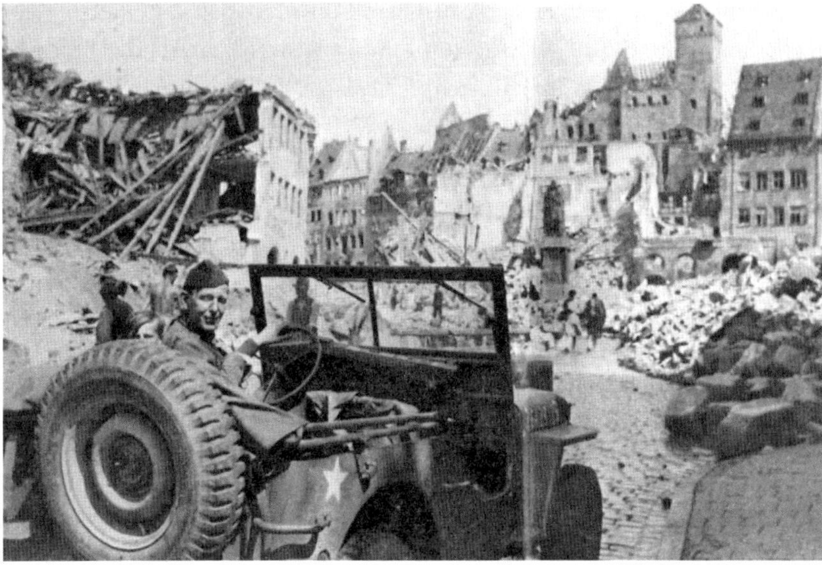

Und hier, berichtete Stern, traf sich jeden Abend unter der ausgestreckten Hand des Meisters eine Bande von Gangstern im Alter zwischen vier und acht Jahren. Wenn sie bemerkt wurden, stoben sie wie Kaninchen in ihre Höhlen. Nach einer Weile tauchten sie dann wieder auf, in den Händen Stöcke und Steine und Eisenstangen. Ihre Zähne waren schwarz und kaputt, sagte er. Einer hatte einen Arm verloren, ein anderer benutzte eine Krücke; sie trugen Lumpen, die so dreckig waren, dass der Schmutz wie eine Tarnung wirkte, und die einzigen sauberen Stellen an ihren Körpern war das Weiße in ihren Augen.

Sie waren nicht ängstlich, sondern herzlos, diese Waisenkinder. Eine wilde Brut, die unter dem Gewand des Künstlers hervorgekrochen kam, Geister des Unwissens und des Elends. Die Häuser, aus wenig Ziegeln und viel Holz gebaut, waren wie Zunder abgebrannt. Die Menschen lebten wie Tiere. Einige trugen Sträuße mit verwelkten Wildblumen, vor der Ausgangssperre huschten sie nach Hause. Fahrräder waren so begehrt, dass Leute dafür erschossen wurden.

Stern interviewte eine Frau, die Visionen hatte. Es muss ein Ruf vom Himmel gewesen sein, sagte sie und wurde ganz aufgeregt: Bumm! Hier kommt der Teufel – Satan, der Böse, Luzifer, der Schwarze Reiter, und bringt Tod und Zerstörung!

Ein Raubtier in engen Hosen, auf einem Motorrad, das seinen Plan überprüft. Imaginäre Städte, erbaut, um zerstört zu werden. Als der Starman von seiner von Hunden angeführten Apokalypse träumte, war es dieser Ort, den er sah, vermischt mit den Ruinen von Metropolis.

James Stern war irischer Abstammung und hatte englische und jüdische Vorfahren. Ein Exilant der Zwischenwelt, wie seine Freunde Brian Howard und Christopher Isherwood, Erika und Klaus Mann, Joyce und Beckett. Verlorene, beschädigte Menschen. Stern erinnerte sich an die verstörende und gewalttätige Welt seiner Kindheit im Irland der neunzehnhundertzwanziger Jahre, an Überfälle auf dem Land, an von Kugeln durchlöcherte Autos und Männer, die ihre eigene Brut bis zum Kinn an wilden, verlassenen Stränden vergruben, wo sie gezwungen waren, die letzten Stunden ihres Lebens damit zu verbringen zuzuschauen, wie sich die Meeresflut näherte, Fuß um Fuß. (In dem schwarzen See, in dem Wilde und Beckett schwammen, ich übrigens auch, band man Spitzel an Steinen fest und ertränkte sie wie Welpen.)

Jimmy war klein und schmächtig, er neigte zu einer lähmenden Melancholie und ertrug es nicht, wenn jemand sein Haar berührte. Das Jahr 1931 hatte er zusammen mit seiner in Berlin geborenen Frau Tania im Hôtel d'Alsace in Paris gelebt. In dem Zimmer, in dem Oscar Wilde gestorben war, schrieb er. Arbeiten konnte er nicht – nicht wegen der Geister, sondern wegen der Aussicht. (Wenn Sie sehen würden, dass sich hier ein Mann in den Fluss stürzt, fragte Sherard, würden Sie ihm hinterherspringen? Ich würde das als einen Akt grober Unverschämtheit ansehen, sagte Wilde.) Die Sterns zogen '37 nach New York um. Thomas Mann traf sie auf der *Normandie*, zusammen mit den Huxleys, die in der Touristenklasse reisten; das Schiff schlingerte stark, alle waren seekrank. Bei den Sterns fühlte Auden sich am sichersten. Sie waren seine Ersatzfamilie. Sie meinten, er verstehe sich als Arzt oder Priester. Er gab keinen einzigen guten Ratschlag. Dichter bekommen es einfach nie richtig hin.

Stern veröffentlichte *The Hidden Damage* (*Die unsichtbaren Trümmer*), seine Darstellung der Zeit damals, im Jahr 1947. Eigentlich hatte er vorgehabt, es mit Auden zusammen zu schreiben (Stern nennt ihn in seinem Buch Mervyn, ein durchschaubarer Verschleierungsversuch), doch angesichts des besetzten Landes, in dem er, angetan von den dortigen jungen Männern, als junger Mann so viel Zeit verbracht hatte, konnte Auden keine Worte finden für das, was er sah. Stern hatte vor dem Krieg ebenfalls in Deutschland gelebt; seinem tristen Job bei einer Frankfurter Bank war er in seiner Mittagspause entflohen, um im schlammigen Fluss zu schwimmen und die Luftlosigkeit der Stadt von seinen mageren Knochen zu waschen. Nachts stieg er in Spelunken ab, wo, wie er schrieb, deformierte Kreaturen in Männerkleidung zu rauschhaftem Leben schlichen.

Ich habe hier sein Buch, signiert für seinen Freund; der Buchrücken ist ramponiert, als wäre auch er kriegsversehrt. Als ich es öffne, fällt ein Zeitungsausschnitt heraus: Unter einem Foto des Autors ist eine Notiz mit der Sorte rotem Kugelschreiber gekritzelt, wie man sie für Kreuzworträtsel an ereignislosen Nachmittagen benutzt: *Jimmy erhält seinen Preis 1966 geboren Jan 1904.* Ich erwarte eine Art Name-Dropping-Erinnerungsbuch, eine Liste von Herzoginnen und Drinks vor dem Dinner und Leuten, die die Treppe hinunterstolpern. Stattdessen habe ich die intensivste Darstellung des Krieges und seiner Folgen vor mir, als Stern in das Europa zurückkehrt, das er geliebt hatte, und feststellt, dass Europas Verwundung seine eigene ist.

Er hörte sich selbst in der Stille, schrieb er, in einem Getöse, wie es bis vor Kurzem in der Weltgeschichte nicht zu hören gewesen war: das Krachen von Tausenden explodierender Bomben, die Explosion der Geschütze, das Heulen von Feuer, das im Wind von Haus zu Haus fegt, das Gebrüll der Rache und die Zerstörung Deutschlands.

Sterns Reise versetzt ihn in einen Schwarz-Weiß-Film, von New York zu Militärflughäfen ohne Namen und über unbequeme Nachtflüge von Neufundland zu den Azoren nach London und weiter nach Paris und in die Hölle. Er sucht nach alten Freunden in den Bars und Apartments der Stadt und sieht an einer Straßenecke, wie eine abgemagerte Gestalt mit Stahlbrille und in einem blau-weiß gestreiften Pyjama zusammengeschlagen wird. Offenbar hatte er sich als eines seiner Opfer verkleidet.

Stern landete schließlich mitten auf einem Feld. Kein Zeichen, kein Wort deutete darauf hin, dass wir in Deutschland oder selbst in Europa sind, sagte er, bis ich schließlich auf einer Böschung in der Ferne einen ganzen Zug sah, der aus den Schienen geschleudert worden war. Er lag teils auf dem Dach, die Rädchen in die Luft gestreckt, teilweise auf der Seite – wie eine riesige Schnecke, die in gleich lange Stücke zerlegt war.

Er fährt durch eine melancholische Landschaft, dieselbe Landschaft, in der die Familie Mann die Sommermonate verbrachte. Ludwigs Schloss steht da wie ein lebendiges Märchen, und die Felder im Allgäu machen einen paradiesischen Eindruck. Am Rand einer Stadt sieht er jedoch große graue Gebäude für Männer mit einem Bein oder keinen Beinen, und dahinter eines für die ohne Arme. Sie trugen weiße Unterhemden, berichtet er, und saßen oder lagen paarweise auf dem Gras mit ihren Krücken, oder saßen in einer Reihe an der Mauer zur Straße hin, wie einbeinige Vögel, die auf einem Telegrafendraht balancieren.

Der Schock, sie zu sehen, hielt nur einen Augenblick lang an, als er vorbeifuhr, doch Stern war klar, dass sich diese Szenen weltweit wiederholen würden. Er nahm einen Umweg, um einen Nachfahren der Fugger zu interviewen, der an der Verschwörung beteiligt war, den Führers zu töten. Der Aristokrat lebt noch in seinem Schloss, der hohe weiße Turm erhebt sich über die Bäume. Als er eintrifft, wird Stern von zwei Jungen empfangen, die auf ihn eher britisch wirken in ihren blitzsauberen, marineblauen Sonntagsanzügen und ihrer würdevollen Selbstsicherheit. Sie lächelten mir mit derart herrlicher, unverschämter Koketterie ins Gesicht, dass ich die Zähne zusammenbeißen musste, um nicht loszulachen.

Er wird von den Knaben durch die kühle Düsternis geführt – der Ältere wendet sich immer wieder um und starrt ihn von oben bis unten mit seinem frechen Lächeln an – und kommt an Kisten vorbei, die mit Schätzen aus Kirchen und Museen und Aquarellen aus mehreren Schlössern angefüllt sind. In den folgenden drei Stunden erzählt Fugger, hin und wieder vom Anzünden einer weiteren Zigarette unterbrochen, von dem Augenblick, in dem sich alles hätte ändern können.

Stern fährt weiter, hinein in die flirrenden Felder und Berge. Doch selbst hier wirkt die Stille ein wenig unheimlich, sagte er, wie das Schweigen zwischen zwei Donnerschlägen oder die Stille, die bei plötzlich einsetzendem Schneefall über die Straßen einer Stadt kommt. Es ist die Stille plötzlichen

Todes, sagt er. Er und Auden kommen in Nürnberg an, wie Touristen, mit ihrem Baedeker. Lediglich in einer Anmerkung konnte er das Gewicht dessen zusammenfassen, was über die Stadt hereingebrochen war.*

Die beiden Männer – ein chaotischer Dichter in Uniform und Filzpantoffeln und ein irischer Schriftsteller, von dem ein Freund sagte: Jimmy, du hast alle gekannt, inklusive ihrer Boyfriends – bahnen sich ihren Weg durch die Trümmer und stolpern den Hügel hinunter, wo sie auf andere Szenen stoßen. Eine Frau, die in einer Art Hundehütte lebt; Familien, die ihren Alltag in einem Wohnblock ohne Vorderseite zubringen, wie in einem offenen Puppenhaus.

Alle sprechen nur im Flüsterton, sagt Stern, doch hört er den Klang von Stimmen, die einen Psalm singen; einen Klang, so traurig und so zeitlos wie das Meer, eine Erinnerung daran, dass der menschliche Geist so unzerstörbar ist wie die Ozeane.

Es gefällt ihm, dass der Fuhrpark außerhalb der Stadt, im Schatten des großen weißen Stadions, in der Sommerhitze von einer Gang kräftig aussehender Afroamerikaner betrieben wird, deren Muskeln in der Abendsonne glänzen. Und er denkt an die Tausende von Tonnen Schutt, die als Trümmer aus dem ausgebombten Bristol nach New York verschifft wurden, um von Mr. Moses für den Bau des East River Drive in Manhattan verwendet zu werden. Er fragt sich, ob auch diese deutschen Überreste bis zum fernen Meer transportiert werden könnten. (Der in der Nähe geborene Sebald erinnert sich an eine fiktive Figur, die mit einem der Lastkähne, die für die Beseitigung der Ruinen eingesetzt wurden, aufs Meer hinausfährt, nur um dort zu sinken. Als die Trümmer auf den Grund fallen, sieht der Mann eine ganze Stadt dort unten, ein anderes Atlantis, und alles Zerstörte ist noch ganz.)

In den Abgründen der Zerstörung treffen Auden und Stern, kettenrauchende, protokollierende Engel, einen weiteren Überlebenden: einen deutschen Kunsthistoriker, der makelloses Upper-Class-Englisch spricht. Seine glasklare Stimme durchbricht das Chaos. Er fragt die Besucher, ob sie seinen großartigen Freund Kenneth Clark kennen; Stern sagt, er sei mit ihm zur Schule gegangen; er erinnert sich an seinen großen Kopf.

---

* Luftangriffe: 47. Flugzeuge: 7190. Tonnen Sprengstoff: 17 115. Tote: 6120. Schwerverletzte: 12 000 – das sind ungefähre Zahlen, weil die entsprechenden Dokumente während des letzten großen Angriffs vom 5. April 1945 zerstört wurden.

Der Deutsche war im Jahr 1943 aus Berlin hierhergeschickt worden, um den Abtransport der Schätze der Stadt zu überwachen, der Holbeins, Burgkmairs, Cranachs und Dürers, die in großen Höhlen unter dem Burgfelsen gelagert werden sollten. Zu seinem Entsetzen hatte die Feuchtigkeit im Kunstbunker bereits angefangen, die Gemälde anzugreifen. Die Erlaubnis, das Personal und der Transport wurden ihm verweigert, man musste also nun mit ihrem Verfall rechnen. Nachdem sie die Bombenangriffe überlebt hatten, drohten sie nun in ihrer Krypta zu verrotten.

Er nimmt Stern und Auden mit zu sich nach Hause. Er lebt im fünften Stock und warnt sie vor Höhenangst, da das Treppengeländer und die gesamte Wand auf einer Seite verschwunden sind. Während sie wie Turmkletterer hinaufsteigen, ist nichts, so Stern, zwischen ihnen und der Zerstörung. Sie gehen an einem schmalen, offenen Sims entlang und klettern eine wacklige Leiter hinauf, wo sie in einem Zimmer mit Wellblechdach ankommen und auf einem Diwanbett eine blasse, abgemagerte Frau antreffen, die nur noch aus Knochen besteht und deren Alter unmöglich zu schätzen ist.

Meine Frau, sagt der Historiker.

Pass auf!, schreit Auden, gerade noch rechtzeitig – Stern wollte auf den Balkon hinaustreten, wo kein Balkon war.

Stattdessen blickte er in einen Krater hinunter, der sich in einen Garten aus Steinen und Blumen verwandelt hatte.

Wir fragten sie, ob es ihnen etwas ausgemacht hätte, dass sie bombardiert wurden, erzählte Auden später. Wir besuchten eine Stadt, die in Trümmern lag, und fragten, ob sie getroffen worden sei. Wir haben keine Antworten erhalten, die wir nicht erwartet hätten.

Dürer blickt über Audens Schulter nach St. Sebald, seiner Gemeindekirche am selben Platz, überragt von zwei spitzen grünen Türmen.

Tief in ihrem düsteren Inneren befindet sich eine geschwärzte Messingstruktur, die wie eine gotische Taucherglocke über einem mit Silber und Gold überzogenen Sarg mit den Gebeinen des Heiligen schwebt.

In dem Schwarz-Weiß-Faltblatt *Das Grab des heiligen Sebald zu Nürnberg* (fünf Euro), das auseinandergeklappt werden kann wie Maximilians Triumphbogen, wird darüber informiert, dass dieser gewaltige Schrein von Peter Vischer gefertigt wurde und eine aufsteigende Tugendleiter darstellt. Er ruht auf zwölf Schnecken mit gewundenen Schneckenhäusern auf; See-

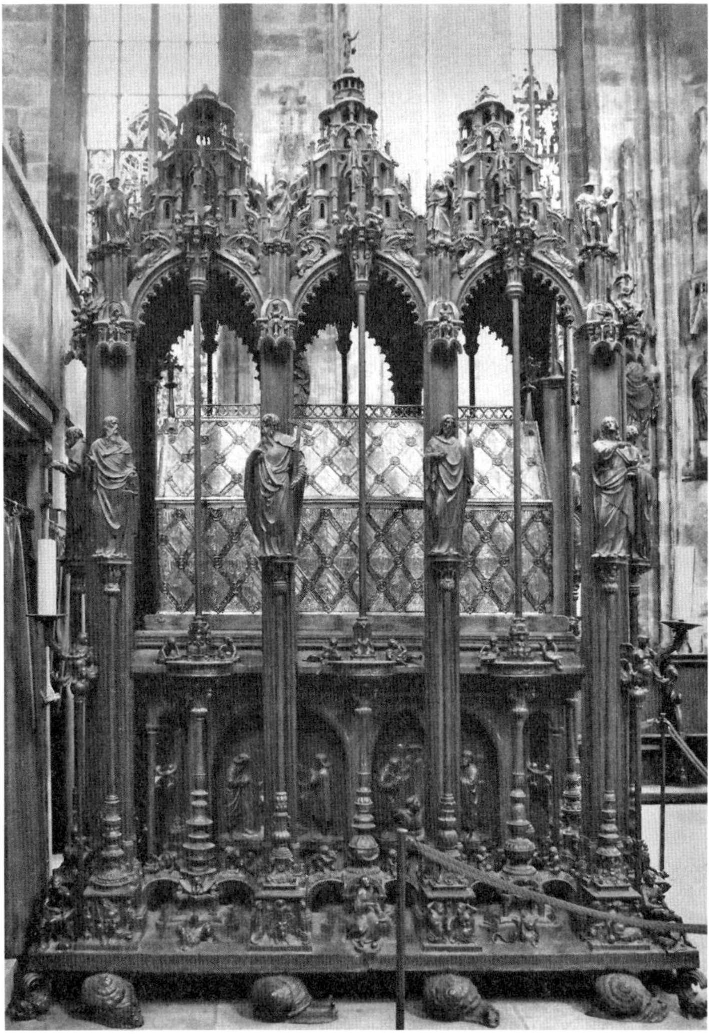

ungetüme strecken ihre Zunge heraus; barbusige Sirenen tragen Kerzen; und bärtige Apostel denken nach über das, was sie gesagt haben. Es gibt Löwen und Schildkröten und Mäuse, und auf der Spitze, wie eine Puppe auf dem Weihnachtsbaum, hält das Christkind eine Weltkugel, bereit, sie auf die Delphine des Buchbinders herabzuwerfen. Die ganze Mannschaft könnte mit den Flügeln schlagen und mit dem Schwanz wedeln und den Sarg hoch auf das Dach heben, wie einen Ballon, der von der Hand eines kleinen Mädchens losgelassen wurde.

Letztlich ist das ein Denkmal, an Wunder erinnernd. Sebald war der Sohn eines dänischen Königs, der eine Prinzessin aus Paris heiratete. In seiner Hochzeitsnacht hatte er eine Vision, nicht von der Schönheit seiner Frau, sondern von seiner eigenen spirituellen Unwurdigkeit; daher ging er in den Wald, wo er am Ufer des Flusses fünfzehn Jahre mit Beten zubrachte. Von dort aus predigte er vielen Menschen und vollbrachte viele Wunder, und als es ans Sterben ging, wurde er auf einen Wagen gelegt, den vom heiligen Petrus angeführte Ochsen zogen, und zu einer Kapelle am Ufer gebracht, wo Sebald begraben werden sollte. Dies war der Ort, wo später die Stadt entstand, deren Schutzpatron er dann wurde. Als die Menschen versuchten, seine Gebeine von dort wegzubringen, kehrten sie immer wieder an diesen Ort zurück.

Es wurde also ein großes Kirchenschiff um die Gebeine herum gebaut, wobei man trotzdem, als Tribut für den wandernden Heiligen, Sebalds Sarg mit Rädern ausstattete, sodass dieser an Festtagen durch die Stadt gefahren werden konnte wie ein Einkaufswagen auf Abwegen. Sein Schädel wurde separat zum Kaiser gebracht, ein großer Mann im Austausch mit einem

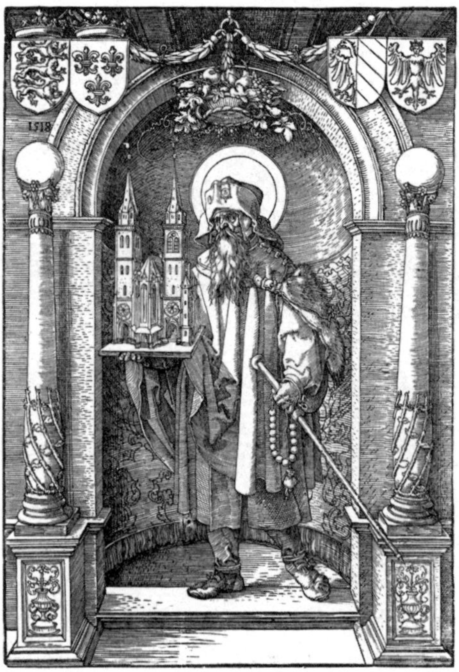

anderen. Dürer kniete nieder. Er verehrte Sebald, zeichnete ihn wieder und wieder, als zum Leben erwachte Statue, der seine Kirche wie eine Weihnachtstorte hochhält. Er war der Schutzheilige gegen die Kälte. Ich hätte im Fluss um seinen Beistand bitten sollen.

In den 1990er Jahren stapfte Max Sebald, auch er ein Wanderer, diesen Hügel hinauf, um seinem Schutzheiligen die Ehre zu erweisen. In *Die Ringe des Saturn* staunte er über die Wunder des Heiligen: wie er zerbrochenes Glas wieder ganz machte und auf seinem Umhang über die Donau übersetzte, und wie er die Prinzen Winnibald und Wunibald vor dem Hungertod rettete, indem er Asche in einen Laib Brot verwandelte. Der heutige Sebald schrieb diese Notizen in einem Hotel mit Blick auf den Vondelpark nieder und stellte seinen mittelalterlichen Vorläufer als den Vorboten einer Zeit dar, in der die Tränen von unseren Augen abgewischt werden und es keinen Kummer, keinen Schmerz, kein Weinen und kein Wehklagen mehr geben wird. Aber ich bin mir nicht sicher, ob er das wirklich glaubte.

Die glaubensstarke Metallmasse vor mir könnte, glühend und zischend, aus schwarzen Kristallen entstanden sein. Eine neue Kathedrale, die in die alte wie ein Gewächshaus hineingepflanzt ist. Im diffusen Licht des Kirchenschiffs kann ich die Tafeln, die die Sebalduswunder darstellen, gerade noch erkennen. Eine arme Familie wärmt ihre Hände an einem Haufen Eiszapfen, die der Heilige wie Zunder zum Brennen gebracht hat. Sebald gibt einem Blinden neue Augen; einen Augapfel hält er in der Hand, gleich wird er ihn wie eine Glühbirne einschrauben. Ein Sünder wirft seine Hände in die Luft, während er im Boden versinkt, als würde er ertrinken; fast zu spät erkennt er seine Irrtümer und fleht den Heiligen um Hilfe an. Dieses ganze Bauwerk ist eine Performance, eine Geschichte. Ich klettere um es herum wie in und auf einem Klettergerüst.

Im Mai 1507 wurde mit der Arbeit an dem Heiligtum begonnen; vollendet war es erst 1519. Der langsame Fortgang der Arbeit war möglicherweise seiner Komplexität geschuldet, oder dem Umstand, dass der Künstler so schlecht bezahlt wurde. Jedenfalls war es zu spät. Die Geschichte war daran bereits wie an einer Bushaltestelle vorbeigezogen. Im Jahr 1521 übernahm die von Grund auf pragmatisch gesinnte Stadt die Reformation, um jeglichem Ikonoklasmus in ihren Kirchen vorzubeugen. Die Kaufleute des Großen Rates, dem auch Dürer angehörte, hätten es kaum geduldet, dass die teuren Glasmalereien, Statuen und Gemälde, die sie in Auftrag gegeben hatten, um sich Unsterblichkeit zu sichern, zerstört werden.

Als Dürer starb, hatten sie damit aufgehört, die Knochen des Heiligen herumzutragen. Keiner glaubte mehr an diese alten Relikte. Für die Toten wurden keine Messen mehr gelesen. Die Weihwasserbecken trockneten aus. Niemand sang mehr zur Jungfrau Salve Regina, Mater Misericordiae. Die Gottesdienste wurden auf Deutsch abgehalten, nicht auf Latein. Der Glaube war nicht ausgetrocknet, nur umgelenkt. Die Stadt, die sich immer abgegrenzt hatte, wurde zu einem protestantischen Eiland mitten in einem katholischen Meer.

Dann kamen die Bomben. Im Januar 1945 wurde die Kirche schwer beschädigt, aber die Arche wurde, da sie an ihrem Ort verankert war, unter Steinen begraben, ihrem besonderen Luftschutzraum, und überlebte. Die Dame am Informationstisch versicherte mir, ja, seine Knochen sind noch enthalten. Vielleicht ist das der Ort, an dem ich beten und niederknien muss.

Als ich weggehen möchte, bemerke ich einen kleinen Frosch am Sockel des Schreins, der auf Hochglanz poliert ist, was das helle Messing unter der Patina zum Vorschein bringt. Offenbar weiß niemand, warum sich die Gläubigen zu dieser Amphibie hingezogen fühlten, wobei im Mittelalter Frösche als gute Wesen angesehen wurden, und diejenigen, die im Wasser lebten, galten als besonders mönchsähnlich. Es ist auch nicht klar, warum das Gesicht einer Frauenfigur der Gerechtigkeit, die ein Breitschwert in Händen hält, im Lauf der Jahrhunderte auf ähnliche Weise poliert wurde.

Ich reibe die Nase des Froschs. Er quakt leise.

Dieser Ort wird durch den Fluss in zwei Teile geteilt. Ich radle über die Brücke, zurück in die moderne Welt jenseits der Mauern. Ich habe vergessen, dass es Straßen gibt. Die Häuser werden vorstädtisch. Es regnet immer noch. Jenseits der Autobahn wird wieder alles anders.

Über den Bäumen erhebt sich ein Halbkreis aus Granit, dessen gewölbte Fenster sich übereinander stapeln. Ich versuche, um ihn herumzuradeln, aber die Kurve wirft mich heraus. Durch den Regenvorhang finde ich auf der Rückseite eine Öffnung. Hinten ist alles aus rotem Backstein, eilig verputzt, der Mörtel quillt durch die Ritzen. Ich sehe davon ab, in die Manege zu treten. Sie haben den Zoo zerstört, um diesen Zirkus zu bauen. Die Tiere wurden weggebracht.

Ich ziehe meine Kapuze fest zu, Wasser tropft mir aus den Augenbrauen, ich fahre weiter. Besser bin ich hier draußen und werde nass. Ein Damm führt mich über den See; das Wasser ist bleifarben. Die Blesshühner und Gänse halten ihre Köpfe gesenkt. Auf der anderen Seite ist eine Durchgangsstraße, so breit wie eine Landebahn; hier könnte alles Mögliche landen. Sie ist ebenfalls menschenleer.

An den Gerüsten sind Szenen einer Wildweststadt aufgehängt, ein Portal spannt sich über die große Straße. Dort, wo sie standen, um zu jubeln, gibt es breite Bordsteinkanten. Das Futuristische im Dienste der zukunftsfeindlichen Ideenlosigkeit, sagte Mann. Ich kannte jemanden, der ihren Führer getroffen hat. Er sagte, er trug einen billigen Ledermantel und hatte fettiges Haar. Dort drüben ist der Bahnhof, von dem aus sie abtransportiert wurden. Sie wurden gefilmt, als sie gingen.

Als ich in einen Waldweg einbiege, erhebt sich ein weiteres Gebäude wie ein Tempel, der in eine Arena blickt, die ich nicht sehen kann. Ein Maschendrahtzaun umgibt das Gelände. Ich finde ein offenes Tor. Es ist niemand zu sehen. Alles ist auf eine breite Tribüne am anderen Ende ausgerichtet. Das Schild, das darüberstand, wurde kurz vor der Ankunft von Stern und Auden in die Luft gesprengt, aber es hängt immer noch dort. Ich spucke darauf, dann spreche ich ein Gebet.

Ich radle um den See herum, aber es regnet so heftig, dass ich nicht weiterkann. Ich suche Schutz in einem menschenleeren Biergarten. Ein anderer Radfahrer wartet unter der Markise. Er grinst mich an und macht mit seinen Händen eine Geste, als würde er etwas auswringen. Wir stehen dort nebeneinander, keiner spricht die Sprache des anderen. Der Regen fällt, als wäre er vom Himmel losgelassen worden.

Plastikboote schaukeln auf dem Wasser. Sie haben die Form von weißen Schwänen und rosafarbenen Flamingos, riesige Badewannenspielzeuge. Plötzlich fühle ich mich allein, als wäre ich schon einmal hier gewesen.

Nach einer halben Stunde, als die von den Bergen gleitenden Wolken kein Ende nehmen, gehe ich hinüber zum See, ziehe mich hinter einem Baum aus und steige ins Wasser. Die Oberfläche ist pickelig vom Regen.

Ich schwimme wie ein Frosch. Die Blesshühner und Gänse paddeln um mich herum.

Das Wasser ist warm. Es ist überhaupt nicht tief.

Fast habe ich ihn nicht bemerkt, dort an der Wand, mit seinen wallenden Wasserfalllocken. So dunkel und braun. Nach den Augen die Hand. Sie ist riesig. Dann die Gesichtszüge, Augen, Nase und Mund; die blasse Stirn; das weiße Unterhemd, die aufgeschlitzten Ärmel, das Fell in seinem Inneren. Er ist ein einziges großes Dreieck: Herz, Hände, Haupt.

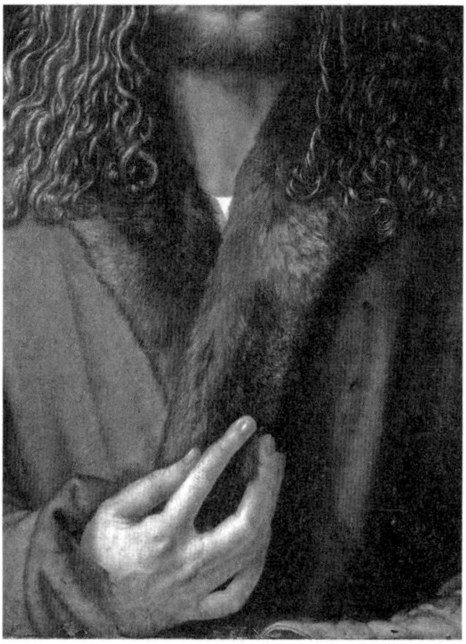

Er ist sein eigenes Monogramm. Das Auge in der Tür, der Hase an seiner Brust. Seine Stirnfransen stehen ab, als ob er mit der Schere die Geduld verloren hätte. Auf den Postkarten sieht man das nicht.

Im Jahr 1933 kam Marsden Hartley, Mariannes Freund aus Maine (in seinem meergrünen Anzug, 35 Dollar von Macy's), von seinem Rückzugsort in den bayrischen Alpen herunter, um dieses Gemälde zu sehen. Hartley, der um seinen Freund Hart Crane trauerte – er hatte sich im Jahr davor ertränkt – wurde von der Aufladung dieses Bildes angezogen und von der Frage, was es bedeutete.

Es sei überhaupt das beste Porträt, das jemals von irgendjemandem irgendwann geschaffen wurde, schrieb er. Dürer schien alles zu haben, was das Auge haben kann, er sah die Dinge ganz genau so wie sie waren. Ich habe noch nie solche Augen in einem Gemälde gesehen, denn sie scheinen von der einen Seite auf die andere zu rollen, wenn man in sie hineinschaut – die meisten Porträts sind ein Bild von außen, doch dieses ist Fleisch, Bein und Geist, alles in einem. Ich würde gern ein Bild von einem Berg malen, das alles enthält, was dieses Porträt hat.

Ein Mann wie ein Berg wie nichts sonst an diesem Ort. Der Blick der Kaiser. Er umfasst alle Menschen, die ihn angeschaut haben, von ihm bis hin zu mir, von damals bis heute. Ein Fragebogen zur Rettung der Welt. Er ist vor langer, langer Zeit gestorben.

Selbstbildnis im Pelzrock, 1500 → TAFEL VI
»So malte ich, Albrecht Dürer aus Nürnberg, mich selbst in naturgetreuen Farben im Alter von 28 Jahren.« Jedes Wort dieser in Latein abgefassten Inschrift war sorgfältig abgewogen. Dieses Selbstporträt, wahrscheinlich das ungewöhnlichste in der Kunstgeschichte aufgrund seiner unmittelbaren Frontalität und seiner akribischen Ausführung, lässt kaum einen Betrachter unberührt. Dürer lehnte sich bei diesem Porträt stilistisch an Ikonen von Christus, dem Erlöser, an, seine Hand ist zum Segenszeichen erhoben; die Details hingegen sind höchst individuell. Der direkte Blick und die Hand im Bild thematisieren das Sehen und den Akt des Schaffens.

Ich bitte jemanden, mich zu fotografieren; Albert macht mir hinter meinem Kopf Hasenohren. Schick mir ein Bild von einem Vogel, bitten mich die Kinder, mal mir einen Wal, sagen sie. Vor mir versammelt sich eine Gruppe von Schülern. Die Führerin erklärt in einem Satz die Renaissance und sagt, dass der Künstler ziemlich oft in Italien war. Es sieht sehr natürlich, sehr realistisch aus, sagt sie. (Ich habe für diese Führung nicht bezahlt.)

Leute kommen und gehen. Heute habe ich Geburtstag.

Drunten im Café esse ich Lavendelkuchen und trinke Rooibos-Tee (acht Euro, fünfzig Cent). Da sitzt eine junge Frau mit einem Cloche-Hut, rote Lippen, dunkle Augen. Sie kommt mir bekannt vor. Sie kreuzt einen Knöchel über den anderen, nippt an ihrem Kaffee, isst ih-

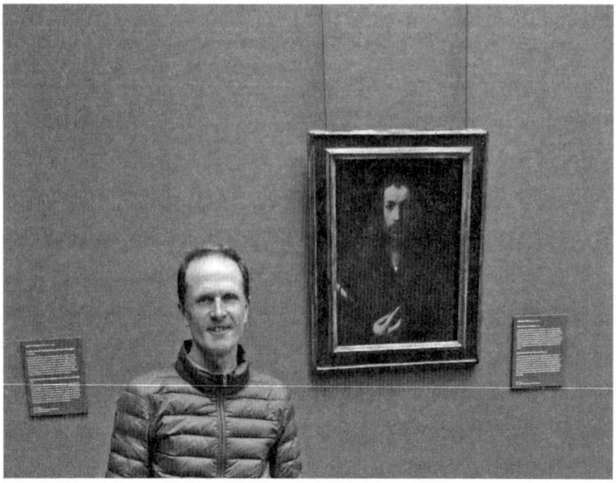

ren Kuchen auf, geht. Ich habe Marlene einmal angerufen, in Paris. Sie sagte mir, die Person, mit der du sprechen willst, ist nicht hier. Ich nehme den Zug zurück und schwimme bei Regen im Fluss. Niemand starrt mich an.

Am nächsten Tag kehre ich ins Museum zurück, nur um mich zu vergewissern, dass er noch hier ist (achtundneunzig Euro und siebzig Cent für den Zug). Der Kurator und ich stehen vor dem Gemälde. Martin sagt, die Hand des Künstlers ist nicht in einer Segensgeste erhoben, sondern opfernd, eine heilige Gabe. Dürer sieht sich im Spiegel bei Kerzenlicht. Das Licht kommt von seiner rechten Seite. Man kann sehen, dass seine Finger in größerer Nähe zur Kerzenflamme heller sind.

Ich sehe ihn in seiner dunklen Dachkammer, wie er an sich arbeitet. Letztlich läuft alles auf eben dieses hinaus: der schöne Mann, das Genie, der Narzisst. Die Mandelaugen, die geölten Locken, der Pelzmantel. Diese grimmige Zweideutigkeit. Hätte ich ihn gemocht? Wäre es ihm wichtig gewesen?

Die lateinische Inschrift beweist seinen geistigen Horizont, sagt Martin. Er ist ein Philosoph, der sich in den richtigen Farben formuliert. Dieses Bild hat sein Zimmer nie verlassen, es war eine geheime Sache, über die man sich mit Freunden ausgetauscht hat. Ich beuge mich vor, um es anzusehen, und Martin sagt mir, ich solle zurücktreten, sonst würde ich den Alarm auslösen.

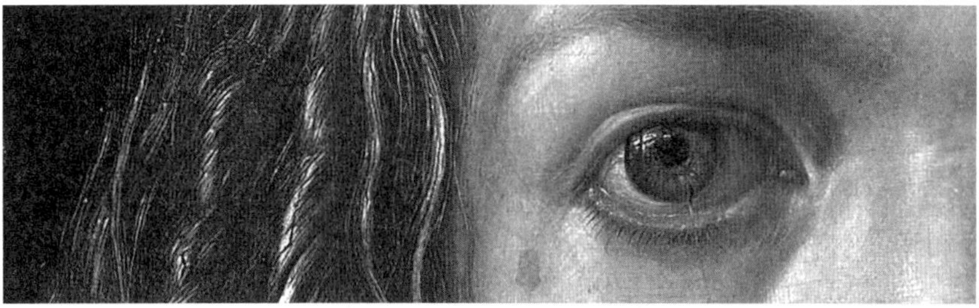

Beide Wolfsaugen wurden aufgeschlitzt. Die Brutalität macht mich fassungslos. Das erste, was wir davon hören, sagt Martin, ist ein Artikel aus dem Jahr 1904. Er glaubt, die unbekannte Angreiferin habe eine Haarnadel benutzt. Sie zog sie aus ihrem Hut, starrte Dürer in die Augen und stach zu. Eine solche Liebe, ein solcher Kampfgeist, eine solche Form von Auseinandersetzung – wie ein verrückter Hund.

Im Krieg brachten sie ihn in den Bunker. Das Gebäude hatte einen Volltreffer davongetragen, ein gezielter Anschlag. Sie fertigten die Bomben, also mussten sie sie benutzen. Danach kehrten die Bilder blinzelnd wieder in diesen Saal zurück. Vierzig Jahre später kam ein Mann herein und bespritzte sie in einer pervertierten Segnungsform mit Säure; man kann die Spritzer am Altarbild noch sehen. Stefan hält seinen Drachen wie eine Handtasche und zieht ihn mit sich. Während wir davorstehen und seine roten Strümpfe bewundern, löst sich ein Stückchen Flaum aus meiner Daunenjacke. Es schwebt einen Augenblick in der Luft, zwischen uns und dem Kunstwerk. Martins Hand schießt vor, um es aufzufangen, schnell wie die Zunge eines Chamäleons.

Seine Schützlinge sind empfindlich, anspruchsvoll, und sie verändern sich ständig. Wir sind es, die stillstehen. Dürers Porträt blieb vor diesem letzten Angriff verschont, weil es lackiert war, sagt er. Sonst hätte es mit Sicherheit nicht überlebt. Wir wären dann auf die vielen Kopien angewiesen, die nach seinem Tod entstanden sind, sagt er. Monarchen gaben das Bild in Auftrag, das sie zu sehen wünschten, ließen es entsprechend ihrem Reichtum und Geschmack umgestalten. In einer Kopie wurde der Komposition der Hase hinzugefügt; andere wurden zu veritablen Christus-Imitationen erklärt.

In einer Novelle, die Thomas Mann im Jahr 1902 verfasste, steht eine vermummte Gestalt in dieser Stadt vor einem Gemälde. Es zeigt eine heilige

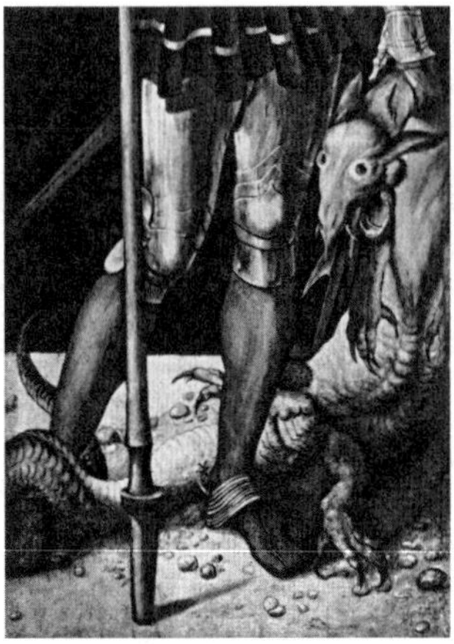

Figur in einer Art und Weise, die der Betrachter als anstößig empfindet; er verlangt, dass es entfernt werden solle.

Es zeugt von der Blindheit der Welt, sagt er, seine Augen blitzen in einer Art wahnsinniger Ekstase. Er will nicht zuhören.

Schönheit ... Was ist Schönheit?, fragt er. Und er sieht alle Bilder in einer Pyramide aufgestapelt, den lodernden Flammen überantwortet.

Auf der anderen Seite des gepflasterten Kirchplatzes ist ein Buchladen. Ich kann nicht noch mehr Bücher tragen. Trotzdem trete ich ein. Auf einem Tisch liegt ein alter Stadtführer, auf dem Cover Dürers Porträt. Es sieht aus wie ein Modemagazin. Ich blättere darin. Fotos zeigen historische Straßen, adrett und unversehrt. Dann wechseln sie über zu moderneren Motiven. Der Führer und sein Architekt, die die Pläne für die Arena in Händen halten. Da ist der See: Menschen trinken Bier, fahren Rad, schwimmen, warten.

Die Frau wickelt das Heft in einfaches Packpapier (zwölf Euro). Sie hat es erst gestern erstanden. Sie kann mir nicht sagen, warum der Künstler auf dem Cover ist. Erst später, als ich wieder daheim bin, wird mir klar, dass das Porträt eine Kopie ist. Eine Nachbildung. Eine Fälschung.

Am selben Abend nehme ich an einem Gemeinschaftstisch in dem nach ihm benannten Restaurant Platz. Mir gegenüber sitzt eine junge Familie mit zwei kleinen Kindern, die spielen. Der Raum ist getäfelt und gemütlich. An den Wänden hängen seine Holzschnitte. Der Vater des Besitzers taucht neben mir auf und fragt mich, ob ich der Schriftsteller bin. Erschrocken verneine ich es. Ich weiß nicht warum. Er nimmt mich mit auf eine Führung durch das Gebäude und zeigt mir den großen schwarzen Balken, der vom Boden bis zur Decke reicht. Er geht auf das Jahr 1559 zurück, sagt er. Das Treppenhaus windet sich durch alle vier Stockwerke wie ein Schneckenhaus, das sich um und um dreht. Ganz oben ist eine helle Wohnung. Die Wände sind mit Bildern bedeckt. Ein Schrank ist angefüllt mit bemalten Eiern. Die Deutschen, sagt Jimmy Stern, sind begeisterte Sammler. Eine nach Zitrone riechende Geranie windet sich am Fenster hoch.

Dieses Gebäude war eines der wenigen, die noch standen, erklärt mir Josef; die Steinmauern der alten Häuser sind nur Fassade, wenige Zentimeter dick, der Rest ist Holz. Deshalb haben sie so gut gebrannt. Wie Kerzen. Er berührt die Zehe einer Statue seines Schutzpatrons. Er hat geholfen. Wir wollten, dass die Bomben ihn hier antreffen, sagt er.

Unten esse ich Wels und Kartoffeln. Das Menü ist immer dasselbe. Irgendwas und Kartoffeln. Ich trinke guten deutschen Wein und warte auf meine Apfelkrapfen. Ich schreibe in mein Notizbuch. Es ist meine Kamera, mein Zuhause.

Die Abende werden jetzt länger. Nach meinem Geburtstagsessen (21 Euro, 50 Cent) steige ich hoch zur Burg und blicke über die Türme und Kräne. Der Mann neben mir erzählt seinem Freund, wie sein Großvater abgeholt wurde. Unten auf dem Hügel schaue ich von einem hohen überdachten Steg zum Haus des Künstlers hinüber und frage mich, welches Zimmer seines war, wo sein Papagei mit den Flügeln schlug und sein Affe herumtollte.

Auf dem Platz haben sie im Schatten der Kirche eine Bühne aufgebaut. Die Menge drängt sich unter Schirmen zusammen. Ein junges Paar klärt mich auf, was geschieht. Sie warten, sind gespannt auf die Redner. Alles ist grau. An einem Stand gibt es Flugblätter mit Regenbögen darauf.

Immer noch fällt Regen. Er lässt die Pflastersteine glänzen.

ANMUT

Als ich im Morgengrauen in die Stadt der Lichter zurückkehre, springe ich vom Kai in den Fluss. Es ist eine unerhörte Tat, ohne Zeugen. Das schwarze Wasser ist nicht mehr abschreckend, jetzt bin ich ein Teil davon, zusammen mit dem Unkraut und den Fischen und den Dichtern da unten.

Oben in der Wohnung purzeln die Bücher aus den Regalen. Adam erzählt mir, dass sie das manchmal ganz von allein tun. Einige von ihnen gehörten de Beauvoir; Burroughs und Ginsberg schliefen in diesem Bett. Ich lese, dass Baudelaire ein Zimmer auf der Insel nahm, von wo aus er seine haitianische Geliebte beim Baden im Fluss sah. Melville kommt in seinem grünen Mantel vorbei. Mein Fahrrad ist gestohlen worden (700 Euro), ich laufe in der Mittagshitze zur Galerie (Eintrittskarte: 17 Euro). Ich dränge mich durch die Menge, werde aber an jeder Ecke aufgehalten. Jeder Angestellte erklärt, er wisse nichts, oder schickt mich in eine andere Richtung. Ihre Anweisungen werden immer konkreter, sie scheinen mich vorwärtsdrängen zu wollen. Ich springe die Treppen hinauf, mache in Sackgassen wieder kehrt. Schließlich erreiche ich das Zimmer.

Er ist nicht da.

Er wurde wieder weggenommen.

Er möchte nicht – versucht er dir zu vermitteln –, dass das Spiel aufhört, sagt mein Freund Michael.

In dieser Nacht ziehen wir zu viert durch die Stadt. Der Himmel ist dunkelblau. Ich trage mein neues gelbes Hemd. Wir sitzen vor einem Restaurant; die Tische stehen schräg am Hang. Drei von uns kennen sich schon fast ihr ganzes Leben lang. Ein Hund vom Nachbartisch gesellt sich zu uns, sitzt als unser Gast zwischen mir und Charlie. Die Nacht verschwimmt im

Dunst. Der Hund spricht uns an. Der junge Kellner ist hochmütig. Er stellt uns ein Himbeertörtchen auf den Tisch. Wir rühmen es als Kunstwerk. Er nickt, unmerklich. Mein Weinglas fällt um. Mark sieht einen Affen auf der Straße. Wir kehren zum Fluss zurück und gehen am Ufer entlang, in die Nacht hinein. Die Polizei patrouilliert vor der ausgebrannten Kirche, deren Türme einen langen, einsamen Schatten werfen.

Um uns herum tanzen Leute. Die Ratten huschen rein und raus, das Wasser fließt weiter.

Diese ganze Zeit habe ich gebraucht, um es herauszufinden. Er hat auf mich gewartet, zu Hause. Ich bin um die Welt gereist, und er war hier, eine Straße weiter.

Im letzten Vorkriegssommer erhielt Thomas Mann eine Führung durch dieses Museum. Er sah alle möglichen Arten von Wunder, doch bis hierher kam er nie. Marianne Moore hingegen schon. Am oberen Ende der Treppe, hinter einer Pseudowand mit einer riesigen Karte von Venedig, finde ich eine Geheimtür und betätige die Klingel. Die Tür öffnet sich zu einer großen, langen Halle, still und hell, von oben mit natürlichem Licht beleuchtet. Ich signiere das Buch, so wie Marianne es am 27. Juli 1911 getan hat.

Auf dem Schreibtisch liegt eine atlasgroße Mappe mit dem goldenen Stempel Guard Book. Ganda kommt herausgaloppiert. Ich folge Dürers Hand, atemlos, wie einer Partitur. Seine Worte ziehen Sepiatinte aus dem Meer. Die Zeilen reiten über die Grate seines Rückens, gleiten seine stegosaurische Seite hinunter, bleiben an seinem stumpfen Stoßzahn hängen und kommen auf seinem Horn zum Stillstand. Ein Werk des Glaubens, endlos reproduziert, offenbar gewordene Herrlichkeit.

Teilhabe am Wundersamen,
da nie richtig wahrgenommen,
Dürers Rhinozeros

wie Marianne Moore es sah, dreitausend Meilen weit weg.

Aus einem anderen Ordner kommt unser anderer Darsteller. Das Walross. Genau hier, vor mir. Feuchtes Fell, riesige Stoßzähne, glänzend wie Schachfiguren aus Elfenbein; sein weicher Mund mit einem überraschenden Rosaton. Diese Röte ist es, die es zum Leben erweckt. Ich könnte ihm einen Fisch zum Fressen geben. Er ist vollständig und wirklich anwesend und im Licht der Stadt ziemlich gespenstisch.

Das Erstaunlichste ist nicht, dass diese Dinge überlebt haben, sondern vielmehr, dass sie womöglich die Dinge überleben, die sie darstellen.

Die noch nasse Schnauze eines Ochsen; der feste Stand eines Elchs; ein junger Hase, von allen Seiten gezeichnet. Sie alle, diese alten Freunde, treten in diesem hellen Raum in Erscheinung. Und ganz zuletzt ein Hund, der da mit seinem großen Messinghalsband sitzt, sein Gesicht, diese Augen, diese Stirn. Er wartet.

Keiner hat je solche Schönheit gemalt. Keiner wurde jemals zuvor so geliebt.

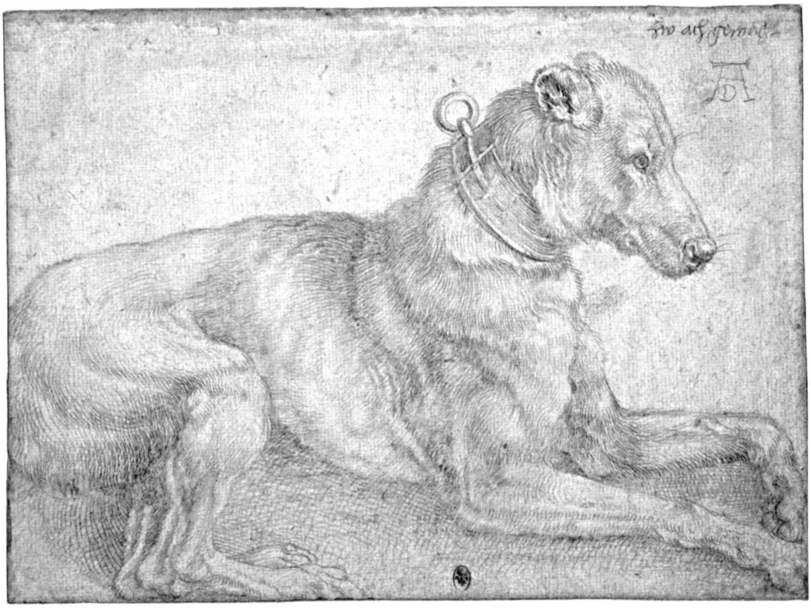

Nach Hause zurückgekehrt, treffe ich einige Tage später zufällig meine alte Lehrerin aus der Grundschule. Sie war die zweitschönste Frau, die ich kannte, mit ihrem silberblonden Haar, das zu einer Birne aus Zuckerwatte aufgetürmt war, und ihren schicken Kleidern in der Mode der sechziger Jahre. Jetzt ist sie alt und gebrechlich, doch ihre Augen leuchten immer noch, und sie umarmt mich wie einen vor langer Zeit verlorenen Sohn. Es fühlt sich an, als würde ich meine Mutter wieder treffen, in der Aula der Schule.

Ich erinnere mich gut an dich, sagt sie, du hattest immer einen schwarzen Mund, weil du die Tinte aus deinem Füller gesaugt hast.

Da bist du immer gesessen, im Klassenzimmer, und hast aus dem Fenster geschaut.

Ich schaue aus dem Fenster und warte.

Wenn das, was Sie gelesen haben, wie Mythologie wirkt, könnte ich es erfinden?
Und wenn ich es könnte, würde ich es Ihnen aufnötigen?

Marianne Moore, 1961

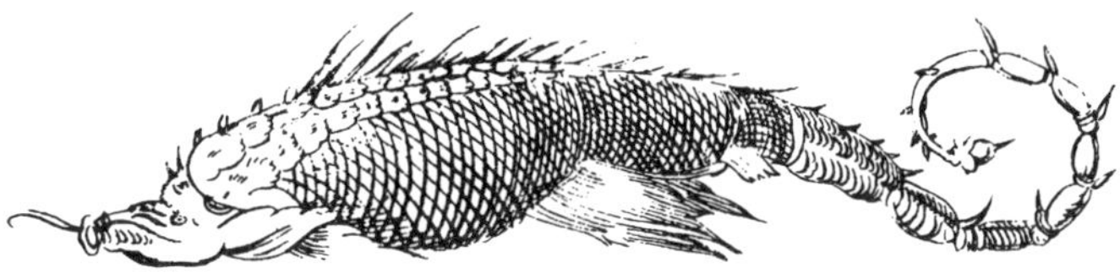

Albrecht Dürer, Stundenbuch, 1515

ANHANG

DANK

Europa: Jeroen Hoekendijk; Ellen Gallagher; Edgar Clejine; Adam Low; Martin Rosenbaum; James Norton; Andrew Sutton; Rachel Collingwood; Angela Cockayne; Robert Fearn; Sarah Chapman; Clare Goddard; Michael Holden; Charlie Baker; Peter Wilson; Clara Fuquen; Sam Goonetillake; Nigel Larcombe-Williams; Neil Tennant; Michael Bracewell; Gareth Evans; George Shaw; Jeremy Millar; Volker Eichelmann; Katia Scholtz; Christian Goeschel; Laura Cumming; Olivia Laing; Tim Dee; Robert Macfarlane; Max Porter; Nicholas Redman; Iain Sinclair; Hugo Vickers; Marc Rees; Edward Parnell; James Dowthwaite; Ruth Wilson; Mary Hallett; Anna Eades; Woodrow Kernohan, Ros Carter, John Hansard Gallery und University of Southampton; Tobie Charlton, Fahrradmann.

Dr. Christof Metzger und die Albertina, Wien; Dr. Martin Kreuz und Andrássy, die Akademie der Bildenden Künste, Wien, die Universitätsbibliothek, Wien; Dr. Martin Schawe, Bayerische Staatsgemäldesammlungen und Alte Pinakothek, München; Dr. Thomas Schauerte und das Albrecht-Dürer-Haus, Nürnberg; Pastor Dr. Petra Seegets, St. Sebald, Nürnberg; Dr. Florike Egmond für ihre Arbeit über Conrad Gesner; Dr. Klaas van der Hoek, Kurator für Manuskripte und Moderne Literatur, Allard Pierson, Universität Amsterdam; Dr. Katrin Keller und das Thomas-Mann-Archiv, Zürich; Alexandra Urruty-Vaquero, Musée Bonnat-Helleu, Bayonne; Neil Evans, National Gallery, London; Liam Browne, Arts Over Borders; Heather White und Project Oscar Wilde, Enniskillen; Rob Deaville, Matt Perkins, Cetacean Strandings Investigation, Zoological Society of London; Jan Beiboer; Annemarie van den Berg, SOS Dolfijn, Niederlande; Adrie und Ineke Vonk, Vonk Whale and Whaling Collection,

Texel; der verstorbene Serge Viallelle, João Quaresma, Espaço Talassa, Azoren.

Nordamerika: John Waters; Mary Martin; Dennis Minsky und Dory; John Gullett; James Balla; Albert Merola; Duane Slick, Martin Smick, Andrew Raftery, Hawk McNabb und The Rhode Island School of Design; Skott Daltonic; David Neiwert; James Russell, Nantucket Historical Association; Christine Colnett Brophy, Mark Procknik, Sara Rose und The New Bedford Whaling Museum; David Lowe, Print Collections, New York Public Library; Professor Edward Mendelson, Verwalter des literarischen Nachlasses des W.H. Auden Estate, Columbia University, New York; Jobi Zink, Cathleen Chandler und Elizabeth E. Fuller und The Marianne Moore Collection, Rosenbach Museum, Philadelphia; Prof. Linda Leavell; Prof. Stephen Brockmann; Dr. Elizabeth Garner.

Atlantischer, Indischer & Pazifischer Ozean: Stormy Mayo und The Provincetown Center for Coastal Studies; Dolphin Whalewatch, Provincetown; Ranil P. Nanayakkara, Manura Fonseka, Joseph Warnakulasooriya und Little Adventures, Sri Lanka; Rachael King, Word Christchurch and Kaikoura Whale Watch, New Zealand.

Daheim: Meine Schwestern Christina und Katherine; meine Brüder Lawrence und Stephen; Oliver, Harriet, Jacob, Lydia und Max; Mark Ashurst, Lilian und Freddie; Tangle; und Cyrus Larcombe-Moore, dafür, dass er mich Marianne Moore vorgestellt hat.

In Erinnerung an Pat de Groot, 1930–2017
Und zu Ehren der Expedition Alberts vor 500 Jahren.

Philip Hoare, Southampton, Dezember 2020

QUELLEN

Quellenangaben und Bilddetails finden Sie unter http://www.philiphoare.co.uk/albert-and-the-whale/.

ABBILDUNGEN

Der Verlag Klett-Cotta hat sich bemüht, alle Rechteinhaber der Abbildungen, die in diesem Band verwendet werden, ausfindig zu machen. Sollten wider Erwarten Bildrechte von weiteren Personen oder Institutionen berührt sein, bitten wir um Kontaktaufnahme mit Klett-Cotta.

S. 8, 12, 26, 27, 30, 35, 37, 46, 47, 49, 53, 55, 71, 73, 77, 84, 85, 87, 90, 114, 144, 255, 257, 271, 272, 275, 279 (u.), 283, 284, 291, 298: Philip Hoare
S. 9, 68 (u.), 126 (o. r.): mauritius images/Adam Ján Figel/Alamy/Alamy Stock Photos
S. 10, 68 (m.): mauritius images/Auk Archive/Alamy/Alamy Stock Photos
S. 11, 68 (o.): mauritius images/Lifestyle pictures/Alamy/Alamy Stock Photos
S. 20, 75, 202 (u.): mauritius images/World Book Inc.
S. 38: Musée Bonnat-Helleu
S. 44 (u. l.): mauritius images/Quagga Media/Alamy/Alamy Stock Photos
S. 44 (o.): mauritius images/Art Collection 3/Alamy/Alamy Stock Photos
S. 44 (u. r.), 196: mauritius images/Art Heritage/Alamy/Alamy Stock Photos

S. 51, 102, 110, 195, 203 (l.), 254, 260: mauritius images/The Picture Art Collection/Alamy/Alamy Stock Photos
S. 59, 203 (r.): mauritius images/Keith Corrigan/Alamy/Alamy Stock Photos
S. 60, 116, 141, 152: mauritius images/Artefact/Alamy/Alamy Stock Photos
S. 68, 126 (o. m.), 128: mauritius images/Lifestyle pictures/Alamy/Alamy Stock Photos
S. 68 (u.), 69, 126 (o. l.): mauritius images/Jozef sedmak/Alamy/Alamy Stock Photos
S. 42, 78: mauritius images/Art Collection 2/Alamy/Alamy Stock Photos
S. 79, 112: mauritius images/World Book Inc.
S. 91: mauritius images/Peter Horree/Alamy/Alamy Stock Photos
S. 92 (u.), 277: mauritius images/PAINTING/Alamy/Alamy Stock Photos
S. 97: mauritius images/IanDagnall Computing/Alamy/Alamy Stock Photos
S. 100, 300: mauritius images/Jeff Morgan 16/Alamy/Alamy Stock Photos
S. 101: mauritius images/WBC ART/Alamy/Alamy Stock Photos
S. 105: Entnommen aus: Albrecht Dürer, Sketches of Animals and Landscapes, 1521, pen and black ink, and blue, gray, and rose wash on paper. Clark Art Institute, 1955.
S. 108: mauritius images/Old Visuals
S. 113, 305: © The Trustees of the British Museum
S. 117: akg-images/Erich Lessing
S. 124: mauritius images/Classic Image/Alamy/Alamy Stock Photos
S. 127: mauritius images/Aclosund Historic/Alamy/Alamy Stock Photos
S. 132, 246, 276, 279 (o.): Alamy
S. 139: ETH-Bibliothek Zürich, Thomas-Mann-Archiv/Fotograf: Unbekannt/TMA_0043
S. 155, 164: Entnommen aus: Wilhelm Waetzoldt, Dürer Und Seine Zeit, Phaidon-Verlag, Vienna, 1935, Tafel V.
S. 160: Wikimedia Commons
S. 162: Thomas Mann: Doctor Faustus, britische Erstausgabe 1948.
S. 168: ETH-Bibliothek Zürich, Thomas-Mann-Archiv/Fotograf: Unbekannt/TMA_0138
S. 172, 192, 238 (u.): Getty Images
S. 177: mauritius images/Archive PL/Alamy/Alamy Stock Photos

S. 178: Entnommen aus: The Selected Letters of Marianne Moore, Faber, 1998.
S. 183 (o.): mauritius images/ClassicStock/Charles Phelps Cushing
S. 183 (u.): mauritius images/Matteo Omied/Alamy/Alamy Stock Photos
S. 189: Entnommen aus: W. H. Auden and Louis MacNeice, Letters from Iceland, Faber, 1937.
S. 200 (o.): mauritius images/Jimlop collection/Alamy/Alamy Stock Photos
S. 200 (u.), 307: Wellcome Collection
S. 201: mauritius images/NC Collections/Alamy/Alamy Stock Photos
S. 202 (o.): mauritius images/Darling Archive/Alamy/Alamy Stock Photos
S. 215: mauritius images/Well/BOT/Alamy/Alamy Stock Photos
S. 216: mauritius images/The Reading Room/Alamy/Alamy Stock Photos
S. 218: Harry Clarke Studio from St Patrick's Church
S. 219: mauritius images/Eraza Collection/Alamy/Alamy Stock Photos
S. 224: W. G. Sebald: The Rings of Saturn, britische Erstausgabe 1998.
S. 228, 270: mauritius images/Giorgio Morara/Alamy/Alamy Stock Photos
S. 237: mauritius images/Hilary Morgan/Alamy/Alamy Stock Photos
S. 238 (m.): Masayoshi Sukita, Getty Images
S. 240: Entnommen aus: Walter L. Strauss, The Complete Drawings of Albrecht Durer, Bd. 4 1520-1528, New York 1974.
S. 241: mauritius images/Aclosund Historic/Alamy/Alamy Stock Photos
S. 246, 247: Entnommen aus: William Martin Conway, Literary Remains of Albrecht Dürer, Cambridge University Press, 1889.
S. 249, 252 (u.): mauritius images/Science Source
S. 250: mauritius images/Stock imagery/Alamy/Alamy Stock Photos
S. 251 (o.): mauritius images/Memento
S. 251 (u.), 252 (o.): mauritius images/PD Archive/Alamy/Alamy Stock Photos
S. 253 (o.): mauritius images/VTR/Alamy/Alamy Stock Photos
S. 253 (u.): New Bedford Whaling Museum
S. 258: mauritius images/ART Collection/Alamy/Alamy Stock Photos
S. 259: Allard Pierson, University of Amsterdam
S. 261, 262: Photography by Andrew Sutton/eco2oceans

S. 266: Eva Schober/https://repository.akbild.ac.at/de/alle_inhalte/query/22910
S. 273: mauritius images/GL Archive/Alamy/Alamy Stock Photos
S. 285: mauritius images/TopFoto
S. 292: mauritius images/MET/BOT/Alamy/Alamy Stock Photos
S. 296, 299: mauritius images/IanDagnall Computing/Alamy/Alamy Stock Photos

TAFELTEIL

I (o.), III (o.): mauritius images/Artefact/Alamy/Alamy Stock Photos
I (u.): mauritius images/Art Collection 3/Alamy/Alamy Stock Photos
II (o.): mauritius images/Giorgio Morara/Alamy/Alamy Stock Photos
II (u.): mauritius images/Art Library/Alamy/Alamy Stock Photos
III (u.): mauritius images/Art Heritage/Alamy/Alamy Stock Photos
IV: mauritius images/Peter Horree/Alamy/Alamy Stock Photos
V: mauritius images/PAINTING/Alamy/Alamy Stock Photos
VI: mauritius images/IanDagnall Computing/Alamy/Alamy Stock Photos
VII (o.): mauritius images/World Book Inc.
VII (u.): mauritius images/Aclosund Historic/Alamy/Alamy Stock Photos
VIII (o.): Uffizi/Alamy
VIII (u. l.): Gemaeldegalerie, Berlin/Alamy
VIII (u. r.): Prado/Alamy